九大の英語
15ヵ年［第8版］

古田淳哉 編著

JN045986

教学社

はしがき

　本書は，九州大学（前期日程）の過去 15 年間（2008～2022 年度）の入試問題を研究し，出題分野別に全体を 2 つの章に分類したものです。

　第 1 章（読解）では，小説などを除き，「各段落の要旨」という項目を設け，英文内容の要約を示し，全体的パースペクティブが得られるようにしました。特に記述問題では解答作成上の過程を重視した解説を心がけています。単語の説明でも単に意味にとどまらず，語源にまでさかのぼって解説することで理解が深まるように，いわゆるイディオムと言われているものも単なる暗記に頼らずにすむように，本質的理解を促しています。また，第 2 章（英作文）では，単に解答例を提示するのではなく，英文作成のプロセスを可能な限り詳説しました。このように，学習する皆さんの本物の英語力養成を目指した構成内容となっています。

　本書の活用については，自分の不得意分野を集中して学習するのが効果的でしょう。一定期間を置いて，少なくとも 3 度は反復して学習してほしいと思います。1 度目に間違えた問題はマークしておき，2 度目の解き直しの際にはその問題だけに取り組み，再度間違えた問題はまた別のマークをつけ，3 度目の仕上げ学習のとき，これをつぶしていくという学習法をとってもらいたいと思います。こうすることで，皆さんの学力はゆるぎないものとなっていくことでしょう。

　九州大学の英語は，難問奇問の類のない良問ぞろいです。払った努力が正当に評価してもらえます。地道な努力がものを言うのです。本書を道しるべにして，一歩一歩，着実に学習を進めてください。

　最後に，本書執筆にあたり，教学社編集部の方には貴重なご意見をいただくとともに，大変お世話になりました。また，ややもすると忘れがちになる生徒の視点の重要性を気づかせてくれた生徒の皆さんに，心からの謝意を表したいと思います。

編著者しるす

CONTENTS

第1章　読　解

第 2 章　英作文　　◇：和文英訳　♦：その他（自由英作文・要約など）

●掲載内容についてのお断り

九大英語の分析と攻略法

分 析　　　　　　　　　　　　　　　　　　　Analysis

1　読解と英作文の2本立て

　この15年間，読解問題と英作文問題の2本立てで，読解3題，英作文2題というパターンが多い。ただし，英作文問題では，ある程度の長さの英文を英語で要約するよう求められることもある。年度による違いはあるものの，読解問題は1題あたり500〜700語の英文が3題というのが平均的なところである。英作文問題は，自由英作文と和文英訳が1題ずつ出題されていたが，2019年度には，要約と自由英作文の融合問題が出題され，2021・2022年度には資料の読み取りが和文英訳に代わって出題されるなど，バラエティーに富んでいる。

●出題の分析（2019〜2022年度）

年度	番号	項　　目	内　　　容
2022	〔1〕	読　解	内容説明（150字他），英文和訳，内容真偽
	〔2〕	読　解	空所補充，要約（120字），英文和訳，同意表現，内容真偽
	〔3〕	読　解	内容説明，同意表現，英文和訳，内容真偽
	〔4〕	英作文	自由英作文（100語）
	〔5〕	英作文	グラフの読み取り（75語）
2021	〔1〕	読　解	内容説明，要約（120字）
	〔2〕	読　解	内容説明
	〔3〕	読　解	内容説明
	〔4〕	英作文	自由英作文（100語）
	〔5〕	英作文	表の読み取り（70語）
2020	〔1〕	読　解	内容説明，英文和訳，同意表現，内容真偽
	〔2〕	読　解	内容説明，内容真偽，英文和訳
	〔3〕	読　解	内容説明，要約，内容真偽
	〔4〕	英作文	自由英作文（100語）
	〔5〕	英作文	和文英訳
2019	〔1〕	読　解	内容説明，欠文挿入箇所
	〔2〕	読　解	英文和訳，内容説明
	〔3〕	読　解	内容説明，内容真偽，同意表現
	〔4〕	英作文	要約（100語）＋自由英作文（50語）
	〔5〕	英作文	和文英訳

2　多岐にわたる読解問題のテーマ

　読解問題では，全体としては標準レベルの英文が選ばれているが，ところどころ難解な表現が含まれている。テーマも多岐にわたるので，関心が薄いテーマだと内容をつかむのに苦労するかもしれない。また，九州大学の英語は自然科学系の論文・雑誌記事が多いが，今後の教育制度の姿（2022年度），平均余命の男女格差（2019年度），睡眠（2018年度）や環境・生態系（2017年度他）のようになじみやすいものから，ナイチンゲール（2015年度），ダーウィン（2013年度），メンデル（2011年度）のような著名な人物に関連するものまで幅が広く，文系受験生にとっても決して読みにくいものばかりではない。多くの受験生が手こずるのはむしろ，哲学的内容を含むもの，および，普段あまり読み慣れていないであろう小説（2019年度他）だろう。なお，近年では人文科学系の英文も増え，教育・学習法や人間の心理・感情などが頻出のテーマとなっている。

3　ほとんどが記述式の読解問題

　読解問題は，英文和訳や説明問題などの記述式が中心であり，国公立大学の2次試験の出題としてオーソドックスなものである。単語を答える問題，あるいは選択式の空所補充や内容説明の問題が含まれることも多い。近年では下の表に示したとおり，単純な英文和訳が減少し，内容説明が増加する傾向になっている。

●読解問題の設問構成（2018～2022年度）

		2022			2021			2020			2019			2018			計
		[1]	[2]	[3]	[1]	[2]	[3]	[1]	[2]	[3]	[1]	[2]	[3]	[1]	[2]	[3]	
記述式	内容説明	1		1	3	4	4	2	3	3	4	2	2	3	2	3	37
	英文和訳	1	1	2				2	1				1		1	1	10
	英 作 文																0
	同意表現			1											1		2
	要　　約		1		1								1				3
選択式	空所補充		2								1			1		1	5
	内容真偽	2	1	1				1		2				1			8
	内容説明								1			1	3				7
	同意表現		1					1				1			1		4
設問数（計）		5	6	6	4	4	4	6	5	5	5	4	7	5	5	5	76

　和訳が求められる下線部は，行数にして2，3行，単語数でいえば20語から30語程度のことが多く，40語に及ぶことは少ない。ただし，記述式の小問数は内容説明

問題を合わせると 10 問に達することもあり，試験時間の 120 分はあっという間だろう。じっくりと推敲する時間はとても取れない。なお，記述式の場合には，どこまで敷衍して述べるべきかは制限字数があれば見当をつけやすいが，制限字数がない場合には解答欄のスペースを参考にして記述しなければならない。

4　傾向をつかみにくい英作文問題

　この 15 年間，英作文問題は 2 題の出題（読解問題との組み合わせを含む）が続いている。出題内容を分類すると，単純な和文英訳，自由英作文，英文の要約，資料の読み取りの 4 つになる。英文の要約は 2010 年度を最後に出題されていなかったが，2019 年度は自由英作文と融合する形で復活した。

●英作文問題の大問構成（2008〜2022 年度）

	22	21	20	19	18	17	16	15	14	13	12	11	10	09	08	計
和 文 英 訳			1		1	1	1	1	1	1	1	1	1	1	1	13
自由英作文	1	1	1	※	1	1	※※	1	1	1	1	1			1	11.5
要　約				※									1	1		2.5
資料の読み取り	1	1														2
大問数	2	2	2	2	2	2	1	2	2	2	2	2	2	2	2	29

※要約と自由英作文の融合問題が出題された（それぞれ 0.5 としてカウントしている）。
※※読解問題と組み合わせる形で出題された（大問としてはカウントしていない）。

(1)　和文英訳

　与えられた日本文の下線部を英訳する形式である。下線部のみに目を向けるのではなく，文脈のなかで適切に英訳することが求められる。小問数は 2，3 問で，分量として多いというわけではない。また，ほとんどは英訳しやすい標準レベルの問題であるが，直訳が困難なこなれた日本語が出題され，かなりの時間を割かなければならない場合もある。

(2)　自由英作文

　2011 年度以降は，読解問題との組み合わせも含め，毎年出題されている。
　「他者と協働すること」（2013 年度），「外国に広めたい日本の習慣」（2011 年度），「失敗から学んだこと」（2008 年度）のように，テーマと指示だけが英語で与えられる場合もあるが，「高校での文理コース選択」（2020 年度），「高齢者介護問題」（2018 年度）や「食物の国際化」（2014 年度），「砂糖税に対する賛否」（2012 年度）などでは参考英文が添えられている。決まったパターンがあるわけではないということになるが，共通しているのは，100〜120 語程度（2019 年度は 50 語程度，2011 年度は 150 語程度）というまとまった量の記述を要求している点である。

⑶　**読解要素を含む英文の要約**

　2009・2010 年度で 2 回出題されて以来姿を消していたが，2019 年度に再び出題されている。300〜500 語程度の英文が理解できていることを前提とした英作文問題で，内容の要約が求められる。語数が指定されており，100 語程度となることが多い。

⑷　**資料の読み取り**

　2021・2022 年度に出題された資料読み取り問題は，2021 年度は表にまとめられた「アメリカの大学に在籍している留学生数の変化」，2022 年度はグラフで表された「UFO の目撃数の変化」の傾向を英語でまとめるものであった。語数は，2021年度は 70 語程度，2022 年度は 75 語程度。

攻 略 法　

　九州大学の英語には，骨はあるが癖はない。つまり，特に九州大学向けの対策を取らなくても，英語に強い受験生なら合格点が期待できるということである。また，九州大学の英語ができれば，たいていの大学に通用するということにもなる。

　だから，九大英語の突破には，特別な勉強法より，地道な努力がものを言う。払った努力が正当に評価してもらえる良問ぞろいなのが九大英語の素晴らしさである。

　なお，読むスピードに関して言うと，速く読もうと力んでも成功するものではない。標準的な受験生にとって，九大英語は内容理解に相当な時間がかかって当然なのだ。スピードを上げようと躍起になれば，内容理解が疎かになるのが関の山であろう。読書量を増やして英文に慣れ，語彙力を強化するなら，読む速さは自然とアップするものなのである。そうなるまでには，時間はかかるが，努力を継続しさえすれば誰にでもできることである。読解力のスピードアップは，人から教わって身につくものではなく，自分で獲得するものなのである。語注や訳例の付いた『The Japan Times Alpha』（ジャパンタイムズ社）などを定期購読することが有効である。これは強くお勧めする。

　さて，本書には 15 カ年分の 71 題が収載されている。毎日 1 題ずつ解くとして 2 カ月半，2 日に 1 題なら 5 カ月かかる。大学入学共通テストから前期日程の試験までの約 1 カ月でこなすなら毎日 2 〜 3 題である。いつから始めるかにもよるが，毎日何題，あるいは毎週何題というように目標を立て，着実に進めるのがよい。その場合，1 題に 2 時間はかけるべきである。答案を作るだけでなく，辞書で調べたり，重要表現を書き出してノートを作成したりなどの作業を並行して進めるなら，普通は 2 時間では足りない。受験生の中には，ペースをつかむため，試験時間の 2 時間で 1 年分を

やるという人がいるが，直前期（1・2月）を除けば，あまりお勧めできない。粗雑な学習を繰り返し，やった気になっても，英語力が伸びることはないからである。ペースに慣れるためなら，九大受験生向けに実施される模試を2回か3回受けるのが最善策であろう。

::: 読解問題の攻略 :::

　本番では知らない単語・イディオムは必ず出る。したがって，本番では意味を「適切に類推できる」力が頼りになる。とはいえ，根拠のない「類推」ほど危険なものはない。日々単語力増強に努め，未知の表現を少なくする不断の努力が望まれる。なお，読解問題では設問を先に読むことが重要である。というのも，設問自体が問題英文を読む際の大きなヒントになる場合が多いからである。

　ここでは，内容説明と英文和訳の問題について，注意すべき点を述べてみたい。それ以外にも様々なタイプの設問があるが，出題頻度が高く，毎年出題されているこの2つに絞ることにする。

1　内容説明

　人称代名詞の it や that・this などの指示語の内容，あるいは下線部の具体例や理由を問うもので，頻繁に出題されている。一般的には，下線部以外のところに該当箇所があり，その部分さえ特定できれば，あとは和訳または要約すればよい。このタイプの例を挙げると，2016年度〔1〕問1では，下線の施された mathematically literate「数学力がある」の説明が求められている。また，2016年度〔2〕問2では this が指す内容，2018年度〔1〕問1では，that が指す内容が問われている。

　難しくなるのは，英文中の複数箇所あるいは広い範囲を参照しなければならない場合である。例えば，2015年度〔1〕問4は下線部の直後だけでなく少し離れた前の方も参照する必要があった。また，どこまで解答に含めるかについては，慎重に判断する必要がある。解答欄の大きさ，（もしあれば）字数制限なども参考になるだろう。

　次に，説明問題が受験生にとってありがたい情報源となる例を見てみよう。一般に，読解問題は英文を読むまで，何について書かれたものかはわからない。しかし，説明問題では，答案に何を書くかを具体的に指示する必要があるので，設問を読めば英文の内容がある程度わかってしまうというケースもときどきある。例を挙げれば，2014年度〔2〕問2の設問には，「その『変化』が19世紀初頭のロンドンとパリで服装の役割にどのような影響を及ぼしたか」とある。事実，この英文は服装の持つ意味合いについて書かれたものである。

2 英文和訳

　英文和訳はポピュラーな設問である。下線部の難易度は様々で，中には意味が取りにくいものもある。単語が難しいのは仕方がないとしても，簡単な表現でつまずく恐れもある。

　例えば，paper のような簡単な単語でも，複数形になっている場合など，特に注意が必要である。そもそも複数形になった the papers に「紙」の意味があろうはずはないが，「新聞紙」なのか，「論文」「証明書」「答案（用紙)」なのかは文脈判断である。日本語でも英語でも，一般的な意味から特殊な意味への発展が起こる。この例では，不可算名詞の「紙」という一般的な意味を持つ paper という単語が，前後関係によって，「新聞紙」「論文」「証明書」「答案（用紙)」という特別な意味を担う可算名詞になっている。下線部だけでは意味を決めることはできないのである。

　したがって，よく知られた表現であっても，覚えている意味をそのまま書くのではなく，文脈に合うよう一工夫することが大切である。noises（2011 年度〔1〕問 1）は「犬の唸り声」なので，「音」や「騒音」では減点される可能性がある。覚えている意味を文脈に合わせて換えるという作業が必要である。

　また，文法については，よく知られた構文が取り上げられることも多い。例えば with O C「O が C の状態で」という形の付帯状況は，2010 年度〔3〕問 3 の With an approximate age … established「おおよその年代が確定されて」や，2008 年度〔3〕問 2 の with thousands of species vanishing「何千もの種が絶滅して」で和訳問題となった。さらに，〈前置詞＋目的格の関係代名詞〉という形は，2008 年度〔1〕問 3 の with whom や，2013 年度〔1〕問 2 の in which，2022 年度〔3〕問 3 の at which で見られる。こうした英語独特の構文は日本語に訳しづらいものもあるが，よく出題されるだけにきちんと意味を取り適切に訳せるようにしたい。

　しかし，どれだけ勉強しても，見慣れない表現にぶつかることは避けられない。十分時間を取り，英語の表現に慣れる努力を重ねるのが基本であるが，英語に限らず持てる知識を総動員して，前後関係から類推しつつ，答案が意味の通る日本語となるように仕上げる訓練も必要である。

英作文問題の攻略

　以下に述べる1〜4すべての形式に共通した対策として，まず2つのことを挙げたい。第一に，「基本例文の暗記」である。まずは文法項目別に整理された基本例文集をしっかり暗記することから始めよう。基本例文のマスターは，長い英文を書くときの骨格となるものである。ある程度の基本例文のストックがなければ英文を紡ぎ出すことは不可能である。無から有は生まれない（Nothing comes from nothing.）ことを肝に銘じて地道な努力をしてほしい。第二に，短くてもいいので英文日記を書こう。その際，よく言われるように，英文の多くは第3文型で構成されているのだから，思いついた日本語表現を，「SがOをVする」という形へ意識的に読み換える練習をするとよい。日記の分量は4〜5行でも構わない。時間も5分程度で構わない。とにかく書いてみよう。数カ月後には自分の英作文力がずいぶん上がっていることに気づくだろう。その上で，本書を活用すれば，合格への確かな手ごたえを得られるだろう。以下では4つの出題形式別に対策を述べる。

1　和文英訳

　オーソドックスであるだけに，どれだけの表現を正確に使いこなせるかがものを言う。とにかく直訳には慎重でなくてはならない。つまり，日本語の言い回しがそのまま英語に使えるかどうかを判断する必要がある。また，中には一見，どうにも訳し方がわからないような表現が含まれているかもしれない。2017年度〔5〕の「当然のように形になっている」の「形」を即座に処理できる受験生は少数であろう。こんなときは無理に訳出しようとせず，「形」は無視して「当然のこととして受け取られている」と解釈して take A for granted などを使うとよい。場合によっては，不確かな部分は訳出しない大胆さも必要である。訳出もれとして減点されるかもしれないが，無理をして誤った表現を使うよりはましである。文が成立していなければ大幅な減点をされるので，些細な失点を気にかけるのは本末転倒である（It's like putting the cart before the horse.）。そもそも，和文英訳に限らず，英作文で満点を狙う必要は決してない。

2　自由英作文

　一般に，「自由英作文」のパターンには 6 つあり，①あるテーマに対して意見陳述や賛否を求められる，②対話文の一部を作成するよう求められる，③日本的風物に関する説明を求められる，④手紙文・招待状への返事を作成するよう求められる，⑤イラスト・4 コマ漫画の説明を求められる，⑥資料の分析・説明を求められる場合である。これまでのところ，九大英語では①の「意見陳述・賛否論述」型に集中しているので，ここではこれに特化して述べる。2021 年度より出題された⑥については後に述べる。

　「意見陳述・賛否論述」型の英作文は，その場で与えられるテーマについて自分の意見を述べるものなので，発想力が必要になる。確実な発想法として「二項対立（例えば，善悪，正邪，プラスとマイナス）」の視点の取り方をすると様々なテーマで有効である。日常的に新聞のニュースなどからいろいろなテーマについて，日本語でいいので思考訓練をしておくことが一番の対策となる。日本語ですらできないことが英語でできるはずはないのである。

　英作文する際の具体的な方法としては，まず思いつくことを，配列や論理的つながりは考えなくていいので書き留めていく。初めから英語で記すのが理想ではあるが，英語表現の工夫に取り紛れてせっかくの着想を忘れる恐れがあるから，手早く日本語あるいは和英混交で記録するとよい。次に，論理展開を考慮して，書き上げたものを取捨し，残ったものを矢印でつなぐ。そのつないだ順序で英文を 1 文ずつ作っていく。その際，できるだけ易しい表現で書くように努めること。その方が読み手にとっても理解しやすく，説得力のある文が書けるものである。このような練習を繰り返し行うことにより，英語で自己表現をすることが習慣化し，どのようなテーマであっても短時間で的確な英文が書ける力がついてくるのである。なお，1 文の長さは 15〜20 語が基本であるので，制限語数が 100 語の場合，5 〜 6 文程度となる。

3　読解要素を含む英文の要約

　このタイプの問題は，英文中の表現をそのまま使うことが可能であるという点では，取り組みやすいとも言える。もちろん，そのまま引用してはいけないという注意書きがあることもあるが，それでも少なくとも参考にはできる。また，英文の理解に時間がかかるという点では，自由英作文以上に時間の節約が必要かもしれない。

　まずは，高校 1・2 年生の英語の教科書，それも比較的易しい課の英文を使って，100 語程度にまとめる練習をしてみよう。内容的に重要となる文にアンダーラインを引きながら読み，それらの文をつなげてひとまとまりの英文を作ってみる。余分な表

現は削ぎ落とし，接続詞で2文を1文にするなどして100語に近づけていく。

　次に，そうやってできた英文の表現をできる限り変えてみよう。初めは，形容詞を副詞に変えたり，単数名詞を複数名詞にしたりするだけでもよい。慣れてきたら，構文を変えてみる。例えば能動態を受動態にしたり，接続詞でつないだ箇所を関係詞（関係代名詞や関係副詞）で表現してみる。少し高度だが，名詞構文へ変換してみる。こうやって少し手を加えただけでも，元の英文とは違った見栄えの英文となり，採点者に好印象を持ってもらえる。

　慣れてきたらやや難しい英文にも挑戦するとよい。目標時間を設定するのもいい訓練になる。とにかく，英語での要約問題では，いきなり自分の言葉で書こうとしないことが得策である。

4　資料の読み取り

　2021・2022年度に出題された新傾向の問題である。今後も出題されることが予想されるので，統計資料を扱うための表現を身につけておきたい。以下のまとめを覚えておこう。

《資料の読み取り問題で使える表現のまとめ》

① percent を使った表現

※「パーセント」の意味での percent は単複同形なので，percents とはしない。

- 「A は B の x %を占める」：A account for x percent of B. / A amount to x percent of B. / A comprise x percent of B. / A constitute x percent of B. / A make up x percent of B. / A form x percent of B.
- 「A の x %が…」：x percent of A ….
  ※述語動詞（…）の単数・複数は of に続く<u>名詞</u>の単数・複数と一致する。
- 「（点を示して）x %で」：at x percent
- 「（差を示して）x %だけ」：by x percent
- 「（帰着点を示して）x %に」：to x percent

②「第 x 位・過半数・絶対多数を占める」

- 「第1位を占める」：rank　first / take　（the）　first　place / hold　(the) first place / win (the) first place / head　the　list / top the list / be　at　the　top / be first / stand first
  ※2位以降は，first を second，third，… とし，最下位は last にする。
- 「過半数を占める」：have a majority
- 「絶対多数を占める」：command an absolute majority

③倍数表現

- 「A は B の x 倍…である」：A is x times as 原級 as B.
  ※ x には整数ばかりではなく，分数，小数も入る。
- 「x 倍 に な る〔す る〕」：動 詞 と し て は double（2 倍），triple（3 倍），quadruple（4 倍），quintuple（5 倍）。
  また，-fold を使って表現してもよいが，-fold は形容詞・副詞なので，become tenfold「10 倍になる」，increase tenfold「10 倍に増加する」のように使う。なお，manyfold は「何倍も」だが manifold は「多種多様な，多方面の」の意なので混同しないように。

④増加・減少の表現

- 「増加する」：increase / go up / rise / grow / expand / improve
  「急上昇する」：shoot up / soar / boom
  ※shoot down は「撃ち落とす，（議論の相手などを）論破する」の意。
  「上限に達する」：reach a maximum / reach a peak / rise at the higher end / peak
  「上昇傾向にある」：be on the upward trend
- 「減少する」：decrease / go down / fall / drop / decline / reduce
  「急落する」：slump
  「一時的に下がる，ちょっと落ちる」：dip
  「下限に達する」：reach a minimum / bottom out / fall at the lower end
  「下降傾向にある」：be on the downward trend
- 「増減なし」：do not change / level off / stabilize / maintain the same level / remain stable / remain constant / remain the same（remain の代わりに stay も可）
- 「変動する」：fluctuate / vary / move in a wavelike pattern / increase and decrease repeatedly / rise and fall constantly
- 変化の動き・速さを表す副詞
  「小さな変化」：gently / gradually / slightly / steadily / moderately / minimally
  「遅い変化」：slowly
  「大きな変化」：suddenly / abruptly / sharply / dramatically / drastically / steeply / a lot / hugely / substantially / considerably / significantly / markedly / maximally
  「速い変化」：rapidly／quickly／swiftly

第1章　読　解

次の英文を読み，設問に答えなさい。

During the late nineteenth and early twentieth century the race between education and technology was the impetus behind governments making primary and secondary schooling compulsory. Technological advances also shaped how people learnt. In the early twentieth century the principles of (1)'Taylorism' took hold in the factory, creating a focus on the standardisation of processes, the efficiency of work and the mass production of goods. As a result, schools unified their teaching practices, specialised curriculums, and measured success by student grades. This standardisation helped manage the increasing volume of students and, more importantly, equipped them for the needs of the modern workplace — getting students used to continuous assessment, sitting down for long periods of set hours and taking instruction from a leadership figure.

This form of education system, however, will simply be preparing people for a life that no longer exists and for jobs that are no longer available, because obvious changes need to occur. People will need more education as they live and work for longer. This extra education will need to be *spread out* over time rather than be front-loaded at the beginning of life. (2)And if learning is no longer front-loaded then what needs to be learnt *at the beginning* must focus less on specific skills and knowledge and more on learning how to build the foundations for a lifetime of learning. As the social philosopher Eric Hoffer remarked: 'In times of drastic change it is the learners who inherit the future. The learned usually find themselves equipped to live in a world that no longer exists.'

(3)The foundation of much current education assumes a scarcity of knowledge. The role of the teacher is to convey facts and test students on their memorisation of them. However, in 2018 Internet traffic was estimated to be 1.8 zetta* bytes — or more than all the words humans have written in their entire history. The world has transformed from having a scarcity to an abundance of knowledge.

This transformation requires a major change in how and what we learn. A shift in the education system from the idea of 'students' who acquire knowledge, to the notion of 'learners' who acquire skills and the ability to apply them. As Satya Nadelal, the CEO of Microsoft, briefly remarked: 'The "learn it all" will always beat the "know it all" in the long run.' The implication is that from an early stage, teaching has to focus on discovering where knowledge lies, dealing with ambiguity and uncertainty and assessing and evaluating insights to solve a particular problem. (4) These are the very human skills which Hans Moravec describes in his 'landscape of human competencies' as being least likely to be performed by a machine. Superimposing onto this the implications of longer working lives serves only to emphasise the crucial role of learning how to learn and discover (as well as how to 'unlearn').

It isn't just the human skills of critical thinking, hypothesis framing and synthesis that will be in demand from the education system. Given the rising tide of Moravec's landscape, the salary premium attached to communicating, teamwork and interpersonal skills will also inevitably increase. Angela Ahrendts, former vice president of retail at Apple Inc., understands the importance of this when she says: 'the more technologically advanced our society becomes, the more we need to go back to the basic fundamentals of human connection.'

The New Long Life by Andrew J. Scott and Lynda Gratton, Bloomsbury Publishing

Notes:

zetta*: 10^{21}

問 1. 下線部(1) 'Taylorism' が教育にどのような具体的な影響を与えたかについて，150字以内の日本語でまとめなさい。ただし，句読点も文字数に含む。

問 2. 下線部(2)を日本語に訳しなさい。

問 3. 下線部(3)が表す内容として最も適切なものを以下の(A)～(D)から一つ選び，記号で答えなさい。

(A) Our education system is failing to teach us the truth.

(B) Our education system prepares us for working in industry.

(C) Our schools assume we have too much information.

(D) Our schools teach what they think students don't know.

問 4. 下線部(4)These が指さないものを以下の(A)～(D)から一つ選び，記号で答えなさい。

(A) Critical thinking and problem-solving

(B) Finding the source of information

(C) Handling data that is inconclusive

(D) Memorization of facts and definitions

問 5. 以下の(A)～(D)のうち，本文の内容に合わないものを一つ選び，記号で答えなさい。

(A) Acquiring skills will be more important than the acquisition of knowledge in the future.

(B) Focusing on IT-related skills is sufficient to prepare students for the new marketplace.

(C) Progress will also include a return to traditional methods of working together with others.

(D) Society needs to re-think the priorities of its educational systems.

■今後の教育制度の姿

❶ 19世紀後半から20世紀初頭にかけて，教育と技術の間の競争は，政府による初等中等教育義務化を推進した。技術の進歩はまた，人々の学び方に影響を与えた。20世紀初頭，「テイラー主義」の諸原理が工場で定着し，プロセスの標準化，作業の効率化，および商品の大量生産に焦点が当てられた。その結果，学校は教育方法を統一し，カリキュラムを専門化し，生徒の成績によって到達度を測定した。この標準化は，増え続ける生徒を管理するのに役立ち，さらに重要なことに，彼らを現代の職場のニーズに対応できるようにした——つまり，常に評価されること，定められた時間長時間座っていること，そして，指導者から指導を受けること，それらに生徒を慣れさせたのだ。

❷ しかしながら，この形の教育システムによって人々は，もはや存在しない生活，および，もはや就くことのない仕事のための準備をしているに過ぎないであろう，なぜならば，明らかな変化が起こる必要があるからである。人々は以前より長く生き働くにつれて，さらなる教育を必要とするだろう。この追加の教育は，人生の初期に重点的に行うのではなく，長い期間をかけて「展開して」いく必要がある。(2)また，学習がもはや初期に詰め込むものでなくなるとすると，「はじめに」学習する必要があることは，特定の技能や知識よりも，生涯にわたる学習の基盤を構築する方法を学ぶことの方に，重点を置かなければならない。社会哲学者のエリック=ホッファーは次のように述べている。「劇的な変化の時代には，未来を継承するのは学習している者である。学び終えた者は通常，自分が身につけたものを生かす世界は，もはや存在しないことに気づく」

❸ 現在の多くの教育の基本は，知識の不足を前提としている。教師の役割は，事実を伝え，生徒の暗記度をテストすることである。しかしながら，2018年のインターネットトラフィックは1.8ゼタバイトだと見積もられており，これは，人類が有史以来書いてきたすべての言葉よりも多い数である。世界は不足状態から大量の知識へと変貌を遂げたのだ。

❹ この変化によって，我々が学ぶ方法とその内容は大きく変わる必要がある。知識を習得する「生徒」という概念から，技術とそれを使用する能力を習得する「学習者」という概念への，教育システムの変化である。マイクロソフト社のCEOであるサティア=ナデラは，簡潔に次のように述べている。「『すべてを身につける』ことは，『すべてを知る』よりも長期的には常に優れている」 その意味するところは，教育は早い段階から，知識がどこにあるかを発見すること，曖昧さと不確実性

に対処すること，および特定の問題を解決するための見識を見極め評価することに焦点を当てるべき，ということである。これらは非常に人間的な技能であり，ハンス=モラベックが彼の著書『人間の能力の風景』の中で，機械が最も苦手とする行為と説明しているものである。このことと長くなる労働生活の暗示することを重ねれば，学び，発見する方法（「学び直す」方法はもちろん）を身につけることの極めて重要な役割が強調されるだけなのである。

❺ 教育制度にこれから求められるのは，批判的思考，仮説の組み立てと統合という人間的な技能だけではない。モラベックの展望が広まるとすると，コミュニケーション，チームワーク，対人能力に付随する給与の特別手当も必然的に増加する。アップル社の元小売担当上級副社長アンジェラ=アーレンツはこのことの重要性を理解している。彼女はこう述べている。「我々の社会が技術的に進歩すればするほど，我々は人と人とのつながりの基本に立ち返る必要がある」

各段落の要旨

❶ 19世紀後半から20世紀初頭にかけて，政府による初等中等教育義務化が推進され，「テイラー主義」の諸原理が工場で定着し，学校は教育方法を標準化して，職場のニーズに対応できるようにした。

❷ しかしながら，この従来型の教育システムは長寿社会に対応していない。教育は，人生の初期に重点的に行うのではなく，長い期間をかけて展開していく必要があり，特定の技能や知識よりも，生涯学習の基盤を構築する方法を学ぶことに重点を置かなければならない。

❸ 現在の多くの教育の基本は，知識の不足を前提としており，教師の役割は，事実を伝え，生徒の暗記度をテストすることである。しかしながら，世界は知識の不足状態から知識が大量にある状態へと変貌を遂げている。

❹ この変化に合わせるために，教育システムも，知識を習得する「生徒」から，技術とそれを使用する能力を習得する「学習者」へと変化する必要がある。教育は早い段階から，知識の存在場所の発見，曖昧さと不確実性への対処，および特定の問題解決のための見識の評価に焦点を当てるべきである。これらは，機械が最も苦手とする，非常に人間的な技能なのである。長くなる労働生活を考慮すると，学び，発見する方法の習得が果たす重要な役割は強調されてしかるべきである。

❺ 今後の教育制度に求められるのは，批判的思考や，仮説の組み立てと統合という人間的な技能だけではない。コミュニケーション，チームワーク，対人能力等，人と人とのつながりの基本にも立ち返る必要があるのである。

解　説

問1　▶後続する第1段第4文の書き出しの As a result が大きなヒントになる。「結果として，結果的に」という表現がテイラー主義の与えた影響を導入する指標とな

っている。

▶ したがって，同段第4・5文（As a result, … a leadership figure.）をまとめるのだが，制限字数が「150字以内」と余裕があるので，情報の取捨選択，表現の圧縮等はせずに，ほぼ全訳すればよい。

語句　Taylorism「テイラー主義（フレデリック゠ウィンズロー゠テイラー（1856〜1915）によって提唱された科学的管理法。工場での生産性を最大化することを目的としている）」　teaching practice「教える実践行為，教育実習」　specialise「専門化する，専門に扱う」　grades「成績」　help *do*（原形不定詞）「〜するのに役立つ」　equip *A* for *B*「*A* に *B* のための素養を与える」　get *A* used to *B*「*A* を *B* に慣れさせる」　set「指定の，決められた」　figure「人物」

問2　And if learning is no longer front-loaded then what needs to be learnt *at the beginning* must focus less on specific skills and knowledge and more on learning how to build the foundations for a lifetime of learning.

▶ And if learning is no longer front-loaded「また，学習がもはや初期に詰め込むものでなくなるとすると」　if 〜 then …「もし〜ならば，…だ」　no longer「もはや〜でない」　front-loaded とは「前倒しの，初期段階に力を入れた」の意だが，難単語。しかし，現在の教育制度は人生の早い段階に集中している一方で，社会人教育・リカレント教育・生涯教育の重要性が叫ばれていることを考えると，なんとか意味を推測できるだろう。

▶ then what needs to be learnt *at the beginning*「『はじめに』学習する必要があることは」　then は if と相関的に用いて帰結節を示すメルクマールとして機能するもので，ことさらに訳出する必要はない。what は先行詞を内に含む関係代名詞で「〜なもの〔こと〕」　need to be *done* は「〜される必要がある」が直訳だが，日本語では被害・受益・客観化を表現する時以外，受動態「〜される」は好まれないので，能動態で「〜する必要がある」と訳せばよい。

▶ must focus less on specific skills and knowledge and more on learning how to build the foundations for a lifetime of learning「特定の技能や知識よりも，生涯にわたる学習の基盤を構築する方法を学ぶことの方に，重点を置かなければならない」　focus on 〜「〜に焦点を合わせる，〜に重点的に取り組む」　focus less on *A* and more on *B*「*A* にはより少なく，そして *B* にはより多く焦点を当てる」→「重点の置き方を *A* から *B* に変える，*A* よりも *B* の方に重点を置く」　*A* にあたるのが specific skills and knowledge, *B* にあたるのが learning how to build the foundations for a lifetime of learning である。a lifetime of 〜 は「一生の〜，生涯に及ぶ〜」の意であり，「〜の一生〔生涯〕」の意ではない。

問3　正解は(D)

▶選択肢の意味はそれぞれ次のとおり。

(A) 「我々の教育制度は，我々に真実を教えていない」

(B) 「我々の教育制度は，我々に産業で働く準備をさせている」

(C) 「我々の学校は，我々が情報をあまりにも多く持ちすぎていると想定している」

(D) **「我々の学校は，生徒が知らないだろうと思っていることを教えている」**

▶ The foundation of much current education assumes a scarcity of knowledge.「現在の多くの教育の基本は，知識の不足を前提としている」とは，現在行われている教育の多くは，学習する者の知識の不足をその基本に置いている，つまり，知識のない者に知識を与えるのが教育だとする考えが基盤になっているということである。

語句　foundation「土台，基盤」 assume「前提とする，当然と思う」 scarcity「不足，欠乏」 what they think students don't know は they (＝our schools) think (that) students don't know something「それら (＝我々の学校) は生徒が何かを知らないと思っている」を，関係代名詞 what を用いて名詞節にしたもの。something が what に置き換えられている。

問4　正解は(D)

▶選択肢の意味はそれぞれ次のとおり。

(A) 「批判的思考と問題解決」　　　(B) 「情報源を見つけること」

(C) 「不確定なデータの取り扱い」　(D) **「事実と定義の記憶」**

▶ These は直前に述べられた discovering where knowledge lies, dealing with ambiguity and uncertainty and assessing and evaluating insights to solve a particular problem「知識がどこにあるかを発見すること，曖昧さと不確実性に対処すること，および特定の問題を解決するための見識を見極め評価すること」を指している。discovering where knowledge lies は(B)，dealing with ambiguity and uncertainty は(C)，assessing and evaluating insights to solve a particular problem は(A)に該当する。したがって，(D)が含まれていない。

問5　正解は(B)

▶選択肢ごとに，意味と真偽について検討する。

(A) 「将来的には，技術の習得の方が知識の習得よりも重要になるだろう」

　　第4段第2文（A shift in …）に「知識を習得する『生徒』という概念から，技術とそれを使用する能力を習得する『学習者』という概念への教育システムの変化」とあるのに合致する。

(B) 「IT関連の技術に焦点を当てることは，生徒を新たな市場に備えさせるのに十

分である」

本文にこのような記述はない。

(C) 「進歩には，他人と協力するという従来の方法への回帰も含まれる」

最終段最終文のアンジェラ=アーレンツの発言（'the more …）に合致する。技術が進歩するほど，人間関係の基本に戻る必要があると述べられている。「人間関係の基本」を，選択肢では「他人との協力」と言い換えている。

(D) 「社会は教育制度の優先事項を再考する必要がある」

第2段第2～4文（People will need … lifetime of learning.）に「人々は長寿になり長く働くにつれ多くの教育を必要とするようになり，人生の初期だけではなく長い期間をかけた教育が必要となる。また，最初に学習すべきことは，特定の技能や知識よりも，生涯学習の基盤を構築する方法を学ぶことである」とあるのに合致する。(D)は，長寿社会では，従来型の教育の内容を見直すべきだという本文全体の主旨を端的に表現している。

語句 acquisition「獲得，習得（acquire の名詞形）」 IT-related「IT 関連の」IT は information technology の頭字語で「情報技術」の意。prepare *A* for *B*「*A* を *B* に備えさせる」 include「～を包含する，～も含まれる」 work together with ～「～と一緒に働く，～と協調〔協力〕する」 re-think「再考する，見直す」 the priorities「優先事項」

問1 学校は教え方を統一し，カリキュラムを専門化し，生徒の成績によって到達度を測定した。こうした標準化は増加する生徒を管理するのに役立った。また，評価されること，定められた時間長時間座っていること，指導者から指導を受けることに生徒を慣れさせて，現代の職場が求める資質を生徒が身につけられるようにした。(147字)

問2 また，学習がもはや初期に詰め込むものでなくなるとすると，「はじめに」学習する必要があることは，特定の技能や知識よりも，生涯にわたる学習の基盤を構築する方法を学ぶことの方に，重点を置かなければならない。

問3 (D)

問4 (D)

問5 (B)

2

次の英文を読み，設問に答えなさい。

(1) _____ Why did you fall in love with your partner? When we start to examine the basis of our life choices, whether they are important or fairly simple ones, we might come to the realization that we don't have much of a clue. We might even wonder whether we really know our own mind, and what goes on in it outside of our conscious awareness.

Luckily, psychological science gives us important and perhaps surprising insights. One of the most important findings comes from psychologist Benjamin Libet in the 1980s. He devised (2) an experiment which was deceptively simple, but has created an enormous amount of debate ever since.

Participants were asked to sit in a relaxed manner in front of an adapted clock. On the clock face was a small light revolving around it. All those taking part had to do was to bend their finger whenever they felt the urge, and remember the position of the light on the clock face when they experienced the initial urge to move their finger. At the same time as that was all happening, the participants had their brain activity recorded via an electroencephalogram* (EEG), which detects levels of electrical activity in the brain.

What Libet was able to show was that timings really matter, and they provide an important clue as to whether or not the unconscious plays a significant role in what we do. He showed that the electrical activity in the brain built up well before people consciously intended to bend their finger, and then went on to do it.

In other words, unconscious mechanisms, through the preparation of neural activity, set us up for any action we decide to take. But this all happens before we consciously experience intending to do something. Our unconscious appears to rule all actions we ever take.

But, as science progresses, we are able to revise and improve on what we know. (3) We now know that there are several basic problems with the experimental set-up that suggest the claims that our unconscious fundamentally rules our behavior are significantly exaggerated. However, the original findings are still fascinating even if they can't be used to claim our unconscious completely rules our behavior.

Another way of approaching the idea of whether we are ultimately ruled by our unconscious is to look at instances where we might expect unconscious manipulation to occur. The most common example was marketing and advertising. This may not be a surprise given that we often come across terms such as "subliminal advertising", which implies that we are guided towards making consumer choices in ways that we don't have any control over consciously.

James Vicary, who was a marketer and psychologist in the 1950s, brought the concept to fame. He convinced a cinema owner to use his device to flash messages during a film screening. Messages such as "Drink Coca-Cola" flashed up for a 3,000th of a second. He claimed that sales of the drink shot up after the film ended. After significant public anger concerning the ethics of this finding, Vicary came clean and admitted the whole thing was fake — he had made up the data.

In fact, it is notoriously difficult to show in laboratory experiments that the flashing of words below the conscious threshold* can prepare us to even press buttons on a keyboard that are associated with those stimuli, (4) _____ manipulate us into actually changing our choices in the real world.

As with the Libet study, this research motivated intense interest. Unfortunately, efforts to reproduce such impressive findings were extremely difficult, not only in the original consumer contexts, but beyond into areas where unconscious processes are thought to be common such as in unconscious lie detection, medical decision-making, and romantically motivated risky decision-making.

(5) That said, there are of course things that can influence our decisions and steer our thinking that we don't always pay close attention to, such as emotions, moods, tiredness, hunger, stress and biases. But that doesn't mean we are ruled by our unconscious — it is possible to be conscious of these factors. We can sometimes even counteract them by putting the right systems in place, or accept that they contribute to our behavior.

To what extent are we ruled by unconscious forces?, The conversation on May 26, 2021 by Magda Osman

Notes:

electroencephalogram*: 脳波図 (脳波電位の記録)

threshold*: 人が何かを感じ，反応し始める水準

問 1. 下線部 (1) の空所に入る最も適切なものを以下の (A) ～ (D) の中から一つ選び，記号で答えなさい。

(A) What is a cause of climate change?
(B) What is the meaning of life?
(C) Why did you buy your car?
(D) Why were you born where you were born?

問 2. 下線部 (2) an experiment の手順 (結果や意義は含まない) を，100～120字の日本語でまとめなさい。ただし，句読点も字数に含む。また，英文字も1字とする。

問 3. 下線部 (3) を日本語に訳しなさい。

問 4. 下線部 (4) の空所に入る最も適切なものを以下の (A) ～ (D) の中から一つ選び，記号で答えなさい。

(A) as well as

(B) in addition

(C) let alone

(D) or it could

問 5. 下線部 (5) <u>That said</u> に最も近い意味を表すものを以下の (A) ～ (D) の中から一つ選び，記号で答えなさい。

(A) As is often the case,

(B) As mentioned above,

(C) Moreover,

(D) Nevertheless,

問 6. 以下の (A) ～ (D) のうち，本文の内容に<u>合わない</u>ものを一つ選び，記号で答えなさい。

(A) Electrical activity in the brain very often predicts what behavior will follow.

(B) Our feelings and current mental condition likely steer some of our behavior.

(C) The experiments of James Vicary are concrete proof that unconscious processes influence our decision-making.

(D) The research of Benjamin Libet was an important step in our understanding of unconscious influence.

全　訳

■無意識が我々の行動に与える影響

❶　なぜあなたはあなたの車を買ったのか。なぜあなたはあなたのパートナーと恋に落ちたのか。我々が人生の選択の根拠を調べ始めると，その選択が重要であろうが，かなり単純なものであろうが，大した手がかりはないことに気付くかもしれない。我々は自分の頭脳を本当に知っているのか，そして自分の意識の外で，頭脳で何が起こっているのか疑問にさえ思うかもしれない。

❷　幸いなことに，心理学は重要でおそらく驚くべき洞察を与えてくれる。最も重要な研究結果の一つは，1980年代の心理学者ベンジャミン=リベットによるものだ。彼は一見単純そうに見える実験を考案したが，それ以来，膨大な量の論争を巻き起こしてきた。

❸　被験者は，改造した時計の前でリラックスして座るように言われた。時計の文字盤では，小さな光が回っていた。参加者たちがしなければならないことは，そうしたい衝動を感じるたびに指を曲げること，および，指を動かしたいという最初の衝動を経験したときの，文字盤上の光の位置を覚えておくことだけだった。それらすべてを行っているのに並行して，被験者は，脳内の電気的活動のレベルを検出する脳波図を介して，脳の活動が記録された。

❹　リベットが示すことができたのは，タイミングが本当に重要であるということ，そしてそのタイミングによって，無意識が我々の行動に重要な役割を演じているかどうかについての重要な手がかりが得られる，ということだった。彼が示したのは，人々が意識的に指を曲げようとするよりもかなり前に脳の電気的活動が高まり，それに続いて指を曲げたということだった。

❺　言い換えれば，無意識のメカニズムが，神経活動の準備を通じて，我々がやろうと決めたあらゆる行動に対して我々を準備させるのである。しかし，こうしたすべては，我々が何かをしようとする経験を自覚する前に起こる。我々の無意識は，我々がとるすべての行動を支配しているように見える。

❻　しかし，科学が進歩するにつれて，我々は自分が知っていることを修正し，改善することができるようになる。(3)我々は現在，この実験の設定に関して，無意識が我々の行動を根本的に支配しているという主張は，著しく誇張されたものであるということを示す，基本的な問題がいくつかあることを知っている。しかしながら，元々の研究結果は，たとえ無意識が我々の行動を完全に支配していると主張するためには使えないとしても，依然として魅力的である。

❼　我々が結局のところ無意識に支配されているのか，という考えに取り組む別の

方法は，無意識の操作が発生すると予想されうる実例に目を向けることである。最も一般的な例は，マーケティングと広告だった。「サブリミナル広告」などの用語に出くわすことがよくあることを考えると，これは驚くことではないかもしれない。サブリミナル広告は，我々が意識的に制御できない方法で，消費選択を行うように我々を導くことを意味するものだ。

❽ 1950 年代に市場調査員で心理学者だったジェームズ゠ヴィカリーは，この概念を有名にした。彼は映画館の所有者を説得して，映画の上映中に自分の装置を使用してメッセージを点滅させた。「コカ・コーラを飲もう」などのメッセージが 3000分の 1 秒間点滅した。彼は，映画が終わった後この飲み物の売り上げが急上昇した，と主張した。この結果の倫理に関して民衆が激怒した後，ヴィカリーは白状し，すべてがいかさまだったと認めた——彼はデータをでっち上げたのだ。

❾ 実際，実験室での実験で，意識の閾値より下での言葉の点滅が，現実世界で我々に選択を実際に変更するよう，操作できるということは言うまでもなく，それらの刺激に関連付けられているキーボード上のボタンを押すようにでさえ，我々に準備させられると示すのは難しい，ということは周知の事実である。

❿ リベットの研究と同様に，この研究は強い関心を呼び起こした。残念ながら，そのような印象的な研究結果を再現しようとする努力は，元々の消費者の文脈だけでなく，それ以上の，無意識の嘘発見，医学的意思決定，そしてロマンチックな動機の危険な意思決定など，無意識のプロセスが一般的であると考えられている領域であっても，非常に困難だった。

⓫ とはいえ，もちろん，意思決定に影響を与え，思考を左右する可能性があるのに，我々が常に注意を払うとは限らないものがある。たとえば，感情，気分，倦怠感，空腹感，ストレス，偏見などである。しかし，だからといって我々が無意識に支配されているというわけではない——これらの要因を意識することは可能なのだ。適切なシステムを実行することで，それらに対抗さえできることもあり，またそれらが我々の行動の一因となるのを受け入れられる場合もあるのである。

❶ 我々がする人生の選択の根拠を調べても，手がかりは見出せないかもしれない。そして，自分の頭脳について本当に知っているのか，意識の外では，そこで何が起こっているのかと疑問がわくかもしれない。

❷ 1980年代の心理学者リベットが考案した実験は，多くの論争を巻き起こしてきた。

❸ この実験では，文字盤上を小さな光が回る時計の前に被験者を座らせ，指を曲げたい衝動を感じたら指を曲げ，その衝動を最初に経験したときの光の位置を覚えておくよう求める。同時に，脳内の電気的活動レベルを測る脳波図を介して，被験者の脳の活動を記録した。

❹ リベットが示したのは，人々が意識的に指を曲げようとするより前に，脳の電気的活動が高まり，それに続いて指を曲げたということだった。

❺ 無意識のメカニズムは，神経活動の準備を通じて，我々がとるすべての行動に対して我々を準備させるのだが，こうしたことは，我々が何かをしようと意識するよりも前に生じるということだ。

❻ 現在では，無意識が我々の行動を支配しているという主張は，著しく誇張されたものとわかっているが，研究結果は依然として魅力的である。

❼ 我々が無意識に支配されているのかを検証する方法として，サブリミナル広告が挙げられる。

❽ 1950年代に心理学者ヴィカリーは，映画館での実験でサブリミナル効果を実証したと主張したが，実はデータをでっち上げていたことを白状した。

❾ 実験では，点滅する言葉によって潜在意識に働きかけても，現実世界での選択を実際に変更させるのは難しく，キーボードのボタンを押させることでさえ難しいのである。

❿ リベットの研究と同様に，ヴィカリーの研究は強い関心を呼び起こし，印象的な研究結果を再現しようとしたが，消費者の購買行動以外の，無意識の支配が考えられているいくつかの領域でも，非常に困難だった。

⓫ 意思決定に影響を与える可能性があるものに，感情，気分，倦怠感，空腹感，ストレス，偏見などがあるが，我々が無意識に支配されているとはいえない。これらの要因を意識することは可能だし，適切なシステムを実行することでそれらに対抗できる。また，それらが我々の行動の一因となるのを受け入れられる場合もある。

解 説

問1　正解は(C)

▶選択肢の意味はそれぞれ次のとおり。

(A)　「気候変動の原因は何か？」

(B)　「人生の意味は何か？」

(C)　「なぜあなたはあなたの車を買ったのか？」

各段落の要旨

(D) 「なぜあなたは生まれた場所で生まれたのか？」

▶第1段第3文（When we start …）に「我々が人生の選択の根拠を調べ始めると，自分がその選択をした手がかりが大してないことに気付く」とあることからわかるように，自分がなぜそうしたかがわからない人生の選択の事例が入るはずである。

▶(A)，(B)，(D)は人生の選択ではない。なお，「なぜ自分の伴侶と恋に落ちたのか？」という同段第2文（Why did you …）も人生の選択の事例である。

語句　much of a ～「（否定文で）大した～（はない）」　go on「生じる，発生する」

問2　▶第3段に実験の手順が具体的に述べられている。第3段を全訳すると200～220字程度になるので，情報を取捨選択し，形容詞や副詞といった修飾語句を削り，上位概念を用いて表現を圧縮するなどして，これを半分程にして，制限字数内にまとめる。

▶ポイントは，文字盤上を小さな光が回る時計の前に被験者を座らせ，指を曲げたい衝動を最初に感じたときの光の位置を覚えておかせること，脳波図を介して被験者の脳内の電気的活動を記録すること，の2点である。

語句　adapted「改造された」　clock face「時計の文字盤」　the participants had their brain activity recorded には，have *A done*「*A*を～される，*A*を～してもらう」が使われている。via「～を通って，～によって」　detect「検知する，見つける」

問3　We now know that there are several basic problems with the experimental set-up that suggest the claims that our unconscious fundamentally rules our behavior are significantly exaggerated.

▶ We now know that … 「我々は現在…ということがわかっている／我々の現在の認識では…」

▶ there are several basic problems with the experimental set-up 「この実験の設定に関して，いくつかの基本的な問題がある」　with ～ は関連性を表して「～に関して」の意。（例）1. That is always the case with him.「彼はいつもそうだ」　2. With many people, love comes first.「多くの人にとって，愛が第一である」

▶ that suggest the claims that our unconscious fundamentally rules our behavior are significantly exaggerated「無意識が我々の行動を根本的に支配しているという主張は，著しく誇張されたものであるということを示す」　関係代名詞 that の先行詞は problems である（suggest に三単現の s が付いていないので，直前の set-up は先行詞ではない）。the claims の後に，that our unconscious fundamentally rules our behavior という同格節が挿入されている。

語句 set-up「設定，構成」 claim「主張」 rule「支配する，牛耳る」 exaggerate「誇張する，大げさに言う」

問4 正解は(C)

▶選択肢の意味はそれぞれ次のとおり。

(A) 「同様に」　　　　　　　　　　　(B) 「おまけに」

(C) 「～は言うまでもなく」　　　　(D) 「またはそれはあり得る」

▶まず構文の理解が必要である。2つの動詞句① prepare us to … with those stimuli 「我々を，それらの刺激に関連付けられているキーボード上のボタンを押す気にさせる」と，② manipulate us into … in the real world「現実世界で，実際に選択を変更するよう我々を操作する」が can につながっていて，the flashing of words below the conscious threshold「意識の閾値より下での言葉の点滅」が共通の主語になっていることを見抜く。2つの動詞句①と②を比べると，①は実験室内で実験装置のボタンを押すだけなのに対し，②は現実の世界での選択を変更するのであるから，難度が高くなっている。したがって，「②は言うまでもなく①さえ難しい」という論理が成立する。

問5 正解は(D)

▶選択肢の意味はそれぞれ次のとおり。

(A) 「よくあることだが」

(B) 「上記のとおり」

(C) 「さらにまた」

(D) 「それでもなお，とはいうものの」

▶ That said は That being said（＝Though that may be said の分詞構文で，that は直前に述べた内容を指す）の短縮形で，文頭で用いて「とはいえ，そうは言っても」の意。よって，(D)が正解となる。なお，類似表現として having said that や be that as it may「それはそれとして，いずれにしても」もよく使われるので押さえておこう。

問6 正解は(C)

▶選択肢ごとに，意味と真偽について検討する。

(A) 「脳内の電気的活動は，どのような行動がそれに続くかを予測することが非常に多い」

第4段最終文（He showed that …）に一致する。指を曲げようと意識する前に，その活動を示す電気的活動が脳に現れ，その後，指を曲げたということだから，

電気的活動は続く行動を予測すると言える。

(B) 「我々の感情と現在の精神状態は、我々の行動の一部を左右する可能性がある」

最終段第1文（That said, there …）「感情，気分…など，意思決定に影響を与え，思考を左右する可能性があるものがある」に合致する。「感情，気分」が「我々の感情と現在の精神状態」と言い換えられている。

(C) 「ジェームズ=ヴィカリーの実験は，無意識のプロセスが我々の意思決定に影響を与えるという具体的な証拠である」

第8段最終文（After significant public anger …）に「ヴィカリーは白状し，すべてがいかさまだったと認めた――彼はデータをでっち上げたのだ」とあるので，concrete proof「具体的な証拠」ではない。

(D) 「ベンジャミン=リベットの研究は，無意識の影響を理解する上で重要な一歩だった」

第2段第2文（One of the most …）「最も重要な研究結果の一つは，1980年代の心理学者ベンジャミン=リベットによるものだ」に合致する。

語句　predict「予測する，予知する」 mental condition「精神状態」 likely「たぶん，おそらく」 steer「操る，誘導する」 decision-making「意思決定」 in our understanding of unconscious influence を言い換えると，when we understand unconscious influence となる。

問1　(C)

問2　文字盤上を小さな光が回る時計の前に被験者を座らせ，指を曲げたい衝動を感じたら指を曲げ，その衝動を最初に経験したときの光の位置を覚えておくよう求める。同時に，脳内の電気的活動レベルを測る脳波図を介して被験者の脳内の電気的活動を記録する。（117字）

問3　我々は現在，この実験の設定に関して，無意識が我々の行動を根本的に支配しているという主張は，著しく誇張されたものであるということを示す，基本的な問題がいくつかあることを知っている。

問4　(C)

問5　(D)

問6　(C)

3

次の英文を読み, 設問に答えなさい。文中の (A)〜(D) については, **問1**を
見ること。

Imagine that four teams of friends have gone to a shooting arcade. Each
team consists of five people; they share one rifle, and each person fires one shot
to hit the bull's-eye, the small circular area at the center of a target. Figure 1
shows their results.

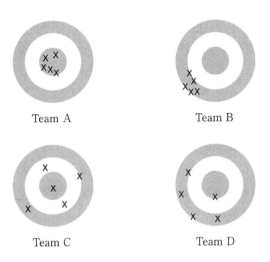

Figure 1: *Four teams*

Team A:	(A)
Team B:	(B)
Team C:	(C)
Team D:	(D)

But this is not a book about target shooting. Our topic is human error.

Bias and noise — systematic deviation and random scatter — are different components of error. The targets illustrate the difference.

The shooting arcade is a metaphor for what can go wrong in human judgment, especially in the diverse decisions that people make on behalf of organizations. In these situations, we will find the two types of error illustrated in figure 1. Some judgments are biased; they are systematically off target. Other judgments are noisy, as people who are expected to agree end up at very different points around the target. Many organizations, unfortunately, are afflicted by both bias and noise.

Figure 2 illustrates an important difference between bias and noise. (1) It shows what you would see at the shooting arcade if you were shown only the backs of the targets at which the teams were shooting, without any indication of the bull's-eye they were aiming at.

From the back of the target, you cannot tell whether Team A or Team B is closer to the bull's-eye. But you can tell at a glance that Teams C and D are noisy and that Teams A and B are not. Indeed, you know just as much about scatter as you did in figure 1. A general property of noise is that you can recognize and measure it while knowing nothing about the target or bias.

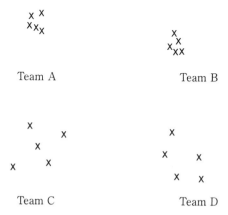

Figure 2: *Looking at the back of the target*

38 第1章 読解

(2) <u>The general property of noise just mentioned</u> is essential for our purposes in this book, because many of our conclusions are drawn from judgments whose true answer is unknown or even unknowable. When physicians offer different diagnoses for the same patient, we can study their disagreement without knowing what troubles the patient. When film executives estimate the market for a movie, we can study the variability of their answers without knowing how much the film eventually made or even if it was produced at all. (3) <u>We don't need to know who is right to measure how much the judgments of the same case vary.</u> All we have to do to measure noise is look at the back of the target.

To understand error in judgment, we must understand both bias and noise. Sometimes, noise is the more important problem. But in public conversations about human error and in organizations all over the world, noise is rarely recognized. Bias is the star of the show. Noise is a minor player, usually offstage. The topic of bias has been discussed in thousands of scientific articles and dozens of popular books, few of which even mention the issue of noise. This book is our attempt to set the balance right.

Noise by Daniel Kahneman, Little, Brown and Company

問 1. Figure 1 の Team A, B, C, D の説明として最も適切なものを, 以下の (ア)〜(エ) からそれぞれ一つ選び, 記号で答えなさい。

(ア) This team is both *biased* and *noisy*. Its shots are systematically off target and widely scattered.

(イ) In an ideal world, every shot would hit the bull's-eye. This team's shots are tightly clustered around the bull's-eye, close to a perfect pattern.

(ウ) This team is *noisy* because its shots are widely scattered. There is no obvious bias, because the impacts are roughly centered on the bull's-eye. If one of the team's members took another shot, we would know very little about where it is likely to hit. Furthermore, no interesting hypothesis comes to mind to explain the results of this team. We know that its members are poor shots. We do not know why they are so noisy.

(エ)　This team is *biased* because its shots are systematically off target. As the figure illustrates, the consistency of the bias supports a prediction. If one of the team's members were to take another shot, we would bet on its landing in the same area as the first five. The consistency of the bias also invites a causal explanation: perhaps the gunsight on the team's rifle was bent.

問 2.　本文中の語 "bias" に最も近い意味を表す 2 語の句を本文から探して書きなさい。

問 3.　下線部 (1) を日本語に訳しなさい。

問 4.　下線部 (2) The general property of noise just mentioned がこの文脈で指す内容を，日本語で書きなさい。

問 5.　下線部 (3) を日本語に訳しなさい。

問 6.　以下の (A)〜(D) のうち，本文の内容に合わないものを一つ選び，記号で答えなさい。

(A)　*Bias* and *noise* provide difficulties for many organizational decisions.

(B)　*Noise* needs to be the focus of more analysis in the future.

(C)　"Target shooting" is an easy-to-understand metaphor for decision-making mistakes.

(D)　The terms *bias* and *noise* can be used to describe the same phenomenon.

全　訳

■ヒューマンエラーのバイアスとノイズ

❶ 友人の４つのチームが射撃場に行ったと想像してみよう。各チームは５人で構成されている。彼らは１丁のライフルを共有し，各人が１発の銃弾を発射して，標的，つまり的の中心の小さな円形を狙った。図１はその結果を示している。

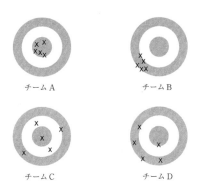

図1：4つのチーム

チーム A:　＿＿＿＿＿＿＿＿＿＿＿＿＿＿＿（A）＿＿＿＿＿＿＿＿

チーム B:　＿＿＿＿＿＿＿＿＿＿＿＿＿＿＿（B）＿＿＿＿＿＿＿＿

チーム C:　＿＿＿＿＿＿＿＿＿＿＿＿＿＿＿（C）＿＿＿＿＿＿＿＿

チーム D:　＿＿＿＿＿＿＿＿＿＿＿＿＿＿＿（D）＿＿＿＿＿＿＿＿

❷ しかし，これは射撃に関する本ではない。我々のトピックはヒューマンエラーである。バイアスとノイズ——系統だった偏りとランダムな散らばり——は，エラーの異なった要素である。図１の的はその違いを示している。

❸ 射撃場は，人間が判断を行う際，特に人々が組織の代表として行う多様な決定において，うまくいかない可能性があるものを示す，暗喩である。この状況では，図１に示されている２種類のエラーがある。一部の判断には偏りがある。つまり，体系的に目標から外れている。また一部の判断にはばらつきがある，というのも，一致するはずの人々が，目標の周りの非常に様々な点に行き着くからである。残念ながら，多くの組織はバイアスとノイズの両方に悩まされている。

❹ 図２は，バイアスとノイズとの間の重要な違いを示している。(1)それは，各チームが狙っている的の中心をまったく表示しないで，彼らが撃っている標的の裏側だけが見せられたならば，射撃場で目にするであろうものを示している。

❺ 標的の後ろを見ても，チームＡとチームＢのどちらが中心に近いのかはわからない。しかし，チームＣとＤは散らばりが多く，チームＡとＢはそうでないことが一目でわかる。実際のところ，図１と同じ程度に，散らばりについてはよくわかる。ノイズの一般的な特性は，目標やバイアスについて何も知らなくても，それを認識して測定できることである。

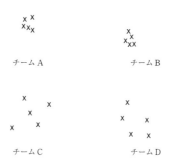

チームＡ   チームＢ

チームＣ   チームＤ

図2：標的の後ろを見る場合

❻ 今述べたノイズの一般的な特性は，この本における我々の目的にとって不可欠である。なぜならば，我々の出す結論の多くは，真の答えが未知であるか，または不可知でさえある判断から導き出されるからである。医師が同じ患者に対して異なる診断を提供する場合，何がその患者を悩ませているかを知らなくても，医師の意見の不一致を調査することはできる。映画界の経営者たちがある映画の市場を見積もる場合，我々は，その映画が最終的にどれだけもうけたかを知らなくても，あるいは，たとえ，そもそもそれが制作されたのかどうか知らなかったとしても，彼らの答えの変わりやすさを調査することはできる。(3)同じ事例に対する判断がどれほど異なるかを測定するのに，誰が正しいのかを知る必要はないのである。ノイズを測定するためには，標的の後ろを見るだけでよいのである。

❼ 判断の誤りを理解するには，バイアスとノイズの両方を理解する必要がある。時として，ノイズの方が重要な問題となる。しかし，ヒューマンエラーに関する公共の議論や世界中の組織では，ノイズが認識されることはめったにない。バイアスがショーの花形なのだ。ノイズはマイナーなプレーヤーで，通常は舞台裏の存在である。バイアスの話題は，何千もの科学記事や何十冊もの人気のある本で議論されているが，そのうちのほとんどはノイズの問題に言及すらしていない。本書は，バランスを正しくするための試みなのである。

各段落の要旨

❶ 各チーム5人で構成されている4つのチームが射撃場に行き，各人が1発の銃弾を発射して，標的の中心を狙ったと考えてみよう。図1はその結果を示している。

❷ 我々の話題はヒューマンエラーであり，バイアスとノイズ——系統だった偏りとランダムな散らばり——が，エラーの要素である。

❸ 射撃場は，人間が判断を行う際のエラーの可能性を表す暗喩である。図1には2種類のエラーが示されている。体系的に目標から外れているのは判断の偏りを示し，また散らばりは判断のばらつきを示している。

❹ 図2は，バイアスとノイズとの間の重要な違いを示している。図2は，各チームが射撃している標的の後ろだけを見せたものである。

❺ 標的の後ろを見ても，散らばりについてはよくわかる。ノイズの一般的な特性は，目標やバイアスについて何も知らなくても，それを認識して測定できることである。

❻ ノイズのこの特性は，この本の目的にとって不可欠である。同じ事例に対する判断がどれほど異なるかを測定するのに，誰が正しいのかを知る必要はない。ノイズを測定するためには，標的の後ろを見るだけでよいのである。

❼ 判断の誤りを理解するには，バイアスとノイズ両方の理解が必要だが，バイアスの話題が議論の表舞台に立ち，ノイズの問題には言及すらされない。ノイズが重要な問題であることを本書では示したい。

解　説

問1　▶選択肢の意味と図1のチームA～Dとの適合は次のとおり。

(ア)「このチームにはバイアスとノイズの両方がある。射撃痕は体系的に標的から外れており，広く散らばっている」
体系的に的から外れて散らばっているのはチームDである。左に偏って散らばっている。

(イ)「理想的な世界では，すべての射撃が的の中心に当たるだろう。このチームの射撃痕は的の中心の周りに密集していて，完璧なパターンに近い」
射撃痕が的の中心に集まっているのはチームAである。

(ウ)「射撃痕が広く散らばっているため，このチームにはノイズがある。射撃痕はおおむね的の中心に集中しているので，明らかなバイアスはない。チームのメンバーの1人がもう一度撃ったら，それがどこに当たりそうかについては，ほとんどわからない。さらに，このチームの結果を説明するための興味深い仮説は何も思い浮かばない。このチームのメンバーは射撃が下手であることがわかる。なぜそんなにノイズがあるのかわからない」
偏りなく広く散らばっているのはチームCである。

(エ)「射撃痕が体系的に標的から外れているため，このチームにはバイアスがある。

　図が示すように，バイアスの一貫性はある予測を裏付ける。仮に，チームのメンバーの１人がもう一度撃ったら，きっと最初の５発と同じ領域に着弾するだろう。バイアスの一貫性は，原因の説明をももたらす。おそらく，このチームのライフルの照準器が曲がっていたのだろう」

　５発とも中心から外れた同じ領域に着弾しているチームBが当てはまる。

▶本文の「バイアス」と「ノイズ」が，「系統〔体系〕的なはずれ」と「ランダムな散らばり」を意味することを押さえておけば解答は難しくない。

語句　biased「偏りがある」　noisy「散らばりがある」　scattered「散らばっている」　tightly「しっかりと」　cluster「群がる」　hypothesis「仮説」　illustrate「例証する」　consistency「一貫性，不変性」　if S were to *do*「（仮定として）Sが～するとすれば」　bet on ～「きっと～だ（「～に賭ける」が原義）」　landing「着弾」　causal「因果関係を示す」　gunsight「照準器」　bent「曲がった」（bend「曲げる」の過去・過去分詞形）

問 2　▶第２段第３文（Bias and noise …）で Bias and noise の同格の説明語句がダッシュ（—）で挿入されており，bias は systematic deviation，noise は random scatter と説明されている。punctuation（句読法）の機能を理解していれば容易に解ける設問は九大英語では少なくないので，ダッシュ（—），コロン（：），セミコロン（；）といった基本的な記号の機能は押さえておこう。

問 3　It shows what you would see at the shooting arcade if you were shown only the backs of the targets at which the teams were shooting, without any indication of the bull's-eye they were aiming at.

▶ It shows what you would see at the shooting arcade「それ（＝図２）は射撃場で目にするであろうものを示している」　would は後続する仮定法過去の if 節に対応している。shooting arcade は「射撃場（＝（rifle) range）」の意。

▶ if you were shown only the backs of the targets「標的の裏側だけを見せられたなら」　back は「裏側，背後」の意。

▶ at which the teams were shooting「チームが射撃している」　at ～ は「～をめがけて」の意で，which の先行詞は targets である。

▶ without any indication of the bull's-eye「的の中心をまったく表示しないで」　indication は indicate の名詞形で「指示，表示」の意。

▶ they were aiming at「彼らが狙っている」　they の前に目的格の関係代名詞 which か that が省略されている。aim at ～「～を狙う，～に狙い〔照準〕を定める」

問4　▶「今述べたノイズの一般的な特性」とは，第5段最終文（A general property …）に「ノイズの一般的な特性は，目標やバイアスについて何も知らなくても，それを認識して測定できることである」と述べられている。説明問題だが，代名詞 it は「それ」と訳すのでよい。この文脈での it は noise のことだろう。また，解答の文尾は「～という特性」あるいは「～ということ」で結ぶ。

語句　property「特性」　mentioned「言及された」

問5　We don't need to know who is right to measure how much the judgments of the same case vary.

▶ We don't need to know who is right「誰が正しいかを知る必要はない／誰が正しいかを知らなくても構わない」
つまり正解，的の中心を知る必要はないということ。need to *do*「～する必要がある」は，後続する目的を表す to 不定詞（to measure …）と相関して用いられている。

▶ to measure how much the judgments of the same case vary「同じ事例に対する判断がどれほど異なるかを知るためには」　vary は自動詞で「変わる，さまざまである」の意。

問6　正解は(D)
▶選択肢ごとに，意味と真偽について検討する。
(A)「バイアスとノイズは，組織の決定の多くを困難にする」
　　第3段最終文（Many organizations, …）「多くの組織はバイアスとノイズの両方に悩まされている」に合致する。
(B)「ノイズは今後さらなる分析の焦点となる必要がある」
　　最終段の主張，特に最後の2文（The topic of … the balance right.）「バイアスは，何千もの科学記事や何十冊もの人気のある本で議論されているが，ノイズに言及されることはめったにない。この本では，このバランスを正しくしたい」に合致する。
(C)「『標的射撃』は，意思決定の間違いを示す理解しやすい暗喩である」
　　第3段第1文（The shooting arcade …）「射撃場は，人間の判断，特に人々が組織を代表して行う多様な決定において，うまくいかない可能性があるものを示す，暗喩である」に合致する。
(D)「バイアスとノイズという用語は，同じ現象を表すために使用できる」
　　本文にこのような記述はない。また，第2段第3文（Bias and noise …）に「バイアスとノイズはエラーの異なる要素」とあるので，2つは別の現象として区別

されている。バイアスとノイズという2つの用語が，同じ現象を表すことはあり
えない。

語句　organizational decision「組織的意思決定」　an easy-to-understand metaphor
は a metaphor which is easy to understand の関係詞節から which is を省略し，残
りをハイフンで連結して前置した表現である。be used to *do* は受動態で「〜する
ために使われる」の意。be used to A〔*doing*〕「A〔〜すること〕に慣れている」
や used to *do*「（今とは違って）以前は〜したものだった」と混同しないように。

問1　A—(イ)　B—(エ)　C—(ウ)　D—(ア)

問2　systematic deviation

問3　それは，各チームが狙っている的の中心をまったく表示しないで，彼らが
撃っている標的の裏側だけが見せられたならば，射撃場で目にするであろうも
のを示している。

問4　目標やバイアスについて何も知らなくても，それを認識して測定すること
ができるということ。

問5　同じ事例に対する判断がどれほど異なるかを測定するのに，誰が正しいの
かを知る必要はないのである。

問6　(D)

4

Read the following article and answer the questions below **in Japanese**.

(…)

Locusts have been around since at least the time of the pharaohs of ancient Egypt, 3200 B.C., destroying some of the world's weakest regions, multiplying to billions and then vanishing, in irregular highs and lows. If the 2020 version of these marauders* stays steady on its warpath, the United Nations Food and Agriculture Organization (FAO) says <u>desert locusts can pose a threat to the livelihoods of 10% of the world's population</u>.
(1)

There can be a lot of confusion about what exactly a locust is. The simple answer, though, explains Rick Overson of Arizona State University's Global Locust Initiative, is that locusts are a very special kind of grasshopper. As Overson explains, there are hundreds of species of grasshoppers, "but only a small handful of those are what we consider locusts." That raises a question: What makes a locust a locust? According to Overson, it comes down to a superpower possessed by locusts that enables them to go through a remarkable switch in development.

Most of the time, locusts exist in their "solitary phase" ─ they lead independent lives, they're green and pretty unremarkable. The timing of this varies, and the shifts are pretty irregular, but for years, locusts can live like this ─ alone, biding their time. But when environmental conditions are right ─ usually when there's a lot of rainfall and moisture ─ something dramatic happens: "They increase in numbers, and as they do so, they sense one another around them," says Overson. This is what biologists call the "gregarious phase," or social phase, of the locust.

The creatures undergo a remarkable transformation. "They change themselves. Their brain changes, their color changes, their body size changes," Overson says. The ability to change dramatically like this in

response to environmental conditions is called phenotypic plasticity. Though
(2)
scientists can't be certain why locusts developed the trait over time, many
believe it's because they typically live in temperamental and harsh
environments.

Swarms are enormous masses of tens of billions of flying bugs. They
range anywhere from a square third of a mile to 100 square miles or more,
with 40 million to 80 million locusts packed in half a square mile. They
bulldoze* pasturelands in dark clouds the size of football fields and small
cities. Once they enter the gregarious phase, a generation of locusts can
multiply twentyfold every three months. So when they boom, they do so
exponentially, and things quickly get out of hand.

Locusts are migratory, transboundary pests. They ride the winds,
crisscrossing swaths of land until they find something they want to eat. They
especially love cereal grain crops, planted extensively across Africa. "They are
powerful, long-distance flyers, so they can easily go a hundred plus kilometers
in a 24-hour period," Overson notes. "They can easily move across countries
in a matter of days, which is one of the other major challenges in coordinated
efforts that are required between nations and institutions to manage them."

Locusts are also greedy eaters. An adult desert locust that weighs about 2
grams (a fraction of an ounce) can consume roughly its own weight daily.
And they're not picky at all. According to the FAO, a swarm of just 1 square
kilometer — again, about a third of a square mile — can consume as much food
as would be eaten by 35,000 people in a single day.

Making matters worse, many of the countries slammed with the worst
infestations are already suffering from protracted crises — recovering from
recessions, fighting natural disasters, racked by conflict and now the
coronavirus outbreak. In individual nations, a lack of cash, competing priorities
and domestic challenges make it hard to mount a long-range pest management
strategy. Because locust numbers go up and down, Overson says it's been
difficult for countries — such as Kenya, which hasn't seen an infestation in 70
years — to build up intermediate and long-term infrastructure to address

outbreaks proactively. That's why so many governments are now scrambling to come up with solutions.

Considering all of the other worldwide emergencies that have hit in 2020, aid resources are stretched thin. Pesticide deliveries have been delayed. But Keith Cressman, the FAO's senior locust forecasting officer, is hopeful that the needed funds will materialize. The FAO has already raised half of the $300 million it expects to need for this effort.

(…)

Locusts Are A Plague Of Biblical Scope In 2020. Why? And … What Are They Exactly?, NPR on June 14, 2020 by Pranav Baskar 著作権の都合により，省略記号（…）を加えています。

Notes

marauders*: people or animals that move around and destroy or steal property

bulldoze*: to move or push things away with a great force, like a bulldozer

Questions

Q 1. Regarding the underlined part (1), what three characteristics of "locusts" make them a great threat? Answer **in Japanese** using examples from the article.

Q 2. Based on the information in Paragraph 2 ("There can be …"), explain what "locusts" are **in Japanese**.

Q 3. Regarding the underlined part (2), what "phenotypic plasticity" do locusts have? Answer **in Japanese** using examples from the article.

Q 4. Summarize Paragraph 8 ("Making matters worse …") **in Japanese**. (Maximum 120 characters including numbers, alphabet letters, and punctuation marks.)

全　訳

■蝗害と対策の難しさ

❶ ワタリバッタ（ローカスト）は，少なくとも紀元前3200年の古代エジプトのファラオの時代から存在しており，世界で最も弱い地域の一部を破壊し，数十億匹に増殖し，その後，姿を消すなど，不規則な増減を繰り返した。これらの略奪者の2020年版がそのまま敵意を抱いている場合には，サバクトビバッタは世界人口の10％の暮らしに脅威を与える可能性があると国連食糧農業機関（FAO）は述べている。

❷ ワタリバッタとは正確には何なのかについては多くの混乱がありうる。しかし，簡単な答えは，ワタリバッタとは非常に特別な種類のバッタだと，アリゾナ州立大学のグローバル・ローカスト・イニシアチブのリック=オーバーソンは説明している。オーバーソンが説明しているように，バッタには数百の種があるが，「それらのほんの一握りが，我々がワタリバッタと見なしているものである」。これは疑問を提起する。ワタリバッタをワタリバッタたらしめているのは何か？　と。オーバーソンによれば，それはワタリバッタがもっている強大な力に帰着し，その力のおかげでワタリバッタは成長過程において並外れた変異を経験することができるのだ。

❸ 大体の場合，ワタリバッタは「孤独相」で存在している――つまり，独立した生活を送り，緑色でかなり目立たない。孤独相であるタイミングはさまざまで，変異はかなり不規則だが，何年もの間，ワタリバッタはこのように生きることができる――単独で，時機が来るのを待つのである。しかし，環境条件が適切になると――通常は降雨や湿気が多いときだが――劇的なことが起こる。「ワタリバッタは数が増え，そして増えるにつれて，周囲に互いに感じるのだ」とオーバーソンは言う。これは生物学者が，ワタリバッタの「群生相」つまり社会期と呼んでいるものだ。

❹ この生き物は目覚ましい変化を遂げる。「彼らは自分自身を変える。彼らの脳が変化し，色が変化し，体の大きさが変化する」とオーバーソンは言う。環境条件に応じてこのように劇的に変化する能力が，表現型の可塑性と呼ばれる。科学者は，なぜワタリバッタが時間の経過とともにその特質を発達させたのかを確信できてはいないが，多くは，ワタリバッタが通常，気まぐれで過酷な環境に生息しているからだと考えている。

❺ 群れは，数百億匹の飛んでいる虫の巨大な塊である。それらは，3分の1平方マイルから100平方マイル以上に及ぶ範囲にわたり，4,000万匹から8,000万匹のワタリバッタが0.5平方マイルに詰め込まれている。彼らは，サッカー場や小都市

ほどの大きさの暗い雲を形成して，牧草地をブルドーザーのように強引に進んでいく。いったん群生相に入ると，1世代のワタリバッタは3カ月ごとに20倍にも増える。したがって，急増するとき，ワタリバッタは指数関数的に増殖し，状況はすぐに手に負えなくなるのだ。

❻　ワタリバッタは渡り性の越境害虫だ。風に乗って，食べたいものが見つかるまで，帯状の土地を縦横無尽に移動する。彼らは特に，アフリカ全土に広く植えられている穀物が大好物だ。「彼らは強力な長距離飛行家であるため，24時間で100キロメートル以上も容易に移動できる」とオーバーソンは述べている。「彼らは数日のうちに簡単に国々を越えて移動することができる。これは，ワタリバッタに対処するために国々と諸機関の間で必要とされる協調的な取り組みにおける，その他の主要な課題の一つとなっている」

❼　ワタリバッタはまた大食漢である。体重が約2グラム（1オンスの何分の1ほど）のサバクトビバッタの成虫は，毎日ほぼ自分の体重分を消費する能力がある。そして，彼らはまったくえり好みしない。FAOによると，わずか1平方キロメートルの群れ——繰り返しになるが，約3分の1平方マイルである——は，1日に，35,000人が食べるのと同じ量の食物を消費する可能性があるのだ。

❽　さらに悪いことに，最悪のワタリバッタの蔓延に見舞われた国々の多くは，すでに長引く危機に苦しんでいる——不況から回復途上で，自然災害と戦いつつ，紛争そして今やコロナウイルスの発生に疲れ果てている。個々の国では，現金の不足，競合する優先事項，および国内の課題により，長期的な害虫対処戦略を実行することが困難になっている。ワタリバッタの数は増減するため，——ケニアなど，70年も蔓延していないような——国々が，発生に積極的に対処するための中長期的なインフラを構築することは困難である，とオーバーソンは言う。そのため，今や多くの政府が解決策を見出そうと対応を急いでいる。

❾　2020年に発生した他のすべての世界的な緊急事態を考慮すると，援助の資源は不足している。害虫駆除用の農薬の配達が遅れている。しかし，FAOの上級ワタリバッタ予報官であるキース=クレスマンは，必要な資金が調達できると期待している。FAOは，この取り組みに必要と予想される3億ドルの半分をすでに調達しているのである。

各段落の要旨

❶　ワタリバッタは，古代エジプトから存在しているが，2020年には世界人口の10％の暮らしに脅威を与える可能性があると国連食糧農業機関（FAO）は述べている。

❷　ワタリバッタとは，数百種いるバッタの中のほんの一握りの非常に特別な種類のバッタで，強大な力を有し，その成長過程において並外れた変異を経験することができる。

❸　大体の場合，ワタリバッタは「孤独相」で存在しているが，環境条件が適切になる

と，数が増え，そして増えるにつれて，周囲に互いを感じるようになる「群生相」になる。

❹ こうなると，ワタリバッタの脳は変化し，色が変化し，体の大きさが変化する。この特質を発達させた原因は，ワタリバッタが生息している気まぐれで過酷な環境にあるのだろうと考えられている。

❺ ワタリバッタは数百億匹の巨大な群れを形成する。いったん群生相に入ると，1世代のワタリバッタは3カ月ごとに20倍に増えるため，ワタリバッタは指数関数的に増殖し，状況はすぐに手に負えなくなる。

❻ ワタリバッタは渡り性の越境害虫で，アフリカ全土に広く植えられている穀物を大好物とする。24時間で100キロメートル以上も移動するため，数日のうちに簡単に国々を越えて移動する。このことは，国々と諸機関の間の協調的な取り組みにおける課題の一つとなっている。

❼ ワタリバッタはまた大食漢で，毎日ほぼ自分の体重分を消費する上に，まったくえり好みをしない。FAOによると，わずか1平方キロメートルの群れは，1日に，35,000人が食べるのと同じ量の食物を消費する可能性がある。

❽ さらに悪いことに，ワタリバッタの蔓延に見舞われた国々の多くは，すでに長引くさまざまな危機に苦しんでおり，長期的な害虫対処戦略の実行が困難である。また，ワタリバッタの数は増減するため，国々が，発生に積極的に対処するための中長期的なインフラを構築することは困難だが，多くの政府が解決策を見出そうと対応を急いでいる。

❾ 2020年に発生した他のすべての世界的な緊急事態を考慮すると，援助の資源は不足し，害虫駆除用の農薬の配達が遅れている。しかし，FAOの上級ワタリバッタ予報官は，必要な資金が調達できると期待している。

解　説

※ locust「ワタリバッタ」はバッタのうち第3段で述べられている相変異を起こすもの。訳語としては「イナゴ」でもよいが，日本で見られる「イナゴ」は相変異を起こさないので，全訳では「ワタリバッタ」で統一し，Q4では「バッタ」としている。

Q1 ▶設問は「下線部(1)について，locusts のどんな3つの特徴が大きな脅威となっているのか。本文の例を使って日本語で答えなさい」という意味。

▶第5段に大群を形成すること，第6段に長距離飛行すること，第7段に大食漢であることが述べられている。

▶「本文の例を使って」とあるので，本文中の具体的な数値にも触れておく。

語句 第5段：swarm「昆虫の群れ」 range from *A* to *B*「*A* から *B* まで変わる，*A* から *B* まで多岐にわたる」 pastureland「牧草地」 once S V「いったん S が V

すると」once は接続詞。 twentyfold「20倍に」 boom「急増する」
exponentially「指数関数的に」 get out of hand「手に負えなくなる，抑制できな
くなる」

第6段：migratory「渡りを行う」 transboundary「国境を越える，越境の」
pest「害虫」 crisscross「縦横に動く」 swath「帯状の場所」 ~ plus「（数詞の
後に置いて）~以上の」 note「~と言及する，指摘する」 a matter of ~「およ
そ~，せいぜい~」 coordinated effort「協調的努力，組織的な取り組み」

第7段：greedy「欲深い，貪欲な」 a fraction of ~「~の何分の一，わずか~」
ounce「オンス（1オンス＝約28グラム）」 picky「えり好みする」 as much
food as would be eaten の2番目の as は疑似関係代名詞として使われている。

Q2 ▶設問は「第2段の情報に基づいて，locusts とは何であるかを日本語で説明
しなさい」という意味。

▶第2段第2・3文（The simple answer, … we consider locusts."），同段最終文
（According to Overson, …）に説明されている。

▶特別な種類のバッタであること，数百種いるバッタのほんの一握りであること，成
長過程において並外れた変異能力をもつことをまとめる。

語句 a small handful of ~「ごく一握りの~」 raise a question「疑問を呈する，
問題を提起する」 come down to ~「~に帰着する，結局~になる」 go
through ~「~を経験する」 switch「変異，転換」

Q3 ▶設問は「下線部(2)について，locusts にはどのような『表現型の可塑性』が
あるか？ 本文の例を使って日本語で答えなさい」という意味。

▶下線部を含む文で The ability to change dramatically like this「このように劇的に
変化する能力」が phenotypic plasticity「表現型の可塑性」と呼ばれているとある。

▶また，「本文の例を使って」とあるので，like this「このように」が指す直前の文
（Their brain changes, …）の内容（脳が変化し，色が変化し，体の大きさが変化
する）に言及する。

語句 in response to ~「~に応えて，反応して」 phenotypic「表現型の」
plasticity「可塑性，柔軟性」 trait「特徴，形質」 over time「時間をかけて，時
間とともに」 temperamental「気まぐれな，予測できない」 harsh「厳しい，過
酷な」

Q4 ▶設問は「第8段を日本語で要約しなさい。（数字，英字，句読点を含めて，
120字まで）」という意味。

▶第8段の内容を文ごとに整理すると，以下のようになる。

第1文：最悪のバッタ被害に見舞われた国々の多くは，すでに長引く危機——不況，自然災害，紛争，コロナウイルス——に苦しんでいる。

第2文：現金の不足，競合する優先事項，他の国内課題により，長期的な害虫戦略の実行が困難になっている。

第3文：バッタの数は増減するため，中長期的なインフラを構築することは困難である。

第4文：多くの政府が解決策を見出そうと対応を急いでいる。

▶このままでは150字を超えているので，不要な修飾語は省き，上位概念を使って表現を圧縮し，制限字数内にまとめあげる。

語句　making matters worse「状況をさらに悪化させることに（＝even worse / to make matters worse / what is worse）」　slam「～をたたく」　infestation「蔓延，横行」　protracted「長引く，長期化する」　recession「不景気，不況」　racked「疲れ果てて」　outbreak「突発，発生」　priority「優先事項」　mount「～を開始する，実行する」　intermediate and long-term「中長期的な」　infrastructure「インフラ，基盤」　address「～に対処する，取り組む」　proactively「前向きに，積極的に，先取りして」　scramble to *do*「～することを急ぐ，～する対応を急ぐ」　come up with ～「～を思いつく，見つけ出す」

Q1　①数百億匹の巨大な群れを形成し，いったん群生相に入ると，1世代分の個体が3カ月ごとに20倍に増えるという特徴

②渡り性の越境害虫で，風に乗って縦横無尽に移動し，24時間で100キロメートル以上も移動できるという特徴

③大食いでえり好みせず，1平方キロメートルの群れで1日当たり35,000人分の食物を消費するという特徴

Q2　数百種いるバッタの中のほんの一握りの特別な種類のバッタで，成長過程において並外れた変異能力をもっているもの。

Q3　環境条件に応じて，自分自身の脳・色・体の大きさを劇的に変化させる能力。

Q4　バッタ被害の国々の多くは，すでにさまざまな危機に苦しんでいるが，現金不足，競合する優先事項，他の国内課題により，長期的害虫戦略の実行が困難である。また，バッタの数は増減するため，中長期的なインフラ構築も難しく，多くの政府が対応を急いでいる。（120字）

5

Read the following article and answer the questions below **in Japanese**.

According to Shoshana Zuboff, a professor at the Harvard Business School, surveillance* capitalism originated with the brilliant discoveries and the bold and shameless claims of one American firm: Google.

Incorporated in 1998, Google soon came to dominate Internet search. But initially, it did not focus on advertising and had no clear path to profitability. What it did have was a completely new insight: the data it derived from searches — the numbers and patterns of questions, their phrasing, people's click patterns, and so on — could be used to improve Google's search results and add new services for users. This would attract more users, which would in turn further improve its search engine in <u>a repeating cycle of learning and expansion</u>.
₍₁₎

<u>Google's commercial breakthrough came in 2002</u>, when it saw that it could
₍₂₎
also use the data it collected to profile the users themselves according to their characteristics and interests. Then, instead of matching ads with search questions, the company could match ads with individual users. Targeting ads precisely and efficiently to individuals is the Holy Grail* of advertising. Rather than being Google's customers, Zuboff argues, the users became its raw-material suppliers, from whom the firm derived what she calls "behavioral surplus." That surplus consists of the data above and beyond what Google needs to improve user services.

Together with the company's formidable capabilities in artificial intelligence, Google's enormous flows of data enabled it to create what Zuboff sees as the true basis of the surveillance industry — "prediction products," which anticipate what users will do "now, soon, and later." Predicting what people will buy is the key to advertising, but behavioral predictions have obvious value for other purposes, as well, such as insurance, hiring decisions, and political campaigns.

Zuboff's analysis helps make sense of the seemingly unrelated services
(3)
offered by Google, its diverse ventures and many acquisitions. Gmail, Google
Maps, the Android operating system, YouTube, Google Home, even self-driving
cars — these and dozens of other services are all ways, Zuboff argues, of
expanding the company's "supply routes" for user data both on- and offline.
Asking for permission to obtain those data has not been part of the company's
operating style. For instance, when the company was developing Street View, a
feature of its mapping service that displays photographs of different locations, it
went ahead and recorded images of streets and homes in different countries
without first asking for local permission, fighting off opposition as it arose. In
the surveillance business, any undefended area of social life is fair game.

This pattern of expansion reflects an underlying logic of the industry: in
the competition for artificial intelligence and surveillance revenues, the
advantage goes to the firms that can acquire both vast and varied streams of
data. The other companies engaged in surveillance capitalism at the highest
level — Amazon, Facebook, Microsoft, and the big telecommunications
companies — also face the same expansionary needs. Step by step, the
(4)
industry has expanded both the scope of surveillance (by migrating from the
virtual into the real world) and the depth of surveillance (by going into the
interiors of individuals' lives and accumulating data on their personalities,
moods, and emotions).

The New Masters of the Universe: Big Tech and the Business of Surveillance, *Foreign Affairs Magazine (Nov/Dec 2019)* by Paul Starr

Notes

surveillance*: spying, observation

Holy Grail*: a thing which is eagerly pursued or sought after

Questions

Q 1. Regarding the underlined part (1), explain **in Japanese** what is meant by "a repeating cycle of learning and expansion".

Q 2. Regarding the underlined part (2), explain **in Japanese** what "breakthrough" happened at Google in 2002.

Q 3. Regarding the underlined part (3), how does Zuboff's analysis explain "the seemingly unrelated services offered by Google"? Answer **in Japanese**.

Q 4. Regarding the underlined part (4), how have the "scope" and "depth" of surveillance expanded over time? Explain **in Japanese** by giving specific examples of services mentioned in the article and possible data they collect.

■グーグルから始まった監視資本主義

❶ ハーバードビジネススクールの教授であるショシャナ=ズボフによると，監視資本主義は，あるアメリカの企業，グーグルの見事な発見と大胆で恥知らずな主張に端を発している。

❷ 1998 年に法人化して，グーグルはすぐにインターネット検索を支配するようになった。しかし，グーグルは当初，広告に焦点を合わせておらず，収益性への明確な道筋はもっていなかった。グーグルがまさにもっていたものは，まったく新たな洞察力であった。つまり，検索から得られたデータ——検索内容の数やパターン，言葉遣い，人々のクリックパターンなど——を使用して，グーグルの検索結果を改善し，ユーザー向けの新しいサービスを追加することができたのだ。これにより，より多くのユーザーがひきつけられ，それが今度は，学習と拡大の繰り返しサイクルで検索エンジンをさらに改善するのだった。

❸ グーグルの商業的ブレークスルーは，2002 年に実現した。このときグーグルは，収集したデータを使用して，ユーザーの特徴や興味に応じて，ユーザー自身のプロファイルを作成することもできるとわかったのだ。それで，この会社は，広告を検索内容に合わせる代わりに，広告を個々のユーザーに合わせることができたのだ。正確かつ効率的に個人に狙いを定めて広告を打つことは，広告の至高の目標である。ユーザーはグーグルの顧客になるのではなく原料の供給者になり，この供給者からグーグルは，彼女が「行動の余剰」と呼ぶものを引き出したのだ，とズボフは主張している。その余剰分は，グーグルがユーザーサービスを改善するのに必要とする以上のデータで構成されている。

❹ 人工知能における同社の素晴らしい手腕とともに，グーグルの膨大なデータフローにより，ズボフが監視産業の真の基盤と見なすもの——つまり，ユーザーが「今，すぐに，そして後で」することを予想する「予測製品」——を生み出すことができたのだ。人々が何を買うかを予測することは広告の鍵だが，行動予測は，保険，雇用決定，政治運動などの他の目的にも明らかに価値がある。

❺ ズボフの分析は，グーグル，つまり同社の多様なベンチャー事業と，同社に買収された多くの企業が提供する一見無関係なサービスを理解するのに役立つ。ジーメール，グーグルマップ，アンドロイドのオペレーティングシステム，ユーチューブ，グーグルホーム，さらには自動運転車——これらのサービスやその他の数十のサービスはすべて，オンラインとオフライン両方で，同社のユーザーデータの「供給ルート」を拡大する方法である，とズボフは主張する。これらのデータを取

得する許可を求めることは，同社の運営スタイルの一部とはなっていない。たとえ
ば，同社がさまざまな場所の写真を表示するマッピングサービスの機能であるスト
リートビューを開発していたとき，同社は最初に地元の許可を求めることなく，先
行してさまざまな国の街路や家の画像を記録し，反対意見が発生したときにそれを
退けていたのだ。監視ビジネスでは，社会生活の無防備な領域は格好の的なのだ。

❻　この拡大のパターンは，業界の根底にある論理を反映している。人工知能と監
視収益の競争では，膨大かつ多様なデータストリームを取得できる企業に利がある
のだ。最高レベルで監視資本主義に従事している他の企業——アマゾン，フェイ
スブック，マイクロソフト，そして大手電気通信会社など——も，同じ拡大の必
要性に直面している。着実に，業界は（仮想から現実の世界に移行することによっ
て）監視の範囲と（個人の生活の内部に入り，個人の性格，気分，感情に関するデー
タを蓄積することによって）監視の深さの両方を拡大してきたのである。

❶ 監視資本主義は，グーグルの見事な発見と大胆で恥知らずな主張に始まる。

❷ グーグルは，インターネット検索から得られたデータを使用して，検索結果を改善
し，ユーザー向けの新しいサービスを追加することで，より多くのユーザーをひき
つけ，さらに検索エンジンを改善するという好循環を創り出した。

❸ グーグルは収集したデータを使用して，正確かつ効率的に個人に狙いを定めて広告
を打つようになった。ユーザーはグーグルの顧客ではなく，原料の供給者になった
のである。

❹ 人工知能と膨大なデータフローの活用により，グーグルは「予測製品」を生み出し
た。人々の購買を予測することは広告の鍵だが，行動予測は，保険，雇用決定，政
治運動などの他の目的にも価値がある。

❺ グーグルが提供するサービス（ジーメール，グーグルマップ，アンドロイドのオペ
レーティングシステム，ユーチューブ，グーグルホーム，さらには自動運転車）は
すべて，ユーザーデータの「供給ルート」を拡大する方法となっている。同社はこ
れらのデータを取得する際に事前の許可を求めることはない。監視ビジネスでは，
社会生活の無防備な領域は格好の的なのだ。

❻ 監視資本主義に従事している他の企業（アマゾン，フェイスブック，マイクロソフ
ト，そして大手電気通信会社など）も，膨大かつ多様なデータ取得に腐心している。
業界は（仮想から現実の世界に移行することによって）監視の範囲と（個人の生活
の内部に入り，個人の性格，気分，感情に関するデータを蓄積することによって）
監視の深さの両方を拡大してきたのである。

各段落の要旨

解　説

Q1 ▶設問は「下線部(1)について,『学習と拡大の繰り返しサイクル』とはどういう意味かを日本語で説明しなさい」という意味。

▶第2段第3文のコロン（：）以下から最終文の下線部(1)の直前まで（the data it … its search engine）に説明されている。ユーザーの検索行動の「学習」による改善と,改善によるユーザーの「拡大」,それが検索エンジンの一層の改善につながるというサイクルである。

▶ユーザーの検索行動に関するデータ収集→検索結果の改善とユーザー向け新サービスの追加→より多くのユーザーの獲得,それによる検索エンジンの一層の改善,というサイクルを説明する。

語句　what it did have「それが確かにもっていたもの」 it は Google を指す,did have は助動詞 did を用いた had の強意形で did は「本当に,確かに,実際」などと副詞的に訳すとよい。derive *A* from *B*「*B* から *A* を引き出す」 in turn「今度は,回りまわって」 cycle「循環」 expansion「拡大,発展」

Q2 ▶設問は「下線部(2)について,2002 年にグーグルでどんな『ブレークスルー』が起こったかを日本語で説明しなさい」という意味。

▶ breakthrough とは「従来の考え方に基づいた現状を打破するような飛躍的進歩」である。従来は,検索内容に広告を合わせていたが,個々のユーザーに合わせた広告へと発想を転換したのである。

▶下線部に後続する when 以下の部分とその直後の文（when it saw … with individual users.）に述べられている。

語句　profile「〜のプロファイルを作成する,概略を描く」 instead of 〜「〜の代わりに」 match *A* with *B*「*A* を *B* に適合させる」

Q3 ▶設問は「下線部(3)に関して,ズボフの分析は『グーグルが提供する一見無関係なサービス』をどのように説明しているか？　日本語で答えなさい」という意味。

▶後続する第2文（Gmail, Google Maps, …）に述べられている。

▶グーグルが提供する一見無関係なサービスは,同社のユーザーデータの「供給ルート」を,オンラインとオフライン両方で拡大する手段だと述べている。

語句　make sense of 〜「〜を理解する,説明する」 seemingly「一見したところ,外見的には」 unrelated「関係のない」 diverse「多様な」 venture「ベンチャー企業,冒険的事業」 acquisition「買収,獲得品,（企業の）買収部門」（acquire「獲得する」の名詞形） dozens of 〜「数十の〜,多くの〜」 on- and offline は

online and offline を短縮した形。

Q 4　▶設問は「下線部(4)について，監視の『範囲』と『深さ』は時間の経過ととも
にどのように拡大してきたか？　本文に述べられているサービス，およびそのサー
ビスが収集可能なデータの具体例を挙げて日本語で説明しなさい」という意味。
▶監視の「範囲」の拡大に関しては，（　）の中で「仮想から現実の世界に移行する
ことによって」と述べられている。この「仮想の世界」とは，たとえばグーグルの
起業時の検索サービスのように，サービスがコンピュータ上だけで完結することを
指し，「現実の世界」とは，第5段第2文（Gmail, Google Maps, …）に挙げられた
例のように，サービスがコンピュータの外の現実世界を扱うことを指している。
▶監視の「深さ」の拡大に関しては，同様に（　）の中で「個人の生活の内部に入り
込むこと，個人の性格，気分，感情に関するデータを蓄積することによって」と述
べられている。
▶それぞれの（　）内の内容に合致するようなサービスの具体例を挙げることが求め
られているが，そのサービスは本文中に挙げられているものでなければならないの
で注意。一方，「そのサービスが収集可能なデータ」の具体例については，本文に
明示されていないため自分で考えなければならない。自動運転車を例にすると，収
集しているデータとしてユーザーの行動範囲やパターンが考えられる。グーグルホ
ームを例にすると，収集しているデータとしては，ユーザーの声の調子や発話の種
類，頻度などが考えられよう。

語句　step by step「一歩一歩，徐々に」　expand「拡大する，展開する」　scope
「範囲」　migrate「移行する」　interior「内部」　accumulate「～を蓄積する」
personality「性格，人格」　mood「気分」　emotion「情緒，感情」

Q1　検索数や検索内容のパターン，言葉遣い，ユーザーのクリックパターンなど，検索から収集したデータを使って検索結果を改善し，ユーザー向けの新サービスを追加する。そしてより多くのユーザーをひきつけ，検索エンジンの一層の改善をはかるというサイクル。

Q2　収集したデータを使用して，ユーザーの特徴や興味に応じてユーザー自身のプロファイルを作成することによって，広告を検索内容に合わせる代わりに，個々のユーザーに合わせられるようになった。

Q3　ジーメール，グーグルマップ，アンドロイドオペレーティングシステム，ユーチューブ，グーグルホーム，さらには自動運転車等の一見無関係なサービスは，グーグルが，オンラインとオフライン両方で，ユーザーデータの「供給ルート」を拡大する手段である。

Q4　監視の範囲は，ユーザーの行動範囲やパターンなどの情報を集める自動運転車のように，サービスが現実世界へと移行したことで拡大し，監視の深さは，ユーザーの声の調子などから性格や気分，感情に関するデータを集めるグーグルホームのように，サービスが個人の生活の内部に入り込んだことで増した。

Read the following article and answer the questions below **in English**.

Even during the holidays when life got crazy busy, sometimes a person just needed to make time to hug a cat.

Miriam sat in a not-so-comfortable armchair in the middle of the cat colony room, which was a shelter reserved for special needs cats. Lulabell was curled up asleep on her lap and Luther was sleeping on her feet. The chair with its old springs and flattened cushions had been donated to the shelter, just like the cat toys and scratching posts and the carpet-covered hidey-hole that Luther retreated to whenever anyone came in the room. Except Miriam. When Miriam came to visit, Luther and Lulabell liked to sleep on her.

Luther and Lulabell were brother and sister. They'd been brought to the shelter six months ago when their first and only owner went into assisted care. Luckily for the two, the shelter didn't place an expiration date on their charges, but the change in circumstances had been a shock to the twelve-year-old cats. It had taken Miriam nearly a month to do everything to make Luther, the shyest of the two, leave the safety of his hidey-hole.

The two cats weren't exactly special needs. Luther and Lulabell were Maine Coon mixes, which meant they were two of the largest cats in the shelter. Lulabell was a fuzzy orange love and Luther, fuzzy black with a brown undercoat. They wouldn't have both fit in a single cage, and to separate the pair would have been cruel. To put them in with the younger, more territorial cats would have been just as cruel considering how shy Luther was. The woman in charge of the shelter thought they'd be better off sharing space with cats recovering from injuries or who needed medication or specialized diets.

Dr. Fischer, the young vet who donated her time to the shelter, told

Miriam on more than one occasion that she should adopt them. "They've clearly bonded with you," she always said. "And you've bonded with them."

Miriam wished she could, but the rent-controlled apartment complex she'd moved into with her husband after the last of their children left home didn't allow pets. Roy had been gone nearly six years now, and the place still seemed too large and empty without him. Lulabell and Luther would have helped with that, but rules were rules.

After Roy passed away, Miriam had thrown herself into volunteering without too much thinking. She read story-time books to little kids at the library, sorted donations for the food bank, and knitted scarfs for the homeless with a group of other older women who met at a local Starbucks, but the work she loved best was spending time at the shelter. She loved seeing "the look" on someone's face when they found the perfect pet. That moment of instant love and connection — love at first sight, Dr. Fischer called it, and Miriam supposed it was. She and Roy hadn't fallen in love that way. They'd had a solid friendship that developed into a lifelong loving partnership.

Unexpected Holidays by Annie Reed, Thunder Valley Ink

Questions

Q 1. Based on the article above, what happened to Miriam's family? Answer **in English**.

Q 2. Based on the article above, describe both Luther and Lulabell **in English**.

Q 3. Based on the article above, how did Miriam get involved with Luther and Lulabell? Answer **in English**.

Q 4. Based on the article above, why couldn't Miriam adopt Luther and Lulabell? Answer **in English**.

■2匹の猫の保護ボランティア

❶ とんでもなく忙しい休暇でも，時に人は猫を抱きしめる時間を作る必要があった。

❷ ミリアムは，特別支援猫のために確保された保護施設である猫のコロニールームの真ん中にある，あまり快適ではない肘掛け椅子に座っていた。ルラベルは彼女の膝の上で丸まって眠り，ルーサーは彼女の足元で眠っていた。古いバネとぺちゃんこになったクッションがついた椅子は，この保護施設に寄贈されたものだった。それは，猫のおもちゃや爪とぎ棒，そして，誰かが部屋に来るたびにルーサーが引きこもる，カーペットで覆われた隠れ穴も同じだった。ただし，ミリアムは別だった。ミリアムが訪ねてきたとき，ルーサーとルラベルは彼女にくっついて寝たがったのだ。

❸ ルーサーとルラベルはきょうだいだった。彼らは6カ月前，最初で唯一の飼い主が介護を受けるようになったときに，保護施設に連れて来られた。2匹にとって幸運なことに，保護施設は彼らの保護に有効期限を設けていなかったが，状況の変化は12歳の猫たちには衝撃だった。2匹のうち恥ずかしがり屋の方のルーサーに安全な隠れ穴を離れさせるために万策を尽くすのに，ミリアムはほぼ1カ月かかった。

❹ 2匹の猫は，厳密には特別支援対象ではなかった。ルーサーとルラベルはメイン・クーンの雑種だった。つまり，彼らは保護施設で最大の猫のうちの2匹だった。ルラベルはふわふわした毛のオレンジ色の愛らしい猫で，ルーサーはふわふわした毛の黒色で，下毛は茶色だった。彼ら2匹を1つのおりに収めるのは難しかっただろう。しかし，このペアを引き離すとすれば，それは残酷だっただろう。彼らをより若い，より縄張り意識の強い猫と一緒に入れるとすれば，ルーサーがどれほど恥ずかしがり屋であるかを考えると，同じく残酷なことだっただろう。それで，保護施設を担当する女性は，怪我から回復中の猫や，投薬治療や特別な食事療法が必要な猫と空間を共有した方が，彼らにはいいだろうと考えた。

❺ 保護施設に時間を提供していた若い獣医であるフィッシャー博士は，一度ならずミリアムに彼ら2匹を引き取るべきだと言った。「彼らは明らかにあなたと仲良くなっているわ」と彼女はいつも言った。「そして，あなたも彼らと親密な絆を結んでいる」

❻ ミリアムはそうできればと望んだが，子どもたちの最後の一人が家を出た後に夫と一緒に引っ越した賃貸の集合住宅は，ペットを許可していなかった。ロイが亡

くなって，もう6年近くになっていたが，彼がいないその場所は，未だ広すぎて空っぽに思えた。ルラベルとルーサーがいれば，この状況の助けとなっただろうが，ルールはルールだった。

❼ ロイが亡くなった後，ミリアムはあまり考えずにボランティアに身を投じた。彼女は図書館で小さな子どもたちに物語の本を読み聞かせたり，フードバンクへの寄付を分類したり，地元のスターバックスで出会った他の年配の女性のグループと一緒に，ホームレスのためにマフラーを編んだりしたが，彼女が一番好きだった活動はその保護施設で時を過ごすことであった。彼女は，完璧なペットを見つけたときに人の顔に浮かぶ「表情」を目にするのが大好きだった。出会ったその場での愛とつながりのその瞬間——一目惚れ，とフィッシャー博士は呼び，そしてミリアムはそうだろうと思った。彼女とロイはそんなふうに恋に落ちたのではなかった。彼らには，強固な友情があり，それが生涯にわたる愛情のある結びつきへと発展したのだった。

解　説

Q1 ▶設問は「本文に基づくと，ミリアムの家族に何が起こったか？　英語で答え
なさい」という意味。

▶ミリアムの家族に起きた出来事は，第6段第1・2文（Miriam wished
she … empty without him.）に述べられている。

▶具体的には3点あり，①子どもたちの最後の一人が家を出たこと，②その後にミリ
アムは夫と一緒に賃貸の集合住宅に引っ越したこと，③夫が亡くなってもう6年近
くになっていることである。

▶なるべく本文中の表現を借用してまとめるとよいが，表現の丸写しは避け，できる
だけ言い換えを図ろう。

語句　she could の次には第5段第1文にある動詞句 adopt them を補うとよい。
rent-controlled「賃貸の」　apartment complex「アパート，集合住宅」

Q2 ▶設問は「本文に基づいて，ルーサーとルラベルの両方を英語で説明しなさ
い」という意味。

▶第2～4段に分散して述べられているので，これらをうまくまとめる。

▶ポイントは3点あり，①ルーサーとルラベルは12歳のきょうだいで，メイン・ク
ーンの雑種で施設では最大の猫であること，②ルーサーは茶色の下毛をもつふわふ
わした毛の黒色で，ミリアム以外の人が部屋に来ると隠れ穴に引きこもるほど恥ず
かしがり屋であること，③ルラベルはふわふわした毛のオレンジ色で愛らしいこと，
である。

語句　第2段：special needs「特別支援」　be curled up「気持ちよく丸まっている」
lap「膝」　flatten「～を平らにする」　donate「～を寄付する，寄贈する」
scratching post「爪とぎ棒」　hidey-hole「隠れ穴，潜伏場所」　retreat「引きこも
る，後退する」

第3段：assisted care「介護」　expiration date「有効期限，満了日」　charge「保
護，管理」　the shyest of the two「2匹のうち恥ずかしがり屋の方」は文法的に
は比較級の shyer が正しいが，カジュアルな表現ではこのように最上級が用いら
れることがある。

第4段：Maine Coon「メイン・クーン（米国メイン州原産の長毛の猫の種）」
mix「雑種」　fuzzy「柔毛で覆われた，ふわふわした，縮れた」　undercoat「下毛」
considering「～を考慮すれば」　in charge of ～「～を担当して」charge に the が
つくと「～に預けられている」と意味が逆転するので要注意。(例)「私の息子の担
任は田中先生です」は Mr. Tanaka is in charge of my son.＝My son is in the

charge of Mr. Tanaka. となる。better off *doing*「～する方がよい」 medication
「投薬治療」 diet「食事療法」

Q 3 ▶設問は「本文に基づくと，ミリアムはルーサーとルラベルにどのようにして
関わるようになったか？ 英語で答えなさい」という意味。

▶第 3 段第 2 文（They'd been brought …）でルーサーとルラベルが保護施設にやっ
てきたことについて述べられ，第 7 段第 1 文（After Roy passed …）や同段第 2
文後半（but the work …）からは，ミリアムが夫の死後に保護施設でボランティ
アをしていたことがわかる。ミリアムと 2 匹の猫の仲が良い様子は第 2 段や第 5 段
に述べられている。

▶ポイントは，夫の死後，ボランティアの一つとして，特別支援猫のための保護施設
での活動に取り組むようになり，6 カ月前にこの施設に連れて来られたルーサーと
ルラベルと仲良くなって世話をするようになった，ということである。

語句 vet「獣医（＝veterinarian）」 on more than one occasion「一度ならずも，
複数回」 bond with ～「～と仲良くなる，親密な絆を結ぶ」

Q 4 ▶設問は「本文に基づくと，ミリアムがルーサーとルラベルを引き取れなかっ
たのはなぜか？ 英語で答えなさい」という意味。

▶第 6 段第 1 文（Miriam wished she …）に，住んでいた集合住宅の規則でペットが
飼えなかったことが述べられているので，この部分をまとめるとよい。Because
pets were not allowed under the rules of the apartment complex in which she
lived.「彼女が住んでいた集合住宅の規則ではペットが飼えなかったから」と簡潔
に答えてもよい。

▶同段最終文（Lulabell and Luther …）を参考に，ミリアムがそのルールを破りた
くなかったことを含めてもよいだろう。

▶いずれにせよ，why に対する答えなので，Because で書き始めることを忘れない
ようにする。

Q1　Miriam moved into a rent-controlled apartment complex with her husband Roy after the last of their children left home. However, Roy died nearly six years ago.

Q2　Luther and Lulabell were twelve-year-old sibling Maine Coon mixes, the largest cats in the shelter. Luther was fuzzy black with a brown undercoat, and shy enough to retreat to the carpet-covered hidey-hole, while Lulabell was a fuzzy orange love.

Q3　After her husband passed away, she threw herself into volunteering at the shelter reserved for special needs cats and began to bond with and take care of Luther and Lulabell, who had been brought to the shelter six months ago.

Q4　Because the rent-controlled apartment complex she'd moved into didn't allow pets and she didn't want to break the rules.

7

次の英文を読み，設問に答えなさい。

It was Alex Osborn, an advertising executive in the 1940s and '50s, who invented the term *brainstorming**. He passionately believed in the ability of teams to generate brilliant ideas, provided they follow four rules : Share any idea that comes to mind ; build on the ideas of others ; avoid criticism ; and, most notably, strive for quantity, not quality. Subsequent scientific research confirmed Osborn's instincts : Groups who follow his guidelines show more creativity than those who don't. For example, in (1)<u>one study</u>, brainstorming groups given quantity goals generated both more ideas (an average of 29.88) and significantly higher-quality ideas (20.35) than those given a quality goal alone (averages of 14.24 and 10.5).

My colleagues, Elizabeth Ruth Wilson and Brian Lucas, and I decided to explore whether people could also be prepared for better brainstorming before the idea generation even starts. In our first experiment, we asked one set of participants to describe a time when they had felt embarrassed in the previous six months ; we asked a second group to describe a time when they had felt proud. We then asked each individual to spend 10 minutes thinking of new uses for a paper clip*. We hypothesized that——just as quantity goals paradoxically yield better-quality ideas——telling an embarrassing story would lead people to drop their (ア)<u>inhibitions</u> and get more creative.

We scored our study subjects' output using two criteria : fluency (the volume of ideas they generated) and flexibility (how many different kinds of ideas they came up with). For example, one participant suggested (a)<u>an earring, necklace, ring, and bracelet</u>, while another suggested (b)<u>an earring, wound stitch, artwork, and screwdriver</u>. Both had four ideas, but the second person suggested a broader range of them, displaying more flexibility. (2)<u>On average, the embarrassing-stories group well outperformed their counterparts</u>, scoring 7.4 for fluency and 5.5 for flexibility, whereas the prideful group scored 5.9 and 4.6.

In our second study, we investigated how the same dynamic might play out in a group. We suspected that the effects might be magnified if the narrating of accomplishments caused people to worry more about hierarchy and social comparisons, (1)quelling creativity, and if a discussion of (ウ)foibles helped people open up and take more risks, boosting brainstorming efficiency.

We randomly assigned 93 managers from a range of companies and industries to three-person teams and gave them one of two group "introduction" and "warm-up" exercises. Half the groups were told to share embarrassing stories; half talked about moments when they had felt pride. The episodes had to involve them personally and have happened in the previous six months.

My colleagues and I carefully watched these conversations develop. The people told to embarrass themselves were initially surprised and even uneasy. But inevitably someone would jump in ("*OK, I'll go first* …"), and within minutes the three people in a group were laughing loudly. The people told to boast had, by contrast, no trouble starting their conversations and appeared more (エ)composed. However, there was little laughter and only a few polite head nods on the teams.

After 10 minutes, we introduced the brainstorming challenge——this time, to generate as many unusual uses for a cardboard box as possible, also in 10 minutes. Using the same scoring criteria——fluency and flexibility——we found that the "embarrassment" teams generated 26 % more ideas ranging over 15 % more use categories than their counterparts.

Being open led to greater creativity. Thus, we propose a new rule for brainstorming sessions: Tell a self-embarrassing story before you start. (3)As uncomfortable as this may seem, especially among colleagues you would typically want to impress, the result will be a broader range of creative ideas, which will surely impress them even more.

From Research: For Better Brainstorming, Tell an Embarrassing Story, *Harvard Business Review* on October 2, 2017 by Leigh Thompson

Notes:
*brainstorming**: an activity or method of gathering numerous ideas about a certain topic to make creative suggestions
paper clip*: a curved piece of metal which is used to bind several sheets of paper together

問1　下線部(1)の研究の結果を日本語で述べなさい。

問2　下線部(a)と下線部(b)の語群は両者ともに，該当する実験における被験者の回答例として挙げられている。何の回答例であるか。また，この２つの語群の性質の違いは何であると述べられているか，日本語で簡潔に答えなさい。

問3　下線部(2)を，"counterparts" が具体的に表すものを明らかにして，日本語に訳しなさい。

問4　下線部(ア)，(イ)，(ウ)，(エ)の語と文脈上最も近い意味の語をＡ～Ｄからそれぞれ１つずつ選び，その記号を解答欄に書きなさい。

　　(ア)　A．ambition　　　　　　　B．excitement
　　　　 C．shyness　　　　　　　　D．terror
　　(イ)　A．challenging　　　　　　B．enhancing
　　　　 C．sparking　　　　　　　 D．suppressing
　　(ウ)　A．achievements　　　　　B．advantages
　　　　 C．complexities　　　　　 D．weaknesses
　　(エ)　A．calm　　　　　　　　　B．concerned
　　　　 C．excited　　　　　　　　D．nervous

問5　下線部(3)を日本語に訳しなさい。

問6　次のＡ～Ｄのうち，本文の内容に合わないものを１つ選び，その記号を解答欄に書きなさい。

　　A．Alex Osborn believes that what is important in generating brilliant ideas is to try to produce as many ideas as possible.

　　B．In the first experiment the author and her colleagues conducted, the results turned out to be compatible with their initial hypothesis.

　　C．The author argues that getting people to tell their embarrassing stories beforehand would be effective in brainstorming both in terms of fluency and flexibility.

　　D．The author concludes by saying that people are encouraged to tell their personal stories in boastful ways because it would generate more brilliant ideas.

全 訳

■アイデアを生み出すブレーンストーミング

❶「ブレーンストーミング」という用語を発明したのは，1940年代および50年代の広告会社役員であるアレックス=オズボーンだった。彼は，素晴らしいアイデアを生み出すチームの能力の存在を熱心に信じていたが，その条件は4つのルールに従うことだった。思い浮かんだアイデアは何であれ共有すること，他人のアイデアに基づいて事を進めること，批判は避けること，そして，とりわけ，質ではなく量を追求することである。その後の科学的研究により，オズボーンの直感的判断が正しいことが確認された。彼のガイドラインに従うグループは，そうでないグループよりも創造性を示すからだ。例えば，ある研究では，量の目標を与えられたブレーンストーミングのグループが生み出した結果は，アイデアの量（平均29.88）も質的に抜きんでたアイデアの量（平均20.35）も，質の目標のみを与えられたグループ（平均14.24および10.5）を上回った。

❷ 私の同僚であるエリザベス=ルース=ウィルソンとブライアン=ルーカス，そして私は，アイデアの生成が始まってさえいないうちに，人々がよりよいブレーンストーミングに備えることもできるかどうかを調べることに決めた。最初の実験では，1組の参加者に，過去6カ月間に恥ずかしいと感じた時を説明するように依頼した。2組目のグループには，誇らしく感じた時を説明するように依頼した。次に，各個人に10分間費やしてペーパークリップの新しい用途について考えるように依頼した。我々はこう仮説を立てた。量の目標が逆説的に質の高いアイデアを生み出すのとちょうど同じように，恥ずかしい話をすると人々は抑制をやめ，より創造的になるのではないか，と。

❸ 我々は2つの基準——流暢さ（彼らが生み出したアイデアの量）と柔軟性（彼らがどれほど様々な種類のアイデアを思いついたか）——を使用して，被験者の出した回答を採点した。例えば，ある参加者はイヤリング，ネックレス，指輪，ブレスレットを提案し，一方，別の参加者はイヤリング，傷口をふさぐもの，芸術作品，ねじ回しを提案した。どちらも4つのアイデアを出したが，2番目の人の方が幅広いアイデアを提案し，柔軟性で優っていた。平均して，恥ずかしい話をするグループは，もう一方のグループを優に上回っており，流暢さで7.4，柔軟性で5.5を記録したが，一方，誇らしい話をするグループの記録は5.9と4.6であった。

❹ 我々の2番目の研究では，同じ心的原動力が1つのグループ内でどのように展開する可能性があるかを調査した。成果を語ることが人々に階層や社会的比較について心配させ，創造性を抑えつける場合，そして，弱点について話し合うことが

人々に心を開かせ多くのリスクを取らせ，ブレーンストーミングの効率を高める場合に，その効果が大きくなる可能性があるのではないかと我々は考えた。

❺ 様々な企業や業界の 93 人の管理職を 3 人のチームに無作為に割り振り，2 つのグループ演習「導入」と「ウォームアップ」のいずれかを行わせた。グループの半分は，恥ずかしい話をし合うように言われた。半分は誇りを感じた瞬間について話した。語るエピソードは本人が関わったもので，過去 6 カ月間に発生したものでなければならなかった。

❻ 同僚と私は，これらの会話の成り行きを注意深く観察した。恥ずかしい話をするように言われた人々は，最初は驚き，不安さえ感じた。しかし，必ず誰かが思い切って口火を切ったものだった（「わかりました，まず私からお話ししましょう…」）。そして，数分以内にグループの 3 人は大声で笑っていた。対照的に，自慢話をするように言われた人々は，難なく会話を始め，彼らより落ち着いているように見えた。しかしながら，このチームには笑い声はほとんどなく，わずかに丁寧にうなずくだけだった。

❼ 10 分後，ブレーンストーミング課題を導入した。今回は，段ボール箱の普通でない使用方法を可能な限り多く，また 10 分間で生み出してもらった。同じ採点基準（流暢さと柔軟性）を使ってわかったことは，「恥ずかしい話」のチームは，もう一方のチームよりも 15 ％以上多くの使用分野にわたって 26 ％以上多くのアイデアを生み出したことだった。

❽ 心を開いていることが創造性の向上につながった。したがって，ブレーンストーミングセッションの新たなルールを 1 つ提案しよう。開始する前に，恥ずかしい話をすること。(3)こうすることは，あなたができれば好印象を与えたいといつも思っている同僚の間では特に気まずく思えるかもしれないが，その結果，より広範囲の創造的なアイデアが生み出されるだろう。そして，そのことがきっと彼らに一層の好印象を与えるだろう。

❶ ブレーンストーミングの 4 つのルール：思い浮かんだアイデアは何であれ共有すること，他人のアイデアに基づいて事を進めること，批判は避けること，質ではなく量を追求すること。

❷ 参加者が，アイデアを出す前に，恥ずかしい体験を話す場合と誇らしい体験を話す場合とで，浮かぶアイデアにどう差が出るかを実験した。

❸ 2 つの基準——流暢さ（アイデアの量）と柔軟性（アイデアの多様性）——を使って，被験者の出した回答を採点した。

❹ 誇らしい体験を話すと，階層や社会的比較について心配し創造性が抑えられ，恥ずかしい体験を話すと，心を開かせブレーンストーミングの効率が高まるという仮説を立てた。

各段落の要旨

❺ 93人の管理職を無作為に3人ずつのチームに分け，半分には恥ずかしい話をさせ，半分には誇りを感じた瞬間について話させた。

❻ 恥ずかしい話をしたグループは，最初は驚き不安さえ感じたが数分以内には大声で笑った。自慢話をしたグループは，難なく会話を始め落ち着いていたが笑い声はほとんどなかった。

❼ 10分後，ブレーンストーミング課題を導入した。段ボール箱の普通でない使用方法を可能な限り多く，10分間で生み出すことだった。「恥ずかしい話」のチームの方が15％以上多くの使用分野にわたって26％以上多くのアイデアを生み出した。

❽ 恥ずかしい話で心が開いて創造性が向上したのだ。ブレーンストーミング開始前に，恥ずかしい話をすることを5つ目のルールとしよう。

解　説

問1 ▶下線部(1)に後続する部分（brainstorming groups … and 10.5).）に研究結果が述べられている。

brainstorming groups (that were) given quantity goals「量の目標を与えられたブレーンストーミングのグループは」（　）のように，〈関係代名詞の主格＋be動詞〉を補うとよい。

both more ideas (an average of 29.88) and significantly higher-quality ideas (20.35)「多くのアイデア（平均 29.88）と目立って質の高いアイデア（20.35）の両方を」相関表現 both A and B は「A と B の両方」の意。

than those (that were) given a quality goal alone (averages of 14.24 and 10.5)「質の目標のみを与えられたグループ（平均 14.24 および 10.5）よりも」 those は the brainstorming groups を代用する代名詞である。（　）のように，〈関係代名詞の主格＋be動詞〉を補うとよい。

▶英文を忠実に訳すと「量の目標を与えられたブレーンストーミングのグループは，質の目標のみを与えられたグループ（平均 14.24 および 10.5）よりも多くのアイデア（平均 29.88）と目立って質の高いアイデア（20.35）の両方を生み出した」となるが，これでは少々わかりにくい。

▶したがって，単なる和訳ではなく，情報を並べ替えて，「量を目指すと質も向上する」という主張が読み取れるように配慮する。

語句 generate「〜を生み出す」 an average of 〜 は「平均して〜」の意であり，「〜の平均」ではないことに注意。

問2　▶下線部(a)の an earring, necklace, ring, and bracelet は「イヤリング，ネックレス，指輪，ブレスレット」の意，(b)の an earring, wound stitch, artwork, and screwdriver は「イヤリング，傷口をふさぐもの，芸術作品，ねじ回し」の意である。

▶「何の回答例であるか」は，第2段第3文（We then asked each …）にあるように，10分間費やしてペーパークリップの新しい用途について考えてもらった時の回答例である。

▶「2つの語群の性質の違い」は第3段第1文（We scored our study …）で述べられた2つの基準——流暢さ（アイデアの量）と柔軟性（アイデアの多様性）——に関して，前者の基準つまりアイデアの数はどちらも4つで同じだが，後者の基準つまりアイデアの種類では(a)は4つすべてが装飾品であるのに対して，(b)は全く関連性のない4種類のものである。このことが，第3段第3文（Both had four ideas, …）で「どちらも4つのアイデアを出したが，2番目の人の方が幅広いアイデアを提案し，柔軟性で優っていた」と述べられている。

問3　▶ counterpart とは「対となる2つのうちのもう一方」の意である。the embarrassing-stories group に対するのは the prideful group である。counterparts と複数形であるのは，グループそのものではなく，そのなかの複数の参加者に焦点が当てられているからである。

▶ the prideful group は「誇らしいグループ」ではわかりにくいので「誇らしい話をするグループ」とする。

▶ outperform は「～より性能が優れている，～をしのぐ」の意。一般に，out は優越を表す接頭辞で，out＋動詞の形をした動詞は「～に優越して…する」の意となる。使用頻度が高いものを挙げると，outlast「～より長持ちする」（＝last longer than），outlive「～より長生きする」（＝live longer than），outsmart「～より知恵を使って勝つ，～の裏をかく」（＝beat through cleverness and wit），outweigh「～より重い〔重要である〕」（＝exceed in weight〔importance〕），outwit「～を出し抜く」（＝get the better of／outfox／outsmart）などがある。

[語句]　on average は「平均して」の意の副詞句。

問4　㋐　正解はC
▶下線部㋐の inhibition は「抑制，阻止」の意で，頭に浮かんだアイデアを話さずにおこうとする衝動のことである。inhibit は語源的には in（中へ）＋hibit（hold／keep）で「内側に保っておく」＝「外へ出さない」が原義で「～を抑制する，阻止する」の意。inhibition はその名詞形である。選択肢の意味はそれぞれ次のとおり。

A．「野望」　　　　　　　　　　　B．「興奮」

C．「尻込みすること，はにかむこと」　　D．「恐怖」

「抑制，阻止」に近いのはCの shyness である。

(イ)　**正解はD**

▶下線部(イ)の quell は「～を抑える，押さえつける，鎮圧する」の意だが，難単語である。この文の前方の the narrating of accomplishments「成果を語る（こと）」は第2段第2文（In our first experiment, …）のセミコロン（；）以下にある「誇らしく感じた時を説明する」の同意表現である。第3段最終文（On average, …）にあるように，自慢話をすると，浮かんでくるアイデアの数も少ないし，その質も素晴らしさに欠けるのだから，創造性が抑えられるのだと推測できる。選択肢の原形の意味はそれぞれ次のとおり。

A．「（正当性を）疑う」　　　　　B．「～を高める」

C．「～の火付け役となる」　　　　D．「～を抑制する」

創造性を発揮させないのは，創造性を suppress「抑制する」ことである。Dの suppress は語源的には sup（＝sub＝under／down）＋press で「下へ押す」が原義で「～を押さえつける」の意である。

(ウ)　**正解はD**

▶下線部(ウ)の foible は「弱点，欠点」の意だが，難単語である。「foibles について話し合うことが人々の心を開かせ…ブレーンストーミングの効率を高める」の部分は，第2段最終文（We hypothesized that …）の「恥ずかしい話をすると人々は抑制をやめ，より創造的になる」の部分の言い換えになっていることに着目する。「恥ずかしい話」とは口に出しにくい話である。選択肢の意味はそれぞれ次のとおり。

A．「業績」　　　　　　　　　　　B．「利点」

C．「複雑さ」　　　　　　　　　　D．「弱点」

「口に出しにくい話」は，Dの weaknesses「弱点」が近い。

(エ)　**正解はA**

▶下線部(エ)の compose は「（心・気持ちを）静める，やわらげる」の意の他動詞で，その過去分詞形 composed は形容詞で「落ち着いた，冷静な」の意がある。選択肢の意味はそれぞれ次のとおり。

A．「落ち着いている」　　　　　　B．「心配している」

C．「興奮している」　　　　　　　D．「緊張している」

Aの calm は物に使うと「（動きがわずかで物音がせず）静かな」の意だが，人に使うと「冷静な，落ち着いた，穏和な」の意であり，composed の同義語である。

問 5　As uncomfortable as this may seem, especially among colleagues you would typically want to impress, the result will be a broader range of creative ideas, which will surely impress them even more.

▶ As uncomfortable as this may seem = Though this may seem uncomfortable「こうすることは気まずく思えるかもしれないが」　文頭の As はなくてもよい。受験生にとってお馴染みの暗唱例文 Young as he is, he is wise.「彼は若いけれども賢明である」を思い出すとよい。この形容詞＋as＋SV で〈譲歩〉を表す構文は，もともと As＋形容詞＋as＋SV の最初の as が脱落したものだと考えるとよい。なお，this は直前の Tell a self-embarrassing story before you start. を指しているので，「これは」よりは「こうすることは」と訳したい。

▶ especially among colleagues（whom / that）you would typically want to impress「できれば好印象を与えたいといつも思っている同僚の間では特に」　colleagues の後ろには impress の目的語としての関係代名詞 whom か that が省略されている。would want to *do* = would like to *do*「できれば〜したい」の意である。typically は「いつでもそうであるように，決まって」の意。

▶ the result will be a broader range of creative ideas「結果はより広範囲の創造的なアイデアになるだろう」が直訳だが，主語を副詞的に訳して，「その結果，より広範囲の創造的なアイデアが生み出されるだろう」とした方が日本語らしくなる。

▶ …, which will surely impress them even more「そして，そのことがきっと彼らに一層の好印象を与えるだろう」　which は前文（またはその一部）を先行詞とする非制限用法の which で，and it と書き直せる。この it は the result will be a broader range of creative ideas を受けている。even more は much「おおいに」の比較級の more を even「さらに一層」で強めたもの。even の他に still や yet も使われる。

語句　a broad range of 〜「広範囲の〜」　surely「疑いなく，きっと，間違いなく」

問 6　正解はＤ

▶ 選択肢ごとに，意味と真偽について検討する。

A.「アレックス＝オズボーンは，素晴らしいアイデアを生み出す上で重要なことは，できるだけ多くのアイデアを生み出そうとすることだと考えている」

第 1 段第 2 文（He passionately …）に「とりわけ，質ではなく量を追求すること」とあるのに合致する。

B.「筆者と彼女の同僚が行った最初の実験では，結果は彼女らの最初の仮説と矛盾しないことが判明した」

第 2 段最終文（We hypothesized that …）で「恥ずかしい話をすると人々は抑制

をやめ，より創造的になる」という筆者たちの仮説が紹介され，第3段最終文
（On average, …）で，恥ずかしい話をした場合は浮かんでくるアイデアの数が
多く質も高かったという結果が述べられていることに合致する。

C.「筆者は，人々に恥ずかしい話を前もって伝えさせるようにすれば，流暢さと
柔軟性の両方の観点でブレーンストーミングにおいて効果的であると主張してい
る」

第2段最終文（We hypothesized that …）に「恥ずかしい話をすると人々は抑制
をやめ，より創造的になる」とあり，最終段第2文（Thus, we propose …）に
「開始する前に，恥ずかしい話をすること」とあるのに合致する。

D.「筆者は，人々は個人的な話を自慢げに語れば一層多くの素晴らしいアイデア
を生み出すから，そういうふうに語るように促されている，と述べて結論を締め
くくっている」

本文に関連する記述がない。

語句　compatible「矛盾のない」　initial「最初の」　get A to do「A（人）を説得し
て～させる」　beforehand「あらかじめ，前もって」　boastful「自慢だらけの，自
慢したがる」

問1　量の目標を与えられたブレーンストーミングのグループの方が，質の目標
のみを与えられたグループよりも，生み出したアイデアの数が多かった（前者
29.88 対後者 14.24）し，目立って質の高いアイデアを生み出した数も多かっ
た（前者 20.35 対後者 10.5）。

問2　10 分間費やしてペーパークリップの新しい用途について考えてもらった
時の回答例であり，2 つの採点基準のうち出てくるアイデアの数は同じでも，
思いついたアイデアの多様性に違いがある。

問3　平均して，恥ずかしい話をするグループは，誇らしい話をするグループを
優に上回る成績を収めた。

問4　㋐—C　㋑—D　㋒—D　㋓—A

問5　こうすることは，あなたができれば好印象を与えたいといつも思っている
同僚の間では特に気まずく思えるかもしれないが，その結果，より広範囲の創
造的なアイデアが生み出されるだろう。そして，そのことがきっと彼らに一層
の好印象を与えるだろう。

問6　D

8

次の英文は 2019 年 5 月 18 日に起こる天体現象に関して，同年それ以前に発行された記事である。この英文を読み，設問に答えなさい。

On May 18, a full moon will appear in the night sky. This year, May's full moon, known as the (1)"full flower moon," will also be——according to (2)one definition——a "blue moon"——a celestial event that happens once every two to three years.

But what is a blue moon? And will May's full moon be one? There are two definitions of what a blue moon is. Under one, the full flower moon is not a blue moon. Under the other it is. Neither involves the moon actually turning blue.

We tend to think of full moons occurring once per month. Each month's full moon is also given a traditional name depending on what was happening at that time of year. For example, May's full flower moon is named so because it is the time of year when flowers come into bloom, according to the *Farmers' Almanac**. Next month's full moon is known as the full strawberry moon because June is the time when strawberries are harvested.

However, (3)sometimes one month has two full moons. This is because the phases of the moon take 29.5 days to complete. This means that there are 354 days for 12 full cycles, so once every two to three years, there is a 13th full moon in a year, therefore the second full moon in a month. Because this moon does not fit into the traditional moon name system of old, it is known as a blue moon. This is one definition of a blue moon.

The other definition is the third full moon in an astronomical season that contains four full moons instead of three. Astronomical seasons start and end with spring and fall equinoxes* and summer and winter solstices*. The spring equinox 2019 started on March 20. This year the spring astronomical season contains four full moons, with May's full flower moon being the third——hence being a blue moon.

As well as the full moon, (4)May 18 will see a number of other astronomical bodies appearing in the sky. "By the morning of the full moon on May 18, 2019, as morning twilight begins, Jupiter will appear in the south-southwest about 23 degrees above the horizon and Saturn will appear in the south about 30 degrees above the horizon," NASA said in a statement. "(5)Venus will be rising about 7 minutes after morning twilight begins but should be visible low in the east-northeast until about 30 minutes before sunrise. Mercury will not be visible, lost in the glow of the Sun."

May 18 will also see a Near Earth Object called 2012 KT12 make its close approach. The object, which measures between 48 and 107 feet in size, is set to pass Earth at 1.0 and 7.5 lunar distances, and will be traveling at a speed of 8,835 miles per hour, NASA said. A lunar distance is the moon's average distance from Earth.

The next full moon will take place on June 17, at the end of the spring astronomical season. The next season will start on June 21 with the summer solstice.

From Rare Blue Moon 2019: May's Full Flower Moon Set to Appear—When Is It and What Does It Mean ?, *Newsweek* on May 14, 2019, by Hannah Osborne

Notes:

Farmers' Almanac [*] : an annual North American booklet providing long-range weather predictions

equinoxes[*] : times or dates when day and night are of equal length

solstices[*] : the two times in the year at which the sun reaches its highest or lowest point in the sky at midday, marked by the longest and shortest days

問1　"May's full moon" はなぜ下線部(1)のように呼ばれるのか，本文に即して日本語で述べなさい。

問2　下線部(2)に関して，これに該当する定義の具体的な内容を，本文に即して日本語で述べなさい。

問3　下線部(3)に関して，なぜそのようなことが起こるのか，本文に即して日本語で述べなさい。

問4　下線部(4)に関して，正しい記述をA～Dから１つ選び，その記号を解答欄に書きなさい。

　　A．Mercury will be seen in the daytime on May 18, 2019.

　　B．2012 KT12 can pass as close as a lunar distance from Earth on May 18, 2019.

　　C．Jupiter will appear higher in the sky than Saturn on May 18, 2019.

　　D．The sunlight will be blocked by an astronomical body on May 18, 2019.

問5　下線部(5)を日本語に訳しなさい。

■ 2019 年 5 月 18 日のブルームーン

❶　5 月 18 日，夜空に満月が現れるだろう。今年，「フルフラワームーン」として知られている 5 月の満月は，ある定義によれば「ブルームーン」にもなる。これは，2，3 年に 1 度起こる天体現象である。

❷　しかし，ブルームーンとは何だろうか？　5 月の満月はそれにあたるのだろうか？　ブルームーンが何であるかについては 2 つの定義がある。その 1 つでは，フルフラワームーンはブルームーンではない。もう一方の定義では，ブルームーンとなる。ただし，どちらも実際に月が青くなることはない。

❸　我々は，満月は月に 1 度発生すると考えがちだ。毎月の満月には，1 年のその時期に何が起こっていたかに応じて，伝統的な名前もつけられている。例えば，5 月のフルフラワームーンは，『農業年鑑』によると，5 月が 1 年の中で花々の咲き始める時期であるため，そのように命名されているという。翌月の満月はフルストロベリームーンとして知られているが，それは 6 月がイチゴの収穫時期だからだ。

❹　しかしながら，時として 1 カ月に 2 度の満月があることもある。これは，月の満ち欠けが 29.5 日で完了するためである。つまり，12 回完全に一巡するのは 354 日であるために，2，3 年に 1 度，1 年で 13 番目の満月があることになる。それゆえ，ひと月で 2 度目の満月があることになる。この月は昔ながらの伝統的な月の命名体系に適合しないため，ブルームーンとして知られているのだ。これが，ブルームーンの定義の 1 つだ。

❺　もう 1 つの定義は，3 度ではなく 4 度の満月を含む天文学的季節の 3 番目の満月，というものである。天文学的季節は春分と秋分および夏至と冬至に始まり，終わる。2019 年の春分は 3 月 20 日に始まった。この年の春の天文学的季節には 4 度の満月があり，5 月のフルフラワームーンが 3 番目，それゆえブルームーンなのだ。

❻　満月だけでなく，5 月 18 日には他にも多くの天体が空に現れる。「2019 年 5 月 18 日の満月の朝までに，朝の薄明が始まると，木星は地平線の上空約 23 度の南南西に現れ，土星は地平線の上空約 30 度の南に現れるだろう」と NASA は声明を出した。「(5)金星は朝の薄明開始から約 7 分後に昇ることになっているが，日の出の約 30 分前まで東北東に低く見えるはずだ。水星は見えないが，太陽の輝きで見つからないためだ」

❼　5 月 18 日には，2012 KT12 と呼ばれる地球接近天体も接近してくるだろう。NASA によると，大きさが 48 から 107 フィートの間のこの天体は，地球から月までの距離の 1.0 から 7.5 倍の距離で地球を通過することになっており，時速 8,835

マイルで移動することになっている。月までの距離とは，月と地球の平均距離のことである。

❽ 次の満月は，春の天文学的季節の終わり，6月17日に起こるだろう。次のシーズンは，夏至の6月21日に始まる。

❶ 「フルフラワームーン」として知られている5月18日の満月は，「ブルームーン」にもなる。

❷ ブルームーンについては2つの定義がある。その1つでは，フルフラワームーンはブルームーンではないが，もう一方の定義ではそうなるのだ。

❸ 毎月の満月には，その時期の出来事に応じて，伝統的な名前もつけられている。例えば，開花時期の5月の満月はフルフラワームーン，イチゴの収穫時期の6月の満月はフルストロベリームーンとして知られている。

❹ ブルームーンの定義の1つ：1カ月に2度の満月があるときの2度目の満月。

❺ もう1つの定義：3度ではなく4度の満月を含む天文学的季節（春分，夏至，秋分，冬至で区切られた期間）の3番目の満月。

❻ 5月18日には満月の他にも多くの天体が空に現れる。朝の薄明に，水星は太陽の輝きで見えないが，木星は南南西に，土星は南の空に現れる。

❼ 5月18日には，2012 KT12と呼ばれる地球接近天体も接近してくる。

❽ 次の満月は，春の天文学的季節の終わり，6月17日に起こるだろう。

解　説

問1 ▶第3段第3文（For example, …）に May's full flower moon is named so「5月のフルフラワームーンはそのように命名されている」とあり，直後にその理由が，because it is the time of year when flowers come into bloom, according to the *Farmers' Almanac*「『農業年鑑』によると，5月は1年の中で花々が咲き始める時期であるから」と述べられている。「5月は花々が咲き始める時期だから」でも答えとして十分であるが，同段第2文（Each month's full …）に「毎月の満月には，1年のその時期に何が起こっていたかに応じて，伝統的な名前もつけられている」と，この命名法の背景が説明されているので，解答にこうした要素を盛り込んでもよいだろう。

語句 come into bloom「開花する，咲き始める」 according to 〜「〜によれば，〜に従うと」

問2 ▶第2段に「ブルームーンの定義には2つあり，その1つでは，フルフラワームーンはブルームーンではないが，もう一方の定義では，そう（＝ブルームーン）である」とある。

▶第4段に1つ目の定義「1カ月に2度の満月があるときの2度目の満月」が述べられているが，2019年5月に2度の満月が見られるという記述はない。

▶第5段第1文に2つ目の定義「4度の満月を含む天文学的季節の3番目の満月」が述べられており，同段最終文に「この年の春の天文学的季節には4度の満月があり，5月のフルフラワームーンが3番目，それゆえブルームーンなのだ」とあることから，2019年5月18日のフルフラワームーンがブルームーンと呼ばれるのはこの2つ目の定義に従う場合であることがわかる。なお，with May's full flower moon being the third は付帯状況の with 構文で，and May's full flower moon is the third と読み換えるとよい。

語句　第2段：And will May's full moon be one? の one は a blue moon を代用する代名詞。

第4段：phases of the moon「月の位相，月の満ち欠け」

第5段：astronomical season「天文学的季節」は毎年同じ日付に基づいて3カ月ごとに区分された気象学的季節（meteorological season）の対義概念。equinox「分点，昼夜平分時」 solstice「（夏至・冬至の）至点」

問3　▶下線部(3)の直後の表現 This is because …「この理由は…だからである」に着目する。この理由は「月の満ち欠けが29.5日で完了するためである」と述べられている。

▶続く第3文の書き出しにも着目する。This means that … は「つまり，…」の意で，直前に述べたことを詳しく説明するものである。「月の満ち欠けが29.5日で完了する」というコンパクトな表現が「12回完全に一巡するのは354日であるために，2，3年に1度，1年で13番目の満月があることになる」と詳説されている。

問4　正解はB

▶選択肢ごとに，意味と真偽について検討する。

A.「水星は，2019年5月18日の昼間に見られるだろう」
　第6段最終文（Mercury will not …）の「水星は見えないが，太陽の輝きで見つからないためだ」に反する。

B.「2012 KT12 は，2019年5月18日に地球から月までの距離と同じくらい接近して通過することもありうる」
　第7段第2文（The object, …）に合致する。

C.「木星は，2019年5月18日に土星よりも空高く現れるだろう」
　第6段第2文（"By the morning …）に「木星は地平線の上空約23度の南南西に現れ，土星は地平線の上空約30度の南に現れる」とあるのに反する。「高く」

ではなく「低く」が正しい。

D.「日光は，2019年5月18日に天体によって遮られるだろう」
本文に関連する記述がない。

語句 block「～を遮る，妨害する」

問5　Venus will be rising about 7 minutes after morning twilight begins but should be visible low in the east-northeast until about 30 minutes before sunrise.

▶ Venus will be rising「金星は昇ることになっている」 未来進行形には当然の成り行きを示して「～することになっている」の意がある。

▶ about 7 minutes after morning twilight begins「朝の薄明開始から約7分後に」 after や before の直前に置かれた数値は時間差を表す。

▶ but should be visible low in the east-northeast「…だが東北東に低く見えるはずだ」 should は〈当然考えられる事柄〉を表す言葉であり，「～すべき」と訳すと文脈的に齟齬をきたすので注意。

▶ until about 30 minutes before sunrise「日の出の約30分前まで」 ここでも時間差を示す言葉は before や after の直前に置かれている。until〔till〕は時間の継続を表して「～まで（ずっと）」の意である。ちなみに，by はある時点を期限として「～までに」の意であるので混同しないこと。

語句 twilight「たそがれ（時），薄明，薄明かり」 visible「目に見える，可視的な」

問1　5月は1年の中で花々が咲き始める時期だから。

問2　春分，秋分，夏至と冬至で区切られた季節を天文学的季節というが，この天文学的季節に3度ではなく4度満月がある場合に，その3番目の満月をブルームーンと定義する。

問3　月の満ち欠けは29.5日で完了し，12回完全に一巡するのは354日なので，2，3年に1度は，1年で13番目の満月が見られるから。

問4　B

問5　金星は朝の薄明開始から約7分後に昇ることになっているが，日の出の約30分前まで東北東に低く見えるはずだ。

Read the following passage and answer the questions below.

(1)It's a familiar complaint. Parents lament that technology is turning good, clear handwriting into a lost art form for their kids. In response, lawmakers in state after state——particularly in the South——are making time in classrooms to keep the graceful loops of cursive writing* alive for the next generation. Alabama passed a law requiring it in 2016. That same year, Louisiana passed its own cursive law. Others like Arkansas, Virginia, California, Florida and North Carolina, have similar laws. Texas is the latest state in which educators are pushing to bring back cursive writing in elementary schools. Each state's curriculum differs in subtle ways. (2)The guideline described in the Texas Education Code, for instance, includes requirements for instruction to begin with teaching second-graders how to form cursive letters with the "appropriate strokes when connecting letters." Third-graders would focus on writing complete words, thoughts, and answers to questions, and fourth-graders would need to be able to complete their assignments outright in cursive.

Anne Trubek, the author of "The History and Uncertain Future of Handwriting," told CNN* that efforts to emphasize cursive have been ongoing "for years." And debates about whether we should preserve handwriting in general are not strictly modern phenomena, as various periods in history featured disagreements between (3)historical traditionalists and those who favored new writing and communication technologies. In ancient Greece, Socrates had strongly opposed writing, a form of communication perceived new at that time, Trubek noted. The philosopher preferred the Greeks' oral tradition and felt those who didn't write things down would preserve a "better memory," she said. Later, religious scholars in the Middle Ages protested against the invention of the printing press, which threatened to make their beautiful, hand-copied texts out of date. As inventions like the printing press and the Internet throw humanity forward, "there will be a loss," Trubek said.

In the history of handwriting, we're in a unique place in which most Americans alive learned cursive writing, and efforts to spread cursive again among a new generation of youth represent a new "reaction" to ongoing change, she said. Today, (4)debates in favor of cursive take the form of "tradition strangely joined with patriotism," she said, noting that some lawmakers complained that if students didn't learn how to write in cursive, then they wouldn't be able to read the Declaration of Independence. Trubek, who is also a professor at Oberlin College, said she herself can't read the original flowing script of the Declaration of Independence, and there was nothing wrong with students reading the nation's founding documents in typed versions with fonts readable to modern eyes.

Trubek also said students didn't necessarily need cursive to come up with their own signature that gives them their "individuality" and "uniqueness" in signing legal forms either. She said technologies like the chips in credit cards were more effective in preventing crimes than pen-and-paper signatures that can be faked. "I don't think children should be required to learn cursive if they don't want to," Trubek said.

But, still, Trubek said being careful and thoughtful has its virtues. "It's a fine motor skill," and taking time to skillfully perfect the art has positive effects on students' cognitive development. "Handwriting is slower," she said, "And sometimes you just want to slow down."

From Cursive writing is making a comeback in classrooms in several states—and Texas is the latest, *CNN* on April 12, 2019, by Ryan Prior

Notes :

cursive writing[*] : a style of handwriting where the characters written in sequence are joined. An example is given below :

Cursive writing

CNN [*] (Cable News Network) : a broadcasting company in the United States which specializes in news delivery

Q 1　Explain in Japanese what a "familiar complaint" in underlined part (1) refers to.

Q 2　Regarding underlined part (2), summarize in Japanese the cursive writing curriculum for second-graders in Texas.

Q 3　Give two examples of "historical traditionalists" in underlined part (3), and explain why each of them was reluctant to accept a new form of communication. Answer these questions in Japanese.

Q 4　Regarding underlined part (4), identify the specific debate related to patriotism and describe it in Japanese.

Q 5　Choose the one statement which best summarizes Trubek's opinion. Write the letter (A, B, C, or D) of your choice.
  A．The lack of cursive writing skill is very serious because American students need at least to learn how to read the US founding documents.
  B．Historical arguments have stressed the importance of inventing and teaching a new handwriting skill to young children.
  C．It is not necessary to require all the students to learn cursive writing, while acquiring it can have some positive impacts.
  D．Signatures in cursive can give more authenticity to legal forms than advanced technologies such as credit card chips.

全　訳

■筆記体は学校で指導すべきか？

❶　それはよくある不満だ。親たちは，テクノロジーのせいで，達筆で明瞭な手書き文字が子供たちにとっては失われた芸術形式に変わりつつあると嘆いている。これに応じて，多くの州の議員——特に南部の——が，次世代のために筆記体の優美な曲線を生き続けさせる時間を教育の場に作りつつある。アラバマ州は 2016 年にそれを義務づける法律を可決した。その同じ年，ルイジアナ州は独自の筆記体法を可決した。アーカンソー州，バージニア州，カリフォルニア州，フロリダ州，ノースカロライナ州などの他の州にも同様の法律がある。テキサス州は，教師が小学校に筆記体を取り戻そうとしている最も新しい州である。各州のカリキュラムは微妙に異なっている。例えば，テキサス州教育法に記載されているガイドラインには，2 年生に「文字と文字をつなぐ時の適切な筆の動き」で筆記体の文字をつづる方法を教えることから始めるための指導要件が含まれている。3 年生は完全な言葉，思考，質問への回答を書くことに集中し，4 年生は完全に筆記体で宿題を仕上げることができるようになる必要がある。

❷　『手書きの歴史と不確実な未来』の著者であるアン＝トルベックは，筆記体を前面に押し出す取り組みが「何年も」継続していると CNN に語った。そして，一般に手書き文字を保存すべきかどうかについての議論は厳密に言うと，現代的な現象ではない。歴史上の様々な時期に，歴史的伝統主義者と新たな書記技術や通信技術を支持する人々との間の意見の不一致がみられたのだから。古代ギリシアでは，ソクラテスは，当時新しいとみられていたコミュニケーション形式である文字による書記に強く反対していた，とトルベックは指摘した。この哲学者はギリシア人の口頭伝承の方を好み，物事を書き留めない人は「よりよい記憶」を保つと感じたのだ，と彼女は言った。後に，中世の宗教学者たちは，印刷機の発明に抗議した。印刷機は，手作業で書き写した美しい文章を時代遅れにするおそれがあったからである。印刷機やインターネットのような発明が人類を前進させるにつれて，「失われるものが出てくるのだろう」とトルベックは述べた。

❸　手書きの歴史の中で，我々は現在存命中のほとんどのアメリカ人が筆記体を学んだ珍しい段階におり，新しい世代の若者の間に筆記体を再び広めようとする取り組みは，進行中の変化に対する新しい「反応」を表している，と彼女は述べた。今日，筆記体を支持する議論は「奇妙に愛国心に結びつけられた伝統」という形を取り，議員の中には，生徒が筆記体で書く方法を学ばなければ独立宣言を読めないだろうと不平をもらす者もいる，と彼女は言った。オーバリン大学の教授でもあるト

ルベックは，自分自身，独立宣言のオリジナルの流れるような手書き文書を読むことはできない，そして，生徒が現代人の目で読めるフォントで印刷されたバージョンでこの建国文書を読むことには何の問題もない，と語った。

❹　またトルベックはこうも述べている。法律文書に署名する際に「個人性」と「唯一性」を与えてくれる独自の署名を考え出すために，生徒は必ずしも筆記体を必要としない，と。クレジットカードのチップのような技術は，偽造のできるペンと紙の署名よりも犯罪防止において効果的である，と彼女は述べた。「子供たちが望んでいないのなら，筆記体を学ぶよう要求されるべきではないと思う」とトルベックは言った。

❺　しかし，それでも，トルベックは，慎重で思慮深いことには美点があると述べた。「それは細かい運動の技能である」，そして，時間をかけて巧みにその技能を完成させることは，生徒の認知的発達にプラスの効果をもたらす。「手書きの方が時間はかかる。そして，時にはただ速度を落としたいと思うこともある」と彼女は言った。

各段落の要旨

❶　親たちは，テクノロジーのせいで，手書き文字が子供たちにとって失われた芸術形式に変わりつつあると嘆いている。多くの州では，筆記体を教え，使わせるように指導している。

❷　手書き文字を保存すべきという議論は，現代的な現象ではない。歴史的伝統主義者と新たな書記技術や通信技術を支持する人々との間の確執は歴史上珍しくない。古代ギリシアでは，ソクラテスは，口頭伝承の方を好み，新たに生まれた文字による書記に強く反対した。中世の宗教学者たちは，手書きの美しい文章を好み，印刷機の発明に抗議した。

❸　若者の間に筆記体を再び広めようとする努力は，新たな「反応」も起こしている。生徒が筆記体を学ばなければ独立宣言を読めないだろうと不平をもらす議員もいるのだ。しかし，現代人が読めるフォントで読めれば何の問題もないだろう。

❹　法律文書の署名には筆記体は必ずしも必要ではない。クレジットカードのチップのような技術の方が，偽造のできる署名よりも犯罪防止に効果がある。したがって，子供たちに筆記体を学ぶよう要求する必要はない。

❺　しかし，時間のかかる手書きには，生徒の認知的発達にプラスの効果がある。

解　説

Q1　▶設問は「下線部⑴の『よくある不満』が指しているものを日本語で説明しなさい」という意味。

▶後続文にある lament「嘆く」が complaint「不平，不満」の言い換えであることが手がかりになる。lament に続く that 節（technology is turning … for their kids）

を訳せばよい。

▶ turn *A* into *B* は「*A* を *B* に変える」の意で，*A* = good, clear handwriting「達筆で明瞭な手書き文字」，*B* = a lost art form for their kids「子供たちにとっての失われた芸術形式」である。

Q 2 ▶設問は「下線部(2)に関して，テキサス州の 2 年生向けの筆記体カリキュラムを日本語で要約しなさい」という意味。

▶下線部(2)の後続部分に teaching second-graders how to …「2 年生に…の仕方を教える」という表現があるのが手がかりになる。begin with teaching … when connecting letters の部分をまとめればよい。

▶ begin with ～「～で始める，最初に～する」 teaching second-graders how to form cursive letters「2 年生に筆記体の文字をつづる方法を教えること」 with the appropriate strokes「適切な筆の動きで」 when connecting letters は when (they are) connecting letters と（ ）内を補って読み「(彼らが) 文字と文字をつなぐ際に」とする（they は second-graders を指す）。

語句 appropriate「適切な，妥当な」 stroke「筆の動き」

Q 3 ▶設問は「下線部(3)の『歴史的伝統主義者』の例を 2 つ挙げ，なぜその各々が新しいコミュニケーション形式を受け入れたがらなかったのかを説明しなさい。質問には日本語で答えなさい」という意味。

▶第 2 段第 3 文（In ancient Greece, …）にソクラテスの例（新しく登場した文字による書記を受け入れたがらなかった）が挙げられ，続く第 4 文（The philosopher preferred …）にその理由が説明されている。

▶第 2 段第 5 文（Later, religious scholars …）前半に中世の宗教学者の例（印刷機を受け入れたがらなかった）が挙げられ，後半の関係節（which threatened to … out of date）にその理由が説明されている。

語句 oppose「～に反対する」 oral tradition「昔からの言い伝え，口碑」 protest against ～「～に異議を申し立てる，反対する」 threaten to *do* は「～すると言っておどす」と「～する恐れがある」の 2 つの意味があるが，本文では後者の意味である。out of date（＝outdated）「時代遅れの，旧式の」

Q 4 ▶設問は「下線部(4)に関して，愛国心に関連した具体的な議論を特定し，それを日本語で説明しなさい」という意味。

▶「愛国心に関連した具体的な議論」については，第 3 段第 2 文（Today, debates in …）で，独立宣言が筆記体で書かれているので，筆記体が読めないと生徒が原文で

の独立宣言が読めないという議員の不満が紹介され，続く最終文（Trubek, who is also …）で，この議員の不満に対するトルベックの反論が紹介されている。

語句 flowing「流れるような，優雅な」 script「手書き，原稿」 there is nothing wrong with ～「～には全く問題がない，悪いところがない」 students reading the … to modern eyes の部分で students は動名詞 reading の意味上の主語となっている。the nation's founding documents「建国文書」 found「（基礎を）築く，～を設立する」 in typed versions「印刷されたバージョンで」 with fonts readable to modern eyes「現代人の目で読めるフォントで」は with fonts（which〔that〕is）readable to modern eyes と（ ）内を補うとよい。

Q5 正解はC

▶設問は「トルベックの意見を最もよくまとめたものを1つ選びなさい。選んだ文字（A，B，C，またはD）を書きなさい」という意味。

▶選択肢ごとに，意味と真偽について検討する。

A.「筆記体を書く能力の欠如は非常に深刻である，なぜならば，アメリカ人の生徒は少なくともアメリカの建国文書の読み方を学ぶ必要があるからだ」
第3段最終文（Trubek, who is also …）に反する。「筆記体ではない印刷フォントでも建国文書が読めれば問題ない」とは述べられているが，「アメリカ人の生徒は少なくともアメリカの建国文書の読み方を学ぶ必要がある」とは述べられていない。

B.「歴史的な議論は，新しい手書きの技能を発明して幼い子供たちにそれを教えることの重要性を強調してきた」
本文に関連する記述がない。

C.「すべての生徒に筆記体を習得するように要求する必要はないが，それを習得すると，いくつかの良い影響がある可能性がある」
前半は第4段最終文（"I don't think children …"）「子供たちが筆記体を学ぶよう要求されるべきではないと思う」に合致する。後半は最終段第2文（"It's a fine …"）で「時間をかけて巧みにその技能（＝筆記体）を完成させることは，生徒の認知的発達にプラスの効果をもたらす」と，筆記体を習得すると得られる良い影響に言及していることに合致する。

D.「筆記体での署名は，クレジットカードのチップなどの高度な技術よりも法律文書に信憑性を与えることができる」
第4段第2文（She said technologies like …）に反する。「与えることができる」ではなく「与えることができない」が正しい。

語句 stress「～を強調する，重視する」 positive impacts「プラスの影響，プラス

の効果」 authenticity「信憑性，信頼性」 legal form「法律文書，法令書式」

Q1 テクノロジーのせいで，達筆で明瞭な手書き文字が子供たちにとっては失われた芸術形式に変わりつつあるという嘆き。

Q2 適切な筆の動きで文字と文字をつないで，筆記体の文字をつづる方法を教えることを最初にすること。

Q3 例1：古代ギリシアのソクラテス。新しく登場した文字による書記よりも口頭伝承の方を好み，物事を書き留めない方がよりよく記憶が保てると感じたから。

例2：中世の宗教学者たち。新たに発明された印刷機は，手作業で書き写した美しい文章を時代遅れにするおそれがあると考えたから。

Q4 生徒が筆記体の書記法を学ばなければ独立宣言を読めないと不平をもらす議員もいるが，トルベックは，生徒は現代人が読めるフォントで印刷された独立宣言を読めば何の問題もないと反論している。

Q5 C

10

次の英文を読み，設問に答えなさい。

① In developed countries, the gender gap has long favoured women by one measure at least : life expectancy. Throughout the past 100 years women have significantly outlived men, on whom war, heavy industry and cigarettes ——among other things——have taken a heavier toll[*]. But (1)this gender gap is closing——and a new statistical analysis of life expectancy in England and Wales since 1950 suggests that, by the year 2032, men can expect to live as long as women, with both sexes sharing an average life expectancy of 87.5 years.

② The study, led by Les Mayhew, professor of statistics at Cass Business School, calculated how long a sample of 100,000 people aged 30 would live if they experienced the average mortality rates for each ensuing[*] year, projecting forward until the male and female life expectancy curves intersected.

③ There are (2)a number of factors that explain the narrowing gap, according to Mayhew. "A general fall in tobacco and alcohol consumption has disproportionately benefited men, who tended to smoke and drink more than women. We've also made great strides in tackling heart disease, which is more prevalent in men," Mayhew said. "And men are far more likely to engage in 'high-risk' behaviours, and far more likely to die in road accidents, which have fallen too."

④ The life expectancy gender gap appears to be closing faster than was previously thought : research published in 2015 by Imperial College had indicated (3)it would narrow to 1.9 years by 2030. The UK as a whole has slightly lower lifespan averages, as life expectancy tends to be higher in England than the other constituent nations[*]. In the years immediately after 1950, women's life expectancy increased faster than men's in England and Wales, with the gender gap peaking in 1969, when women lived on average 5.68 years longer.

⑤ Majid Ezzati, professor of global environmental health at Imperial College,

said the gap can be attributed largely to social rather than biological factors :
"It's actually the existence of the gap that is unusual, rather than the
narrowing. It's a recent phenomenon which began in the 20th century." [A]
Male cigarette consumption peaked in the 1940s when tobacco industry
figures revealed that more than two-thirds of men smoked. [B] Female
consumption peaked later, in the 1960s. [C] As well as changing attitudes to
cigarettes and alcohol, the loss of heavy industry jobs——statistically more
dangerous in both the short-and long-term —— also disproportionately
affected men. [D]

6　"As the life expectancy gap narrows, our understanding of what it means to
be a man and a woman changes," said Danny Dorling, professor of geography
at the University of Oxford. "The difference between the genders also
narrows because of the introduction of contraception* and female entry into
the labour market. But the really interesting thing is it's actually (4)a kind of
reverse inequality : women have lived longer than men who are paid more
throughout their lives and are structurally advantaged in any number of
ways. We haven't entirely worked out why that might be."

Notes :

  toll* : 死者，犠牲者

  ensuing* : 次の

  the other constituent nations* : Northern Ireland，Scotland，Wales のこと
                                                を指す

  contraception* : 避妊

問1　下線部(1)が表すことを，本文に即して日本語で述べなさい。

問2　下線部(2)が表すことを，本文に即して日本語で3つ挙げなさい。

問3　下線部(3)の "it" が指すものを本文から選び，英語で解答欄に書きなさい。

問4　段落5において，次の文が入る最も適切な位置を[A]～[D]から1つ選び，その記号を解答欄に書きなさい。

In addition to the heavy male death tolls caused by World War Ⅰ and World War II, men started to smoke in large numbers before women did and women's consumption never outpaced men's.

問5　下線部(4)が表すことを，本文に即して日本語で述べなさい。

■平均余命の男女格差の縮小

❶　先進国では，男女格差は少なくとも1つの尺度では，長年にわたって女性に有利に働いてきた——平均余命である。過去100年間を通じて，女性は男性より大幅に長生きしてきた。というのは，とりわけ戦争，重工業，たばこは男性に対してより大きな犠牲をもたらしてきたのである。しかし，この男女格差は縮小しつつある——そして1950年以来のイングランドとウェールズでの平均余命の新たな統計分析は，2032年までに男性が女性と同じくらい長く生きることを期待できることを示唆している。男女ともに平均余命は87.5歳になるだろう。

❷　キャスビジネススクールの統計学教授であるレス＝メイヒューが率いる研究では，30歳の10万人の標本が，毎年翌年の平均死亡率を経験したとして，どれくらいの期間生きるかを計算し，そして，男性と女性の平均余命曲線が交差するまでの予測をした。

❸　メイヒューによると，格差の縮小を説明する要因はいくつかあるということだ。「たばことアルコールの消費量の全般的な減少は，男性に不釣り合いなほどの恩恵を与えています。男性は女性よりも，喫煙や飲酒をする傾向がありましたから。また，心臓病の治療においても飛躍的発展がなされています。心臓病は男性により多いのです」とメイヒューは述べた。「そして，男性は『危険度の高い』行動をする可能性がはるかに高く，交通事故で死亡する可能性もはるかに高いのですが，交通事故もまた減少しています」

❹　平均余命の男女格差は以前予想されていたよりも急速に縮小しているように思われる。インペリアルカレッジから2015年に発表された研究は，2030年までにそれは1.9年に縮まることを示唆していた。イギリス全体としては寿命の平均値がわずかに低いが，イングランドの平均余命は他の3つの構成国よりも高くなる傾向がある。1950年の直後の数年では，女性の平均余命はイングランドとウェールズでは男性のそれよりも速く延び，男女格差は1969年にピークに達したが，このとき女性は男性より平均5.68歳長生きだった。

❺　インペリアルカレッジの地球環境衛生学教授マジド＝エッザティは，この格差は主に，生物学的要因というよりむしろ社会的要因によるものであると述べた。「異常なのは，格差が縮まることよりもむしろ格差が実際に存在することなのです。格差は20世紀に始まった，最近の現象なのです」（第一次世界大戦と第二次世界大戦によって引き起こされた大規模な男性の死亡者数に加えて，男性は女性が喫煙する前に大勢が喫煙を始め，また，女性のたばこの消費は男性の消費をしのぐことは決

してなかった。）　男性のたばこの消費量は，1940年代にピークに達したが，この
とき，たばこ業界の統計データによると，男性の3分の2以上が喫煙していること
がわかった。女性の消費はその後，1960年代にピークを迎えた。たばこやアルコ
ールに対する態度の変化に加えて，重工業の仕事――短期，長期どちらで見ても
統計的により危険な仕事である――がなくなったことも，男性に不釣り合いなほ
どの影響を与えた。

❻「平均余命の格差が縮まるにつれて，男性であること，女性であることが意味す
るものが変わっています」と，オックスフォード大学の地理学教授ダニー＝ドーリ
ングは述べている。「避妊の導入と女性の労働市場への参入により，男女間の差も
縮まっています。しかし，本当に興味深いのは，それは実際には一種の逆向不平等
であるということです。すなわち，女性は，一生を通じてより多く給料をもらい，
様々な点で社会構造的に有利な立場にある男性よりも長生きしてきたのです。なぜ
そうなるのか，完全にはわかっていません」

各段落の要旨

❶ 先進国では，過去100年間を通じて，女性は男性より大幅に長生きしてきたが，こ
の男女格差は縮小しつつあり，英国では2032年までに男性が女性と同じ平均余命を
共有するだろう。

❷ キャスビジネススクールのメイヒュー教授が率いる研究では，男性の平均余命曲線
と女性の平均余命曲線が交差するまでの予測をした。

❸ メイヒューによると，格差を縮小させる要因は，たばことアルコールの消費量の減
少，男性に多く見られる心臓病の治療における飛躍的発展，交通事故の減少による
男性死亡数の減少がある。

❹ 平均余命の男女格差は以前予想されていたよりも早く縮小している。

❺ インペリアルカレッジのエッザティ教授によれば，この格差は主に社会的要因（両
世界大戦による男性死亡数の増加，男性の喫煙率の高さなど）によるものであり，
たばこやアルコールに対する態度の変化や危険な重工業の仕事の消滅が男性に好影
響を与えたのである。

❻ オックスフォード大学ドーリング教授によると，給料が多く社会構造的に有利な立
場にある男性よりも女性の方が長生きしてきた理由は，完全にはわかっていない。

解　説

問1　▶下線部(1)の this gender gap は「この男女格差」という意味。第1段第1文
で the gender gap という語が登場し，それは平均余命のことであると述べられて
いる。それが第2文で敷衍されていて，これを指示形容詞 this で受けている。し
たがって，この第1・2文の内容をまとめるとよい。

語句　gender「（生物学上の性である sex に対して）社会的・文化的な性」　favour

「〜に有利に働く，好都合である」 measure「測定（単位），基準」 at least「少なくとも」(at the least と the が付くこともある) life expectancy「平均余命（ある年齢の人があと何年生きられるかの統計的期待値。0歳の平均余命が平均寿命（average lifespan）になる）」 throughout「〜の間中ずっと」 outlive「〜より長生きする」(＝live longer than, survive) heavy industry「重工業」 among other things「何よりも，とりわけ」(＝especially, above all, particularly)

問2 ▶下線部(2)の a number of factors that explain the narrowing gap は「格差の縮小を説明するいくつかの要因」という意味。a number of 〜 には2つの用法があり，「多数の〜」(＝a large number of 〜) と，「少数の〜」(＝a small number of 〜) である。本文では後者の意味で，第3段第2〜最終文 ("A general fall … have fallen too.") にそれぞれ1つずつ，合計3つ述べられている。factor「要因，因子」

▶ who (＝men) tended to smoke and drink more than women は

　　① who (＝men) tended to smoke and drink <u>much</u>
　　② women tended to smoke and drink <u>much</u>

の下線部を比較して，①＞②を示すために比較級の more にして接続詞 than で連結し，who (＝men) tended to smoke and drink <u>more</u> than women (tended to do) <u>much</u> として，比較の基準である2つ目の much を強制消去し，(tended to do) を任意消去したもの。

▶ which (＝heart disease) is more prevalent in men (than in women) と ( ) 内が省略されている。

▶ And men are far more likely to engage in 'high-risk' behaviours, and far more likely to die in road accidents (than women), which have fallen too. と ( ) 内が省略されている。far は「はるかに，ずっと」の意で，比較級の前に置かれ，大差があることを示す。far の代わりに by far, much, a lot も使われる。

語句 fall「減少（する），下落（する）」 consumption「消費」 disproportionately「不釣り合いなほど，偏って」 benefit「〜の利益になる，〜に恩恵を与える」 tend to *do*「〜する傾向がある」 make great strides「飛躍的発展を遂げる，大躍進する」 tackle「〜に取り組む」 heart disease「心臓疾患，心臓病」 prevalent「流行している」 be likely to *do*「〜しそうである，〜する可能性がある」 engage in 〜「〜に従事する」 high-risk「危険性の高い，高リスクの」

問3 ▶主語として使われている it は，直前の文の主語（本問の場合，コロン（：）の前の部分にある The life expectancy gender gap）を受けるのが原則である。文

脈的にも narrow「縮まる」の主語なので，The life expectancy gender gap「平均余命の男女格差」が適切であると確認できる。

問4 ▶ In addition to the heavy male death tolls caused by World War Ⅰ and World War Ⅱ，men started to smoke in large numbers before women did and women's consumption never outpaced men's.「第一次世界大戦と第二次世界大戦によって引き起こされた大規模な男性の死亡者数に加えて，男性は女性が喫煙する前に大勢が喫煙を始め，女性のたばこの消費は男性の消費をしのぐことは決してなかった」

▶［A］の直前に「それ（格差）は20世紀に始まった最近の現象なのである」とあり，［A］の直後に1940年代，［B］の直後に1960年代の記述がある。時間の流れを考えると，「第一次世界大戦と第二次世界大戦」の話は［A］に入るのが順当である。

語句 in addition to ～「～に加えて」 death tolls（which were）caused by と（ ）内を補うとよい。in large numbers「数多く，大勢」 women did＝women started to smoke outpace「～を追い越す，しのぐ」

問5 ▶直後に補足説明のためのコロン（：）があるので，その後の women have lived … number of ways の部分をまとめればよい。

▶ women have lived longer than men「女性は，男性よりも長生きしてきた」
who（＝men）are paid more throughout their lives and are structurally advantaged in any number of ways「（男性は，）一生を通じて給料が多く，様々な点で社会構造的に有利な立場にある」
主な句読法（punctuation）──コロン（：），セミコロン（；），ダッシュ（─），カンマ（，）──の用法を確認しておこう。

語句 structurally「構造的には（社会の仕組みの上で）」 advantaged「有利な，好都合な」 any number of ～「～がいくらでも，どっさり」（例1）There're any number of examples.「例ならいくらでもある」（例2）I've asked you any number of times.「あなたには何度も何度も頼んだのに」

問1　先進国では，過去 100 年間を通じて，女性は男性より大幅に長生きしてきたこと。

問2　①たばことアルコールの消費量の全般的な減少が，女性よりも喫煙と飲酒をする傾向があった男性に恩恵を与えたこと。

　　②男性でより多く見られる心臓病の治療において大きな進歩がなされたこと。

　　③男性は「危険な」行動をしがちで，交通事故で死亡する可能性も高いが，その交通事故も減少していること。

問3　The life expectancy gender gap

問4　［A］

問5　一生を通じて給料が多く様々な点で社会構造的に有利な立場にある男性よりも，女性の方が長生きしてきたということ。

次の英文を読み，設問に答えなさい。

That same night, I wrote my first short story. It took me thirty minutes. It was a dark little tale about a man who found a magic cup and learned that if he wept into the cup, his tears turned into pearls. But even though he had always been poor, he was a happy man and rarely shed a tear. So (1)he found ways to make himself sad so that his tears could make him rich. As the pearls piled up, so did his greed grow. The story ended with the man sitting on a mountain of pearls, knife in hand, weeping helplessly into the cup with his beloved wife's murdered body in his arms.

That evening, I climbed the stairs and walked into Baba's smoking room, in my hands the two sheets of paper on which I had written the story. Baba and Rahim Khan were smoking pipes and sipping brandy when I came in.

"What is it, Amir?" Baba said, reclining on the sofa and lacing his hands behind his head. Blue smoke swirled around his face. His glare made my throat feel dry. I cleared it and told him I'd written a story.

Baba nodded and gave a thin smile that conveyed little more than feigned* interest. "Well, that's very good, isn't it?" he said.

Rahim Khan held out his hand and favored me with a smile that had nothing feigned about it. "May I have it? I would very much like to read it."

An hour later, as the evening sky dimmed, the two of them drove off in Baba's car to attend a party. On his way out, Rahim Khan squatted before me and handed me my story and another folded piece of paper. He flashed a smile and winked. "For you. Read it later."

Later that night, curled up in bed, I read Rahim Khan's note over and over. It read like this:

Amir,

I enjoyed your story very much. God has granted you a special talent. It is now your duty to hone* that talent, because a person who wastes his God-given talents is a donkey. You have written your story with sound grammar and interesting style. But the most impressive thing about your story is that it has (2)irony. You may not even know what that word means. But you will someday. It is something that some writers reach for their entire careers and never attain. You have achieved it with your first story.

My door is and always will be open to you. I shall hear any story you have to tell. Bravo.

Your friend,

Rahim

Buoyed* by Rahim Khan's note, I grabbed the story and hurried downstairs to the foyer where Ali and Hassan were sleeping on a mattress. I shook Hassan awake and asked him if he wanted to hear a story.

He rubbed his sleepy eyes and stretched. "Now ? What time is it ?"

"Never mind the time. This story's special. I wrote it myself," I whispered, hoping not to wake Ali. Hassan's face brightened.

"Then I *have* to hear it," he said, already pulling the blanket off him.

I read it to him in the living room by the marble fireplace. (3)Hassan was the perfect audience in many ways, totally absorbed in the tale, his face shifting with the changing tones in the story. When I read the last sentence, he made a muted clapping sound with his hands.

"Bravo !" He was beaming.

"You liked it ?" I said, getting my second taste — and how sweet it was — of a positive review.

"Some day, you will be a great writer," Hassan said. "And people all over the world will read your stories."

"You exaggerate, Hassan," I said, loving him for it.

"No. You will be great and famous," he insisted. Then he paused, as if on the verge of adding something. He weighed his words and cleared his throat. "But will you permit me to ask a question about the story ?" he said shyly.

"Of course."

"Well ..." he started, broke off.

"Tell me, Hassan," I said. I smiled, though suddenly the insecure writer in me wasn't so sure he wanted to hear it.

"Well," he said, "if I may ask, why did the man kill his wife ? In fact, why did he ever have to feel sad to shed tears ? Couldn't he have just smelled an onion ?"

I was stunned. (4)That particular point, so obvious it was utterly stupid, hadn't even occurred to me. I moved my lips soundlessly. It appeared that on the same night I had learned about one of writing's objectives, irony, I would also be introduced to one of its pitfalls*: the Plot Hole.

From The Kite Runner by Khaled Hosseini, Riverhead Books.

Notes:
feigned*：見せかけの，偽りの
hone*：磨きをかける
buoyed*：興奮して，高揚して
pitfall*：落とし穴

問1　下線部(1)を日本語に訳しなさい。

問2　下線部(2)の "irony" とは，本文の内容ではどのようなことを指しているか。(ア)〜(エ)から最も適切なものを1つ選び，その記号を解答欄に書きなさい。
(ア)　Amir には才能があるのにじゅうぶんに生かされていないこと。
(イ)　文法も文体もすぐれているが，Amir の書いた作品の内容とはそぐわないこと。
(ウ)　Amir はまだ気づいていないが，Amir の物語の筋の展開には大きな落とし穴があること。
(エ)　Amir の作品の主人公が，求めていたのとは正反対の結果を招いてしまうこと。

問3　下線部(3)に関して，Hassan はどのような点で "perfect audience" だと描写されているか，本文に即して日本語で述べなさい。

問4　下線部(4)の "That particular point" とは何か，本文に即して日本語で述べなさい。

全 訳

■小説を初めて書いたことで学んだ二つの教訓

その同じ夜，私は初めて短編小説を書いた。30 分かかった。それは陰鬱な短い物語で，ある男が魔法のカップを見つけて，そのカップに涙を流すと，涙が真珠に変わるということを知るのだった。しかし，彼はいつも貧乏だったにもかかわらず，幸せな男であり，めったに涙は流さなかった。それで，(1)彼は，涙を流して金持ちになるために，悲しむ方法を見つけた。真珠がたまるにつれて，彼は次第に貪欲になった。小説の終わりは，男が真珠の山の上に座って，手にナイフを持って，最愛の妻の殺害された体を両腕に抱いて，おろおろとカップに涙を流し泣いている場面だった。

その晩，私は階段を上ってババの喫煙室に入っていった。手の中には，私がこの小説を書いた 2 枚の紙を持っていた。私が入ってきたとき，ババとラヒム＝ハーンはパイプをくゆらし，ブランデーを飲んでいた。

「それはなんだい，アミール？」　ババはソファーにあおむけになって，両手を頭の後ろで組んで言った。青い煙が彼の顔の周りを回っていた。彼のにらみつける視線のせいで，私はのどが乾いたように感じた。私は咳払いをして，小説を書いたことを告げた。

ババはうなずいて，せいぜい見せかけの関心しか示さない薄笑いを浮かべた。「まあ，それは非常にいいことだね」と彼は言った。

ラヒム＝ハーンは手を伸ばし，見せかけではない笑顔で私に微笑んでくれた。「もらってもいいかい。ぜひともそれを読みたいよ」

一時間後，夕方の空が暗くなると，彼ら二人はパーティーに出席するためにババの車で出かけた。出かける際，ラヒム＝ハーンが私の前にしゃがみこんで，私の小説ともう一枚，折り畳まれた紙を手渡した。彼は一瞬笑みを浮かべて，ウインクした。「さあ，どうぞ。後で読んでおくれ」

その夜遅く，ベッドで丸まって，私はラヒム＝ハーンのメモを何度も読み返した。それにはこう書いてあった。

アミール，

君の小説はとても楽しかったよ。神は君に特別な才能を授けられた。その才能に磨きをかけるのは君の義務だよ，なぜなら神から与えられた才能を無駄にするのは愚か者だからね。君はしっかりした文法と興味深い文体で小説を書いている。しかし，君の小説の最も印象的なことは，皮肉が含まれているということだ。君はその言葉が何を意味するのかさえ知らないかもしれない。でも，いつの日かわ

かるだろう。それは一部の作家には全経歴をかけて手に入れようとしても決して獲得できないものだ。君は最初の小説でそれを達成したのだ。

　私の扉は今もそしてこれからも君に開かれている。君が伝えたい物語があればなんでも聞くよ。でかしたぞ！

君の友達
ラヒム

ラヒム=ハーンのメモに興奮して，私はその小説をつかみ，アリとハッサンがマットレスの上で寝ている玄関広間へと階段を急いで降りて行った。私はハッサンを揺り起こして，物語を聞きたいかと尋ねた。

　彼は眠そうな目をこすって伸びをした。「今？　何時だい？」

　「時間はどうでもいいよ。この小説は特別なんだ。自分で書いたんだ」と，アリを起こさないように願いながら，私はささやいた。ハッサンの顔がぱっと明るくなった。

　「それじゃ，聞かせてもらわないといけないね」と，すでに毛布をはぎながら彼は言った。

　私はリビングルームの大理石の暖炉のそばで彼に読んで聞かせた。ハッサンはいろいろな意味で完璧な聞き手だった。物語にすっかり夢中になり，小説の中で変化する調子につれて彼の表情も変わっていった。私が最後の一文を読んだとき，彼は音を立てずに拍手をした。

　「お見事！」　彼はにっこり笑った。

　「気に入った？」　二度目の肯定的な評価をもらって――なんと気持ちいいのだろう――私は言った。

　「いつか，君は素晴らしい作家になるだろう」とハッサンは言った。「そして，世界中の人々が君の小説を読むだろう」

　「大げさだよ，ハッサン」と私は言った。そう言ってくれたことで彼を大好きになった。

　「いや。君は偉大で有名になるだろう」と彼は主張した。それから何か付け加えようとするかのように，一瞬沈黙した。彼は慎重に言葉を選び，咳払いをした。「でも，その小説について質問するのを許してもらえる？」と彼は恥ずかしそうに言った。

　「もちろん」

　「えぇーと…」　彼は言い始めて，途中でやめた。

　「言ってよ，ハッサン」と私は言った。私は微笑んだ。とはいえ，急に，私の中の不安な作家がそれを聞きたがっているとは確信できなくなった。

　「えぇーと」と彼は言った。「もし僕が尋ねてよければ，その男はなぜ妻を殺した

の？　実際，そもそもなぜ彼は涙を流すために悲しい気持ちにならなければならなかったんだろうか？　タマネギの匂いを嗅ぐだけではいけなかったのかい？」

　私ははっとした。まさにその点は，まったく馬鹿げていると言ってよいほど明白すぎるもので，私には思いつきもしなかったのだ。私は声に出さずに唇を動かした。私は著作の目的の一つ——皮肉——について知ったその同じ夜に，その落とし穴の一つ——ストーリー展開の矛盾——も知ることになったようであった。

解　説

問1　he found ways to make himself sad so that his tears could make him rich. As the pearls piled up, so did his greed grow.

▶ he found ways to make himself sad「彼は自分自身を悲しくさせる方法を見つけた」→「彼は悲しむ方法を見つけた」　to make himself sad は ways を修飾する形容詞用法の to 不定詞。

▶ so that his tears could make him rich「自分の涙が自分を金持ちにすることができるように」→「涙を流すことで金持ちになるために」　so that … can〔may / will〕～は「～するために」の意の目的を示す副詞節。

▶ As the pearls piled up「真珠が積み上がるにつれて／真珠がたまるにつれて」　as は比例関係を表す従属接続詞で「～するにつれて」の意。

▶ so did his greed grow「彼の貪欲さも次第に大きくなった／彼は次第に貪欲になった」　ここの so は前半の as を受けて「（～するにつれて）その分…」という意味である。so の次に助動詞の did があるので，so＋助動詞（be 動詞）＋S で「（異なった主語について肯定の陳述を付加して）Sもまたそうである」の意の定型表現と紛らわしいかもしれないが，文末に grow という動詞があることに注意。so his geed grew という語順でもよいのだが，ここでは強調のための倒置が起こっている。

問2　正解は(エ)

▶下線部(2)の irony は「皮肉」の意で，皮肉とは「いじわるく遠まわしに相手を非難すること」を意味することが多いが，本文では「物事が予想や期待に反した結果になること」である。アミールの物語に含まれる皮肉とは，第1段第3～最終文（It was a … in his arms.）に述べられているように，主人公の男がカップに流す涙で真珠を手にして金持ちになったが，最後には最愛の妻を殺害してまでカップに涙を流すことになるという結末を指している。したがって，(エ)が適する。

問3　▶下線部(3)の Hassan was the perfect audience は「ハッサンは完璧な聞き手であった」の意。ハッサンが「完璧な聞き手」であったことの説明は，後続部分（totally absorbed in … with his hands.）に具体的に述べられている。

▶ totally absorbed in the tale「物語にすっかり夢中になって」　分詞構文であり and he was totally absorbed in the tale と書き直せる。

▶ his face shifting with the changing tones in the story「小説の中で変化する調子につれて彼の表情は変わっていった」　分詞構文であり and his face shifted with the changing tones in the story と書き直せる。

▶ When I read the last sentence「私が最後の一文を読んだとき」

▶ he made a muted clapping sound with his hands「彼は両手で消音した拍手音をたてた」→「彼は音を立てずに拍手をした」

問4　▶下線部(4)の That particular point は「その特定の問題点」の意。particular は this や that とともに用いられると「ほかならぬ」「よりにもよって」「まさに」という意味合いが出てくる。「まさにその問題点」ということ。その問題点とは，筆者の語った話に関してハッサンが抱いた疑問点のことで，直前の段落（"Well," he said, … smelled an onion ?"）のハッサンの発話中の In fact, why did he ever have to feel sad to shed tears ? Couldn't he have just smelled an onion ?「実際，そもそもなぜ彼は涙を流すために悲しい気持ちにならなければならなかったの？　タマネギの匂いを嗅ぐだけではいけなかったの？」に端的に表現されている。

問1　彼は，涙を流して金持ちになるために，悲しむ方法を見つけた。真珠がたまるにつれて，彼は次第に貪欲になった。

問2　(エ)

問3　物語にすっかり夢中になって，話の中で調子が変化するにつれて表情を変え，筆者が話し終えると拍手をしたという点。

問4　主人公の男は真珠を得ようとして，悲しい気持ちになって涙を流そうと妻まで殺したが，そもそも涙を流すためなら，タマネギの匂いを嗅ぐだけでもよかったのではないかということ。

12

Read the following passage and answer the questions below.

① What's going on in a child's brain when parents read them a story ? A newly published study gives some insight into what may be happening inside young children's brains in (1)three different situations. Lead author Dr. John Hutton says there are some kinds of storytelling that may be "too cold" for children, while others are "too hot." And of course, some are "just right*."

② For the study, 27 children around age 4 went into an fMRI* machine. They were presented with stories in three conditions : audio only ; the illustrated pages of a storybook with an audio voiceover* ; and an animated cartoon. All three versions came from the web site of Canadian author Robert Munsch. While the children paid attention to the stories, the fMRI scanned for activation within certain brain networks and connectivity between the networks. "We went into it with an idea in mind of what brain networks were likely to be influenced by the story," Hutton explains. One was language. One was visual perception. The third is called visual imagery*. The fourth was the default mode network, which includes regions of the brain that appear more active when someone is *not* actively concentrating on a designated mental task involving the outside world.

③ Here's what the researchers found : In the audio-only condition (too cold), language networks were activated, but there was less connectivity overall. There was more evidence the children were struggling to understand. In the animation condition (too hot), there was a lot of activity in the audio and visual perception networks, but not a lot of connectivity among the various brain networks. "The language network was working to keep up with the story," says Hutton. "Our interpretation was that the animation was doing all the work for the child. They were expending the most energy just (A)figuring out what it means." The children's comprehension of the story was the worst in this condition.

④ (2)The illustration condition was what Hutton called "just right." When children could see illustrations, language-network activity dropped a bit compared to the audio condition. Instead of only paying attention to the words, Hutton says, having the pictures as clues supported the children's understanding of the story. "With animation, the story information is given to the child all at once, so they don't have to do any of the work." Most importantly, in the illustrated book condition, researchers saw increased connectivity between and among all the networks they were looking at: visual perception, imagery, default mode, and language.

⑤　"For 3 to 5-year-olds, the imagery and default mode networks mature late, and take practice to integrate with the rest of the brain," Hutton explains. "With animation you may be missing an opportunity to develop them." When we read to our children, they are doing more work than meets the eye. "It's that muscle they're developing bringing the images to life in their minds." Hutton's concern is that in the longer term, "kids who are (B)exposed to too much animation are going to be at risk for developing not enough integration." Overwhelmed by the demands of processing language, without enough practice, they may also be less skilled at forming mental pictures based on what they read, much less reflecting on the content of a story. This is the stereotype of a "(3)reluctant reader" whose brain is not well trained in getting the most out of a book.

⑥　One interesting note is that, because of the constraints of an fMRI machine, which encloses and holds the body in position, the story-with-illustrations condition wasn't actually as good as reading on Mom or Dad's lap. The emotional (C)bonding and physical closeness, Hutton says, were missing. In an ideal world, you would always be there to read to your child. The results of this small, preliminary study also suggest that, when parents do turn to electronic devices for young children, they should move toward the most stripped-down version of a narrated, illustrated e-book, as opposed to either audio-only or animation.

From "What's Going On In Your Child's Brain When You Read Them A Story?", National Public Radio on May 24, 2018, by Anya Kamenetz.

Notes :

too cold, too hot, just right [*] : In this passage about reading a story to children, "too cold" and "too hot" indicate some difficulties in understanding or processing it, but "just right" indicates the appropriateness of such storytelling.

fMRI [*] : a method to measure and map the brain activity

voiceover [*] : the spoken words that describe the story

visual imagery [*] : an image created in a person's mind

Q 1 What are the "three different situations" in the underlined part (1) in paragraph 1 ? Select the three phrases that refer to them from paragraph 2, and write them down in English.

Q 2 In paragraph 2, what had the researchers assumed about brain networks before beginning this study ? Write the letter (A, B, C, D) of your choice.

   A. The brain networks would likely be affected significantly by animation.

   B. The four brain networks would show similar results for the process of learning to read.

   C. The stories would influence the four different brain networks : language, visual perception, visual imagery, and the default mode in certain ways.

   D. The default mode network would help children concentrate on a designated task.

Q 3 Which of the following statements is not consistent with the research findings in paragraph 3 ? Write the letter (A, B, C, D) of your choice.

   A. In the audio-only condition, language networks were stimulated, but there was weak connectivity overall.

   B. In the audio-only condition, the children were having a hard time to understand the story.

   C. In the animation condition, the audio and visual perception networks were activated, but there was little connection between the networks.

   D. In the animation condition, the children could understand the story better than the other conditions.

Q 4 In paragraph 4, the author says that the illustration condition is "just right" in the underlined part (2). Answer <u>in Japanese</u> why it is "just right."

Q 5 How is the "reluctant reader" in the underlined part (3) described in paragraph 5? Choose one statement and write the letter (A, B, C, D) of your choice.
   A．A reader who has sufficient opportunity to read.
   B．A reader who has read a lot only because they were required to do it.
   C．A reader who has a limited vocabulary and lacks concentration.
   D．A reader who has difficulty in reading a story deeply and developing mental images.

Q 6 In paragraph 6, when parents read a story to their child with electronic devices, what is the best approach? Choose one statement and write the letter (A, B, C, D) of your choice.
   A．Use the newest software available.
   B．Use a simple illustrated type of story.
   C．Use audio-only type of story.
   D．Use animated story to stimulate better brain connections.

Q 7 Choose the most appropriate word that matches the meaning of the underlined words or phrases (A)～(C). Write the correct word in the space provided.

(A) comprehending   counting   questioning   stimulating
(B) expected   prohibited   revealed   shown
(C) condition   conflict   damage   tie

■子供の脳によい読み聞かせとは

❶ 親が子供に物語の読み聞かせをする際，子供の脳内で何が起こっているのか？ 新しく発表された研究は，3つの異なる状況で幼児の脳内で起きているかもしれないことへの幾分かの洞察を与えてくれる。主執筆者であるジョン＝ハットン博士によれば，子供たちにとって「冷たすぎる」かもしれない語りがある一方で，「熱すぎる」ものもある。そして，言うまでもなく，「ちょうどいい」ものもある。

❷ 調査のため，4歳前後の子供27人がfMRI（機能的磁気共鳴画像法）機器に入った。彼らは3つの条件で物語を提示された。音声のみ，音声ナレーション付きイラスト入りのお話の本，そしてアニメーション漫画である。3つのバージョンはすべて，カナダの作家ロバート＝マンチのウェブサイトからのものだ。子供たちが物語に注意を向けている間，fMRIは特定の脳のネットワーク内の活性化とネットワーク間の接続性をスキャンした。「我々はどの脳内ネットワークがお話の影響を受けそうかを念頭に置いて研究に入った」とハットンは説明する。1つは言語だった。1つは視覚だった。3つ目は視覚イメージと呼ばれている。4つ目はデフォルトモードのネットワークで，それには外界を含む指定された精神的な作業に人が積極的に集中していないときに，より活性化するように見える脳の領域が含まれている。

❸ 以下が研究者たちが発見したことである。音声のみの条件（冷たすぎる）では，言語ネットワークは活性化されたが，全体的な接続性は弱かった。子供たちが理解するのに苦労していた証拠がもっと多くあった。アニメーションの条件（熱すぎる）では，聴覚と視覚ネットワークでは多くの活性化がみられたが，様々な脳のネットワーク間の接続性はそれほど多くなかった。「言語ネットワークは話についていくために働いていた」とハットンは言う。「我々の解釈としては，アニメーションは子供に代わってすべての仕事をしていたということだった。子供たちはアニメーションが何を意味するのかを理解することだけに最も多くのエネルギーを使っていた」 子供たちの物語に対する理解は，この条件が最悪だった。

❹ イラストの条件は，ハットンが「ちょうどいい」と呼んだものだった。子供たちがイラストを見ることができるとき，言語ネットワークの活性化は，音声のみの場合に比べて少し落ちた。言葉だけに注意を払うのではなく，絵を手がかりにすることで，子供たちが物語を理解するのを助けた，とハットンは述べている。「アニメーションでは，ストーリー情報が一度に子供に与えられるので，子供たちは何も仕事をする必要がありません」 最も重要なことは，イラスト入りのお話の本の条件では，研究者たちは彼らが見ている全ネットワーク——視覚，視覚イメージ，

デフォルトモード，そして言語――間の接続性が向上していることを発見したことである。

❺「3歳から5歳までは，視覚イメージとデフォルトモードのネットワークは成熟が遅く，脳の他の部分と統合するためのトレーニングが必要です」とハットンは説明する。「アニメーションでは，それらを発達させる機会を逃しているのかもしれません」 子供たちに読み聞かせるとき，彼らは目に映るもの以上の仕事をしている。「彼らが発達させているのは，まさにその力なのです。それは彼らの心の中でイメージを生き生きさせます」 ハットンの懸念は，長期的には，「アニメーションを見すぎている子供たちは，十分な統合を発達させることができないという，危険にさらされることになるだろう」ということだ。練習が不十分な状態で言語処理の要求に圧倒されれば，読んだものに基づいて心的イメージを形成することにも熟練せず，物語の内容を考察できなくなるかもしれない。これは，脳が本を最大限に活用する訓練を十分に受けていない「消極的読者」の定型である。

❻ 面白いことに，体を包み込み定位置に保持する fMRI 機器の制約のために，イラスト入りのお話の条件は，実際にはママやパパの膝の上での読書ほどよくはなかった。感情的な結びつきと身体的な近さが欠けていたからだ，とハットンは言う。理想の世界では，自分の子供に読み聞かせるためにいつもその場にいることだろう。このささやかな予備的研究の結果によると，親が幼児向けの電子機器に頼るときには，音声のみやアニメーションとは対照的に，最も簡略化されたバージョンのナレーション付きイラスト入りの電子書籍へ向かう必要がある。

各段落の要旨

❶ 親が子供に物語の読み聞かせをする際，子供の脳内で起こっていることに関する研究がある。

❷ 4歳前後の子供27人が fMRI（機能的磁気共鳴画像法）機器に入って，3つの条件――音声のみ，音声ナレーション付きイラスト入りのお話の本，そしてアニメーション漫画――で物語を示された。

❸ 音声のみの条件（冷たすぎる＝わかりにくい）では，言語ネットワークは活性化されたが，全体的な接続性は少なかった。アニメーションの条件（熱すぎる＝わかりやすい）では，聴覚と視覚ネットワークでは多くの活性化がみられたが，様々な脳のネットワーク間の接続性はそれほど多くなかった。

❹ イラストの条件は，ハットンが「ちょうどいい」と呼んだものだった。言葉だけに注意を払うのではなく，絵を手がかりにすることで，子供たちの脳内の全ネットワーク間の接続性が向上していたのである。

❺ 3歳から5歳までは，視覚イメージとデフォルトモードのネットワークは成熟が遅く，脳の他の部分と統合するための練習を要するが，アニメーションでは，それらを発達させる機会を逃してしまう。

❻ 親が幼児向けの電子機器に頼るときには，ナレーション付きイラスト入りの電子書籍を利用すべきである。

解　説

Q 1　▶設問は「第1段の下線部(1)の『3つの異なる状況』とは何か？　第2段からそれらに言及している3つの語句を選択し，それらを英語で書き留めなさい」という意味。

▶第2段第2文（They were presented …）に three conditions とあり，その直後のコロン（：）の後にその3つの状況が列記してある。コロン（：）が補足説明の機能を担っていることがわかれば解答は容易である。なお，列記された3つはカンマ（,）ではなく，セミコロン（；）を使うことによってグループ分けが視覚的に認識しやすくなっている。

▶ audio only「音声のみ」 the illustrated pages of a storybook with an audio voiceover「音声ナレーション付きイラスト入りのお話の本」 an animated cartoon「アニメーション漫画」

Q 2　正解はC
▶設問は「第2段で，研究者たちはこの研究を始める前に脳のネットワークについて何を仮定していたか？　選んだ文字（A，B，C，D）を書きなさい」という意味。
▶選択肢のそれぞれの意味は次のとおり。
　A．「脳のネットワークは，恐らくアニメーションに大きく影響を受けるだろう」
　B．「4つの脳のネットワークは読むことを学ぶ過程に対しても同様の結果を示すだろう」
　C．「物語は，4つの異なる脳のネットワークに影響を与えるだろう。すなわち，言語，視覚，視覚イメージ，そしてある点でのデフォルトモードである」
　D．「デフォルトモードのネットワークは，子供たちが指定された作業に集中するのを助けるだろう」
▶設問の「研究者たちはこの研究を始める前に脳のネットワークについて何を仮定していたか」と符合する表現が，第2段第5文に We went into it with an idea in mind of what brain networks were likely to be influenced by the story「我々はどの脳内ネットワークがお話の影響を受けそうかを念頭に置いて研究に入った」とある。これに後続する第6〜最終文（One was language. … the outside world.）に「1つは言語だった。1つは視覚だった。3つ目は視覚イメージと呼ばれている。4つ目はデフォルトモードのネットワーク」と4つ列記されている。

Q 3　正解はD
▶設問は「次のうち，第3段の調査結果と一致しないのはどれか？　選んだ文字（A,

B，C，D）を書きなさい」という意味。

▶選択肢のそれぞれの意味は次のとおり。

A．「音声のみの条件では，言語ネットワークは活性化されたが，全体的に接続性が弱かった」

B．「音声のみの条件では，子供たちは物語を理解するのに苦労していた」

C．「アニメーションの条件では，聴覚と視覚ネットワークは活性化されたが，ネットワーク間の接続はほとんどなかった」

D．「アニメーションの条件では，子供たちは他の条件よりも物語をよく理解することができた」

▶Aは第3段第1文「音声のみの条件（冷たすぎる）では，言語ネットワークは活性化されたが，全体的な接続性は弱かった」に合致する。

▶Bは第2文「子供たちが理解するのに苦労していた証拠がもっと多くあった」に合致する。

▶Cは第3文「アニメーションの条件（熱すぎる）では，聴覚と視覚ネットワークでは多くの活性化がみられたが，様々な脳のネットワーク間の接続性はそれほど多くなかった」に合致する。

▶Dは最終文に「子供たちの物語に対する理解は，この条件が最悪だった」とあるのに反する。「この条件」とはアニメーションの条件を指している。

Q 4 ▶設問は「第4段で，筆者は下線部(2)でイラストの条件は『ちょうどいい』と言っている。なぜそれが『ちょうどいい』のか，日本語で答えなさい」という意味。

▶第4段第2～最終文（When children could … mode, and language.）に説明されている。

▶解答のポイントは，他の2つの条件——音声のみの条件，アニメーションの条件——と比較してイラストの条件が持つ長所を答えることである。

▶音声のみの条件では子供は言葉だけに注意を払うのに対して，イラストの条件では絵を手がかりにすることで子供が物語を理解するのを支援する。

▶アニメーションの条件ではストーリー情報が一度に与えられるので子供は何もする必要がないのに対して，イラストの条件では子供は理解のための仕事をしなければならない。

▶音声のみの条件やアニメーションの条件とは異なり，イラストの条件では全ネットワーク——視覚，イメージ，デフォルトモード，そして言語——間の接続性が向上する。

語句 compared to ～「～と比較して，～と比べると」 clue「手がかり，ヒント」 all at once「一度に，一斉に」

Q5 正解はD

▶設問は「下線部(3)の『消極的読者』は第5段でどのように説明されているか。文を1つ選択し，選択した文字（A，B，C，D）を書きなさい」という意味。

▶選択肢のそれぞれの意味は次のとおり。

A.「読む機会が十分にある読者」

B.「そうするように要求されたという理由だけでたくさん読んだ読者」

C.「語彙が限られていて集中力に欠ける読者」

D.「物語を深く読み心的イメージを発達させることが困難な読者」

▶直前の文（Overwhelmed by the …）に「読んだものに基づいて心的イメージを形成することにも熟練せず，物語の内容を考察できなくなる」とあり，これを受けて「これは『消極的読者』の定型である」と述べているのである。Overwhelmed by the demands of processing language, は分詞構文で，They are overwhelmed by the demands of processing language and という節に書き直せる。

語句 based on ～「～に基づいて」 reflect on ～「～を熟考する」 stereotype「定型」 reluctant「気乗りしない，消極的な」 get the most out of ～「～を最大限に生かす，最大限に活用する」

Q6 正解はB

▶設問は「第6段で，親が電子機器を使って子供に物語を読むとき，最善のアプローチは何か？　文を1つ選択し，選択した文字（A，B，C，D）を書きなさい」という意味。

▶選択肢のそれぞれの意味は次のとおり。

A.「入手可能な最新のソフトウェアを使う」

B.「簡単なイラスト付きの物語を使う」

C.「音声のみの物語を使う」

D.「より良い脳のつながりを刺激するためにアニメの物語を使う」

▶設問の「親が電子機器を使って子供に物語を読むとき，最善のアプローチ」と符合する表現が，第6段最終文（The results of …）に「親が幼児向けの電子機器に頼るときには，音声のみやアニメーションとは対照的に，最も簡略化されたバージョンのナレーション付きイラスト入りの電子書籍へ向かう必要がある」とある。

語句 preliminary「準備，予備」 turn to ～「～に頼る」は look to ～ と同じく「～の方を向く」という具体的行為から「～に頼る」という抽象的行為へと意味が転化している。electronic device「電子機器」 stripped-down「余分な装備を取り除いた，必要最低限のものだけを装備した」 as opposed to ～「～とは対照的に，～に対立するものとして」

Q 7 ▶設問は「下線部(A)～(C)の単語や語句の意味に合った最適な単語を選びなさい。その適する単語を与えられた解答欄に書きなさい」という意味。

Ⓐ **正解は comprehending**

▶選択肢のそれぞれの意味は次のとおり。

comprehending「理解すること」　　counting「数えること」

questioning「質問すること」　　　stimulating「刺激すること」

▶ figure は「姿・形を心に描く」から「理解する，把握する」(= come to understand) の意へと発展した。動詞 + out の out は副詞で直前の動詞に様々な意味を付加する働きをする。例えば，die out「絶滅する」，try out「すっかり試してみる」，find out「隠されていたものを発見する」，cry out「泣き叫ぶ」などが挙げられる。comprehend は語源的には，com (= altogether) + prehend (= seize) で「すっかりつかむ」が原義で，「理解する」(= understand) の意となったもの。

Ⓑ **正解は shown**

▶選択肢のそれぞれの意味は次のとおり。

expected「期待される」

prohibited「禁止される」

revealed「(隠されていたもの・秘密などが) 明らかにされる」

shown「見せられる」

▶ exposed to は expose A to B「A を B にさらす」の受動態で，「～にさらされている」の意。

expose は語源的には，ex (= out) + pose (= put) で「外へ置く」が原義。例えば，expose the plant to direct sunlight では「その植物を直射日光に当てる」(室内にある鉢植えをベランダに出すイメージをもつとわかりやすい) であり，これが抽象化されると，expose the plan to the newspapers「その計画を新聞紙上ですっぱ抜く〔暴露する〕」となる。

Ⓒ **正解は tie**

▶選択肢のそれぞれの意味は次のとおり。

condition「状態」　　　　　conflict「対立」

damage「損害」　　　　　　tie「結びつき」

▶ bond は「結合する」の意で，その動名詞形の bonding は「結びつき，絆」の意。

Q 1　① audio only

　② the illustrated pages of a storybook with an audio voiceover

　③ an animated cartoon

Q 2　C

Q 3　D

Q 4　視覚的手がかりのない「音声のみの条件」や理解のための仕事をする必要のない「アニメーションの条件」とは違い，「イラストの条件」は絵を手がかりに物語を自分で理解することになり，脳のネットワーク（視覚・視覚イメージ・デフォルトモード・言語）のすべての間の接続性が向上したから。

Q 5　D

Q 6　B

Q 7　(A) comprehending　(B) shown　(C) tie

13

次の英文を読み，設問に答えなさい。

1 Mars is an especially good mission target due to its closeness to us. It is relatively similar to Earth in a number of crucial ways, making it a better destination for manned missions and potential colonization than any other planet in the solar system. We have loved Mars for centuries. The planet has firmly embedded itself in our culture, so much so that "Martian" is somewhat synonymous with "alien", though the aliens you imagine may vary.

2 This cultural interest is mirrored by scientific interest. Our first mission to Mars launched in 1960, and we have attempted more missions to the planet than to anywhere else in the solar system except for the Moon. Given this history, you would be forgiven for thinking that we must know almost all there is to know about Mars by now, but (1)that is not the case. For one, we are still unsure of how Mars formed. The planet is surprisingly small and does not fit into our theories of how the solar system came together. We are not sure how (2)its two small moons formed, either. These lumpy, bumpy rocks have puzzling properties. They may have formed in orbit around Mars, they may be captured asteroids*, or they may be the result of a giant impact that knocked material from Mars.

3 We also lack a complete understanding of Mars's history. We see signs of past water all over its surface and in its chemistry, and so think it was once much warmer than it currently is in order to support liquid water. However, we are not sure how this waterworld changed into the dry lump we see today. To support widespread water and warmth, Mars's atmosphere must have been very thick during the planet's youth (probably facilitated by a far stronger magnetic field). Where did it all go?

4 Then, of course, there is the question of life. Is the planet habitable? Is there, or was there ever, life on Mars? We don't know enough to be sure either way. Perhaps inactive microbes lie buried deep in the soil, or are happily thriving underground away from curious eyes. Perhaps the planet is lifeless and always has been, or life has (3)died out.

5 Uncertainty aside, there is quite a bit we do know about Mars——after all, we have been visiting for more than 50 years. Many of Mars's positive attributes are similar to those of our home planet, placing it at the top of the colonization list. To learn more, we need more data from both our current missions and those launching in coming years.

6 There are, understandably, many differing opinions about whether we should focus so much of our efforts on Mars. Travel to the red planet threatens to be incredibly expensive, and publicly funding such programs may suck money from other areas of scientific research. There are also numerous hurdles to clear (technical, biological, financial, ethical) before we can entertain the idea of feasibly sending humans there. Some scientists believe there are more interesting locations to explore : Saturn's moon Titan ; Jupiter's moons Europa, Callisto and Ganymede. However, unlike these candidates, (4)_____. The red planet may hold the secrets to how our own rocky planet formed, evolved, developed life, and more. It is hard to overstate how sending humans to Mars would further our research.

Copyright Guardian News & Media Ltd

Notes :
  asteroids* : 小惑星

問1　第2段落の下線部(1)that が表す具体的意味内容を日本語で述べなさい。

問2　第2段落において，下線部(2)its two small moons がどのように形成されたのかに関して述べられている三つの仮説を，日本語で具体的に答えなさい。それぞれを①から③の解答欄に記入すること。

問3　第3段落では，火星の水に関してどのような事実と推論が示されているか，80字以内の日本語で述べなさい。ただし，句読点も字数に含みます。

問4　第4段落の下線部(3)died out に最も近い意味を表すものを，以下のうちから一つ選び，解答欄に書きなさい。
  issued, killed off, murdered, perished

問5　第6段落の下線部(4)の空所に入る最も適切なものを以下（A，B，C，D）の
中から一つ選び，記号で答えなさい。

A．it is not true that the Earth is full of liquid water and a wide range of
living creatures

B．Jupiter's moons are too far even for future generations to conduct any
extensive research in them

C．Mars is our neighbor, in addition to being part of the only planetary
system in the universe known to harbor life

D．Titan is Saturn's largest moon, and it is the only moon with clouds and a
dense, planet-like atmosphere

全 訳

■続行すべき火星探索

❶ 火星は，我々に近いので，特に優れたミッションの目標地点である。それはいくつかの重要な点で地球と比較的似ていて，太陽系の他のどの惑星よりも有人ミッションと潜在的に入植に適した目的地となっている。我々は何世紀にもわたり火星を愛してきた。この惑星は我々の文化にしっかりと埋め込まれているので，「火星人」は「エイリアン」と多少なりとも同じ意味となっている。とはいえ，あなたが想像するエイリアンは多種多様であるかもしれないが。

❷ この文化的関心は科学的興味に反映されている。火星への最初のミッションは1960年に始まったが，我々は月を除いて，太陽系の他のどこよりも多くのミッションをこの惑星に対して試みてきた。この歴史を考えると，現在までに火星について知るべきことはほとんどすべてを知っているに違いないと考えても許されるだろう。しかし，それは真相ではない。一つには，火星がどのように形成されたのかはいまだに定かでない。この惑星は驚くほど小さく，太陽系が生じた経緯に関する我々の理論に適合しない。火星の2つの小さな衛星がどのように形成されたかも定かではない。これらのゴツゴツしたでこぼこの多い岩は，不可解な特性をもっている。それらは火星の周回軌道上で形成されたのかもしれないし，火星の引力に捕えられた小惑星かもしれないし，巨大な衝突が起きた結果，火星からたたき出されたものかもしれない。

❸ 我々はまた，火星の歴史を完全には理解していない。過去に水が存在した痕跡がその表面全体とその化学的組成に見られるので，昔は液体の水を維持するために現在よりもはるかに暖かかったと考えている。しかしながら，この水の世界が今日我々の目にする乾燥した塊へと変わった経緯は定かではない。広範囲に存在した水と暖かさを維持するために，火星の大気は，この惑星の初期の間は非常に厚かったに違いない（おそらく今よりもはるかに強力な磁場がこれを容易にしていたのだろう）。それらはすべてどこに行ったのだろうか？

❹ それから，もちろん，生命の問題がある。この惑星は居住可能なのか？ 火星には生命が存在しているのか，あるいはこれまでに存在したのか？ どちらの点も確信がもてるほど十分にはわかっていない。おそらく不活発な微生物が土壌の深いところに埋もれているか，好奇心に満ちた目から離れて地下で幸せに繁栄しているのかもしれない。おそらくこの惑星には生命が存在しないし，これまでもずっとそうだった，あるいは生命は死に絶えたのかもしれない。

❺ 不確かなことはさておき，火星についてわかっていることはかなりある。何と

いっても，我々は50年以上にわたって火星を訪れてきたからである。火星の有益な属性の多くは，我々の故郷の惑星のそれに似ており，入植地リストの一番上に置かれている。もっと多くを知るためには，我々の現在のミッションと今後の打ち上げの両方からもっと多くのデータが必要である。

❻ 当然のことながら，火星にこれほど多くの努力を集中させるべきかどうかについて，様々な異論がある。この赤い惑星への旅行は信じられないほど費用がかさむおそれがあるし，そのようなプログラムに公的資金を提供することは，科学研究の他の分野からお金を吸いとってしまうかもしれない。人間をそこに送り出すことは実現可能だとする考えを我々が受け入れる前に，クリアすべき（技術的，生物学的，財政的，倫理的な）多くのハードルもある。一部の科学者は，探査するためのもっと興味深い場所があると考えている。土星の衛星タイタン，木星の衛星エウロパ，カリストおよびガニメデである。しかしながら，これらの候補とは異なり，火星は，生命を抱くことが知られている宇宙で唯一の惑星系の一部であることに加えて，我々の隣の惑星である。この赤い惑星は，我々自身の岩の惑星がどのように形成され，進化し，生命を発達させたかなどの秘密を握っているかもしれない。人間を火星に送ることが，どれほど我々の研究を前進させるかは，いくら誇張してもしすぎることはない。

各段落の要旨

❶ 火星は地球に近く，地球と似た点が多いので，太陽系の他の惑星よりも探査対象にしやすい。

❷ 火星探査は1960年に始まり，何度も繰り返されてきたが，解明できていないことが多い。火星や火星の衛星の形成過程も定かではない。

❸ 火星の歴史についても十分解明できていない。例えば，過去に存在したはずの液体の水が消え，現在の乾燥した塊に変わった経緯はわかっていない。

❹ 生命の問題もある。火星にはかつて生命が存在したか，あるいは現在存在しているかについても十分解明されていない。

❺ 50年以上の探査により，火星についてわかっていることも多い。地球と似ているので，地球人が移り住むとしたら第一候補となる。探査の継続によって，さらに多くのデータを集めることが必要である。

❻ 研究対象を火星に絞ることについては異論があり，例えば土星や木星の衛星を研究する方がよいと主張する科学者もいる。しかし，火星は我々の隣の惑星であり，地球の形成や生命などについての秘密を握っているかもしれない。火星に人間を送ることができれば，研究は大きく前進するだろう。

解　説

問1　▶下線部(1)を含む that is not the case は「それは真相ではない」という意味。
文脈より，that は that we must know almost all there is to know about Mars by
now を指す。

▶助動詞 must は「〜に違いない」という意味なので，we must know almost all は
「私たちはほとんどすべてを知っているに違いない」ということ。

▶ almost all there is to know about Mars は関係代名詞 that が all の次に省略されて
いる。関係代名詞化する前の文を考えると，There is almost all to know about
Mars.「火星について知るべきほとんどすべてのことがある」であり，文構造の把
握がしやすくなる。

[語句]　by now「現在までに」

問2　▶下線部(2)を含む We are not sure how its two small moons formed, either. は
「火星の2つの小さな衛星がどのように形成されたかも定かではない」という意味。
its は Mars's「火星の」である。moons は「月」には違いないが，地球の衛星であ
る「月」との混同をさけるため，「衛星」と捉える。

▶「三つの仮説」は第2段最終文に書かれている。すなわち，次の①〜③である。

①　they may have formed in orbit around Mars

②　they may be captured asteroids

③　(or) they may be the result of a giant impact that knocked material from Mars

[語句]　may have *done*「〜したかもしれない」　orbit「軌道」　captured asteroids
「捕獲された小惑星」　the result of A「A の結果」　impact「衝撃，衝突」
knock A from B「B から A をたたき出す，B にぶつかって B から A を分離する」
material「物質」

問3　▶事実として述べられているのは，第2文の We see signs of past water all
over its surface and in its chemistry である。signs は「しるし」。この場合，「水」
そのものではなく「水の存在を示すもの」，つまり「水の痕跡」である。signs は，
all over its surface「火星の表面のあらゆる場所」と its chemistry「火星の化学的
組成」で見られる。

▶同じ第2文の後半の think it was once much warmer than it currently is in order to
support liquid water は「推論」。think の主語は we である。(We) think という表
現から，これに続く部分は「事実」というよりは「推論」であると判断できる。liq-
uid water は「(氷や水蒸気ではない) 液体の水」。圧力によって異なるが，水は低

温では固体となるため，液体の水が存在したのなら，その時代の火星は比較的高温
であったはずである。なお，この部分の support は「（状態を）維持する」という
意味。

▶第4文は must have been「～であったに違いない」という表現があるので「推論」。
液体の水が広く存在し，高温であったとする第2文を受け，冒頭は To support
widespread water and warmth「広く分布する水（液体）や暖かさを維持するため
には」で始まる。続いて，Mars's atmosphere「火星の大気」は very thick「とて
も厚かった（に違いない）」とする。

▶第4文の最後にある括弧内の probably facilitated by a far stronger magnetic field
「おそらくはるかに強力な磁場がこれを容易にしていただろう」も「推論」。prob-
ably があるので「（確認済みの）事実」であるはずはない。つまり，かつての火星
は今よりもはるかに磁場が強かったという可能性が考えられるのである。

▶以上に基づき，「事実」と「推論」との区別がわかるよう，80字以内で要約する。
問題の指示は，水に関しての「事実と推論」である。「温度」「大気の厚さ」「磁場
の強さ」は直接，水に関するものではないが，「（液体の）水があった痕跡からの推
論」，つまり「水に関する推論」といえよう。

問4　正解は perished

▶下線部を含む life has died out は「生命が絶滅した」という意味。
選択肢の語句の意味はそれぞれ次のとおり。

issued「出た，流出した」　　　　　killed off「絶滅させた」
murdered「殺害した」　　　　　　 perished「消滅した」

▶ killed off と murdered は他動詞なので，最も近いのは perished（自動詞）である。

問5　正解はC

▶各選択肢の意味はそれぞれ次のとおり。
A.「地球が液体の水と様々な生き物でいっぱいであるのは事実ではない」
B.「木星の衛星はあまりにも遠すぎて，未来の世代でさえ，そこで広範な研究を
　　行うことはできない」
C.「火星は，生命を抱くことが知られている宇宙で唯一の惑星系の一部であるこ
　　とに加えて，我々の隣の惑星である」
D.「タイタンは土星の最大の衛星であり，雲と密度の濃い，惑星のような大気と
　　を持った唯一の衛星である」

▶筆者はこの空所の前後で，探査対象となる天体について論じている。そのため，A
は意味をなさない。また，下線部の直前に unlike these candidates「これらの候補

と異なり」とあり，「木星の衛星」や「タイタン」はその候補に含まれるので，B
やDが続くことはありえない。

▶Cを選べば，それに続く文も火星を探査のターゲットとすることを支持する内容な
ので，一貫した文脈となり，不自然さはない。

問1　現在までに火星について知るべきことはほとんどすべてを知っているとい
　　うこと。

問2　①火星の周りの軌道で形成されたという仮説

　　②捕獲された小惑星が起源であるという仮説

　　③巨大な衝突を受けた結果，火星から分離された物質が起源であるという仮説

問3　火星の表面や化学的組成には，かつては広く液体の水が存在した痕跡があ
　　るという事実から，当時はより高温で，強力な磁場によって厚い大気層が存在
　　したと推論される。(77字)

問4　perished

問5　C

14

Read the following passage and answer the questions below.

[1] Sleep experts often(i)liken sleep-deprived people to drunk drivers : They don't get behind the wheel thinking they're probably going to kill someone. But as with drunkenness, one of the first things we lose in sleep deprivation is self-awareness.

[2] Sleep disturbance is among the most common sources of health problems in many countries. Insufficient sleep causes many chronic and serious medical conditions that have an enormous impact on quality of life, not to mention the economy. (1)While no one knows why we sleep, it is a universal biological necessity ; no animal with a brain can survive without it.

[3] But how much sleep do we really need, how can we sleep better, and are there ways to cheat the system ? Research shows that there is a perpetual divide between what's known to scientists and what most people do. That's why the American Academy of Sleep Medicine brought together a body of scientists from around the world to answer these questions through a review of known research. They looked at the effects of sleep on heart disease, cancer, obesity and human performance.

[4] One 2014 study of more than 3,000 people in Finland found that the amount of sleep that correlated with the fewest sick days was 7.63 hours a night for women and 7.76 hours for men. So either that is the amount of sleep that keeps people well, or that's the amount that makes them least likely to lie about being sick when they want to skip work. Statistics are tough to interpret.

[5] In another study researchers kept people just slightly sleep deprived——allowing them only six hours to sleep each night——and watched the subjects' performance on IQ tests drop. The crucial finding was that throughout their time in the study, the sixers thought they were functioning perfectly well, yet clearly they were not.

[6] This finding has been replicated* many times, even as many work fields continue to encourage and celebrate sleep deprivation. In most professions it seems that companies are happy to have employees that work and never

sleep. But it is hard to think of another type of self-injury that might be similarly (ii)applauded.

7 (2)The consensus: When we get fewer than seven hours rest, we are weakened (to degrees that vary from person to person). When sleep persistently falls below six hours per day, we are at an increased risk of health problems.

8 Many people seem engaged in a daily (iii)arms race between wakefulness and unconsciousness, using various products to mask and manage poor sleep habits, and ultimately just needing more products. Caffeine and other stimulants followed by a mix of relaxing sedatives**. Or alcohol, which only further messes with our natural body rhythms. Effective sleep habits, like many things, appear to come back to self-awareness.

9 So how does one break unhealthy sleep habits? Here are a few simple ideas that many experts recommend. Try to keep a somewhat constant bedtime and wake-up time, even on weekends. Keep caffeine use moderate, even if you don't feel like a nighttime coffee affects you. The same goes for cocktails. Use screens wisely, too. Remember that even on night mode, a phone or computer is shooting light into your brain. Read something on paper instead.

From How to Sleep, *The Atlantic* January/February 2017 Issue, by James Hamblin

Notes:
  replicated* : repeated
  sedatives** : drugs taken for their calming or sleep-inducing effect

Q1 Choose the most appropriate meaning of the underlined words or phrase (i)–(iii). Write the correct word.
  (i) cherish, compare, dislike, enjoy
  (ii) criticized, deafening, normal, praised
  (iii) commute, disappointment, steadiness, struggle

Q2 Translate the underlined sentence (1) in Paragraph 2 into Japanese.

Q 3　Paragraph 4 states that statistics are tough to interpret.
According to the passage, write <u>in Japanese</u> the two possible interpreta-
tions of the 2014 Finnish sleep study.

Q 4　Explain <u>in Japanese</u> the content of the underlined part (2)<u>The consensus</u> in
Paragraph 7.

Q 5　Choose one statement that conforms to the ideas presented in the text
and write the letter (A，B，C，D) of your choice.
A. Employees should quit if they feel that they are overworked.
B. Many professions expect their workers to endure sleep deprivation.
C. People are usually willing to accept scientists' advice on sleep disorder.
D. Insufficient sleep deteriorates health conditions but has no impact on
the economy.

■睡眠不足による悪影響とその対処法

❶ 睡眠の専門家は，睡眠不足の人を飲酒運転者に例えることが多い。睡眠不足の人はたぶん人を殺すだろうと考えてハンドルを握ったりはしない。しかし，酩酊状態と同様に，睡眠不足で失う最初のものの一つは自己認識である。

❷ 睡眠障害は，多くの国で最も一般的な健康問題の原因の一つである。不十分な睡眠は多くの慢性的かつ重篤な病状を引き起こし，経済は言うに及ばず，生活の質に多大な影響を与える。(1)我々がなぜ眠るのかは誰にもわからないが，睡眠は例外なく生物には必要なものである。脳をもつ動物が生存していくには睡眠が不可欠である。

❸ しかし，どのくらいの睡眠が本当に必要なのだろうか，どうすればよりよい睡眠がとれるのだろうか，そして，睡眠のシステムを欺く方法はあるのだろうか？研究によれば，科学者に知られていることとほとんどの人がしていることとの間には永遠の乖離がある。だからこそ，先行研究の再検討を通してこれらの質問に答えるために，米国睡眠医学会は世界中から多くの科学者を呼び集めた。彼らは，心臓病，がん，肥満，そして人間の仕事ぶりに対する睡眠の影響を調べた。

❹ 2014年にフィンランドの3,000人以上の人々を対象にしたある調査によると，最少の病欠日数と相関性がある睡眠の量が，女性の場合は一晩当たり7.63時間，男性の場合は7.76時間であることがわかった。だから，この時間は人を健康に保つ睡眠の量，あるいは，仕事をさぼりたいときに病気だと嘘をつくことを最もしにくくする睡眠の量，のいずれかということになる。統計は解釈するのが難しい。

❺ 別の研究では，研究者は人々をほんのわずか睡眠不足にさせておき――毎晩6時間しか眠らせなかった――被験者のIQテストの成績が低下するのを観察した。重大な研究結果として，研究に参加している時間を通じて，この6時間睡眠者たちは自分がまったく支障なく機能していると思っていたが，明らかに彼らはそうではなかったということがわかった。

❻ この研究結果は，何度も繰り返されてきた。とはいえ，多くの労働分野で睡眠不足が奨励され称賛され続けているのである。ほとんどの職業では，企業は就労して眠らない従業員がいれば満足しているように思える。しかし，同様に称賛されるかもしれない別のタイプの自己傷害を考えるのは難しい。

❼ 一致した意見としては，睡眠時間が7時間未満だと，我々は虚弱になる（人によってその程度は様々である）。睡眠が常に1日6時間未満になると，健康問題の危険性が高まる。

❽ 多くの人々は，覚醒と無意識の間で日々軍備拡張競争をしていて，不健康な睡眠習慣を覆い隠したり管理したりするために様々な製品を使い，結局のところ，より多くの製品が必要となっているだけのようだ。カフェインやその他の興奮剤の後には，いろいろな鎮静剤の併用が続くのだ。そうでなければアルコールだが，これは我々の自然な体のリズムをさらに乱すだけだ。効果的な睡眠習慣も，多くのものと同様に，自己認識の問題に戻ってくるようだ。

❾ では，どうやって不健康な睡眠習慣を克服すればいいのだろうか？　多くの専門家が推奨する簡単な着想がいくつかはある。週末でも就寝時間と起床時間をいくらか一定に保とうとすること。たとえ夜のコーヒーが影響を与えるように感じない場合でも，カフェインの使用を控えめにすること。カクテルも同じである。パソコンやスマホの画面の使用も賢明にすること。夜間モードでも，携帯電話やコンピュータが脳に光を射し込ませていることを忘れてはいけない。代わりに紙面上で何かを読むことである。

各段落の要旨

❶ 睡眠の専門家は睡眠不足の人を飲酒運転者に例えることが多い。酩酊状態と同様，睡眠不足だと，まず自己認識が失われる。

❷ 睡眠不足は経済や生活の質に多大な影響を与える。理由はわからないが，脳をもつ動物が生存していくには，睡眠が不可欠である。

❸ 必要な睡眠量などの疑問を解明するため，米国睡眠医学会は先行研究の大規模な再検討を行い，睡眠と病気などの関係を調べた。

❹ フィンランドでの研究によれば，7.7時間ほどの睡眠をとる人は病欠日数が最少となる。これが人を健康に保つ睡眠の量とも解釈される。

❺ 別の研究では，6時間しか睡眠をとらなかった被験者にIQテストをしたところ，成績が低下した。しかし，被験者自身には，その自覚はなかった。

❻ 同じ結果が繰り返されたが，産業界では睡眠不足が奨励され，眠らない従業員に満足する企業が多いようだ。

❼ 一致した意見としては，人間は7時間未満の睡眠で虚弱となり，6時間を下回ると健康問題の危険が高まる。

❽ 多くの人々は，日々覚醒と無意識のせめぎ合いの中にあり，睡眠不足に対抗するため，カフェインなど様々な製品を使う。アルコールも自然なリズムを乱すだけである。

❾ 不健康な睡眠習慣を克服するには，就寝時間と起床時間を一定に保つ，カフェインやアルコールを控える，パソコンやスマホを賢明に使用するなどの方法がある。

解　説

Q 1　▶設問は「下線部の語句(i)〜(ⅲ)の最も適切な意味を選びなさい。正しい語を書きなさい」という意味。

(ⅰ)　**正解は compare**

▶下線部(ⅰ)の liken は，liken *A* to *B* という形で使い，「*A* を *B* に例える」という意味。選択肢の意味はそれぞれ次のとおり。

cherish「大事にする」　　　　　　**compare「例える，比較する」**

dislike「嫌う」　　　　　　　　　enjoy「楽しむ」

compare も compare *A* to *B* という形で使い，「*A* を *B* に例える」という意味になるので，正解は compare である。

(ⅱ)　**正解は praised**

▶下線部(ⅱ)の applauded は applaud「称賛する」の過去分詞。選択肢の意味はそれぞれ次のとおり。

criticized「批判された」　　　　　deafening「耳をつんざくような」

normal「通常の，標準の」　　　　**praised「称賛された」**

よって，正解は praised である。

(ⅲ)　**正解は struggle**

▶下線部(ⅲ)の arms race は「軍備拡張競争」という意味。arm（腕）は複数形の arms になると「武器，兵器（＝ weapons），軍備」の意味になる。race は「競争」。選択肢の意味はそれぞれ次のとおり。

commute「通勤〔通学〕する」　　disappointment「失望，落胆」

steadiness「安定，着実」　　　　**struggle「競争，闘争」**

arms race は「起きていたい気持ち」と「眠気」が敵対していると捉え，双方が競争している状況を軍拡競争に例えている。よって，正解は struggle である。

Q 2　While no one knows why we sleep, it is a universal biological necessity ; no animal with a brain can survive without it.

▶下線部(1)の和訳を求める問題。冒頭の While は譲歩で，「〜なのに，〜だが，〜とはいえ」という意味。

▶ no one knows と no animal … can survive という否定語のついた名詞句が主語となる 2 つの部分はそれぞれ，「誰も知らない」「どんな動物も生存できない」という意味。

▶ 2 箇所の it はいずれも sleep「睡眠」を指す。

▶ necessity は不定冠詞 a を伴っているので，「必要物，必需品」という意味の数え

られる名詞であることに注意。抽象的な「必要，必要性」ではない。biological necessity「生物学的な必要物」とは，つまり「生物にとって必要なもの，生きる上で必要なもの」ということ。

▶ biological necessity の直後のセミコロン（；）は，単にピリオド（.）の代用として使われているのではない。セミコロンの用法の一つに，2つの文を等位接続詞なしで結びつけるときに使われる用法がある。このピリオド（.）とカンマ（,）の中間的な性質はそれらの記号を組み合わせたセミコロンの形が雄弁に語っている。

語句 universal「普遍的な」 brain「脳」 survive「生きながらえる，生き続ける」

Q3 ▶設問は「第4段では，統計は解釈するのが難しいと述べている。本文によって提示されている，2014年のフィンランドの睡眠研究の2つの可能な解釈を日本語で書きなさい」という意味。

▶「2014年のフィンランドの睡眠研究」の結果は，第4段第1文に述べられている。それは，女性は7.63時間，男性は7.76時間の睡眠をとった人の病欠日数が最少だというものである。

▶設問が求めるのは「2つの可能な解釈」であるが，「何の」解釈かを示す必要があるので，上で示した「2014年のフィンランドの睡眠研究」の結果の要約あるいは一部を解答に組み込む必要がある。

▶「2つの可能な解釈」は，第4段第2文で，either A or B「A または B」の形で明示されている。

▶ A に当たるのは，that is the amount of sleep that keeps people well である。that とは，女性は7.63時間，男性は7.76時間という，病欠日数が最少となる睡眠時間を指す。the amount of sleep は「睡眠の量」で，これを関係代名詞 that が受け，keeps people well「人々を健康に保つ」と続く。すなわち，第1の解釈は「それは人々を健康に保つ睡眠の量である」というもの。

▶ B に当たるのは，that's the amount (of sleep) that makes them least likely to lie about being sick when they want to skip work である。makes them least likely to do は「彼らを最も〜しにくくする」という意味。lie about A は「A のことで嘘をつく」という意味なので，lie about being sick は「仮病を使う」。skip work は「仕事をさぼる」。すなわち，第2の解釈は，「それは，仕事をさぼりたいときに病気だと偽る可能性を最小にする睡眠の量である」というもの。いうまでもなく，この解釈は強引である。一般に「統計の解釈は難しい」とされ，B の解釈はこれを踏まえた筆者のジョークだと理解される。

Q 4 ▶設問は「第7段の下線部(2) The consensus（一致した意見）の内容を日本語で説明しなさい」という意味。

▶「一致した意見」の具体的内容が説明されているのは，下線部の直後のコロン（：）以降，第7段の終わりまでなので，これら2文の内容を答える。

▶第1の文：When we get fewer than seven hours rest, we are weakened (to degrees that vary from person to person).

ここで fewer than seven hours は rest「休息」を修飾しており，「7時間に満たない休息」という意味。be weakened は「衰弱する，体力が弱まる」。解答スペースは十分に与えられているので，括弧内についても述べるのが賢明である。括弧内の to degrees that ～ は「～する程度まで」，vary from person to person は「人によって異なる」。

▶第2の文：When sleep persistently falls below six hours per day, we are at an increased risk of health problems.

persistently は「常に，持続的に」，fall below *A* は「*A* を下回る」，per day は「1日当たり」，be at (the) risk of ～は「～の危険がある」という意味。health problems は「健康上の問題」だが，「病気，体調不良」などと言い換えてもよい。

Q 5　正解はB

▶設問は「本文で提示された考えに合致する文を1つ選び，選んだ文字（A，B，C，D）を書きなさい」という意味。各選択肢の意味と合致するかどうかの判断は次のとおり。

▶A．「従業員は，過労であると感じた場合は辞めるべきだ」
本文に関連する記述がない。

▶B．「多くの職業は，労働者が睡眠不足に耐えることを期待している」
第6段第2文では，「働き，眠ることのない従業員に満足している」とあり，同趣旨。

▶C．「人々は通常，睡眠障害に関する科学者のアドバイスを受け入れることにやぶさかではない」
第3段第2文に反する。「科学者に知られていることとほとんどの人がしていることとの間には永遠の乖離がある」とあるので，人々は，睡眠障害に関する科学者のアドバイスを受け入れていないのである。

▶D．「睡眠不足は健康状態を悪化させるが，経済にはまったく影響を与えない」
第2段第2文に反する。「不十分な睡眠は…経済は言うに及ばず，生活の質に多大な影響を与える」とある。経済にも影響を与えるのである。

Q1 (i) compare (ii) praised (iii) struggle

Q2 我々がなぜ眠るのかは誰にもわからないが，睡眠は例外なく生物には必要なものである。脳をもつ動物が生存していくには睡眠が不可欠である。

Q3 病欠日数が最少になる一晩当たりの睡眠時間は，女性の場合は 7.63 時間，男性の場合は 7.76 時間であるという研究結果の可能な解釈として，この時間は人を健康に保つ睡眠量であるとする解釈，あるいは，仕事をさぼりたいときに病気だと人が嘘をつく傾向を最小限に抑える睡眠量であるとする解釈。

Q4 睡眠時間が7時間未満だと，人によってその程度は様々であるが，虚弱になり，睡眠が常に1日6時間未満になると，健康問題の危険性が高まるということ。

Q5 B

15

Read the following passage and answer the questions below.

1 It is hard to ((A)) when we take the train in Tokyo: white-gloved employees in crisp uniforms pointing smartly down the platform and calling out——seemingly to no one——as trains glide in and out of the station. Onboard is much the same, with drivers and conductors performing almost ritual-like movements as they tend to an array of dials, buttons and screens.

2 Japan's rail system has a well-deserved reputation for being among the very best in the world. An extensive network of railway lines moving an estimated 12 billion passengers each year with an on-time performance measured in the seconds makes Japanese rail a precise, highly reliable transportation marvel.

3 Train conductors, drivers and station staff play an important role in the safe and efficient operation of the lines, a key aspect of which is the variety of physical gestures and vocal calls that they perform while undertaking their duties. While these might strike foreigners as silly, the movements and shouts are a Japanese-innovated industrial safety method known as pointing-and-calling. According to one 1996 study, this method reduces workplace errors by up to 85 percent. Pointing-and-calling works on the principle of associating one's tasks with physical movements and vocalizations to prevent errors by raising the consciousness levels of workers. Rather than relying on a worker's eyes or habit alone, each step in a given task is reinforced ((B)) and audibly to ensure the step is both complete and accurate.

4 In the rail context, when train drivers wish to perform a required speed check, they do not simply glance at a display. Rather, the speedometer will be physically pointed at, with a call of "speed check, 80"——confirming the action taking place, and audibly confirming the correct speed. For station staff who ensure the platform-side tracks are free of debris or fallen passengers, a visual scan alone is not sufficient. Instead, the train station attendant will point down the track and sweep their arm along the length of the platform——eyes following the hand——before declaring all clear. The process repeats as the

train departs, ensuring no bags——or passengers——are caught hanging from the train's closed doors.

⑤ As stated above, pointing-and-calling is known to reduce workplace errors. While some workers point-and-call more enthusiastically than others, even those who are more indifferent benefit from the increased awareness that comes from physically reinforcing each task.

⑥ (1)For such a simple but effective method of improving workers' error rate, the system continues to find itself largely confined to Japan. Indeed, it is one of the many eccentricities of the Japanese workplace that do not impress Western workers. In the case of pointing-and-calling, Japanese commentators have theorized that Western employees feel "silly" performing the requisite gestures and calls. Japanese workers are not immune to feeling self-conscious when it comes to pointing-and-calling, although with training it soon becomes an accepted part of the job. A spokesperson for Tokyo Metro noted in a statement that new employees "recognize pointing-and-calling as necessary for safe rail operations, and therefore do not feel ((C))."

From Why Japan's Rail Workers Can't Stop Pointing at Things by Allan Richarz. *Atlas Obscura*, 2017/03/29

Q 1 Choose the most appropriate word for the blanks (A), (B) and (C). Write the correct word.

(A) know, miss, predict, prove

(B) apparent, manually, randomly, scarce

(C) abolishment, contentment, embarrassment, settlement

Q 2 What is the percentage for the blank below that best completes the following statement? Answer based on Paragraph 3.

When the pointing-and-calling method is adopted, errors could fall down to (   ) at lowest.

Q 3 What do train drivers do at the speed check? Describe this process in Japanese based on Paragraph 4.

Q 4 When the train comes in, what do station attendants do on the platform to make sure that the track has no obstacles ? Explain the complete procedure in Japanese based on Paragraph 4.

Q 5 Translate the underlined part (1) in Paragraph 6 into Japanese.

■日本独自の「指さし呼称」による安全確認

❶ 東京で列車に乗るときにこれを見逃すことは難しい。こぎれいな制服を着て白い手袋をした駅員が，列車が駅へ滑るように入ったり出て行ったりする際に，きびきびとプラットフォームを指さして——見たところ相手はいないようだが——大声を出している。車内でもほぼ同じである。運転手と車掌は，ずらりと並んだダイヤル，ボタン，スクリーンに気を配りながら，まるで儀式のような動きをしている。

❷ 日本の鉄道システムは，世界で真に最良のものの一つであるという評判が高い。秒単位で測定された時間通りの動きによって，毎年概算で120億人の乗客を移動させる広範囲にわたる鉄道網のおかげで，日本の鉄道は正確で非常に信頼のおける驚異の輸送手段となっている。

❸ 列車の車掌，運転手，駅員は，鉄道網の安全で効率的な運用に重要な役割を果たしている。その重要な側面は，彼らが職務を遂行しながら実行するさまざまな身振りや点呼である。これらは外国人の目には愚かしいと映るかもしれないが，身のこなしや大声は，指さし呼称と呼ばれる日本人が導入した産業における安全のための方法である。1996年のある調査によると，この方法は仕事場の誤動作を最大85パーセント削減する。指さし呼称は，作業者の意識レベルを上げて誤動作を防ぐために，自分の仕事を身体の動きや発声と関連づけるという原則に基づいて機能している。作業者の目や習慣だけに頼るのではなく，ある職務の各段階が手と声で強化され，各段階が完全かつ正確であることが確保されるのである。

❹ 鉄道の場では，列車の運転手が必要な速度チェックを実行したいときに，単にディスプレイをチラッと見るだけではない。そうではなくて，スピードメーターを「速度確認，80」という声と共に身体を使って指さすのである——やっている動作を確認し，正しい速度を声で確認するのである。プラットフォーム側の線路にがれきや転落した乗客がいないことを確認する駅員にとっては，視覚的な見渡しだけでは十分ではない。代わりに，駅の係員は，線路を指さして，プラットフォームの端から端に沿って腕を勢いよく動かす——このとき目は手の動きを追っている——その後で「異常なし」と宣言する。この過程は列車の出発時に繰り返され，列車の閉じたドアにバッグ——あるいは乗客——がぶら下がっていることがないよう確認するのである。

❺ 上述のように，指さし呼称は職場の誤動作を減らすことが知られている。作業者によって指さし呼称の熱心さに違いはあるが，熱心ではない人でも，身体を使って各作業を強化することによってもたらされる意識の高まりから恩恵を得ているの

である。

❻ (1)作業者が誤りを犯す率を改善する，このような簡単ながらも効果的な方法である割には，このシステムは引き続き主に日本に限定されている。確かに，それは日本の職場に見られる多くの風変わりなものの一つで，西洋の労働者には好印象を与えない。指さし呼称に関していえば，日本の時事解説者たちは，西洋の従業員は必要な身振りや声出しをしているとき「愚かしく」感じるのだと考えている。指さし呼称という話になると，日本の労働者は照れくさく感じることから免れないとはいえ，訓練によって指さし呼称はすぐに受け入れられた仕事の一部になる。東京メトロの広報担当者は，ある発言の中で，新入社員は「指さし呼称は安全な鉄道運行に必要だと認識しており，それゆえきまり悪さを感じない」ということに特に言及した。

各段落の要旨

❶ 日本の駅員は，指をさしたり，声を出したりしている。運転手と車掌も同様で，まるで儀式のような動きをしている。

❷ 日本の鉄道は非常に優れており，秒単位の正確さを誇る信頼のおける驚異の輸送手段となっている。

❸ 鉄道員は，職務中に安全確認のため，指さしや声出しを行う。これにより，職場の誤動作は大きく削減されるという。作業者の目や習慣だけに頼らず，作業の各段階が手と声で強化されるのである。

❹ 速度をチェックする場合，単にディスプレイを見るだけではなく，速度計を指さした上で，声に出して確認する。また，線路の状態を見る場合も，視覚の他，線路を指さして腕を動かしたり，声を出したりして確認する。

❺ 指さしと声出しにより，職場の誤動作を減らせることが知られている。作業者によってその熱心さに違いはあるが，あまり熱心ではない人でも意識の高まりにより，恩恵を得ている。

❻ 西洋では，指さしや声出しが愚かしく感じられるためか，この確認方法は主に日本に限られる。日本でも作業者が照れくささを感じることがあるにしても，訓練によって受け入れられ，仕事の一部となる。

解　説

Q 1 ▶設問は「空所(A)，(B)，(C)に最も適した語を選びなさい。正しい語を書きなさい」という意味。

(A)　正解は miss

▶選択肢の意味はそれぞれ次のとおり。

know「知る」	miss「見落とす」
predict「予測する」	prove「証明する」

後続部分で紹介されている，きびきびと職務を遂行する駅員たちの様子を「（　(A)　）することが難しい」と言っているので，これと整合性があるものは miss である。

⒝　正解は manually

▶選択肢の意味はそれぞれ次のとおり。

apparent「見かけ上，明らかな」　　　manually「手で，手動で」

randomly「でたらめに，無作為に」　　scarce「まれな，少ない」

pointing-and-calling「指さしと声出し〔指さし呼称〕」について述べた文脈で，空所は audibly とペアで使われている。つまり，

　　pointing「指さし」─manually「手で」

　　calling「声出し〔呼称〕」─audibly「音声的に」。

という関係になる。よって，正解は manually となる。

⒞　正解は embarrassment

▶選択肢の意味はそれぞれ次のとおり。

abolishment「廃止，解消」

contentment「満足感，充実感」

embarrassment「きまり悪さ，気恥ずかしさ」

settlement「落ち着くこと，安定」

空所を含む文の直前の文は，「労働者は気恥ずかしさを感じないわけではないものの，訓練によって仕事の一部として受け入れる」という意味。これに続く文としては，「仕事に必要なので気恥ずかしさを感じない」という内容が適切である。よって，正解は embarrassment となる。

Q 2　▶設問は「次の文の空所に最も適するパーセンテージは何ですか。第3段に基づいて答えなさい。指さし呼称という方法を採用した場合，誤動作は最低で（　　）になる可能性がある」という意味。

▶第3段第3文に「この方法は仕事場の誤動作を最大85％削減する」とある。85％減れば，残りは15％である。この第3文は 85 percent と表記されているので，これに合わせて，15％ではなく，15 percent と解答するのがよい。

Q 3　▶設問は「速度確認で列車の運転手は何をしますか。このプロセスを第4段に基づいて日本語で説明しなさい」という意味。

▶解答となるのは，第1文の they（＝train drivers）do not simply glance at a display と第2文の全部。

▶第2文の the speedometer will be physically pointed at という受動態は，they（＝

train drivers）will physically point at the speedometer「運転手は物理的〔身体的に〕速度計を指さす」という能動態に置き換えて解答するとよい。

▶ with a call of A は「A という発声と共に」という意味。多くの場合，call は「呼び出し」などの意味で，相手があることが普通である。ここでは，他の人に呼びかけるのではないことに注意。

語句 glance at A「A をちらりと見る」 confirming「確認しながら」 the action taking place「行われている動作」 audibly「音声的に，声に出して」

Q4 ▶設問は「列車が到着すると，線路に障害物がないことを確認するために，駅員はプラットフォームで何をしますか。第4段に基づいて，その完全な手順を日本語で説明しなさい」という意味。

▶解答となるのは，第4文。第3文後半の a visual scan「視覚的な見渡し」は，第4文の eyes following the hand「目は手の動きを追う」に含まれるので，触れる必要はない。第5文は，扉の確認であり，設問が指定する「線路上に障害物がないことの確認」には該当しないので無視してよい。

▶手順の最初は，point down the track という部分。down が使われているのは，プラットフォームにいる駅員からは，指さしの対象である線路が低い位置にあるため。解答する場合は，高低は無視して「線路を指さす」で十分。次の sweep their arm は「腕をさっと振る」という意味。指先が指す方向（と視線）は線路に沿って，プラットフォームの端から端まで動く。確認すべき線路はプラットフォームに沿って，かなりの長さがあるので，指先だけを動かすのではなく，肘をのばした状態で肩から動かすことになる。結果的に「腕を振る」という動作になる。the length は「長さ」ではなく，「（細長いものの）端から端まで（の距離）」という意味。

▶続く手順は，declaring all clear。all clear は「問題なし」という意味で，「問題なしと宣言する」ということ。「宣言する」は「発声する，口に出して言う」などと言い換えてもよい。なお，この部分の前には before がある。「〜と宣言する前に」という意味ではあるが，このように訳すと順序どおりではなくなり，わかりにくくなる。解答では文頭から意味を取っていき，before は「そしてその後に」と訳した。

Q5 For such a simple but effective method of improving workers' error rate, the system continues to find itself largely confined to Japan.

▶第6段にある下線部(1)の和訳を求める設問。

▶冒頭の前置詞 for は「〜の割には，〜にしては」という意味。simple と effective はともに method を修飾する。したがって，「このような簡単だが効果的な方法である割には」となる。

▶ method「方法」に続く of 以下は，何に関しての「方法」かを述べるもので，method を修飾する。つまり，method は前からは a simple but effective で，後ろからは of 以下で修飾されていることになる。

▶後半の the system は具体的には指さし呼称という安全確認の方式を指すが，解答ではそれを示す必要はないので，「そのシステム〔方式〕」などと訳せばよい。

▶ find itself confined は，VOC（動詞＋目的語＋補語）という文型で，直訳するなら「（このシステムは）自らが〜されているのを見出す」となる。confine A to B は「A を B に限定する」という意味なので，「このシステムは自らが〜に限定されているのを見出す」となる。英語によくある無生物主語の構文であり，「このシステムは〜に限定されている」と訳せばよい。

語句　effective「効果的な」　error rate「誤りを犯す率」　continue to *do*「〜し続ける」　largely「主に」

Q1 (A) miss　(B) manually　(C) embarrassment

Q2 15 percent

Q3 速度計をちらりと見るだけではなく，速度計を指さして「速度確認，80」と声に出して自分のやっている動作を確認し，正しい速度を声で確認する。

Q4 線路を指さし，その状態でプラットフォームの端から端までを指すように腕を振り，同時に，目でも指先が指す方向を確認する。その後，声に出して「問題なし」と言う。

Q5 作業者が誤りを犯す率を改善する，このような簡単ながらも効果的な方法である割には，このシステムは引き続き主に日本に限定されている。

16

次の英文を読み，設問に答えなさい。

Beginning over 40 years ago in the field of medicine, higher education in the United States and Europe has increasingly moved in the direction of boundary-crossing, problem-oriented, interdisciplinary learning and research. Now, over 70 % of United States liberal arts universities offer major courses in interdisciplinary studies. In ever increasing numbers, graduate and under-graduate programs worldwide, including in Japan, are looking to discover the many benefits that can be expected when scholars from various disciplines open up and start working and researching together to solve important social and environmental problems. However, the focus that interdisciplinary studies courses place on problem solving causes unique complexities and difficulties.

(1)"Problem Based Learning" (PBL), for example, is one of the most popular methodologies associated with interdisciplinary work. The idea is relatively simple, at least in theory : instead of starting by studying the foundations of already established fields of knowledge such as psychology, economics, physics, and the like, in PBL you begin by identifying real-world problems that need solving. Next, you search for knowledge that can help reach a solution to the problem. Because you are working between disciplines, you can pick and choose from the best ideas that all the traditional areas of study have to offer. Also, and perhaps more importantly, because much of interdisciplinary work is done in groups, you can bounce ideas off your friends and teachers while also learning from their perspectives on the problem at hand. Working creatively and researching collaboratively in this way, PBL advocates assure us, will make possible new kinds of knowledge and new answers to the pressing problems of the 21st century.

But is PBL too good to be true ? Beginning in the world of medical education, PBL was found to help students, teachers, doctors, and researchers to work and communicate more effectively as they tried various approaches to solve actual problems that came up in medical practice. It is certain, however, that these medical students and doctors already shared a considerable amount of background knowledge (anatomy, chemistry, mathematics, etc.) from disciplinary-based studies done prior to entering medical school. Will PBL be as effective a learning tool when students, such as undergraduates, have less shared background knowledge that they can draw on to solve problems? (2)Without the depth provided by the long-established courses of study in traditional majors, isn't it possible that interdisciplinary studies students will be too inexperienced to make deep connections and original discoveries? At this point, we simply do not know how effective PBL will turn out to be in practice.

More importantly, who gets to choose the problems studied in PBL? According to the literature in the field of education, it is not a good idea for teachers to simply tell their students in a top-down manner what problems they are to study. Instead, students and teachers need to collaborate with each other, use their creativity, and come up with "ill formed" problems——fuzzy problems ——that can start the research process. As the work and communication continues, it is hoped, the problems with the field will become clearer, as will promising ideas and pathways towards possible solutions. (3)But, one wonders, what happens when the process doesn't work——that is, what happens in PBL when its problems resist all clear solutions? What if group communication doesn't go well, and students get stuck and fail to progress? And how are teachers to grade individual PBL students? For example, how will they differentiate between active group leaders and less positive students who just follow other group members?

While such questions remain unanswered, as interdisciplinary studies programs continue to grow in popularity worldwide it seems likely that many schools will look to combine some of the clarity and structure of the traditional academic disciplines with the creative and open-ended qualities of PBL and other interdisciplinary study techniques. A kind of hybrid education, combining the best of interdisciplinary studies with the best of disciplinary studies, may often be the most prudent path forward. (4)_____ students and teachers need to be motivated to learn, eager to go outside their comfort zone to find new knowledge, and ready to communicate their ideas in the most effective ways in order to succeed. It is this writer's hope that the new ideas and possibilities of interdisciplinary studies will lead both teachers and students to rethink and more deeply appreciate the meaning of higher education and its many powerful contributions to the world around us.

問1　下線部(1)"Problem Based Learning"（PBL）の特質と利点を本文の内容に則して 200 字以内の日本語でまとめなさい。ただし，句読点も字数に含む。また，英文字も 1 字とする。

問2　下線部(2)を日本語に訳しなさい。

問3　下線部(3)が表すものに最も近いものを，以下の(A)～(D)のうちから一つ選び，記号で答えなさい。

　(A)　What should be done if students reject PBL and leave the course?

　(B)　What should be done if PBL students reach overly simple conclusions?

　(C)　What should be done if PBL doesn't lead students to good answers?

　(D)　What should be done if PBL students don't understand their courses?

問4　下線部(4)の空所に入る最も適切なものを以下の(A)～(D)の中から一つ選び，記号で答えなさい。

　(A)　In this way, top-down PBL has been proven to be the most effective university teaching technique:

　(B)　Learning and teaching methods only work for short periods of time, for the following reasons:

　(C)　Nevertheless, there are several reasons why PBL has failed to work in American universities:

　(D)　No matter what teaching and learning techniques are implemented, some truths about education remain unchanged:

■学際的研究における問題解決型学習の問題点

❶ 医学の分野で 40 年以上前から始まっていることだが，アメリカ合衆国とヨーロッパでの高等教育は，境界を横断し，問題を志向する，学際的な学習と研究の方向へ徐々に動いてきた。現在，米国の教養大学の 70 ％以上は，学際的研究に主要な講座を提供している。日本を含む世界規模での院生および学部生用プログラムでは，ますますその数が増加する中で，以下の利点に期待が寄せられている。すなわち，さまざまな学問分野からの学者同士が自由に議論を交わし，重要な社会・環境問題の解決へむけて共同研究や共同調査を始める際に得られるだろう利点である。しかし，学際的な研究課程が問題解決に焦点を置いていることで，他に類を見ない複雑な事態と難しい状況が引き起こされているのだ。

❷ たとえば，「問題解決型学習」（PBL）は，学際的研究と関連した最もよく知られた方法論の 1 つである。少なくとも理論的には，その考えは比較的単純である。つまり，心理学，経済学，物理学などのような，すでに確立された学問分野の基礎を研究することから始める代わりに，PBL においては，解決しなくてはならない現実世界の問題を特定することから始めるのだ。次に，その問題の解決策に到達するのに役立てられる知識を探し求める。複数の学問分野にまたがって取り組むので，すべての従来の研究領域が提供してくれる最良の考えを選りすぐることができる。また，そして，おそらくもっと重要なことに，学際的研究の多くがグループで取り組まれるので，手近な問題についての彼らの見方から学習しながらも，友人たちや教員たちとアイデアのキャッチボールをすることができる。このように創造的に取り組み，協力して研究することは，21 世紀の喫緊の問題に対する新たな種類の知識と新たな答えを可能にするだろうと，PBL の提唱者は自信をもって述べている。

❸ しかしそれでは，PBL はあまりにできすぎではないだろうか。PBL は医学教育の世界で始まり，学生，教師，医師および研究者が医療行為の中で生じた実際の問題を解決するためにさまざまな切り口から取り組む際の，より効果的な取り組みや情報交換の一助となるとみなされるようになった。しかしながら，これらの医学生と医師が，医学部に入学する以前になされた個々の学問の基礎的な学習からかなりの量の背景知識（解剖学，化学，数学など）をすでに共有していたことは確かだ。たとえば学部生が問題解決に利用できる共有された背景知識が少ないとき，PBL は同じく効果的な学習ツールなのだろうか。(2)従来の専攻科目において古くから確立されていた研究課程によって提供される知識の深みがなければ，学際的な研究をしている学生が未熟すぎて，深いつながりを見出して独創的な発見をすることがで

きないということはありえないだろうか。現時点では，PBL が実践においてどの程度効果的であるかはとうていわからない。

❹　より重要なことなのだが，PBL で研究される問題を誰が選ぶようになるのだろうか。教育分野の文献によると，教師が学生にどんな問題を調査すべきかをトップダウン方式で指示するだけというのはよい考えではない。そうではなくて，学生と教師は互いに協働し，創造力を使い，研究過程の端緒となりうる「形の整っていない」問題——曖昧な問題——を見つけ出す必要がある。研究とコミュニケーションが続いていくにつれて，その分野のかかえる諸問題が明確になることが期待されている。見込まれる解決策へと向かう有望な着想とその経路も同様である。しかし，その過程が機能しないときに何が起こるだろうか——つまり，その問題がすべての明確な解決策を拒むとき，PBL に何が起こるだろうか。グループでのコミュニケーションがうまくいかないで，学生が動けなくなって，前進することができないとすれば，どうなるだろうか。そして，教師は PBL の学生一人一人をどうやって成績付けできるだろうか。たとえば，積極的なグループのリーダーと，ただ他のグループのメンバーの後を追うだけの積極性のない学生とを教師はどのようにして区別できるだろうか。

❺　そのような疑問に答えが見つからない間にも学際的な研究プログラムは世界中で人気を拡大し続けているので，多くの学校が従来の学問分野の明確さと構造の一部を，PBL や他の学際的な研究技法の創造的で制約のない特質と結びつけようとする可能性は高いようである。学際的研究の最良のものと個別学問での研究の最良のものとを結合する一種の複合型教育は，しばしば最も堅実な前進の道であるかもしれない。たとえどんな教育技術や学習技術が実践されようとも，教育についての一部の真実は不変のままである。つまり，学生と教師は学習しようとする動機を持ち，新たな知識を見出すために快適空間の外に出ることに意欲的になり，成功するために最も効果的な方法で自分の考えを伝える準備ができている必要があるのだ。学際的研究についての新たな考えと可能性のおかげで，教師と学生双方が，高等教育の意味とそれが我々のまわりの世界へ果たしている多くの力強い貢献を再考し，より深く理解してくれることが，これを書いている私の望みである。

各段落の要旨

❶ 高等教育で普及してきた学際的な学習・研究手法は，異分野の学者たちが共同で研究や調査をすることによる利点が期待されるものの，複雑な事態と難しい状況を引き起こしている。

❷ 学際的研究においてとられる「問題解決型学習」(PBL) は，解決を要する問題の特定から始め，その解決に役立つ知識を複数の学問分野に求めるため，各分野の最良の考えを選りすぐることができる。また，グループで取り組むことが多いため，互いに学び合い，意見を交わすことができる。PBL の提唱者は，21 世紀の喫緊の問題解決に有効であると主張する。

❸ PBL は医学教育から始まったが，そこでは学生や教員，医師らは個々の学問分野の基礎的知識を共有していた。この共有された背景知識が少ないと，伝統的な研究課程がもたらす知識の深みを欠くため，PBL の効果は疑問視される。

❹ PBL で扱う問題は，教員が指示するのではなく，学生と教員が協働して問題の明確化を図るのがよいとされる。解決策への道筋も同様である。しかし，その問題に解決策がない場合はどうなるのだろう。また，コミュニケーションがうまくいかず，学生が動けなくなるとしたらどうなるのか。教員が成績をつける際に，積極的でリーダー格の学生とそうでない学生の区別ができるかという問題もある。

❺ これらの問題があっても学際的な研究プログラムは拡大を続けている。学際的研究と個別分野の研究のそれぞれ優れた点を結びつける一種の複合型教育が有望かもしれない。教育手法が何であれ，動機づけや意欲など教育の真理は不変である。学際的研究を機に，高等教育やその貢献についての理解が深まることを願う。

解　説

問1　▶ Problem Based Learning (PBL)「問題解決型学習」の特質と利点の要約を求める問題。「特質」の中に「利点」を含めるという考え方もできるが，「特質」と「利点」を区別して，個々に要約するべき。また，「特質」とされるものの範囲は広いので，字数の許す限り，本文で言及されているものを拾いあげて要約する方針を取るのがよい。

▶ Problem Based Learning (PBL) という表現は，下線が施されているこの箇所（第2段第1文）が初出であり，「特質」と「利点」は，第2段で述べられている。ただし，「特質」や「利点」に相当する英語の単語は本文中にはない。そのため，「特質」や「利点」に相当するのはどの部分であるかを，内容から判断して特定する作業が必要。

▶以下，第2段の内容を文ごとに整理してみる。

第1文：PBL は学際的研究で一般的に使われる手法である。

第2文：［PBL の考え方①］ 確立された学問分野の基礎から始めるのではなく，

　　　　解決を要する問題の特定から始める。

第3文：〔PBL の考え方②〕　次にその解決に役立つ知識を探す。

第4文：〔PBL の利点①〕　複数の学問分野から，それぞれの最良の考えを選び，取り入れることができる。

第5文：〔PBL の利点②〕　グループで取り組むので，相互に意見交換ができる。

第6文：〔PBL への期待〕　提唱者は，21 世紀の課題を解決するのに有効であると言う。

以上より，第2段を「特質」と「利点」に分けるなら，第1文から第3文が「特質」，第4文から第6文が「利点」となる。第6文は，提唱者の主張として記述されているという点で第4文及び第5文とは異なるが，「利点」として捉えることは可能。

▶あとは，「200 字以内」という字数制限の中で，いかにうまく要約するかという問題になる。直訳すると多くの字数を消費するので，内容を理解した上で，自分の言葉で簡潔に表現すること。

問2　Without the depth provided by the long-established courses of study in traditional majors, isn't it possible that interdisciplinary studies students will be too inexperienced to make deep connections and original discoveries ?

▶ the depth は文脈から，知識や理解の「深さ」を表していると考えられる。その直後に続く provided by ～ と合わせれば「～によって与えられる知識の深み」などとなる。

▶ traditional majors は「従来の〔伝統的な〕専攻科目」という意味で，例えば「数学」や「物理学」などを指す。

▶ isn't it possible that ～ において，it は that 以下を指す。「(that 以下は) あり得ないだろうか，あり得るのではないか」

▶ interdisciplinary studies students において，interdisciplinary studies「学際的な研究」は形容詞的に使われ，students を修飾する。つまり「学際的な研究をしている学生」という意味で，that 節以下の主語となる。

▶ too inexperienced to *do* は「未熟すぎて〔経験がなさすぎて〕～できない」。make deep connections は make a connection「関係づける，つなげる」という表現がもとになっている。同様に，make original discoveries は make a discovery「発見する」がもとになっている。

語句　long-established「古くから確立されている，長い歴史を持つ」　courses of study「教育課程，研究課程」

問3　正解は(C)

▶下線部(3)は，「しかし，その過程が機能しないときに何が起こるだろうか──つまり，その問題がすべての明確な解決策を拒むとき，PBL に何が起こるだろうか」という意味。one wonders の one は一般人称で，「人は疑問に思う」。that is は「すなわち」。

▶選択肢の意味はそれぞれ次のとおり。

  (A)　「学生が PBL を拒絶してその課程を去るならば，何がなされるべきか」

  (B)　「PBL の学生が過度に単純な結論に達するならば，何がなされるべきか」

  (C)　「PBL が学生を優れた解答へ導かないならば，何がなされるべきか」

  (D)　「PBL の学生がその課程を理解しないならば，何がなされるべきか」

▶下線部(3)の when the process doesn't work「その過程が機能しないとき」や when its problems resist all clear solutions「その問題がすべての明確な解決策を拒むとき」の言い換えとして最も適切なものは，(C)の「PBL が学生を優れた解答へ導かないならば」である。

問4　正解は(D)

▶選択肢の意味はそれぞれ次のとおり。

  (A)　「このように，トップダウン方式の PBL は，最も効果的な大学での教育技法であることが証明された」

  (B)　「以下の理由で，学習法と教育法は短期間だけしか機能しない」

  (C)　「それにもかかわらず，PBL がアメリカの大学で機能し損ねいくつかの理由がある」

  (D)　「たとえどんな教育技術や学習技術が実践されようとも，教育についての一部の真実は不変のままである」

▶下線部(4)の直前で，学際的な研究手法は人気を博し続けて，学際的な研究と個別学問での研究とを融合した複合型教育が今後進むべき道かもしれないと述べられている。一方，直後では，従来型の研究でも求められていた学生と教師の一般的な心構えが述べられている。

▶したがって，下線部(4)には，従来型の教育手法でも，PBL の教育手法でも，さらにはそれらの複合型教育手法でも，教育の本質部分には変わりがないという内容が入るべきで，(D)が適する。

問1 学際的研究でよく使われる手法で，確立された学問分野の基礎からではな
く，現実世界の解決すべき問題の特定から始め，次にその解決に役立つ知識を
探すというのが特質である。利点は，複数の学問分野から，それぞれの最良の
考えを選び，取り入れることができること，グループで取り組むことが多いた
め，相互に学び合い意見交換ができること，21世紀の喫緊の課題に対する知
識や解決策を得ることが見込めることである。（194字）
問2 従来の専攻科目において古くから確立されていた研究課程によって提供さ
れる知識の深みがなければ，学際的な研究をしている学生が未熟すぎて，深い
つながりを見出して独創的な発見をすることができないということはありえな
いだろうか。
問3 ⒞
問4 ⒟

17

次の英文を読み，設問に答えなさい。

At 2 a.m., in the dark morning hours of June 28th, Mark Zuckerberg woke up and got on a plane. He was traveling to an aviation testing facility in Yuma, Arizona, where a small Facebook team had been working on a secret project. (1)Their mission : to design, build, and launch a high-altitude solar-powered plane, in the hopes that one day a fleet of the aircraft would deliver internet access around the world.

Zuckerberg arrived at the Yuma Proving Ground before dawn. A core group of roughly two dozen people work on the drone airplane, named Aquila, in location from Southern California to the United Kingdom. For months, they had been working in rotations in Yuma, a small desert city known primarily for its brutal summer temperatures. On this day, Aquila would have its first functional test flight : the goal consisted of taking off safely, stabilizing in the air, and flying for at least 30 minutes before landing. "I just felt this is such an important (2)milestone for the company, and for connecting the world, that I have to be there," Zuckerberg says.

As the Sun rose over the desert, a crane lifted Aquila onto the dolly structure that would propel it into the sky. The drone has a tremendous wingspan : 141 feet, compared to a Boeing 737's 113 feet. And yet Facebook engineered Aquila to be as light as possible to permit ultra-long flights. Built of carbon fiber, this latest version of the drone weighs only 408 kilograms. A remote control operator activated the dolly, and Aquila began rumbling down the runway. When it reached sufficient speed, Aquila lifted into the air, where it floated up its test altitude of 2,150 feet and stabilized. On the ground, Facebook's employees were (3)elated ; some wiped away tears. "It was this incredibly emotional moment for everyone on the team who's poured their lives into this for two years," Zuckerberg said.

Watching from below, Zuckerberg was struck by Aquila's deliberate, unhurried pace. "It flies really slowly," he said two weeks later, at Facebook's headquarters in Menlo Park, California. "Most times when people are designing planes, they're designing them to get people or things from place to place, so there's no real advantage to moving slowly. But if your goal is to stay in the air for a long period of time, then you want to use as little energy as possible——which means going as slowly as you physically can, while not falling out of the air."

Okay——but why a plane? There are lots of ways to bring the internet to people that don't involve designing your own drone. There are satellites, which are good at delivering internet access to wide geographical areas. But they're only effective in areas with low population density——too many users can consume the bandwidth in a hurry. There are cellular towers, which excel at connecting dense urban populations. But building enough cellular towers to cover the entire Earth is considered too expensive and impractical, even for Facebook.

In 2014, Zuckerberg wrote a paper analyzing various methods of internet delivery. High-altitude drones, he said, could serve a huge audience of people who live in medium-sized cities or on the outskirts of urban areas. They fly closer to the ground than satellites, meaning their signals are stronger and more useful to larger populations. And they fly above regulated airspace, making them easier to deploy. If Facebook could build a drone that gathered most of its power from the Sun, Zuckerberg reasoned, it could fly for 90 days. A laser communications system could deliver high-speed internet to base stations on the ground, connecting everyone within 50 kilometers. If the drones could be built cheaply enough, they would one day dot the skies, and become a critical piece of the global internet infrastructure.

When will a fleet of Aquila drones bring data to the world? Facebook won't say. There are (4)several technical challenges remaining in getting Aquila to reliably fly 90-day stretches. The team hasn't yet implemented solar panels on the prototype——the test flight plane ran using batteries only. The team is still working out how to build batteries with a density high enough to sustain lengthy missions. They also "need to develop more efficient on-board power and communication systems; ensure the aircraft are resistant to structural damage to reduce maintenance costs and able to stay aloft for long periods of time to keep fleet numbers low; and minimize the amount of human supervision associated with their operation," said a project engineer.

The path forward for Aquila isn't totally clear, and it's bound to encounter more bumps along the way. But Zuckerberg is resolute : billions of people who can't access the internet deserve it. A single test flight represents a tiny step toward getting there. But it also gives Facebook a dramatic success to rally around. "I think the future is going to be thousands of solar-powered planes on the outskirts of cities and places where people live, and that's gonna make connectivity both available and cheaper," Zuckerberg says. "And, I think, that can help play an important role in closing this gap of getting more than a billion people online. This is an early milestone, but it's a big one." Zuckerberg smiled. "It's not something you necessarily expect Facebook to do——because we're not an aerospace company," he said. "But I guess we're becoming one."

From Facebook Takes Flight, *The Verge* on July 22, 2016 by Casey Newton, Vox Media

問1　下線部(1)が表す内容を，具体的に日本語で説明しなさい。

問2　本文によると Aquila は普通の飛行機といくつかの点で異なるように設計されている。そのうちの三つを日本語で答えなさい。それぞれを①から③の解答欄に記入すること。

問3　Aquila のような飛行機が実用化された場合，satellites や cellular towers を用いるより優れている点を本文の内容に則して日本語で説明しなさい。

問4　下線部(2)milestone に最も近い意味を表すものを以下の(A)～(D)の中から選び，記号で答えなさい。
　(A)　breakthrough　　　　　　(B)　deadweight
　(C)　density　　　　　　　　　(D)　objection

問5　下線部(3)elated に最も近い意味を表すものを以下の(A)～(D)の中から選び，記号で答えなさい。
　(A)　exhausted　　　　　　　(B)　indifferent
　(C)　overjoyed　　　　　　　(D)　regretful

問6　下線部(4)several technical challenges が指す内容のうち三つを日本語で具体的に答えなさい。それぞれを①から③の解答欄に記入すること。

問7 次の(A)～(G)の中から，本文の内容から正しいと判断できるものを三つ選び，記号で答えなさい。

(A) Aquila is currently able to take-off and land by itself.

(B) Aquila will rapidly replace cellular towers in densely populated areas.

(C) Facebook headquarters are located in Yuma.

(D) Mark Zuckerberg spent time flying in Aquila.

(E) Planes like Aquila can replace some functions of satellites.

(F) Planes like Aquila will be able to fly both day and night.

(G) The main project team consists of less than 30 members.

■ドローンを利用したネット接続の試み

❶ 6月28日のまだ暗い午前2時に，マーク=ザッカーバーグは目を覚まし，飛行機に乗った。彼はアリゾナ州ユマでのテスト飛行施設に移動していたが，そこでは，すでに小規模なフェイスブック社のチームがある秘密プロジェクトに取り組んでいたのだった。彼らの任務は，いつの日か航空機の編隊が世界中にインターネット接続を提供することを願い，太陽光エネルギーを使って高高度を飛行する飛行機を設計，製作し，飛び立たせることだった。

❷ ザッカーバーグは，夜明け前にユマ性能試験場に到着した。プロジェクトの中心を担う20数名ほどのグループが，南カリフォルニアからイギリスまでの複数の場所で，Aquila と名付けられたドローンに取り組んでいる。何カ月間も，彼らは，主にその過酷な夏の温度で知られる小さな砂漠の都市であるユマにおいて，交代で実験に取り組んできた。この日に，Aquila はその最初の機能テスト飛行をする予定だった。目標は，安全に離陸し，空中で安定し，着陸する前に少なくとも30分間飛行することだった。「私は，まさに，これが我が社のためのそして世界をつなぐための非常に重要な画期的出来事だと感じたので，私は現場にいなければならないのです」と，ザッカーバーグは言う。

❸ 太陽が砂漠に昇ったとき，クレーンが Aquila を移動式の発射台に載せた。このドローンは，ボーイング737の113フィートと比べて，141フィートというとてつもなく大きな翼長がある。しかし，フェイスブック社は，超長時間飛行を可能にするためにできるだけ軽くなるよう Aquila を設計した。炭素繊維でつくられているので，このドローンの最新バージョンはわずか408キログラムの重さしかない。リモコン操作員が発射台を始動させると，Aquila は滑走路に沿ってガタガタと音を立てて進み始めた。十分な速度に達したとき，Aquila は空中に上がり，そこで，2,150フィートの試験飛行高度に浮き上がって，安定した。地上では，フェイスブック社の従業員は大喜びした。中には涙をぬぐう人もいた。「それは，2年間にわたって人生をこれに注いだチームの全員にとって，実に信じられないほど感動的な瞬間でした」と，ザッカーバーグは述べた。

❹ 下から仰ぎ見ながら，ザッカーバーグは Aquila の慎重で，ゆっくりしたペースに感銘を受けた。「それは，本当にゆっくり飛ぶんです」と，カリフォルニア州メンローパークのフェイスブック本社で，彼は2週間後に言った。「飛行機の設計ではたいてい，あちこちに人や物を乗せていくように設計しているので，ゆっくり移動することには実用的利点はありません。しかし，目標が空中に長期間とどまるこ

とであるならば，できるだけエネルギーは使いたくない，つまり，空中から落ちないと同時に物理的にできる限りゆっくり進むことを意味するのです」

❺ なるほど，でもなぜ飛行機なのだろう。人々にインターネットを提供するには，独自のドローンの設計などを必要としない方法がたくさんある。人工衛星は，広い地理的領域にインターネット接続を提供することに長けている。しかし，人工衛星は人口密度が低い地域で効果的であるにすぎない——ユーザーが多すぎると，周波数帯域幅を急速に消費することも起こりうる。セルラー方式の電波塔は，密集した都市の住人をつなぐことに優れている。しかし，地球全体をおおうのに十分なセルラー方式の電波塔を建設することは，フェイスブック社にとってさえ，あまりに高価で非実用的であると考えられている。

❻ 2014 年に，ザッカーバーグは，インターネット配信のさまざまな方法を分析した論文を書いた。高高度のドローンは，中規模の都市または市街地の周辺で生活している非常に多くの利用者に役立ちうる，と彼は言った。ドローンは人工衛星より地面に近いところを飛ぶので，ドローンが発する信号はより多くの人にとっていっそう強力で有用であることを意味する。また，ドローンは規制空域より上を飛ぶので，配置がより容易になる。フェイスブック社が太陽から電力の大部分をまかなうドローンをつくることができるならば，それは 90 日間飛ぶことができるだろう，とザッカーバーグは推論した。レーザー通信システムは地上の基地局に高速のインターネットを提供し，50 キロメートル圏内のすべての人をつなぐことができるだろう。ドローンが十分に安くつくれるならば，いつの日か空に点在して，世界規模のインターネットインフラの重要な部分になるだろう。

❼ Aquila ドローンの編隊が世界にデータを提供するのはいつになるのだろうか。フェイスブック社は語らないだろう。Aquila を確実に 90 日連続で飛べるようにする点で，いくつかの技術的な課題が残っているからだ。チームは試作機に太陽光電池パネルをまだ搭載していない——試験飛行のドローンは電池だけを用いて運行したのだ。チームは，長時間の任務を維持するのに十分な高いエネルギー密度をもつ電池をつくる方法を依然として考案中なのだ。彼らはまた，「搭載用のより効率的な動力システムと通信システムを開発し，Aquila を，維持費削減のため構造的な損傷を生じにくく，編隊数を抑えるために長期間滞空できるようにし，さらに，運用に伴う人的な管理体制を最小限にする必要もある」と，プロジェクト・エンジニアは言った。

❽ Aquila の前途は邪魔するものが一切ないというわけではない，そして，途中でこれまでより多くの乱気流に巻き込まれるにちがいない。しかし，ザッカーバーグの意志は固い。インターネットにアクセスすることができない何十億もの人は，それができるようになるべきなのだ。たった一度の試験飛行は，すべての人がネット

に接続できる状態へ到達することに対する小さな一歩にすぎない。しかし，同時にフェイスブック社に，人々を集めるための，劇的な成功も与えてくれる。「私は，将来は何千もの太陽光電力の飛行機が都市の周辺や人々の生活場所に存在していると思います。そして，それがネット接続を利用可能にし，今よりも安価にするでしょう」と，ザッカーバーグは言う。「そして，私の考えでは，それは10億人以上の人々をインターネットに接続するというこの差を縮める点で重要な役割を果たすのに役立ちうるのです。これは初期の節目です，しかし，それは大きな節目なのです」と，ザッカーバーグは笑いながら言った。「それはフェイスブック社にぜひともやってほしいと期待することではありません——なぜならば我々は航空宇宙企業ではないからです」と，彼は言った。「しかし，我々がその一つになりつつあるんじゃないかと思っています」

各段落の要旨

❶ フェイスブック社のザッカーバーグは，アリゾナ州ユマのテスト飛行施設に向かった。同社は航空機の編隊により，インターネット接続を提供する計画を進めている。

❷ 彼はその日，Aquila と命名されたドローンの最初のテスト飛行に立ち会おうというのだ。目標は安全に離陸し，空中で安定し，少なくとも30分間飛行することだった。

❸ Aquila は巨大だが，炭素繊維でつくられているため，軽量である。Aquila は発射台から飛び立ち，空中で安定した。2年間にわたってこのドローンの開発を進めてきたチームにとって感動的な瞬間であった。

❹ Aquila は本当にゆっくり飛ぶ。通常の航空機とは異なり，目標は空中に長期間とどまることなので，できるだけエネルギーを使わず，ゆっくり飛ぶことが求められる。

❺ 人工衛星でもインターネット接続は提供できるが，人口密度が低い地域で効果的であるにすぎない。電波塔は人口密集地では有効だが，地球のすみずみまで塔を建設するのはあまりに高価で非実用的である。

❻ ザッカーバーグによると，高高度のドローンは中規模の都市や市街地周辺に住む人々にとって有益である。人工衛星より地上近くを飛ぶので信号がより強い。太陽光を活用すれば90日間の飛行も可能であろう。安価につくられるなら，ドローンは将来，世界規模のインターネットインフラの一部となる。

❼ 実用化の時期は不明である。Aquila はまだ太陽光パネルを搭載していないなど，技術的な課題が残っている。

❽ Aquila の前途には困難が立ちはだかるが，ザッカーバーグの意志は固い。一度きりの試験飛行の成功は小さな一歩でしかないが，実用化されれば多くの人々がインターネットに接続できるようになる。彼は将来，何千ものドローンが空中に舞う日を期待する。

解 説

問1 ▶ Their mission「彼らの任務」が表す内容を日本語で説明する。「彼ら」とは、直前の文から、a small Facebook team「小規模なフェイスブック社のチーム」で working on a secret project「秘密のプロジェクトに取り組んでいる」人々であることがわかる。

▶下線部の直後にはコロン（：）がある。コロンは、具体的説明や言い換えを続ける場合に用いられる。したがって、コロン以下の次の部分を訳せばよい。

to design, build, and launch a high-altitude solar-powered plane, in the hopes that one day a fleet of the aircraft would deliver internet access around the world

▶ design, build, launch の目的語はいずれも a high-altitude solar-powered plane「高高度の、太陽光を動力源とする航空機」である。

▶ in the hopes that ～ は「（that 以下）を期待して」という意味。that は同格を導く。つまり、hopes の中身が that 以下である。

▶ a fleet of the aircraft は「航空機の編隊」。「航空機の一団〔集団〕」などとしてもよい。

問2 ▶ Aquila の設計が普通の飛行機と異なる点を3つ答える問題。本文中の箇所は指定されていないので、本文全体を通読した上で、候補となる部分を探す必要がある。

▶第1段最終文の、問1の解答となった箇所には、a high-altitude solar-powered plane「高高度の、太陽光を動力源とする航空機」とある。第1段ではまだ Aquila という名称は出てこないが、これは Aquila が目指しているものだ。この部分の「高高度」については、普通の飛行機と異なるかどうかは判断できない。というのは、普通の飛行機も「高高度」を飛ぶかもしれず、英文解釈の外側にある問題だからだ。「太陽光を動力源とする」ことについては、普通の飛行機とは明らかに異なる。ただし、第7段第4文によれば、ソーラーパネル（太陽光利用の発電パネル）は未開発で、「試験飛行のドローンは電池だけを用いて運行した」。このことから、第一の異なる点として「動力源として太陽光または電池を用いる」を挙げることができる。

▶第2段第4文では、試験飛行において、「少なくとも30分間飛行する」ことが目標であった。これは試作機だからで、第4段最終文のザッカーバーグの発言を引用した箇所によると、目標は to stay in the air for a long period of time「できるだけ長く空中にとどまること」とである。さらに第6段、第7段では、滞空時間として90日という数字が出てくる。これは普通の飛行機では考えられない長さであるこ

とから，第二の異なる点として「非常に長い滞空時間を目指している」を挙げることができる。

▶第3段第1文によると，Aquila はクレーンを使って発射台に載せられた。普通の飛行機が離陸するのに発射台を使うことはないため，第三の異なる点として，「離陸に発射台を使う」ことが挙げられる。

▶第3段第4文によると，最新機はわずか408キログラムしかない。普通の飛行機も軽量であることに越したことはないが，これは極めて軽量である。そこで，第四の異なる点として，「機体が非常に軽い」ことが挙げられる。

▶第4段第1文には「Aquila のゆっくりとしたペース」に言及があり，第2文でも「非常にゆっくり飛ぶ」ことがザッカーバーグの言葉として引用されている。第3文には，普通の飛行機は輸送用なので，遅いことに利点がないとも書かれている。つまり，これが第五の異なる点となる。

▶なお，Aquila の大きさに関しては，第3段第2文に言及があり，翼の長さは141フィートとされている。比較のため，ボーイング737は113フィートであるという数字が出され，ボーイング737よりは翼が長いことがわかる。しかし，ボーイング737が飛行機として大きいのか小さいのかは英文から判断できないため，ボーイング737を上回ることをもって，Aquila が「普通の飛行機よりも翼が長い」とは言えない。したがって，「翼の長さ」に関する解答は避けるのが無難である。実際，ボーイング747，767，777，787など，Aquila より翼が長い普通の飛行機はたくさんある。

問3　▶インターネット接続を提供するものとして，satellites「人工衛星」や cellular towers「セルラー方式の電波塔」よりも Aquila のような飛行機が優れている点をまとめる。第5段第1文の「なぜ飛行機なのか」という問題提起のもと，第3文以降は satellites や cellular towers の欠点に触れつつ，飛行機の優位性を述べている。

▶第5段第4文では，人工衛星の欠点として，人口密度が低い地域でしか効率的ではないことが述べられている。また，同段最終文では，電波塔の欠点として，建設コストが非常に高いことが述べられている。第5段から，飛行機にはこれらの欠点がないことが利点であるとの推測はできるが，同段落にそれ以上の言及はない。

▶明確に飛行機の利点を述べているのは第6段である。第2文では，中規模の都市のように人口の多い地域で有効であること，第3文では，人工衛星より地表に近いところを飛ぶので信号が強く，より多くの人々に便利であることが書かれている。さらに第4文では，規制空域の上を飛ぶため配置が容易であると述べられているが，これは人工衛星にも当てはまると思われるので，解答に含める必要はない。

▶以上より，人工衛星や電波塔の欠点と飛行機の利点を対比するかたちで，解答欄の
スペース（約 16cm×6 行）を考慮してまとめる。

問4　正解は(A)

▶ milestone の原義は「マイルを示すための標石」だが，「画期的な出来事，節目」
という意味でも使われる。

▶それぞれの選択肢の意味は次のとおり。

(A)　「突破口，飛躍的進歩」　　　(B)　「ずっしりと重いもの，重荷」

(C)　「密度，濃度」　　　(D)　「反対，反論」

下線部を含む部分は「会社にとって重要な画期的事件」という意味であり，(A)と同
意。

問5　正解は(C)

▶ elate は「～を元気づける，有頂天にする」という意味の他動詞。be elated という
受動態のかたちで，「大喜びする」という意味になる。

▶それぞれの選択肢の意味は次のとおり。

(A)　「疲れ果てた」　　　(B)　「無関心な」

(C)　「大喜びした」　　　(D)　「後悔した」

elate は難単語ではあるが，テスト飛行が成功したという文脈や，直後の「涙をぬ
ぐった」という表現からも(C)であると判断できよう。

問6　▶下線部(4) several technical challenges は「いくつかの技術的な問題」という
意味。この下線部の直後の記述と合わせて解釈すれば，Aquila が安定して 90 日間
連続して飛行できるようにするために，今後解決されなくてはならない課題のこと
であるとわかる。ちなみに，several は「いくつかの」という意味で覚えているだ
ろうが，一般に 3 から 5 くらいまでを指すことを知る人は少ない。本文では「4
つ」を指して使われている。

▶まず，第 7 段第 4・5 文に電池のことが書かれている。第 4 文で，試験飛行におい
てはソーラーパネルは搭載されず，電池だけで飛行したことを述べ，以下の第 5 文
に続く。

The team is still working out how to build batteries with a density high enough to
sustain lengthy missions.

単に「高密度」と言いたいなら high density という語順でよいが，この場合，
enough to に続くので，high は enough の直前に移動する。要は，高密度の電池は
未開発で，そのような電池の開発が課題であるということ。

164　第1章　読解

▶続く第6文では3つの課題が列記されている。すなわち，クォーテーションマーク（"　"）内のセミコロン（；）で区切られた以下の3つである。

develop more efficient on-board power and communication systems
より効率的な搭載動力システムと通信システムを開発すること

ensure the aircraft are resistant to structural damage to reduce maintenance costs and able to stay aloft for long periods of time to keep fleet numbers low
（維持費を減らすため）構造的な損傷を生じにくく，（編隊数を少なくするため）長期間滞空できるようにすること

minimize the amount of human supervision associated with their operation
運用に伴う人的な管理体制を最小限にすること

▶以上のように第5・6文で4つの課題が指摘されているが，そのうち，3つを解答する。

問7　正解は(E)・(F)・(G)

▶各選択肢ごとに，意味と真偽について検討する。

(A) 「Aquila は，現在単独で離陸と着陸をすることができる」
　　Aquila は発射台に載せられ（第3段第1文），発射台が始動して滑走路を進み始め，（同段第5文），十分な速度に達すると飛び立った（同段第6文）ので，単独で離陸することはできないと判断できる。

(B) 「Aquila は，人口密度の高い地域でセルラー方式の電波塔に急速にとってかわるだろう」
　　Aquila の実用化の時期をフェイスブック社は明確にしていないし（第7段第1・2文），未解決の技術的課題もある（同段第3文）ことから，「急速に」とってかわるとする根拠はない。

(C) 「フェイスブック本社はユマに位置している」
　　本社所在地は，「カリフォルニア州メンローパーク」である（第4段第2文）。

(D) 「マーク=ザッカーバーグは，Aquila で飛行して時を過ごした」
　　ザッカーバーグは，Aquila の飛行を下で（地上から）見ていた（第4段第1文）のであり，Aquila には乗っていない。

(E) 「Aquila のような飛行機は，人工衛星の機能の一部を代替する可能性がある」
　　第6段第3文には，人工衛星よりも Aquila が優れている点として信号強度が強いことなどが挙げられており，一部機能が代替される可能性はあると考えられる。よって，正しいと判断できる。

(F) 「Aquila のような飛行機は，日中も夜間も飛ぶことができるであろう」
　　本文中にこのような記述はない。しかし，将来的には90日間もの連続飛行がで

きるようになる（第6段第5文）という計画なので，実現すれば，時間帯とは無関係の飛行が可能となる。よって，正しいと判断できる。

(G) 「中心となるプロジェクト・チームは，30人未満のメンバーから構成されている」

第2段第2文に合致する。この dozen は「12」を意味するが，「12程度，10あまり」の意で使われることもある。また，roughly「おおよそ」がついているので，two dozen には少々幅があると考えられる。とはいえ，30以上とは考えにくいので，正しいと判断できる。

問1 いつの日か，航空機の編隊が世界中にインターネット接続を提供することを願って，高高度を飛行し，太陽光を動力源とする飛行機を設計・製作し，飛び立たせること。

問2 動力源として太陽光または電池を用いる。
非常に長い滞空時間を目指している。
離陸に発射台を使う。
機体が非常に軽い。
非常にゆっくり飛ぶ。
以上のうち，3つを解答する。

問3 satellites は人口密度が低い地域でしか効果的ではないが，飛行機は低空にあるため信号が強く，より人口密度が高い地域でも有用である。また，地球全体をカバーできるように多数の cellular towers を建設するよりも，飛行機の方が低コストである。

問4 (A)

問5 (C)

問6 長時間飛行ができるよう，高密度の電池を開発すること
より効率的な搭載動力システムと通信システムを開発すること
構造的な損傷に強くし，長期間滞空できるようにすること
運用に伴う人的な管理体制を最小限にすること
以上のうち，3つを解答する。

問7 (E)・(F)・(G)

18

Read the following passage and answer the questions below.

Ecological systems are the products of the organisms that inhabit them. (1)All organisms, to greater or lesser degrees, interact continuously with their physical environment and with each other. In some cases, their impact on ecosystems may be disproportionate to their size. Elephants and other grazing animals have made the Serengeti plains what they are, from the characteristics of the grasses on which they tread to the chemical structure of the soil. Billions of years ago, photosynthetic bacteria* created the earliest form of the atmosphere as we know it——and, (i)not coincidentally, sparked the first Ice Age. All organisms have a constant and never-ending impact on their ecosystems.

In the long span of human history, the vast majority of environmental damage has occurred in only the past three centuries. Fueled by industrialization and modernization, humans have generated large volumes of certain gases, altered the acidity of rivers, used up underground water sources, introduced alien species, and (ii)impoverished landscapes as they extract and consume resources. Surprising numbers of species have been driven to extinction as human populations have grown worldwide. Human activity has clearly had an enormous effect on the natural environment.

Humans, however, are not unique in their power to reshape environments locally or globally. Burrowing rodents**, for example, maintain vast grasslands rich in their favorite foods by continuously turning the soil and discouraging the growth of forests. Sheep, brought to Mexico with the European settlement, created their own grazing land through the action of their hooves on the soil. Then there are the (iii)not-so-humble roles of microbes, worms, and other invertebrates*** in soil formation and rejuvenation. Some plant species have redefined the conditions of natural selection for countless living things and geological processes alike. The lesson is that humans, in their effects on the environment, are (iv)on a par with many other organisms.

The key to comprehending environmental history is an understanding of the bonds that have formed between humans and other species, for these have generated co-evolutionary processes with their own logic and drive. In many ecosystems today, humans are the dominant species. But such dominance cannot exist apart from the systems and processes that sustain it. The effects of (2)environmental trauma are real, but they are a product of scale, not human exceptionalism. Although the human impact on the planet today is surely the result of human actions and behavior, this should never be confused with intention or control. Nature, much like human society, typically declines to follow the scripts we sometimes choose to write for it.

From *Deep History: The Architecture of Past and Present* by Andrew Shryock and Daniel Lord Smail, University of California Press

Notes:
photosynthetic bacteria* : bacteria that use sunlight to produce nutrients
burrowing rodents** : animals with strong sharp front teeth that dig holes, such as prairie dogs
invertebrates*** : living creatures that have no backbone

Q 1 Translate the underlined part (1) into Japanese.

Q 2 According to the first paragraph in this passage, the impact of "elephants and other grazing animals" and "photosynthetic bacteria" on their environments "may be disproportionate." What does "disproportionate impact" mean in this context? Explain in Japanese.

Q 3 Choose the most appropriate meaning of the underlined words or phrases (i)—(iv). Write the correct letter (A, B, C, or D) on your answer sheet.

(i) not coincidentally
A. as a result
B. by chance
C. randomly
D. unexpectedly

(ii) impoverished
A. deleted
B. improved
C. increased
D. weakened

(iii)　not-so-humble
 A．arrogant   B．harmonious
 C．key   D．minor

(iv)　on a par with
 A．distinct from   B．handicapped by
 C．less than   D．similar to

Q 4　Which of the following (A, B, C, or D) best summarizes the meaning of the final paragraph of this passage ?
 A．Humans have limited control over nature.
 B．Humans have to join together with nature.
 C．Humans must choose how to control natural environments.
 D．Humans will continue to destroy nature.

Q 5　The final paragraph includes the underlined part (2)environmental trauma to describe negative effects on nature. Which of the following (A, B, C, or D) is NOT used as an example of "environmental trauma" in this passage ?
 A．air composition change
 B．animal extinction
 C．soil production
 D．water quality change

全　訳

■生物と生態系の相互作用

❶ 生態系は、そこにすむ生物が生み出したものである。(1)すべての生物は、程度の大小はあっても、自らの置かれた物理的環境と、またお互いどうしとも、絶えず互いに影響し合っている。場合によっては、生態系へ与える彼らの影響は、彼らの体の大きさに不釣り合いであるかもしれない。象や他の草食動物は、彼らがその上を歩く草の特性から土壌の化学構造に至るまで、セレンゲティ平原を今の姿にしたのである。今から数十億年前に、光合成をするバクテリアが、現在我々が知っているような大気の最も初期の状態を創出した──そして、偶然の一致ではなく、第1氷河期の火付け役となった。すべての生物は、自らの属す生態系に対して恒常的で決して終わることのない影響を及ぼしているのだ。

❷ 長期間の人間の歴史の中で、環境破壊の大部分は、過去たった3世紀の間に起こった。産業化と現代化にたきつけられて、人間は資源を取り出し消費しながら、ある種のガスを大量に発生させ、川の酸性度を変え、地下水源を使い果たし、外来種を持ち込み、自然の景観を悪化させてきた。人間の数が世界中で増大するにつれて、驚くべき数の生物種が絶滅に追いやられてきた。人間の活動が、自然環境に桁違いな影響を及ぼしてきたのは明らかである。

❸ しかし、人間は、地域的にも地球規模でも、環境を作り変える力において、他に唯一無二の存在ではない。たとえば、強力な前歯で穴を掘る齧歯類は、絶えず土を掘り返し森林の成長をはばむことによって、広大な大草原を彼らの大好きな食べ物が豊富にある状態に保っている。ヨーロッパ人の入植とともにメキシコに連れてこられた羊は、土を蹄で踏みしめて、自分自身の放牧地をつくり出した。それから、土壌の形成と再生においては、微生物、ミミズおよび他の無脊椎動物が果たしている、つつましやかとはいえない役割がある。一部の植物は、無数の生物や、同様に地質的諸変化に対して、自然淘汰の諸条件をいくたびか設定してきた。ここから導かれる教訓は、人間は自分たちが環境に及ぼしている影響の点で、他の多くの生物と同等であるということである。

❹ 環境がたどってきた歴史を理解する鍵は、人間と他の生物種の間ででき上がった様々な結び付きを理解することである。というのも、これらの結び付きがそれ自身の論理と原動力を備えた共進化的な諸変化を引き起こしてきたからである。今日多くの生態系で、人間は優勢な種である。しかし、そのような優位は、それを支える様々な系や諸変化から離れては存在することができない。環境が受けた傷が及ぼす様々な影響は実在する。しかし、それらは、人間だけが生み出したものではなく

生物全体が生み出したものなのだ。今日この惑星に及ぼしている人間の影響は，確かに人間の活動や行動の結果ではあるが，この影響は意図や支配とは決して混同すべきではない。人間の社会とほぼ同様に，自然は，我々が時として，それのために書こうと選んだ台本を演じることを拒むのが常なのである。

各段落の要旨

❶ 生態系はそこにすむ生物が生み出した。生物は環境と，そして生物どうしで影響し合っている。生態系への影響の大きさと生物のサイズとは不釣り合いであるかもしれず，象よりもバクテリアの方が生態系に対してより大きな影響を及ぼすこともある。

❷ 人間による環境破壊の大部分は，この3世紀の間に起こった。人間の活動が自然環境に多大な影響を及ぼしてきたのは明らかだ。

❸ しかし，人間の他にも，環境を変える生物はいる。たとえばある種の齧歯類は，土を掘り返して森林の成長をはばむ。環境への影響という点からは，人間も他の多くの生物と同等である。

❹ 環境の変遷を理解する鍵は，人間と他の生物の間に形成された結び付きを理解することだ。人間は優勢種ではあるが，支えとなる様々な系や過程があってのことだ。環境が受けた傷の影響は人間だけのせいではない。この惑星に見られる人間の影響は，確かに人間の活動や行動の結果ではあるが，人間の意図や支配そのものとは異なる。

解　説

Q1　All organisms, to greater or lesser degrees, interact continuously with their physical environment and with each other.

▶下線部(1)の和訳を求める問題。鍵となるのは，interact「相互に作用する，互いに影響し合う」という動詞。interact with ～ というかたちで，「～と相互に作用する」という意味になる。ここでは with ～ が反復されていることに注意。和訳するときには，interact with A and interact with B と捉え，interact を2度訳してもよい。その場合，「物理的環境と相互作用を行っているし，お互いどうしで影響を与え合っている」などとなる。

▶to greater or lesser degrees のもととなるのは，to a degree や to some degree「ある程度（まで）」である。to a greater degree「より著しい程度にまで」や to a lesser degree「より少ない程度にまで」という表現もある。ここでは意味が反対の greater と lesser が or で結ばれ，「程度の大小はあっても」という意味になる。

語句 organism「生命体，有機体」 continuously「継続して，絶え間なく」 physical environment「物理的環境」

Q2　▶設問は「本文の第1段によると，『象や他の草食動物』や『光合成をするバクテリア』が環境に与える影響は『不釣り合いであるかもしれない』ということである。この文脈において，『不釣り合いな影響』とは何を意味するか。日本語で説明しなさい」という意味。

▶第1段第3文に disproportionate to their size「体のサイズには不釣り合い」という表現があり，サイズの大きい生物の例として，第4文で「象や他の草食動物」が，サイズの小さい生物の例として，第5文で「光合成をするバクテリア」が取り上げられている。

▶「不釣り合いな影響」とは，サイズの大きい生物が環境に比較的小さい影響を与え，サイズの小さい生物が環境に大きな影響を与えるという意味である。ただし，解答欄の大きさ（約16cm×3行）から判断すると，これだけでは不十分で，その例を含めることが必要。

▶「象や他の草食動物」の影響は，今あるようなセレンゲティ平原を形成したことである（第4文）。これに対し，微小な「光合成をするバクテリア」は，今あるような大気の初期状態を作り出し，第1氷河期を招いた（第5文）。セレンゲティ平原の形成はある程度大きな影響のように思えるが，大気の形成や氷河期という全地球に及ぶ影響と比べると小さな影響でしかない。

Q3　▶設問は「下線部の語句(i)〜(iv)の最も適切な意味を選び，解答用紙に適切な文字（A，B，CまたはD）を書きなさい」という意味。

(i)　正解はA

▶ not coincidentally は「偶然の一致ではなく」の意。coincident は語源的に co＝together＋incident＝happening なので「同時に起こるような」の意であり，coincidental は「同時に起こる，偶然に一致した」の意となる。

　　A．as a result「結果として」　　　　B．by chance「偶然に」
　　C．randomly「無作為に」　　　　　　D．unexpectedly「予想外に」

(ii)　正解はD

▶ impoverished は「悪化させた」の意。impoverish は語源的に im＝en＝make＋poverish＝poor なので「貧しくする，悪化させる」の意。

　　A．deleted「削除した」　　　　　　B．improved「改善した」
　　C．increased「増加させた」　　　　 D．weakened「弱めた」

(iii)　正解はC

▶ not-so-humble は「つつましやかとはいえない」の意。

　　A．arrogant「尊大な」　　　　　　B．harmonious「調和した」
　　C．key「重要な」　　　　　　　　D．minor「小さな」

(iv)　正解はD

▶ on a par with は「〜と同等である」の意。par は「同等，標準，常態，平価」を意味するが，身近なところではゴルフ中継で耳にする「パー（＝基準打数）」がある。

　A．distinct from「〜とは異なる」
　B．handicapped by「〜でハンディを負った」
　C．less than「〜より少ない」
　D．similar to「〜に類似した」

Q4　正解はA

▶設問は「本文の最終段の意味を最もよくまとめているのは，次の（A，B，CまたはD）どれか」という意味。最終段の意味は「各段落の要旨」を参照。

　A．「人間は自然に対して限定的な支配をしている」
　B．「人間は自然と団結しなければならない」
　C．「人間は自然環境を支配する方法を選ばなければならない」
　D．「人間は自然を破壊し続けるだろう」

▶人間と他の生物種の間の結び付きを理解することで，環境の変遷が理解でき（第1文），環境が受けた傷の影響は，人間だけが生み出したものではない（第4文）とされている。人間が完全に自然を支配しているわけではないので，「限定的な支配をしている」ことになる。よって，Aが最終段のまとめとして適切である。

B〜Dはいずれも，一般論としての主張ならばありうるが，最終段にはこれらに相当する記述がない。

Q5　正解はC

▶設問は「最終段には，自然に対する悪影響を記述するために，(2)環境が受けた傷という表現が含まれている。本文で『環境が受けた傷』の例として使われていないものは次の（A，B，CまたはD），どれか」という意味。

　A．air composition change「大気組成の変化」
　B．animal extinction「動物の絶滅」
　C．soil production「土壌の生成」
　D．water quality change「水質変化」

▶第2段第2文で humans have generated large volumes of certain gases, altered the acidity of rivers「人間はある種のガスを大量に発生させ，川の酸性度を変えた」と述べている。ある種のガス（気体）を大量に発生させると大気組成は変化する。また，川の酸性度が変わると水質は変化したことになる。したがって，AとDは「環

[18] **173**

境が受けた傷」の例となる。

▶第2段第3文で Surprising numbers of species have been driven to extinction「驚くべき数の生物種が絶滅に追いやられた」と述べている。この部分の生物種には動物も含まれるはずなので，Bは「環境が受けた傷」の例となる。

▶下線部(ⅲ)の直後に，微生物やミミズ等が土壌をつくり出すことについて書かれているが，これは「環境が受けた傷（悪影響）」ではないので，Cが正解となる。

Q1　すべての生物は，程度の大小はあっても，自らの置かれた物理的環境と，またお互いどうしとも，絶えず互いに影響し合っている。

Q2　生物が生態系へ与える影響は，体の大きさに比例するわけではないということ。微細なバクテリアは，現在のような大気の初期状態を作り出した。これは，体の大きい象などが環境に与える影響を上回る。

Q3　(ⅰ)—A　(ⅱ)—D　(ⅲ)—C　(ⅳ)—D

Q4　A

Q5　C

19

次の英文を読み，設問に答えなさい。

Mathematics is taught in schools at all levels, four to five times a week. Undoubtedly, most mathematics schoolwork involves problem solving. The term "problem solving" has become a slogan encompassing different views of what education is, of what schooling is, of what mathematics is, and of why we should teach mathematics in general and problem solving in particular.

Although problem solving in mathematics has been taught from the time of the Greeks, the concept of problem solving has changed dramatically in the last decade. In the past, "problem solving" has referred mainly to the application of ready-made *algorithms to the solution of routine exercises and word problems. However, the assessment of mathematics skills for the 21st century should focus on the capacity of students to analyze, reason and communicate effectively as they pose, solve and interpret mathematical problems in a variety of situations involving quantitative, spatial, probabilistic or other mathematical concepts. Students have to be (1)"mathematically literate"——they have to possess mathematical knowledge and understanding, apply the knowledge and skills in key mathematical areas, and activate their mathematical competencies to solve problems they encounter in life.

The term "problem solving" has two components: the type of problem to be solved, and the knowledge and skills needed to solve the problem. The traditional type of mathematical problem includes arithmetic computations, certain equations, geometry problems and "routine" word problems that usually consist of two or three sentences that include the mathematics information, and a question that guides the students in constructing the appropriate equation to solve the problem. In geometry, students are presented with the properties of shapes and *theorems for proofs. Usually, all the information needed is given in the problem, and the students are asked to apply the theorems in what has to be proven.

Clearly, the skills needed to solve these types of problems are limited, and teaching these skills usually consists of demonstrating the appropriate technique followed by a series of similar problems for practice. Most of the problems in mathematics textbooks are these kinds of routine problems, where it is usually obvious what mathematics is required ; therefore memorization is the most important skill needed.

In contrast to these traditional mathematics problems, (2)the type of mathematics tasks suitable for the 21st century differs not only in the content, construct and contexts in which the problems are posed, but also in the processes needed to solve the problems. The content brings up the mathematical big ideas, the context often relates to authentic real-life situations ranging from personal to public and scientific situations, and the constructs are more complex than in traditional problems. Problems may include mathematical information that is not always presented in an explicit form, and may also have multiple correct answers. These problems for tomorrow's world may consist of a full paragraph of text in which the mathematics information is embedded. Students are asked to make decisions based on their mathematical knowledge and the processes they carried out. Quite often, the problems include different kinds of representations, and sometimes also require students to search for additional information either using computers or other sources. (3)Computational problems may also differ from the traditional ones in asking students not only to carry out the computations but also to explain their reasoning and how they solved them. Often, students are asked to solve the given problem in different ways, to suggest creative solution processes, and to reflect on and criticize their own solution and that of others. This is not to say that routine exercises and problems are to be excluded from the curriculum. (　(4)　), routine problem solving is necessary for practicing, attaining mastery and being able to respond automatically. But mathematics education has to go beyond routine problems to include innovative problems that are complex, unfamiliar and non-routine.

Another characteristic of mathematics problems suitable for the 21st century is that there could be multiple correct solutions. Innovative problems such as those described above are authentic and presented in real-life contexts that often pose questions to which there is more than one correct answer. The solution of problems which may have multiple correct answers depends on the basic assumptions that the solver adopts. On the basis of these assumptions, the solver constructs a flowchart with multiple routes. (5)Working in groups may expose the solver to other sets of assumptions for which there are different solutions, and/or different strategies for solution. Under these circumstances, it is essential for learners to reflect on the outcome and the processes used.

In summary, (6)new types of mathematics problems that go beyond traditional problem solving are likely to be better adapted to preparing students for a real-life use of mathematics. These types of problems refer to formal as well as to authentic situations, involve coordination of previous knowledge and experiences, include various representations and patterns of inferences, have one or multiple correct solutions, and prompt reflection on all stages of problem solving.

From *Critical Maths for Innovative Societies*, OECD

Notes:
*algorithm: a process or set of rules to be followed in calculations or other problem-solving operations
*theorem: a rule or principle, especially in mathematics, that can be proved to be true

問1　下線部(1)の "mathematically literate" とはどういうことか。本文の内容に即して日本語で説明しなさい。

問2　下線部(2)の the type of mathematics tasks suitable for the 21st century の趣旨に合わないものをA〜Dの中から一つ選び，記号で答えなさい。
　　A. Students may have to use outside sources to find necessary information to solve the problem.
　　B. Students are guided in using certain equations for solving the problem.
　　C. Students are expected to employ a creative solution process.
　　D. Students are asked to solve complex problems that are associated with their everyday life.

問3　下線部(3)を日本語に訳しなさい。

問4　空所（　(4)　）に入る最も適切な語句を以下のA〜Dの中から一つ選び，記号で答えなさい。
　　A. However　　　　　　　B. By the way
　　C. On the contrary　　　　D. In addition

問5 筆者によると，下線部(5)の Working in groups にはどのような利点があるか。最も適切なものを以下のA～Dの中から一つ選び，記号で答えなさい。

A．Collaboration with others is the key to academic success in the 21st century.

B．Working with others helps students to learn a number of possible solutions.

C．Collaborative learning helps students to reach the outcomes they want quickly.

D．Working in teams reflects the way science is practiced in the real world.

問6 下線部(6)を日本語に訳しなさい。

■21 世紀の数学教育の特徴

❶ 数学は，学校で1週当たり4，5時間，あらゆるレベルで教えられている。疑う余地なく，大部分の数学の勉強には，問題解決が含まれている。「問題解決」という言葉は，教育とは何か，学校教育とは何か，数学とは何か，そして，一般的な数学，特に問題解決を教えなければならないのはなぜかということに関する様々な見方を包含するスローガンになっている。

❷ 数学における問題解決はギリシア人の時代から教えられてきたが，問題解決という概念は過去10年で劇的に変わった。過去には，「問題解決」とは，型どおりの練習問題と文章題の解決に，出来合いのアルゴリズムを当てはめることを主に指していた。しかし，21世紀の数学的技能の評価は，量的，空間的，確率的，あるいは他の数学的な概念が含まれている様々な状況で，学生が数学の問題を提起し，解

決し，解釈する際に，効果的に分析し，推論し，そして伝達できる能力に注目すべきである。学生には「数学力」がなければならない——つまり，数学的な知識と理解力を持ち，その知識と技能を数学の重要分野に応用し，人生で遭遇する問題を解決するために数学的な能力を働かせなければならないのだ。

❸「問題解決」という言葉は，2つの要素で成り立っている。解決されるべき問題のタイプと，その問題を解決するのに必要となる知識と技能である。従来のタイプの数学の問題には，算術計算，特定の方程式，幾何学問題および「型どおりの」文章題が含まれている。この文章題は，数学的情報が含まれる2，3の文と，その問題を解くための適切な方程式を作るように学生を導く設問で構成されていることが普通である。幾何学においては，学生には図形の特性と証明のための定理が提示される。通常，必要なすべての情報は問題の中で与えられる。そして，学生は証明しなくてはならないことに，その定理を応用するように求められる。

❹　明らかに，この種の問題を解決するために必要な技能は限られている。そして，これらの技能を教えることは，通常，適切な技術を示すことから成り，その後に練習用の一連の類似した問題が続く。数学の教科書に載っている問題の大部分は，この種の型どおりの問題であり，どんな数学が要求されているかは通常明らかである。したがって，暗記が，必要とされる最も重要な技術なのだ。

❺　これらの従来の数学問題とは対照的に，21世紀にふさわしいタイプの数学課題は，内容・構成・問題が提起される状況設定において異なるだけではなく，問題を解決するために必要な処理方法においても異なる。内容は数学的に規模の大きな着想を提起し，状況設定は私的状況から公的で科学的な状況にまでわたる実生活上の本物の状況に関わることが多い。そして，構成は伝統的な問題の場合よりも複雑である。問題には，必ずしも明確な形では示されない数学的な情報が含まれているかもしれないし，複数の正解もあるかもしれない。明日の世界のためのこれらの問題は，数学的情報が埋め込まれている，まるまる1パラグラフにわたる文章から成るかもしれない。学生は，自分の数学的な知識と実行した処理に基づいて決定を下すことが求められる。頻繁に，問題には様々な種類の表現が含まれていて，また，時には，コンピュータまたは他の情報源を用いて，さらなる情報を捜すことを学生に要求する場合もある。(3)学生に計算を行うことだけでなく，自分の論拠および，どのようにして解いたかを説明することも要求するという点で，計算問題も従来のものとは異なるかもしれない。しばしば，学生は所定の問題を異なる方法で解決し，創造的な解決の過程を提案し，そして，自分自身および他者の出した解決を考察し批判するよう要求される。だからといって，型どおりの練習と問題がカリキュラムから除外されることになるというわけではない。それどころか，型どおりの問題解決は，練習し，熟達し，無意識に反応することができるためには必要なのだ。しか

し，数学教育には，型どおりの問題を超えて，複雑で，馴染みのない，型にはまらない革新的な問題が含まれねばならない。

❻ 21世紀にふさわしい数学問題のもう一つの特徴は，複数の正しい解決がありうるということである。上述のような革新的な問題は本物の問題であり，複数の正解がある問題を提起することが少なくない実生活上の状況設定の中で提示される。複数の正解があるかもしれない問題の解決は，解答者が採用する基本的な仮定に依存する。これらの仮定に基づいて，解答者は複数のルートのあるフローチャートを作る。グループ作業は解答者を，異なる解，および／または，異なる解決手法に至る他の一連の仮定にさらすかもしれない。こうした状況下では，学習者は，結果および使われたやりかたを考察することが重要である。

❼ 要約すると，(6)従来の問題解決を超える新しいタイプの数学の問題は，数学を実生活で使うことに学生を備えさせることに一層適したものになりそうだ。この種の問題は，本物の状況ばかりでなく形式的な状況にも関連し，以前の知識と経験の調整を伴い，推論のいろいろな説明とパターンを含み，1つまたは複数の正解を持ち，そして，問題解決のすべての段階で考察を促すのである。

各段落の要旨

❶ 教育において「問題解決」という言葉がスローガンになっている。

❷ 数学における問題解決という概念は過去10年で劇的に変わり，もはや型どおりの練習問題や文章題の解決だけを意味するのではない。

❸「問題解決」は，解決すべき問題のタイプとその解決に必要な知識・技能という2つの要素で成り立っている。

❹ 数学で問題解決を求める従来型の問題は，型どおりのものであり，必要な技能が限られる。そのため，練習用に類似した問題が続き，暗記が重要な技術となる。

❺ これに対して，21世紀型の数学課題を解決するには，学生は独自の解決方法，創造的な過程を考案することが求められる。その基礎として，従来型の知識・技能も重要である。

❻ 21世紀型の問題解決は，解答者が採用する基本的な仮定に依存するので，複数の正しい解決がありうる。

❼ 新しいタイプの数学の問題は，学習者が実生活で数学を応用できるようにするためには，より適したものになりそうだ。

解　説

問1　▶literate だけであれば「読み書きができる，学識がある」という意味。ここでは，mathematically があるので，「数学的に学識がある」，つまり「数学力がある」ということ。

▶これが具体的にどういう力を指すかは，下線部(1)の直後にあるダッシュ（―）以下

で説明されている。一般に，ダッシュ（—）が担っている機能は主に2つあり，①直前の表現に対する〈同格の補足説明〉，②間（時間差）をあける，である。本文では①である。

▶ダッシュ以下は次の3つの部分からなる。

● (they have to) possess mathematical knowledge and understanding「数学的な知識と理解（力）を有している」

● apply the knowledge and skills in key mathematical areas「その知識と技能を数学の重要な分野に応用する」

● (and) activate their mathematical competencies to solve problems they encounter in life「人生で遭遇する問題を解決するために数学的な能力を働かせる」

語句 activate「活性化する，使う」 competencies（competency）「能力」
encounter「出合う」

問2 正解はB

▶the type of mathematics tasks suitable for the 21st century とは「21世紀にふさわしいタイプの数学課題」という意味。

▶A.「学生は，問題解決に必要な情報を見出すために，外部の情報源を使わなければならないかもしれない」
下線部(3)の直前に，… require students to search for additional information either using computers or other sources「コンピュータまたは他の情報源を用いて，さらなる情報を捜すことを学生に要求する」という表現がある。この部分は21世紀型の数学課題の特徴を述べた部分なので，Aは21世紀型の数学課題の趣旨に合う。

▶B.「学生は，問題を解決するために特定の方程式を使用するよう導かれる」
従来型の数学の文章題の特徴を述べた第3段第2文には，Bの内容に相当する a question that guides the students in constructing the appropriate equation to solve the problem という表現がある。そのため，Bは21世紀型の数学課題の趣旨に合わないことが明らか。

▶C.「学生は，創造的な解決のプロセスを使うように期待されている」
下線部(3)の直後から始まる文には，students are asked … to suggest creative solution processes「学生は…創造的な解決のプロセスを提案するよう求められる」と書かれているので，Cは21世紀型の数学課題の趣旨に合う。

▶D.「学生は，日常生活と関係している複雑な問題を解決するよう求められる」
第5段第2文では，the context often relates to authentic real-life situations「状況設定はしばしば実生活上の本物の状況に関わる」と述べられている。また，同文に

は more complex than in traditional problems「伝統的な問題の場合よりも複雑」
という表現がある。これらのことから，Dは21世紀型の数学課題の趣旨に合う。

問3　Computational problems may also differ from the traditional ones in asking
students not only to carry out the computations but also to explain their reasoning
and how they solved them.

▶この文の直前までは，文章題に関して書かれている。ここでは，文章題と並ぶ数学
　の問題である computational problems「計算問題」について述べられている。

▶主語の Computational problems「計算問題」とは，文脈上，「21世紀型の計算問
　題」であり，これが traditional ones（＝traditional computational problems）「伝
　統的な計算問題」と対比されている。differ from ～ は「～と異なる」の意。

▶ in asking students は「学生に求めるという点で」という意味。一般に in *doing* に
　は，「～する際に」と「～するという点で」の2つの意味があり，ここは後者。

▶ not only *A* but also *B*「*A* ばかりではなく *B* もまた」と ask *A* to *do*「*A* に～するよ
　う求める」が組み合わされている。つまり，carry out the computations「計算を
　行う」だけではなく，explain「説明する」ことも求められる。

▶ explain の目的語は2つ。their reasoning「自分の論拠」と how they solved them
　「それらをどのようにして解いたか」

問4　正解はC
▶選択肢の意味はそれぞれ次のとおり。
　A.「しかし」（逆接）　　　B.「ところで」（話題の転換）
　C.「それどころか」　　　D.「さらに」（追加）
▶この空所の直前は，「型どおりの練習や問題がカリキュラムから除外されるという
　のではない」と述べる。これに対して空所の直後では，型どおりの問題解決の必要
　性が述べられている。したがって，意味が通るのはCのみ。

問5　正解はB
▶ Working in groups「グループワーク，グループでの作業」の利点は，この下線部
　の直後に示されている。この部分に最も近い選択肢を選ばせる問題である。
▶選択肢の意味はそれぞれ次のとおり。
　A.「他者との協働は，21世紀における学問的成功の鍵である」
　B.「他者と一緒に取り組むことは，学生が多くの潜在的解決策を学ぶのを支援す
　　る」
　C.「協働学習は，学生が欲する結果にすぐに達するのを支援する」

D.「チーム作業は，科学が現実の世界で実践される方法を反映している」

▶下線部を含む文は，「グループ作業は解答者を，異なる解，および／または，異なる解決手法に至る他の一連の仮定にさらすかもしれない」と述べる。つまり，「グループで作業をすると，解答者は，他の解答者が別の考え方をしているのを目にする」，「一人では思いつかない方法に接する」という趣旨であり，Bが合致する。

問6 new types of mathematics problems that go beyond traditional problem solving are likely to be better adapted to preparing students for a real-life use of mathematics.

▶ new types of mathematics problems that go beyond traditional problem solving をひとまとまりの主語としてとらえることがポイントになる。go beyond ～ は「～（の範囲）を超える」という意味。この直前の that は関係代名詞で，that 以下は「従来の問題解決を超える」となり，これが冒頭の「新しいタイプの数学の問題」を修飾する。

▶ are likely to be better adapted to ～ は「～によりよく適合しそうだ」の意。be likely to *do* は「～しそうだ」。better adapted to ～ は well adapted to ～「～によく適合した」の比較級ととらえる。

▶ to preparing students for ～ の to は前置詞。to 不定詞ではない。preparing は動名詞。prepare *A* for *B* は「*A* に *B* を準備させる」という意味なので，ここでは「学生に～の備えをさせる，学生が～をできるよう指導する」などと解釈する。最後の a real-life use of mathematics は「数学の実生活での活用，数学を現実の生活で使うこと」などと訳す。

問1　数学的な知識と理解力を持ち，その知識と技能を数学の重要分野に応用し，人生で遭遇する問題を解決するために数学的な能力を働かせることができること。

問2　B

問3　学生に計算を行うことだけでなく，自分の論拠および，どのようにして解いたかを説明することも要求するという点で，計算問題も従来のものとは異なるかもしれない。

問4　C

問5　B

問6　従来の問題解決を超える新しいタイプの数学の問題は，数学を実生活で使うことに学生を備えさせることに一層適したものになりそうだ。

20

次の英文を読み，設問に答えなさい。

(1)There's nothing better than going out with friends for a meal, but even though you may all get on well, you also have a natural tendency to want to stand out from the crowd and not to seem to be following the herd. Studies have shown that when people make a choice from a menu, whether it's for food or drink, and hear what other people have chosen first, they are much more likely to go for something different to the others. This even extends to ordering something they don't really want——or certainly don't want as much as a popular choice——if it prevents them from looking like a sheepish follower.

It might seem that this is because the group around the table is going to share each other's choices, so they want a more varied selection——but outside of particular cuisines where this is the norm, there is no evidence of (2)this happening; people just (3)grimly eat their substandard choice.

There is a simple way to avoid this. When selecting from a menu with a group, make sure you choose what you want before any discussion of what people are going to order——and once you make your choice, stick with it. Avoid the temptation to switch away from what you really wanted in order to maintain a difference and you'll have a more enjoyable meal. Sometimes psychology means a degree of (4)tricking yourself to get what's best.

In recent years we have had a whole new opportunity to study human attempts to stand out from the crowd in the way we use social media. There have been some studies of the way that celebrities use Twitter in particular to share personal information to reinforce their celebrity status. This practice seems to have encouraged others, who don't have a natural group of followers, to aggressively attack others on social media to make themselves stand out, generating a form of artificial celebrity. As yet there has been relatively little work done on the psychology of those who misuse social media, but it seems that, (5)as in the real world, the best way to gain attention in social media is not to create artificial celebrity, but rather to achieve something of value in its own right that will bring with it personal distinction.

From *Science for Life : A Manual for Better Living* by Brian Clegg, Icon Books Ltd

問1　下線部⑴を日本語に訳しなさい。

問2　下線部⑵の this が指す内容を日本語で述べなさい。

問3　下線部⑶が表す状況として最も適切なものを以下のA～Dの中から一つ選び，記号で答えなさい。
A．willingly share various dishes with other people at the same table
B．disappointedly eat what others recommended as the best
C．seemingly enjoy being different from others in their choices
D．reluctantly eat something that is not what they really wanted

問4　下線部⑷は食事の注文の際にどのような行動をとることを意味しているか。本文の内容に即して日本語で具体的に説明しなさい。

問5　下線部⑸を日本語に訳しなさい。

全　訳

■集団のなかで目立ちたいと思う衝動

❶ (1)友人と食事に出かけることほど良いものはないが，たとえ仲良くやっているとしても，人には本来，集団のなかで目立ちたい，そして皆に追従しているようには思われたくないという傾向もある。研究によると，食べ物であろうと飲み物であろうと，メニューから選択をするとき，先に他の人が選んだものを耳にすると，他者とは違うものを選ぶ傾向が高くなる。さらには，そうすることが気の弱い追従者のように見えることを防いでくれるならば，本当は欲しくない——いや（もっと正確に言うと），間違いなく人気のあるものほどは欲しくない——ものを注文することさえあるのだ。

❷ これは，テーブルを囲んだ皆が互いに注文したものを分けるつもりなので，より様々な選択をしたいと思うからだ，と思えるかもしれない。しかしながら，こうすることが普通である特定の料理を別とすれば，これが起きるという証拠は全くない。人々は，食べたい基準に合わない自分の注文をむっつりして食べるだけなのだ。

❸ これを避ける単純な方法がある。仲間とともにメニューから選ぶとき，他の人たちが注文するつもりのものを話し合わないうちに，自分が注文したいものを選ぶようにしなさい。そして，いったん選んだらそれに固執しなさい。違いを維持するために本当に望んだものを変えたいという誘惑を避けなさい。そうすれば，より楽しい食事がとれるだろう。時々，人の心理は，一番良いものを得るために，ある程度自分自身をだますことを意味する。

❹ 近年，我々には，ソーシャルメディアを使用する方法において，集団のなかで目立とうとする人間の試みを研究する全く新しい機会があった。有名人が自らの有名人の地位を補強するために，個人情報をシェアする目的で，とりわけツイッターを使用する方法に関するいくつかの研究があった。この慣行は，自然なフォロワーグループを持っていないその他の人々が，自分自身を目立たせるためにソーシャルメディア上で他人を積極的に攻撃し，一種の人為的な名声を生み出すのを奨励したようだ。これまでのところ，ソーシャルメディアを悪用する人々の心理に関して研究がなされることは，比較的少なかった。しかし，(5)現実世界と同様に，ソーシャルメディアで注目を集める最も良い方法は，人為的に名声を創り出すことではなくて，個人的卓越をもたらすであろう，それ自体で価値がある何かを達成することであるようだ。

各段落の要旨

❶ 人には，他人と同じに見られたくないという思いがあり，グループで外食する際，他人とは異なるものを注文する傾向がある。

❷ 注文した料理を互いに分け合う目的でそうするのではない。特定の料理を除き，本来は一番食べたいわけではなかったメニューを一人で食べる。

❸ これを防ぐには，メニューについての会話が始まる前に，自分の注文を決めてしまい，それを変えないようにすればよい。

❹ ソーシャルメディアで目立ちたい人もいて，他人を攻撃することで有名になろうとする例がある。ソーシャルメディアで注目されたいなら，それ自体で価値がある何かを達成するのがベストであろう。

解　説

問1　There's nothing better than going out with friends for a meal, but even though you may all get on well, you also have a natural tendency to want to stand out from the crowd and not to seem to be following the herd.

▶ 2つのカンマ (,) で区切られた3つの部分から成る。最初の部分には，There's nothing better than ～「～よりも良いものはない」，go out「出かける」，go out for a meal「食事をしに外に出る」などの表現がある。

▶ but 以下の部分では，even though ～「たとえ～でも」，get on well「(人との関係が) うまくいく」の2つが重要。all は意味を強めるために使われていると解釈できるので，訳すとすれば「とても，すっかり」などとなるが，無視してもよい。

▶ a natural tendency は「自然の傾向」，つまり，「生まれながらの傾向，本来の傾向」である。その直後の to 不定詞 (不定詞の同格用法) により，どのような傾向かが示されている。to want を含めて訳せば，「～したいという自然の傾向」となる。to stand も to 不定詞であるが，これは名詞用法。stand out は「目立つ」という意味で，want to stand out は「目立ちたい」。want は not to seem へも続き，「～と見られたくない」となる。

▶ crowd は「群衆，集団」。herd もよく似た意味で「群れ，群衆」。後者は動物の群れを指すことが多い。follow the herd は「群れに従う，追従する」。

問2　▶ there is no evidence of this happening は「このことが起こるという証拠はない」という意味。this は動名詞 happening の意味上の主語となっている。

▶ この直前には，this is the norm「これが普通である」という表現がある。これら2つの this はどちらも，同一文中の the group around the table is going to share each other's choices「テーブルを囲んだグループが，互いが選んだ料理を分ける (つもり)」を受ける。

問3 正解はD

▶下線部の grimly eat their substandard choice は「顔をゆがめて，自分の好みの基準に合わない料理を食べる」という意味。

語句 grimly「険しい表情で，顔をゆがめて」 substandard「基準を満たしていない，標準以下の」

▶選択肢の意味はそれぞれ次のとおり。

A.「同じテーブルの他の人たちといろいろな料理を喜んで分け合う」

B.「他の人がベストだと推薦したものをがっかりして食べる」

C.「選んだ料理が他人と違うことをうわべでは楽しむ」

D.**「本当は欲しくなかったものをしぶしぶ食べる」**

▶下線部の grimly「顔をゆがめて」は，D では reluctantly「しぶしぶ」と言い換えられている。同様に substandard は自分にとって「基準以下」という意味なので，D の something that is not what they really wanted「本当は欲しくなかったもの」への言い換えが可能。

問4

▶下線部の tricking yourself to get what's best とは，「最上のものを得るために自分自身をだます」という意味。what's best「最上のもの」とは，自分が一番食べたいもの。tricking yourself「自分自身をだます」とは，他者とは違うものを注文したいという誘惑を抑えることを意味している。

▶「自分自身をだます」行動とは，具体的には，第3段第2文で When selecting from a menu with a group, make sure you choose what you want before any discussion of what people are going to order——and once you make your choice, stick with it. と書かれているものを指す。

▶したがって，この部分から「行動」を説明する。ダッシュ（—）の前の部分は，解答の他に，「他人に影響されないように早く自分の注文を決める」などとしてもよい。ダッシュ以降は，「選んだら，それを変えない」ということ。

問5 as in the real world, the best way to gain attention in social media is not to create artificial celebrity, but rather to achieve something of value in its own right that will bring with it personal distinction.

▶ as in the real world は as it is in the real world の it is が省略されたもので，「現実世界におけるのと同様に，現実世界がそうであるように」などと訳す。

▶ the best way「最良の方法」は，直後の不定詞句（to gain 以下）で修飾され，「ソーシャルメディアで注目を集める最良の方法」の意味になる。この修飾語句（to gain 以下）を取り除いて構造を考えると，the best way is not *A* but rather *B*「最

良の方法は A ではなくて B である」となる。not A but（rather）B は「A ではなくて（むしろ）B」。

▶ A の部分は to create artificial celebrity「人為的な〔偽りの〕名声を創り出す」。B の部分は to achieve から文末まで。まず，to achieve something of value in its own right は「それ自体で価値がある何かを達成すること」。of value は「価値がある」（＝valuable），in its own right は「それ自体で」。残りの that 以下は「個人的卓越をもたらすであろう」という意味。この that は関係代名詞（主格）で，先行詞は something である。distinction は「区別，差異」の意味であることが多いが，ここでは「（他から区別されるような）卓越」。with it の it は something であるが，この部分の訳出は不要。

問1　友人と食事に出かけることほど良いものはないが，たとえ仲良くやっているとしても，人には本来，集団のなかで目立ちたい，そして皆に追従しているようには思われたくないという傾向もある。

問2　他の人とは違うものを注文して，テーブルを囲む皆が互いの注文したものを分け合って食べること。

問3　D

問4　他の人の注文を気にせずに自分が注文したいものを選び，いったん選んだらそれに固執すること。

問5　現実世界と同様に，ソーシャルメディアで注目を集める最も良い方法は，人為的に名声を創り出すことではなくて，個人的卓越をもたらすであろう，それ自体で価値がある何かを達成することである

21

Read the following passage and answer the questions below.

Much recent debate has focused on the fact that scientific and technical careers are still dominated by men. Although many women begin their studies in these fields, their numbers drop at every stage of educational and professional advancement. At the undergraduate level in the U. S., about half of all students are women. Yet in the field of science, technology, engineering and math——STEM for short——women (i)account for only 39 percent of bachelor's degrees and 35 percent of Ph.D.s. At the end of this leaky educational pipeline, only 27 percent of the people working in STEM-related occupations are women.

Educators and policy makers have developed various strategies to encourage women to stay in STEM careers, but the effectiveness of (1)these campaigns could be improved. Measures to increase the number of women in these careers typically center on the barriers, biases and stereotypes that discourage them ——a so-called prevention focus. The obstacles can be discouraging, but emphasizing only the negatives can cause women to lose confidence. Psychological studies find that when students feel that life events are out of their control, their performance suffers. Similarly, teaching women about the psychological burden of stereotypes without giving them tools to overcome these challenges can be (ii)counterproductive.

In contrast, recent research in behavioral science suggests that acknowledging burdens and barriers while emphasizing the potential benefits of pursuing a scientific career——a promotion focus——can help women develop effective strategies to cope with the challenges they face in STEM fields. A promotion focus encourages a new type of flexible thinking that can change the way women perceive their own careers. This thought process also stimulates creativity, which (iii)ultimately will help them flourish in scientific and technical careers. What is more, the evidence from these studies and those of other investigators shows that a diverse workforce will foster innovative ideas from ((2)).

Research in social cognition reveals that focusing on the benefits of a career can counteract a well-known effect of bias : the psychological phenomenon of stereotype threat. Even brief reminders of a commonly held stereotype——in this case, the idea that women are (iv)inherently less talented in math and science ——can actually degrade performance.

In a 2012 study at a university in the Netherlands, psychologists told female students that they would be doing a task that tested gender differences in math skills, an instruction designed to artificially create stereotype threat. Before turning to the task, the students were asked to participate in an experiment. They were given a piece of paper which contained a maze and a cartoon mouse. If the participants were told the mouse was at risk of being captured by an owl ——that is, encouraged to enter into a prevention-focused mind-set——their performance in the math test conducted after the maze task suffered. On the other hand, if they were encouraged to help the mouse reach a piece of cheese ——that is, a promotion-focused mind-set——the stereotype threat had no impact on their math performance later on.

These insights from the above findings could inspire a wave of promotion-focused campaigns to improve the retention of women in STEM fields. Encouraging (3)a promotion-focused approach could motivate women to choose career paths without being influenced by stereotypes.

The Perks of Being a Female Scientist, *Scientific American*, May 1, 2015 by Laura Di Bella and Richard J. Crisp

Q 1 What does the phrase (1)"these campaigns" refer to? Explain in Japanese.

Q 2 Choose the most appropriate expression to fill in the blank (2) based on the information given in this passage. Write the correct letter (A, B, C or D) on your answer sheet.
A. men rather than women
B. specialists in particular
C. men and women alike
D. researchers in behavioral science

Q 3 According to the information given in this passage, what is (3)"a promotion-focused approach"? Explain in Japanese.

Q 4 Choose the most appropriate meaning for questions (i)-(iv). Write the correct letter (A, B, C or D) on your answer sheet.

(i) account for

    A. possess   B. constitute

    C. contribute   D. consist

(ii) counterproductive

    A. harming their performance

    B. enhancing their performance

    C. transforming their performance

    D. lasting their performance

(iii) ultimately

    A. by and large   B. to some extent

    C. after all   D. from time to time

(iv) inherently

    A. hardly   B. generally

    C. unfortunately   D. naturally

Q 5 In your opinion, what are some advantages if men and women can choose their career paths without being influenced by gender stereotypes? Write a brief essay in English consisting of around 100 words.

■女性を理系分野につなぎとめておく対策

❶ 最近の議論の多くが重点的に取り組んでいるのは，科学および技術的職業は依然として男性によって支配されているという事実である。多くの女性がこれらの分野で研究を始めるが，その数は教育および職業の段階が進むごとに減少する。米国の学部レベルでは，全学生のおよそ半分が女性である。それでも，科学，技術，工学と数学——略してSTEM——の分野では，女性の占める割合はわずか，学士号の39パーセント，博士号の35パーセントである。この水漏れのする教育上のパイプラインの終点ともなると，STEM関連の仕事で働いている人々の中で，女性はわずか27パーセントなのだ。

❷ 教育者や政策立案者は，女性がSTEMの職歴にとどまるのを奨励するために様々な戦略を展開してきたが，これらの運動の効果は改善の余地がある。これらの職歴における女性の数を増加させる対策は，概して，女性を落胆させる障壁，偏見，および固定観念に集中してきた。いわゆる阻害要因の焦点化である。障害は人のやる気をそぐことがありうる。しかし，否定的側面だけを強調することは，女性に自信を失わせることにもなりうるのだ。心理学の研究では，人生の出来事が自分で制御できないと学生が感じると，彼らの成績が損なわれることが明らかになっている。同様に，女性にこれらの困難を克服するための手段を与えることなく，固定観念という精神的な負担について教えることは，逆効果となりうる。

❸ これとは対照的に，行動科学の最近の研究は，理系分野の職業を続ける潜在的利点を強調——促進要因の焦点化——しつつ，負担と障害を認識することは，女性がSTEM分野で直面する課題に対処するための効果的戦略を展開する支援となりうると提言している。促進要因の焦点化は，女性が自分の経歴を把握する方法を変えることができる新たな柔軟な思考を促す。この思考過程は同時に創造力も刺激し，究極的には女性が科学および技術的職業で活躍する手助けとなるだろう。さらには，こうした研究および他の研究者たちの研究から得られる証拠は，多様な労働力は男女双方から革新的な考えが出てくるのを促進することを示している。

❹ 社会的認知の研究は，ある職業がもたらす利点に焦点を当てることは偏見が及ぼすよく知られた影響，つまり固定観念の脅威という心理的な現象を打ち消すことができることを明らかにしている。一般に抱かれた固定観念——この事例では，女性は数学や科学では生まれつき才能が劣っているという考え——を，束の間思い出させるものでさえも，成績を実際に低下させることがありうるのである。

❺ オランダのある大学の2012年の研究において，心理学者が女子学生に，数学の

技能における性差を検査する課題をすることになっていると告げたが，これは，人為的に固定観念の脅威を創り出すよう意図された指示であった。その課題に取りかかる前に，学生はある実験に参加するよう頼まれた。彼女らは，迷路と漫画のねずみが描かれた1枚の紙を与えられた。参加者は，ねずみがフクロウによって捕えられる危険にさらされていると告げられた場合，つまり，阻害要因への焦点化が起きた心的状況になるように促されると，迷路課題の後に行われた数学のテストにおける彼女らの成績は損なわれた。一方，ねずみがチーズにたどり着く手助けをするように促される，つまり，促進要因への焦点化が起きた心的状況だと，固定観念の脅威は，その後に彼女らの数学の成績に全く影響を及ぼさなかった。

❻ 上記の研究結果から得られたこれらの洞察結果は，促進要因を焦点化する運動の波を促して，STEM分野での女性の残留率を改善するかもしれない。促進要因焦点化の手法を奨励することは，女性に固定観念に影響されることなく職業を選ぶよう，動機づけることができるかもしれない。

各段落の要旨

❶ 女性は理系に進んでも，キャリアの途中で理系分野の勉強や仕事を断念することが少なくない。

❷ 女性が理系にとどまるのを奨励するために取られてきた方策には，改善の余地がある。すなわち，女性が理系でやっていく上での阻害要因に焦点を合わせた従前の対策は逆効果である。

❸ 最新の研究は，理系キャリアの潜在的利点（促進要因）を強調して対策を講じる方が有効性が高いことを示唆している。

❹ 利点に焦点を合わせると，固定観念の悪影響が打破できる。女性が理系に向かないという固定観念により，女性の理系の成績が低下していることも考えられる。

❺ 女子学生に数学のテストを受けさせたある実験では，受験者の心理状態によって成績に差が出た。阻害要因が焦点化された状態では，成績は悪くなった。

❻ これは，女性の理系残留率を上げるには，促進要因を焦点化する対策が有効である可能性を示している。

解 説

Q1 ▶設問は「下線部(1)の these campaigns が何を指すか，日本語で述べなさい」という意味。these campaigns「これらの運動」の campaigns は，同一文中（第2段第1文）の前半にある strategies「戦略」の言い換えである。したがって，この文の前半に即して，どのような「戦略」かを日本語で説明すればよい。

▶該当する Educators and policy makers have developed various strategies to encourage women to stay in STEM careers は，「…は，～するため様々な戦略を展

開してきた」ということ。要求されているのは「戦略」の説明なので，これを言い換えて，「…が〜するために展開してきた様々な戦略」という形にする。

語句 educator「教育者」 policy maker「政策立案者」 encourage *A* to *do*「*A* が〜するよう奨励する」

▶ STEM は，日本語としては一般的ではないので，そのまま用いず，第1段第4文を参照し，S＝science「科学」，T＝technology「技術」，E＝engineering「工学」，M＝math「数学」の4つを列挙する。

Q 2　正解はＣ

▶設問は「この文章に書かれている情報に基づき，空所(2)を埋めるのに最も適した表現を選びなさい。解答用紙に適切な記号（A，B，CまたはD）を書きなさい」という意味。

▶選択肢の意味はそれぞれ次のとおり。

A.「女性よりもむしろ男性」

B.「特に専門家」

C.「男性と女性の双方」

D.「行動科学の研究者」

▶ a diverse workforce will foster innovative ideas from （ (2) ） は「多様な労働力は（ (2) ）から革新的な考えが出てくるのを促進する」という意味。diverse「多様な」とは本来，性別の違いのみに用いられるものではないが，この文脈での diverse workforce は男性と女性が一緒になって働くことを指している。したがって，空所には男女混成の状態が入ることが推測できる。

Q 3　▶設問は「この文章で述べられた情報によると，下線部(3)の a promotion-focused approach とは何か。日本語で説明しなさい」という意味。下線部は，直訳すると「促進が焦点化された手法」ということだが，わかりやすく言い換えると，「促進要因を重視〔強調〕する手法」などとなる。

▶下線部(3)と類似の表現である a promotion focus が第3段第1文にあり，この直前にはダッシュ（─）で結ばれた形で，emphasizing the potential benefits of pursuing a scientific career という表現がある。つまり，emphasizing 以下は a promotion focus と言い換えられている。したがって，この emphasizing 以下と，下線部(3)の approach とを組み合わせることで正解が得られる。

語句 emphasize「強調する」 potential benefit「潜在的利点」 pursuing a scientific career「理系分野の仕事を続けること，理系分野でキャリアを積むこと」

Q 4 ▶設問は「問い(i)〜(iv)に最も適した意味を選びなさい。解答用紙に適切な記号 (A，B，CまたはD) を書きなさい」という意味。

(i) 正解はB

▶ account for 〜 は「(割合を) 占める」の意。Bの constitute の他に，comprise や make up 等も使われる。Dの consist はそもそも自動詞なので解答にはなりえない。

　A．possess「所有する」　　　　　　**B．constitute「構成する」**

　C．contribute「貢献する」　　　　　D．consist「構成されている」

(ii) 正解はA

▶ counterproductive は「逆効果の」の意。

　A．harming their performance「彼女らの成績を害するような」

　B．enhancing their performance「彼女らの成績を上げるような」

　C．transforming their performance「彼女らの成績を変容させるような」

　D．lasting their performance「彼女らの成績を存続させるような」

(iii) 正解はC

▶ ultimately は「最終的には」の意。

　A．by and large「概して」　　　　B．to some extent「ある程度」

　C．after all「結局」　　　　　　　D．from time to time「時折」

(iv) 正解はD

▶ inherently は「生得的に」の意。inherently は，語源的には in（内部に）＋herent（くっつく）＋ ly（内部にくっついて）で「内在的に，生得的に」の意。

　A．hardly「ほとんど〜ない」　　　B．generally「一般に」

　C．unfortunately「不幸なことに」　　**D．naturally「生まれつき」**

Q 5 ▶設問は，「あなたの考えでは，男性と女性が，性による固定概念に影響されることなく自らの職業を選ぶことができる場合には，どんな利点があると思いますか。英語で100語程度の短い文章を書きなさい」という意味。

【設問の要求】

　✔英文から，女性が理系分野の職に就くことをあきらめる傾向があることを理解する。

　✔性による固定観念に影響されずに職業を選べる場合の利点を英語で述べる。

【アプローチ】

　●出題文（英文）は女性が理系分野で少ないことを述べているが，設問文では men and women can choose their career paths … とされている。つまり，男性の多い職業に女性が就く場合に限らず，女性の多い職業に男性が進出するような場合も含めて考えるべきである。ただ，典型例として，前者に絞って書いても差し

支えない。

● 制度上は，男性でも女性でも自らの職業を選ぶことができ，女性〔男性〕に閉ざされている職業はほとんどない。しかし現実には，男性または女性のいずれかに偏った職業もある。この偏りの原因は，必ずしも固定観念に影響された結果だけとは言えず，固定観念から自由になったとしても，男女の偏りはそのままである可能性もある。しかし，解答に当たっては，固定観念を打破できれば，男女の偏りは縮小すると仮定し，男性（または女性）優位の職場で女性（または男性）が増えることのメリットを述べる。

● 出題文の中で利点として示されているのは，第3段最終文の foster innovative ideas「革新的なアイデアを促進する」という部分である。そのまま使うのは避けた方がよいが，言い換えて使うことは問題ない。

【内容案】

①性別と無関係に仕事を選ぶことは，社会の利益になることを指摘する。

②そうなると，男性優位の職場に女性が増えることを述べる。

③例として，工学分野を挙げ，才能ある女性がこの分野で多くなることを述べる。

④その場合のメリットとして，女性技術者が女性の視点から，有用な新製品を開発するであろうことを指摘する。

⑤さらなるメリットとして，この変化は職場から，家庭にも波及することを述べる。

⑥例として，男性が家事をすることが多くなることを述べる。

【英語で表現】

① 　人々が性差に関係なく自分の仕事を選ぶことができるならば，それは社会のためにいくつかの利益を生み出す。

▶「性差」は第5段第1文にあるとおり，gender differences〔distinction〕だが，ここでは「性」，「性別」に置き換えられるので，gender や sex でもよい。設問の指示で使われている gender stereotypes「性の固定観念」をそのまま使うことも可。「～に関係なく」は regardless of ～ を用いる。この部分は「～に影響されることなく」without being influenced by ～ と言い換えることができるが，設問の指示でも使われている。与えられている表現を使い過ぎないよう注意。「仕事」は出題文では career や occupation が使われている。work を使う場合は，不可算名詞であることに注意する。

▶「利益を生み出す」は generate〔offer / produce〕advantages〔benefits〕など。「利益がある」There are some benefits と言い換えれば，動詞を考えなくてもすむ。

② 　伝統的な雇用制度は大いに変わり，男性優位の職場に女性が増える。

▶「雇用制度」employment system は「雇用慣行」employment practice などへの言い換えが可能。「大いに」は greatly や a lot を動詞の後に置く。「～に顕著な変化

がもたらされるだろう」significant changes will be brought to 〜 などの言い回しもある。

▶「男性優位の」は出題文第1段第1文の dominated を使った male-dominated がぴったりだが，male-centered「男性中心の」などと言い換えられる。「職場」は workplace が最適。解答例では，付帯状況を表す with を使って後半を訳したが，and で結び，the number of female workers will increase「女性労働者の数が増える」という言い方もできる。

③　これは多くの工学に才能のある女性が，伝統的には男性優位の工学分野で働けるようになることを意味する。

▶この部分の文頭は It means (that) で始める。「工学に才能のある女性」は関係代名詞を使って，women who have a talent for〔are good at〕engineering とする。ここでは例として「工学」としたが，出題文のように STEM field としたり，「数学，理科」mathematics and science などとしても構わない。

▶「伝統的には男性優位の」は，解答例では関係代名詞の接続用法（, which）を使って表現したが，この部分は必須ではないので，そっくりカットしてもよい。

④　そうなれば，女性技術者は女性の視点から新しい役立つ製品を発明することが期待される。

▶「そうなれば」には，If this is the case という表現が使える。これは前後の文の関係性を示すものであり，ある方が読みやすいが，なくてもよい。あるいは，前文と and でつないでも構わない。

▶「女性技術者」は female〔woman〕engineer だが，文脈上，複数形がよい。

▶「女性の視点から」は from the perspective〔standpoint / viewpoint〕of women や from a woman's point of view など。解答例では文脈上「女性の」は明らかなので，from their view points としている。

▶「〜が期待される」は it is expected (that) 〜 とする。female engineers are expected to 〜 という形でもよい。

⑤　この変化は，我々に我々の従来の態度を再考することを促し，職場だけではなく，家庭でも大きな改善につながるであろう。

▶「態度」は attitude だが，「行動」behavior と置き換えてもよい。「従来の」は conventional だが，「伝統的な」traditional でも可。

▶「再考する」は解答例では rethink としたが，文字通り think again でも意味は通る。「促す」は prompt で，prompt A to do「A に〜することを促す」という形になる。使役の make を使い，make us rethink としてもよい。

▶「〜につながる」は lead to 〜。これを言い換えるとすれば bring「もたらす」など。「大きな」は文字通り big でよいが，significant「著しい」，major「主要な」

などでもよい。

▶「*A* だけではなく *B* でも」は not only *A* but (also) *B* でよいが，前置詞 at を忘れないように注意。

⑥ たとえば，男性はもっと家事をする気になるだろう。

▶「たとえば」は文頭で For example〔instance〕を使う。自由英作文では，例示によって具体的に述べるのは基本パターンであり，使いこなせるようにしておくこと。

▶「～する気になる」には be willing to *do* を使い，「もっと」は willing の前に more を置く。willing の代わりに likely を使ってもよい。

▶「家事をする」は do (the) housework だが，具体的に clean, wash, and cook としてもよい。

Q 1 女性が科学，技術，工学と数学の職歴にとどまるのを奨励するために，教育者や政策立案者が展開してきた様々な戦略。

Q 2 C

Q 3 女性が理系分野の職業を続けることの潜在的利点を強調するやり方。

Q 4 (i)―B (ii)―A (iii)―C (iv)―D

Q 5 〔解答例〕If people can choose their careers regardless of gender differences, it will generate several benefits for society. Traditional employment practice will change greatly, with more women in male-dominated workplaces. It means a lot of women who have a talent for engineering can work in the engineering field, which is traditionally male-dominated. If this is the case, it is expected that female engineers will invent new useful products from their view points. This change will prompt us to rethink our conventional attitudes and lead to big improvements not only at workplaces but also at home. For example, men will be more willing to do the housework. (105 語)

22

次の英文を読み，設問に答えなさい。

There is one episode from the history of medicine that illustrates particularly well how an evidence-based approach forces the medical establishment to accept the conclusions that emerge when medicine is put to the test. Florence Nightingale, today a well-known figure, was a woman with very little reputation, but (1)she still managed to win a bitter argument against the male-dominated medical establishment by arming herself with solid, unquestionable data. Indeed, she can be seen as one of the earliest advocates of evidence-based medicine, and she successfully used it to transform Victorian healthcare.

Florence and her sister were born during an extended and very productive two-year-long Italian honeymoon taken by their parents William and Frances Nightingale. Florence's older sister was born in 1819 and named Parthenope after the city of her birth——Parthenope being the Greek name for Naples. Then Florence was born in the spring of 1820, and she too was named after the city of her birth. It was expected that Florence Nightingale would grow up to live the life of a privileged English Victorian lady, but as a teenager she regularly claimed to hear God's voice guiding her. Hence, it seems that her desire to become a nurse was the result of a "divine calling." This distressed her parents, because nurses were generally viewed as being poorly educated, indecent and often drunk, but these were exactly the prejudices that Florence was determined to crush.

(2)The prospect of Florence nursing in Britain was already shocking enough, so her parents would have been doubly terrified by her subsequent decision to work in the hospitals of *the Crimean War. Florence had read scandalous reports in newspapers such as *_The Times_, which highlighted the large number of soldiers who were dying of cholera and malaria. She volunteered her services, and by November 1854 Florence was running the Scutari Hospital in Turkey, which was notorious for its filthy wards, dirty beds, blocked sewers and rotten food. It soon became clear to her that the main cause of death was not the wounds suffered by the soldiers, but rather the diseases that were widespread under such filthy conditions. As one official report admitted, "The wind blew sewer air up the pipes of numerous outdoor toilets into the corridors and wards where the sick were lying."

Nightingale set about transforming the hospital by providing decent food, clean linen, clearing out the drains and opening the windows to let in fresh air. In just one week she removed 215 handcarts of filth, flushed the sewers nineteen times and buried the carcasses of two horses, a cow and four dogs which had been found in the hospital grounds. (3)The officers and doctors who had previously run the institution felt that these changes were an insult to their professionalism and fought her every step of the way, but she pushed ahead regardless. (4)The results seemed to validate her methods : in February 1855 the death rate for all admitted soldiers was 43 per cent, but after her reforms it fell dramatically to just 2 per cent in June 1855. When she returned to Britain in the summer of 1856, Nightingale was greeted as a hero.

From *Trick or Treatment : The Undeniable Facts About Alternative Medicine* by Edzard Ernst and Simon Singh, W. W. Norton & Company Ltd.

注　＊the Crimean War：クリミア戦争（1853-56 年；ロシアがトルコ・フラン
　　　　　　　　　　　　ス・英国・サルディニアを相手に主にクリミア半島で
　　　　　　　　　　　　戦った）
　　＊*The Times*：『タイムズ』（1785 年創刊の英国の新聞）

問1　下線部(1)を日本語に訳しなさい。

問2　下線部(2)の理由を日本語で述べなさい。

問3　下線部(3)を日本語に訳しなさい。

問4　the results と her methods それぞれが具体的に表すものを簡潔に述べた上で，下線部(4)の内容を日本語で説明しなさい。

全 訳

■ナイチンゲールの病院改革

❶ 医療の歴史からのエピソードがある。それは，証拠に基づく手法が医学界の支配者層に，医療の真価が問われる際に明らかになる結論を受け入れるよう，どのようにして強いるかについて特によく説明してくれる。今日ではよく知られた人物であるフローレンス=ナイチンゲールは，ほとんど評価されていない女性だった。しかし，(1)<u>それでも彼女は，確かで疑う余地のないデータで武装することによって，男性優位の医学界の支配者層を相手にした厳しい論争にどうにか勝利した</u>。実際，彼女は証拠に基づく医療の最も初期の提唱者の一人とみなすことができる，そして，彼女はヴィクトリア朝の健康管理を変えるためにそれをうまく使った。

❷ フローレンスと彼女の姉は，両親であるウィリアムとフランシス=ナイチンゲール夫妻が行った，イタリアでの2年間という長期にわたる非常に実りの多い新婚旅行の間に生まれた。フローレンスの姉は1819年に生まれ，生誕の都市にちなんでパーシノープ（パルテノペ）と名づけられた——パルテノペというのはナポリのギリシア名である。それから，フローレンスが1820年の春に生まれ，そして彼女も出生の都市にちなんで名づけられた。フローレンス=ナイチンゲールは成長してのち特権的な英国ヴィクトリア朝の女性の人生を送るだろうと予想されていたが，彼女はティーンエイジャーのころ，神の声が自分を導いてくれているのが聞こえるといつも主張していた。ゆえに，看護師になりたいという彼女の願望は「神の御声」の結果であったようだ。これは彼女の両親を苦しめた。なぜならば，一般に看護師は教養が低く，ふしだらで，しばしば酒浸りでもあるとみられていたからである。しかし，これらはまさしくフローレンスが粉砕しようと固く決意していた偏見であった。

❸ フローレンスが英国で看護師をするという見込みはすでに十分に衝撃的だったので，それに続く彼女の，クリミア戦争の病院で働くという決意によって，彼女の両親は二重に恐怖に襲われたことだろう。フローレンスは『タイムズ』のような新聞で言語道断の記事を読んでいた。それはコレラやマラリアで死にかけている大勢の兵士を特集したものだった。彼女は自発的に看護師の仕事を行い，そして1854年11月にはもう，フローレンスはトルコのスクタリ病院を運営していた。この病院は，不潔な病棟，汚いベッド，詰まった下水道と腐った食べ物で悪名高かった。すぐに彼女に明らかになったのは，主要な死因が兵士の被った傷ではなく，むしろそのような不潔な状況下で蔓延していた病気であるということだった。ある公的報告書が認めたように，「風が下水道の空気を，多数の屋外トイレのパイプを通して，

廊下や病人が寝ている病棟へと吹き上げていた」のであった。

❹ ナイチンゲールはきちんとした食物と清潔なリネンを提供し，排水管を掃除し，窓を開けて新鮮な空気が入るようにすることによって，病院を改革し始めた。わずか1週間で，彼女は手押し車215台分の汚物を取り除き，下水道を19回水で洗い流し，病院の敷地で見つかった2頭の馬，1頭の牛，4匹の犬の死骸を埋めた。(3)以前その施設を運営していた役人や医師たちは，こうした改革は自分たちのプロ意識に対する侮辱であると感じ，事あるごとに彼女と衝突したが，彼女は気にすることなく（改革を）推し進めた。その結果は彼女の方法の正当性を立証するようだった。1855年2月には，入院していた兵士全員の死亡率は43パーセントだったが，彼女の改革の後，1855年6月にはたった2パーセントへと劇的に低下した。1856年夏に英国に帰国したとき，ナイチンゲールは英雄として迎えられたのであった。

各段落の要旨

❶ ナイチンゲールは，証拠に基づく医療の最も初期の提唱者であった。

❷ ナイチンゲールは，英国の特権的な家庭に生まれた。当時，看護師の社会的評価は低かったので，彼女の看護師になろうとする願望は両親を苦しめた。

❸ 彼女は感染症で死にかけている兵士についての記事を読み，クリミア戦争の病院に赴いた。病院は不潔で，負傷兵の主な死因は，戦闘の傷ではなく，不衛生な環境に起因する病気であった。

❹ 彼女は，病院を清潔な環境に変えた。この病院の以前の運営者たちは，彼女を批判したが，成果は絶大で，入院していた兵士の死亡率が激減した。

解 説

問1 she still managed to win a bitter argument against the male-dominated medical establishment by arming herself with solid, unquestionable data.

▶ she still managed to win は，「彼女はどうにか勝利した」。manage to *do* は「どうにか〔何とか〕〜する」，still はここでは「それでも，それにもかかわらず」という意味。

▶ win の目的語を1語で示すと，argument「論争」である。どのような「論争」かは，直前の形容詞 bitter「激しい」と，直後の against「〜に対抗する，〜を相手にした」以下で説明されている。

▶ by 以下は，win につなげて解釈する。つまり，「〜することによって勝利した」と理解する。arm は他動詞で，「〜を武装させる」という意味。arm *oneself* with 〜 の形で使うと，「（自分が）〜で武装する」。

語句 male-dominated「男性優位の」 establishment「支配者集団，権力者層」 solid「確かな，しっかりした」 unquestionable「疑う余地のない」

問2 ▶下線部の The prospect of Florence nursing in Britain was already shocking enough は「フローレンスが英国で看護師をするという見込みはすでに十分に衝撃的だった」という意味。Florence は動名詞 nursing の意味上の主語。

▶この理由は第2段最終文で述べられている。下線部に続く her parents would have been doubly terrified「両親は二重に恐れたことだろう」という表現と，第2段最終文の This distressed her parents「これは両親を苦しめた」という表現の類似性に気付けば，解答の根拠となる箇所が見つかるだろう。

▶したがって，参照する箇所は，第2段最終文の because nurses were generally viewed as being poorly educated, indecent and often drunk である。

▶この部分に加え，これが当時（ヴィクトリア時代）の英国の状況であることと，このように見られている看護師に自分の娘がなろうとしている両親の思いを絡めて答案を作成すると理由がより明確になる。

語句　be viewed as ～「～と見られる」　poorly educated「教育程度〔教養〕が低い」　indecent「いかがわしい，みだらな」　drunk「酒に酔った」

問3　The officers and doctors who had previously run the institution felt that these changes were an insult to their professionalism and fought her every step of the way, but she pushed ahead regardless.

▶関係代名詞節 who … institution が先行詞 The officers and doctors を修飾している。institution は「機関，施設」という意味で，ここでは「病院」を指す。

▶動詞は felt と fought の2つで，等位接続詞 and で結ばれている。felt は that 節を目的語に取る。that 以下にある these changes「これらの変革〔変化〕」とは，ナイチンゲールがそれまでの不衛生な病院を清潔なものに変えたことを指す。insult「侮辱」の直後には to が続き，「～への侮辱」という意味になる。every step of the way は「その過程の一歩ごとに」という意味だが，「事あるごとに」と訳せばスマート。

▶but 以下では主語が she に変わることに注意。push ahead (with ～) は「(～を)前へ推し進める」という意味で，～の部分に her reforms などを補うとわかりやすい。最後の regardless は副詞で「構うことなく，頓着しないで」という意味。

語句　officer「役人」　run「～を経営する，運営する」　professionalism「プロ意識，専門家気質」

問4 ▶下線部の The results seemed to validate her methods は，「その結果は彼女の方法が有効であると証明するようだった」という意味になる。validate は「～を実証する，(有効であると)立証する」。

▶ The results「その結果」とは，この下線部の直後のコロン（：）以下で具体的に
示されている。すなわち，in February 1855 the death rate for all admitted soldiers
was 43 per cent, but after her reforms it fell dramatically to just 2 per cent in June
1855 の部分である。しかし，解答欄の大きさは限られているので，年月は省き，
「入院患者の死亡率が劇的に下がった」ことをベースとして，分量の調整が必要で
ある。

語句　death rate「死亡率」　admitted soldier「収容された兵士」　fall to ～「～へと
低下する」　dramatically「劇的に」

▶ her methods「彼女の方法」とは，最終段第1・2文にある彼女が行った様々な病
院改革を指している。この部分についても解答欄のスペースは狭く，詳しく書く余
裕はない。第1文によれば，transforming the hospital「病院を変革」するため，
by 以下で示される4つの「方法」を実施した。すなわち，decent food「きちんと
した食事」と clean linen「清潔なリネン」を与えること，clearing out the drains
「排水管の掃除」，opening the windows to let in fresh air「窓を開けて換気」であ
る。第2文では，不衛生な状態を改善するために，大量の filth「汚物，ごみ」を
除去し，何度も flush the sewers「下水道の水洗」を行い，敷地内にあった動物の
carcasses「死骸」を埋めたことが書かれている。

問1　それでも彼女は，確かで疑う余地のないデータで武装することによって，
男性優位の医学界の支配者層を相手にした厳しい論争にどうにか勝利した。

問2　特権階級である自分の娘が，当時の英国で一般的には，教育程度が低く，
ふしだらで酒浸りであると見られていた看護師になることを望んでいたから。

問3　以前その施設を運営していた役人や医師たちは，こうした改革は自分たち
のプロ意識に対する侮辱であると感じ，事あるごとに彼女と衝突したが，彼女
は気にすることなく（改革を）推し進めた。

問4　病院に収容された兵士の死亡率がわずか2%へと劇的に低下したという結
果は，きちんとした食事を与え，清掃等によって不衛生な環境を改善するとい
う彼女のやり方が正しいことを証明しているように思われた。

23

次の英文を読み，設問に答えなさい。

Biologically, when people are aroused to some degree of anger, their heart rate, blood pressure, and *testosterone level all increase. That might suggest that anger upsets and harms us. But in fact, levels of the stress hormone cortisol drop, suggesting that anger helps people calm down and get ready to address a problem――not run from it. In studies in which she and her colleagues induced indignation among volunteer subjects, Jennifer Lerner, a psychologist at Harvard, found that anger diminished the effects of cortisol on heart reactivity. (1)Although anger has long been considered a fully negative emotion, recent neuroscience has overturned that view. Scientists know that two basic motivational forces underlie all behavior――the impulse to approach, or move toward something desired, and the impulse to withdraw, or move away from unpleasantness. *Hardwired in the brain, these behaviors are governed by the frontal *cortex, which acts as the executive branch of the emotions. Brain *imaging and electrical studies of the brain consistently show that the left *frontal lobe is crucial to establishing approach behaviors that push us to pursue desired goals and rewards in rational, logical, systematic, and ordered ways, and that activation of the right frontal cortex is tied to the more negative, withdrawal motivational system, marked by inhibition, timidity, and avoidance of punishment and threat.

Brain scans show that anger significantly activates the left anterior (frontal) cortex, associated with positive approach behaviors. Anger, moreover, appears to be utterly rewarding, even pleasurable, in studies showing predominant left-brain activation when angry subjects perceive they can make things better.

"Expecting to be able to act to resolve the anger-arousing event should yield greater approach motivational intensity," contend social psychologists Charles Carver of the University of Miami and Eddie Harmon-Jones of the University of New South Wales, longtime collaborators in anger scholarship. In a variety of studies, Harmon-Jones has found that subjects who score high on a scale that measures a tendency to anger display a characteristic asymmetry in the prefrontal cortex——they exhibit higher levels of left anterior *EEG activity and lower levels of right anterior activation. Randomly insulting subjects, compared with treating them neutrally in verbal communications, stimulates greater relative left frontal activity.

Spurred by the findings on anger, neuroscientists have begun to move away from thinking of any emotion as either negative or positive, preferring instead to characterize emotions by "motivational direction"——whether they stimulate approach behaviors or avoidance/withdrawal behaviors. Viewed within (2)this framework, they explain, it's not strange that anger produces happiness. "The case of anger," reports a team of Spanish scientists led by Neus Herrero, "is different because although it is considered or experienced as negative, based on findings of increased left brain activity it produces a motivation of closeness, or approach." (3)When we get mad, in other words, we "show a natural tendency to get closer to what made us angry to try to eliminate it."

From Go Forth In Anger by Joann Ellison Rodgers, *Psychology Today* on March 11, 2014

注　*testosterone：テストステロン（男性ホルモンの一種）
　　*hardwired：（機能が）物理的に組み込まれた
　　*cortex：皮質
　　*imaging：画像化
　　*frontal lobe：（大脳の）前頭葉
　　*EEG：Electroencephalogram（脳波）

問1　anger とほぼ同義の語を第1段落の中から一つ抜き出しなさい。

問2　下線部(1)のような事態が導かれたのは、脳の研究によりどのようなことが明らかになったからなのか。左脳と右脳の機能の違いに触れた上で、100字以内の日本語でまとめなさい（句読点も字数に含む）。

問3　下線部(2)の this framework とはどのような枠組みか、日本語で説明しなさい。

問4　下線部(3)を日本語に訳しなさい。

全 訳

■怒りと脳の働き

❶ 生物学的に見て，人はある程度の怒りをかきたてられたとき，心拍数，血圧およびテストステロンのレベルがすべて上昇する。それは，怒りが我々を動揺させたり，我々に悪影響を与えたりすることを示唆するのかもしれない。しかし，実際は，ストレスホルモンのコルチゾールのレベルは下がり，怒りが人々を落ち着かせ，問題から逃走するのではなく，それに取り組む（心の）準備をするのに役立つということを示唆している。ハーバードの心理学者であるジェニファー＝ラーナーとその同僚がボランティアの被験者の間に憤りを誘導するという研究において，彼女は心臓の反応性にコルチゾールが与える影響を怒りが軽減することに気づいた。

❷ 怒りは長い間，完全に否定的な感情と考えられてきたが，最近の神経科学はその見解をひっくり返した。科学者たちは，2つの基本的な動機づけの力がすべての行動の根底にあるということを承知している——望ましいことへは接近したい，つまりそちらへ動きたいという衝動，そして，不快なことからは後退したい，つまり離れたいという衝動である。これらの行動は，脳の中に機能が物理的に組み込まれていて，感情の指令部として働く前頭皮質によって支配される。脳の画像化と脳の電気的研究は一貫して次のことを示している。すなわち，左の前頭葉は，理性的・論理的・組織的かつ整然とした方法で，望ましい目標と報酬を追求するよう我々を促す接近行動を確立することにとって極めて重要であること。そして，右の前頭皮質の活性化は，より消極的な後退の動機づけシステムに結びついていて，抑制・臆病および処罰や脅威の回避によって特徴づけられることである。

❸ 脳のスキャン画像は，怒りが積極的な接近行動に関連した左の前頭皮質を著しく活性化することを示している。さらに，怒った被験者が状況を改善できることに気づくとき，左脳が支配的に活性化することを示す諸研究によれば，怒りは全く有益であるし，快くさえあるように思える。

❹ 「怒りを引き起こす出来事を解決するために行動することができると予期することは，より大きな接近行動の動機づけの強さを生み出すはずである」と主張するのは，マイアミ大学のチャールズ＝カーヴァーとニューサウスウェールズ大学のエディー＝ハーモン・ジョーンズで，2人は怒りに関して長年共同研究を行っている社会心理学者である。さまざまな研究で，ハーモン・ジョーンズは，怒りを感じる傾向を測る尺度で高得点を得た被験者は，前頭葉前部皮質において特徴的な非対称を示すことに気づいた。つまり彼らは，より高レベルの左前頭葉の脳波の活動と，より低レベルの右前頭葉の活性化を示すのである。被験者を無作為に侮辱することは，

言葉によるコミュニケーションにおいて彼らを中立的に扱うことと比較して，関連性がある左前頭葉の活動を一層大きく刺激する。

❺ 怒りに関する発見に刺激されて，神経科学者たちは一切の感情を否定的あるいは肯定的のいずれかとして考えることをやめ始めた。代わりに，その感情が接近行動を刺激するか，あるいは回避／後退行動を刺激するかという「動機づけの方向」によって感情を特徴づける方を好むようになったのである。この枠組みの範囲内でみると，怒りが幸福を生み出すのは奇妙なことではない，と彼らは説明する。ネウス＝ヘレロが率いるスペインの科学者チームは次のように報告している。「怒りの場合は他と異なる。というのは，怒りは否定的なものとしてみなされたり経験されたりするけれども，左脳の活動増大に関する調査結果に基づいて考えると，それは距離的近さ，つまり接近の動機づけを生み出すからだ」(3)言い換えると，我々は腹を立てると，「自分を怒らせたものに近づいていって，それを取り除こうとする自然な傾向を示す」のである。

❶ 怒りによって，心拍数や血圧は上昇する。そのため，怒りは我々に悪影響を与えると思われがちだが，ある種のストレスホルモンは怒りによって低下する。これは，人が落ち着き，問題に対処するのに怒りが役立つことを示唆する。

❷ あらゆる行動の根底には，接近したい，または回避したいという衝動がある。これは前頭皮質によって支配され，前者は左の前頭葉，後者は右の前頭皮質の活性化と結びついている。

❸ 脳のスキャン画像は，怒りが左の前頭皮質を活性化することを示している。左脳を活性化させる怒りは，有益で快いものですらありうる。

❹ ある研究者は，怒りの原因を除去できると予期することで，接近の動機づけが強くなると主張する。また，怒りを感じる尺度が高い人は，前頭葉前部皮質で特徴的な非対称を示すとする研究もある。

❺ 神経科学者たちは，「動機づけの方向」，つまり，接近と回避のいずれに向かうかによって感情を特徴づけるようになった。我々は怒ると，その原因に接近して，それを除去しようとするのである。

（各段落の要旨）

解　説

問1 ▶ anger は「怒り」という意味。

▶第1段最終文の indignation は「憤慨（特に，卑劣さや不正に対する正義の怒り＝ a feeling of righteous anger）」の意味であり，本文中では，induced indignation among volunteer subjects「ボランティアの被験者に怒りの感情を引き起こさせた」という前後関係が参考になる。

問2　▶下線部は「怒りは長い間，完全に否定的な感情と考えられてきたが，最近の神経科学はその見解を覆した」という意味。「否定的」とは，「好ましくない」と理解してもよい。

▶怒りが否定的な感情とは言えないことは，第1段にも書かれている。しかし，その根拠である第1段最終文の研究は「脳の研究」ではないため，本問の対象外である。

▶設問文に「脳の研究により」「左脳と右脳の機能の違いに触れた上で」と書かれていることを踏まえて，該当箇所を探す。下線部の直後（第2段第2文）は，脳の研究を直接述べたものではない。第3文は，脳について書かれているが，右脳・左脳の違いや「怒り」については触れられていない。第4文は，the left frontal lobe「左の前頭葉」や the right frontal cortex「右の前頭皮質」という表現があることから，第4文が解答に関係すると見当をつけることができるが，「怒り」との関係は明確ではなく，第4文のみで解答することはできない。第3段第1文には，anger と the left anterior (frontal) cortex「左の前頭皮質」，第2文には anger, angry と left-brain activation「左脳の活性化」という表現があることから，解答するには第3段も必要であると読み取れよう。

▶ポイントは次の3つである。
- 左脳は合理的に目標を追求する接近行動を促す。（第2段第4文前半）
- 右脳は不快なものからの回避行動を促す。（同文後半）
- 怒りは左脳を活性化させる。（第3段）

つまり，「左脳＝接近行動（好ましい行動）に関与＝怒りは左脳を活性化」ということがわかったということである。これは怒りが完全に否定的な感情であるという従来の見解を否定し，怒りが好ましい感情であるという見解を支持する。

▶第4段第2文以降にも「怒り」と左脳を結びつける記述があり，解答に含めることも考えられるが，字数制限のため，無視してよい。また，第4段第2文以降には右脳の機能についての記述がなく，この部分だけで解答することはできない。

問3　▶設問文に示されているように下線部の framework は「枠組み」という意味。this framework「この枠組み」とは，最終段第1文に書かれている神経科学者の考え方を指している。

▶第1文には2つの「枠組み」が書かれている。まず，旧来の枠組みで，これは感情を negative「否定的」と positive「肯定的」に二分するもの。新しい枠組みは，様々な感情を approach behaviors「接近行動」を誘発するものと，avoidance／withdrawal behaviors「回避／後退行動」を誘発するものとに二分するもの。下線部は後者を指す。

▶第1文では characterize emotions by "motivational direction"「『動機づけの方向』

によって感情を特徴づける」という表現になっているので，そのとおりに書くのが無難であるが，いささか理解しにくい。emotions という複数形に注意し，「様々な感情を動機づけの方向によって分類する」と言い換えることも可能。いずれにせよ，「動機づけの方向」だけでは理解できないので，これを説明するダッシュ（—）以下は必須。

問4 When we get mad, in other words, we "show a natural tendency to get closer to what made us angry to try to eliminate it."

▶ in other words「言い換えると」は挿入句なので，この文の頭に移動させて訳せばよい。順番どおりに，「腹を立てるとき，言い換えれば，私たちは…」などとしてもよい。

▶ tendency は「傾向」で，a tendency to *do* は「～する（という）傾向」。この不定詞は同格の働きをしている。

▶ get close to ～ は「～に接近する」。ここでは close が比較級 closer になって「より接近する」だが，「接近する」は比較の意味を内包するので，日本語では「より」はなくてもよい。

▶ what は関係代名詞で「～なもの〔こと〕」の意で，what made us angry は「私たちを怒らせたもの」，つまり「怒りの原因」である。

▶ to try の不定詞は目的を表す。最後の it は what made us angry を指すので，to try 以下は「それ（＝私たちを怒らせたもの）を除去しようとして」という意味になる。

語句 get mad「腹を立てる，怒る」 natural「自然の，生来の」 try to *do*「～しようとする」 eliminate「～を除去する，取り除く」

問1 indignation
問2 左脳は合理的に目標を追求する接近行動と関わり，右脳は不快なものからの後退行動と関わるが，怒りが左脳を活性化し，状況を改善できるとわかれば一層活性化することが，脳のスキャンによって明らかになったから。(99字)
問3 感情が接近行動を刺激するか，あるいは回避・後退行動を刺激するかという「動機づけの方向」によって感情を特徴づけようとする枠組み。
問4 言い換えると，我々は腹を立てると，「自分を怒らせたものに近づいていって，それを取り除こうとする自然な傾向を示す」のである。

24

次の英文を読み，設問に答えなさい。

Our ancestors began to scrawl pictures on rock walls, to represent in images animals that weren't present. They drew events that took place in the past or might happen in the future. Something had changed in the way their brains functioned, something that opened up the ability to (ア)see beyond the now. At the same time as reacting to the world about them, these transformed creatures were able to (1)deal with "what if ?," to dream, to plan, to anticipate. They had become conscious.

Watch a TV documentary set in an African game park and the response of prey animals like a herd of *gazelle to the presence of predators seems unbelievably strange from the human viewpoint. (2)If a lioness is lying at the edge of the herd, watching intently, picking out a target, this fearsome predator is likely only to be eyed briefly, if nervously, by its potential victims before the gazelle return to cropping the grass. We would be thinking, "I've got a problem here. The lioness could hurt me or even kill me. I think I'll sneak away, just in case. Or at least I'll make sure there's a fatter, slower gazelle between me and the lioness." But this ability to project into the future, to (イ)be aware of potential circumstances and analyze consequences, （ (3) ） the gazelle. It is only when the attack commences that a flight response is triggered.

(4)There are clear survival benefits from being able to consider what might be as well as what is. It gave humans the ability to assess risk, to (ウ)make decisions based on what might happen, rather than reacting solely to the immediate threat. Seeing beyond the now brought us literature and religion, science and civilization. Yet perhaps the greatest benefit that would come from this change was the realization that we ourselves could become different in the future. Thanks to the ability to (エ)ponder what might be, our predecessors were able to think, "I want to be different from the way I am now," kickstarting the urge to (オ)upgrade the human form.

(5)The result was something biologically unique. Human beings began to turn themselves into something new, not through the painfully slow process of natural selection but by our own *intervention——our desire to improve has driven us to upgrade continuously.

From *Upgrade Me : Our Amazing Journey to Human 2.0* by Brian Clegg, St. Martin's Press

注　*gazelle：レイヨウ（群れで暮らす草食動物の一種）
　　*intervention：介入・干渉

問1　下線部(1)と趣旨の<u>異なる</u>記述を，本文中の波線部(ア)〜(オ)の中から一つ選び，記号で答えなさい。

問2　下線部(2)が描写している状況を，日本語で簡潔に述べなさい。

問3　空所（　(3)　）に入る最も適切な語句を以下のA〜Dの中から一つ選び，記号で答えなさい。
　　A．is shared by
　　C．is unique to
　　B．isn't present in
　　D．isn't equipped with

問4　下線部(4)を日本語に訳しなさい。

問5　下線部(5)で biologically unique とされている結果はどのようなものか，日本語で答えなさい。

全 訳

■ヒトの進化の特異性

❶ 我々の先祖は，存在しない動物の姿を表すために岩壁に絵を落書きし始めた。彼らは，過去に起こったか，将来起こるかもしれない出来事を描いたのだ。彼らの脳の働き方において何かが変わったのだ。それは現在を超えて認知する能力を開拓した何かであった。周囲の世界に反応すると同時に，これらの変性した生き物は「仮定の事態」に対処し，夢を見，計画を立て，予期することができるようになった。彼らは，意識をもつようになったのだ。

❷ アフリカの自然動物保護区を舞台にしたテレビドキュメンタリーを見てみなさい。そうすれば，レイヨウの群れのような餌動物が捕食者の存在に対して見せる反応は，人間の視点からすると信じられないくらい奇妙に思えるだろう。雌ライオンが餌動物の群れの端に身を伏せて，熱心に見つめながら標的を選び出している場合，おそらく，その餌食となる可能性のある動物は，この恐ろしい捕食者を不安そうにではあってもほんの束の間注視するだけで，その後レイヨウは再び草を食べ始めるだろう。我々（人間）ならば，こう思うことだろう。「私は今，問題を抱えている。雌ライオンは私にけがをさせるか，殺すことさえあるかもしれない。念のため，こっそり逃げようかと思う。あるいは，少なくとも，自分より太っていて足が遅いレイヨウが自分と雌ライオンの間にいることを確認しよう」 しかし，将来を見通し，潜在的状況に気づいていて結果を分析するというこの能力は，レイヨウには存在しない。攻撃が始まってようやく，逃走反応が引き起こされるのだ。

❸ (4)現在の事態と同様に今後生じうる事態についても考慮できることから生じる，生き残る上での明確な利益が存在する。それは人間に，単に差し迫った脅威だけに反応するのではなく，危険を評価し，起こるかもしれないことに基づいて決定を下す能力を与えてくれた。現在を超えて認知することは，我々に文学と宗教，科学と文明をもたらした。それでも，この変化に由来する最大の利益は，ひょっとすると，我々自身が将来違ったものになりうるという実感だったのかもしれない。今後現実化する可能性を熟考する能力のおかげで，我々の祖先は「私は現状とは違ったものになりたい」と思うことができ，人体の能力を高めたいという衝動を促したのだ。

❹ 結果は，生物学的に独特なものだった。人間は，自然淘汰の痛々しいほど遅い過程によってではなく，自分自身の介入によって自らを新たなものへと変え始めた——向上したいという願望が原動力となって，絶えず自分を高めてきたのだ。

❶ 我々の先祖が岩壁に絵を書き残せたのは，過去または将来をイメージできたからである。ヒトは現在を超えて認知する能力を獲得したので，夢を見たり，計画を立て

たりすることが可能になった。

各段落の要旨

❷ レイヨウは人間の視点からすると奇妙な行動をする。近くにいるライオンが目に入っても，逃げようとせず，草を食み続けるのである。レイヨウには，将来の危険を予測して行動する能力はないからである。

❸ ヒトは今後起こりうる事態を予想できる。これにより，宗教や科学が生まれた。また，将来は違った自分に変わることができることを知っている。そのおかげで向上心を持つことができる。

❹ その結果，ヒトは自然淘汰ではなく，自らの介入によって自らをより優れたものへと変化させてきた。

解　説

問1　正解は(オ)

▶ 下線部の deal with "what if ?," は「『予想される事態』に対処する」という意味。what if は，「予想される事態，仮定の事態」の意の名詞句と理解する。

(ア) see beyond the now「現在を超えて認知する」

「現在を超える」とは「未来」のことと理解する。未来，つまり「予想される事態」を「認知する」という意味になるので，下線部の趣旨に合う。

(イ) be aware of potential circumstances and analyze consequences「潜在的状況に気づいていて結果を分析する」

「潜在的状況」とは未来において生じる可能性のある状況のことである。下線部の what if と同じ趣旨。

(ウ) make decisions based on what might happen「起こるかもしれないことに基づいて決定する」

「起こるかもしれないこと」は下線部の what if と同じ趣旨。

(エ) ponder what might be「起こりうる状況について熟考する」

what might be は「可能性としてありうること」の意で，下線部の what if と同じ趣旨。

(オ) upgrade the human form「人体の能力を高める」

下線部の趣旨とは全く異なる。

問2　▶ 求められているのは和訳ではなく，「描写している状況」を「簡潔に」述べることである。解答欄のスペースに合わせて要点をまとめ，解答の語尾は「〜状況」または「こと」と結ぶのがよい。

▶ 全体的な構造を見ると，状況を仮定する文頭の if 節は a target まで。主節の be

likely to *do* の *do* の部分は，by its potential victims「その潜在的な餌食によって」があることからも明らかなように，受動態である。before 以下はこの主節に付加されている。挿入が多く複雑に見えるが，構造としては，If S V 〜, S V … である。

▶冒頭は，If a lioness is lying at 〜（場所）という形。lioness は「雌ライオン」。「雌ライオンが（場所で）横になっている」という意味。

▶その後の watching intently と picking out a target は，いずれも分詞構文で，主語である雌ライオンの様子について説明を付加している。前者は「熱心に見つめながら」，後者は「（攻撃の）標的を選び出しながら」という意味。

▶主節の主語である this fearsome predator「この恐るべき捕食者」は「雌ライオン」のこと。和訳問題ではないので，fearsome や predator の訳語を書く必要はない。これに続く部分は，be likely to *do*「〜しそうである，おそらく〜だろう」と only「〜だけ」がついて複雑になっているが，基本的には動詞 eye「〜を目にする」を使った受動態 be eyed「目にされる」。直訳すれば「おそらく目にされるだけだろう」となる。日本語では by 以下を主語としてまとめる方がわかりやすいであろう。

▶ if nervously の if は「もしも」ではなく，「たとえ〜でも」という用法。「たとえ不安げにであっても」という意味。if (the predator is eyed) nervously の（　　）内が省略されたものである。

▶最後の before 以下は「レイヨウが草を食べることに戻る前に」の意であるが，この英文は文頭から順に理解する方がわかりやすい。その場合，「〜に戻る前に目にされるだろう」は，「（…は）目にされるだろう。その後，レイヨウは〜に戻る」というような言い方になる。ただし，この場合「〜に戻る」は「また〜する」と表現する方が自然であろう。

語句　edge「端」　herd「群れ」　intently「熱心に」　pick out 〜「〜を選び出す」　briefly「短い時間に，束の間」　potential「潜在的な」　victim「餌食，犠牲者」　crop「（草を）食べる」

問3　正解はB

▶空所(3)の直前の波線部とその前の to を無視して，this ability to project into the future（　(3)　）the gazelle.「この未来を見通す能力はレイヨウ（　(3)　）」という文に当てはめて判断する。

▶A.「〜によって共有される」　　B.「〜には存在しない」
　C.「〜に特有である」　　　　　D.「〜を備えていない」
後続文で，レイヨウは現実に攻撃され始めてから逃走し始める，と述べられているので，将来を見通し，潜在的状況に気づいて結果を分析する能力は，レイヨウには欠けているはずである。なお，Dに関連して，the gazelle isn't equipped with this

ability とは言える。

問4　There are clear survival benefits from being able to consider what might be as well as what is.

▶ There are ～「～が存在している，～がある」というごく基本的な文型。from は「～から」では文意を十分に表現できないので，「～に起因する，～から生じる」などと訳すとよい。survival benefits は「生き残る上での利益」，つまり「生き残る上で有利に働くもの」である。以上より，being able までの訳は「…できることから生じる，生き残る上での明確な利益が存在する」となる。これは「生き残る上での明確な利益は，…できることから生じる」と言い換えてもよい。

▶ consider「～をよく考える，考慮する」の目的語は what might be as well as what is である。A as well as B は「B 同様に A も」。might は弱い推量で，「ことによると～するかもしれない」の意なので，what might be は「ことによると今後どうなるか」→「今後なりうる姿，今後生じる事態」と理解する。what is は「現在どうであるか，現在の姿，今の事態」。

問5　▶下線部の The result was something biologically unique. は「その結果は生物学的に見て独特なものだった」という意味。つまり，ヒトには他の生物とは異なる独特の事情があると述べていることになる。このことを念頭に読み進めていくと，下線部の直後がまさに，そのような記述になっている。以下を解答欄のスペースに合わせてまとめる。

▶まず，下線部の直後の Human beings began to turn themselves into something new の意味を検討する。turn A into B は「A を B に変える」という意味なので，「人間は自分自身を何か新しいものに変え始めた」という意味になる。

▶これに続く部分は not through A but by B という形。「A を経てではなく，B によって」という意味である。A の部分に含まれる natural selection は進化論で使われる考え方で「自然淘汰」とされることが多いが，「自然選択」ともいう。painfully slow process of natural selection は「自然淘汰という痛ましいほどにゆっくりとした過程」となる。of は同格を表す。B にあたる our own intervention は注で与えられている「介入」という訳語を使い，「我々自身の介入」となる。

▶ダッシュ（—）以下は，それまでの部分の言い換えとなっている。「向上を願う気持ちが原動力となり，絶えず自分を高めてきた」という意味。

問1　㋔
問2　雌ライオンが，餌食となるレイヨウの群れの端に身を伏せて熱心に標的を
　　選び出していても，狙われているレイヨウはこの恐ろしい捕食者をほんの束の
　　間注視しただけで，再び草を食べ始めるという状況。
問3　B
問4　現在の事態と同様に今後生じうる事態についても考慮できることから生じ
　　る，生き残る上での明確な利益が存在する。
問5　人間は，自然淘汰という痛々しいほど遅い過程によってではなく，自分自
　　身でその過程に介入することによって，自らを新たなものへと変え始め，向上
　　心を原動力にして絶えず自分を高めてきたこと。

25

次の英文を読み，設問に答えなさい。

Catastrophes can, and do, happen. (1)As humans or as communities and even whole societies, none of us are free from fate.

(2)The irony is that while we may have reached a stage in human development where we have more technology at our disposal than ever before, we have also forgotten many of the skills that our ancestors depended on for their own survival.

Today we take it for granted that we can talk to each other and see each other in an instant on opposite sides of the earth. Apart from (A)the deepest reaches of the oceans, there is virtually nowhere on the planet that is inaccessible.

What happens, however, when modern technology is suddenly, and unexpectedly, taken away? When electricity is cut off, we are suddenly plunged into (B)darkness and silence; our computer and television screens go blank and we are unable to communicate with the rest of the world. Our heating fails and we can't wash or feed ourselves. For a while, for just a few hours, it all seems quite a novelty. We discover we have neighbors and talk to strangers and help each other out : things we don't do as much as we should in normal life. Then suddenly the lights come back on and we all return to business as usual, confident that it was just a temporary situation and we don't need to worry about it happening again for a long time.

Our growing dependence on technologies of all forms is a double-edged sword. The fact that our modern world has, at least on the face of it, become increasingly reliable has, paradoxically, made us weaker and weaker. People are no longer able to cope for more than a very short time when (C)these systems fail.

What happens when the technology on which we depend is entirely taken away, when suddenly we have no means to communicate, or when we find ourselves alone in (D)a strange new world——maybe a desert, a jungle, or a mountain *glacier ? How this has come about in the first place is unimportant. Your light plane may have crashed on a short hop over the mountains to a remote lodge. You may have become separated from a trekking party in the mountains, or found yourself in a *whiteout on a mountain trail. (3)To your disbelief, you find yourself with nothing other than the clothes you stand up in. You are lost and alone, maybe presumed dead, and no one is looking for you anymore.

No cell phone or GPS can help you now. They have all been left behind on that faraway planet called civilization. You have no shelter, no water, no fire, and no idea where you are——and evening is falling. There are unknown creatures and dangers all around you and it is beginning to get very cold. What you wouldn't give for seemingly ordinary and low-tech items, such as a lighter or a water bottle, or a sleeping bag to keep you warm. Even a simple toy compass would be nice. But no matter how much you may want them, they all remain locked firmly away in (4)that distant land you have allowed yourself to become so dependent on.

From *Man vs. Wild : Survival Techniques from the Most Dangerous Places on Earth* by Bear Grylls. Copyright © 2008 by Bear Grylls. Used by permission of Hachette Books.

注　*glacier：氷河

　　*whiteout：ホワイトアウト（あたり一面が白く見え，地形の見分けがつかなくなる現象）

問1　下線部(1)を日本語に訳しなさい。

問2　下線部(2)の内容を，具体的に日本語で説明しなさい。

問3　下線部(3)を日本語に訳しなさい。

問4　下線部(4)が表すものと最も近いものを，本文中の下線部(A)〜(D)のうちから一つ選び，記号で答えなさい。

■テクノロジーに依存する現代人への警鐘

❶ 大災害は時に起こりうるし，実際起きている。(1)人間として，または，共同体そして社会全体としてさえも，我々は誰も運命から逃れることはできない。

❷ 皮肉なことに，我々はかつてないほど多くのテクノロジーを意のままに使える人類発展の段階に達しているかもしれないが，一方で我々は先祖が自らの生存のために依存していた技能の多くを忘れてしまってもいる。

❸ 今日，我々は，地球の裏側の人とも一瞬のうちに語り合い，互いの顔を見ることができるのを当然のことと思っている。海洋の最も深い区域は別として，この惑星には，近づけないところはほとんどない。

❹ しかし，最新のテクノロジーが，前触れもなく突然に取り去られると，何が起こるだろうか？ 電気が止まったとき，我々は突然暗闇と沈黙に陥る。コンピュータやテレビの画面は真っ暗になり，外の世界と連絡が取れなくなる。暖房は効かなくなり，体を洗うこともできないし，食事をすることもできない。しばらくの間は，ほんの数時間なのだが，すべてが全く目新しく思える。我々は，隣人がいることに気づき，知らない人と話をし，互いに助け合う。こうしたことは通常の生活でしておくべきだが，我々はあまりしていないのである。その後突然，明かりがついて，我々は皆普段通りの生活に戻る。そして，それは単に一時的な状態で，再び起こる心配は当分の間しないでよいと確信するのだ。

❺ 我々があらゆる形態のテクノロジーに対する依存度を高めているということは，諸刃の剣である。現代世界が，少なくとも表面上は，ますます信頼性が高まったという事実は，おかしなことに，我々をますます弱くするばかりだったのだ。これらのシステムが役に立たなくなったとき，人々はもはや，ほんの短い間しか対処することができない。

❻ 我々が依存しているテクノロジーが完全に取り去られたとか，突然連絡を取る手段がなくなったとか，あるいは，見知らぬ新世界——砂漠でもジャングルでも，山岳氷河でもいいが——で気がついたら一人ぼっちになっていたとかという場合，何が起こるだろうか？ そもそもこういう事態がどのようにして生じたかは重要でない。自分が乗っていた軽飛行機が，山を越えて人里離れた別荘へひとっとびする途中に墜落したのかもしれない。山中でトレッキングしている一行からはぐれてしまったのかもしれないし，山道でホワイトアウトに巻き込まれたのかもしれない。(3)信じがたいことに，あなたは自分が身につけている衣服以外は何ひとつ持っていないことに気づくのだ。道に迷って一人ぼっちになり，たぶん死んでいるだろうと

思われているのか，もはや探してくれている人もいない。

❼　携帯電話も GPS も今や役に立たない。それらはすべて，文明と呼ばれる，かの遠い惑星に取り残されてしまったのだ。雨風をしのげる場所もない，水もない，火もない，そして，自分がどこにいるかもわからない——そして，夕闇が迫ってくる。未知の生きものと危険なものに囲まれていて，しかもあたりは非常に寒くなってきている。ライターや水筒，あるいは暖かく保ってくれる寝袋といったような一見普通のローテクのアイテムを入手できるなら，何でも手放すだろう。単純なおもちゃの方位磁石でさえ，素晴らしく思えるだろう。しかし，どんなにそれらを欲しいと思っても，それらはすべて，あれほど依存してきた，かの遠い土地にしっかりとしまい込まれているままなのだ。

各段落の要旨

❶　人間は大災害から逃れることはできない。

❷　現代人のテクノロジーは進歩したが，先祖が身につけていた生きるための技能は忘れ去られている。

❸　通信技術の発達は著しく，地球上で近づけない場所はほとんどない。

❹　最新のテクノロジーが停止すると，我々は何もできないことを自覚する。しかし復旧すると，そのような事態は滅多に起こらないと安心する。

❺　テクノロジーへの依存が強まることで，非常時に人間ができることは少なくなった。

❻　遭難や事故など，テクノロジーが全く利用できなくなる事態は起こりうる。衣服以外の所持品はなく，救助の期待もできない事態である。

❼　携帯電話や GPS は使えない。欲しいのは，ライターや寝袋のようなローテクのアイテムであろうが，手に入れる手段はない。

解　説

問1　As humans or as communities and even whole societies, none of us are free from fate.

▶前半は前置詞句（as「〜として」）である。まず As humans「人間として」と述べている。これに続くのは，as communities「共同体（地域社会）として」，even whole societies「社会全体としてでさえ」という表現。as＋[communities and even whole societies] という構造だが，even の次に as を補って理解してもよい。

▶ none of us の us は「我々，私たち」と訳したのでよいが，前半とのつながりで言えば，us＝humans / communities and even whole societies である。none of us は「我々の誰も…ない」と訳す。

▶ are free from fate は「運命から逃れる」という意味。主語の none（of us）と合わせて，「運命から逃れられない」となる。be free from 〜 は「〜から自由である」

と訳される場合もあるが，ここでは「〜から逃れる，〜を免れる」としたい。

問2　The irony = while we may have reached a stage in human development where we have more technology at our disposal than ever before, we have also forgotten many of the skills that our ancestors depended on for their own survival

▶ 下線部 The irony は「皮肉」。The irony is that 〜 は「皮肉なのは（that 以下のこと）である」という意味。したがって，「皮肉」の内容は，that 以下を訳すことになる。

▶ that の直後にある while は譲歩を表す接続詞。つまり，「…ではあるが」という意味。直後の we may have reached … と合わせれば，「…に到達したかもしれないが」となる。

▶ a stage は「段階」で，直後の in human development と合わせるなら「人類の発展におけるある一つの段階」となる。

▶ 続く where は関係副詞で，先行詞は a stage。どのような「段階」かの説明が加わる。more 〜 than ever before は「かつてないほどの〜，これまで以上の〜」という意味。have 〜 at one's disposal は「〜を意のままにする，〜を自在に使う」。

▶ skills は technologies よりは単純な「技術」で，「技能，能力」などと訳してもよい。直後の that はこの skills を先行詞とする関係代名詞。depend on 〜「〜に依存する」の直後にあるべき名詞が関係代名詞 that として前に出ていると理解する。

語句　ancestor「先祖，祖先」　survival「生存」

問3　To your disbelief, you find yourself with nothing other than the clothes you stand up in.

▶ disbelief は名詞で「不信，疑念」だが，to one's disbelief は「〜（人）にとって信じられないことに」という意味。

▶ find oneself は文字通り「自分自身を見出す」と理解してもよいが，この直後に場所や状態を表す表現が続き（この例では with〜で，所持しているという「状態」），「自分が〜であるのがわかる」という意味。

▶ nothing other than 〜 は「〜の他は何もない，ただ〜しかない」という意味。other than 〜 だけなら「〜以外は，〜を除いて」で，but や except に置き換えてよい。

▶ stand up in 〜 は「〜を身につけている」で，wear に置き換えられる。you stand … の直前には関係代名詞が略されており，本来「〜」の部分にあるはずの名詞は，意味上，the clothes であることを理解すれば，in で文が終わることも納得がいく。

問4　正解は(C)

▶ that distant land「かの遠い土地」とは，最終段第 2 文の that faraway planet called civilization「文明と呼ばれる，かの遠い惑星」を言い換えたもの。つまり端的には「文明」である。

(A) the deepest reaches of the oceans「海洋の最も深い区域」

(B) darkness and silence「暗闇と沈黙」

　(A)と(B)が「文明」ではないのは明らかである。

(C) these systems「これらのシステム」

　第 5 段第 1 文の technologies of all forms「あらゆる形態のテクノロジー」を指しており，(A)～(D)のなかでは「文明」に最も近い。

(D) a strange new world「見知らぬ新世界」

　その直後に a desert「砂漠」，a jungle「ジャングル」，a mountain glacier「山岳氷河」という例があり，「文明」ではない。

　問1　人間として，または，共同体そして社会全体としてさえも，我々は誰も運命から逃れることはできない。

　問2　我々はかつてないほど多くのテクノロジーを意のままに使える人類発展の段階に達しているかもしれないが，一方で我々は先祖が自らの生存のために依存していた技術の多くを忘れてしまってもいること。

　問3　信じがたいことに，あなたは自分が身につけている衣服以外は何ひとつ持っていないことに気づくのだ。

　問4　(C)

26

次の英文を読み，設問に答えなさい。

(1)Most social scientists take it for granted that a person's clothing expresses meaning. They accept the old saying that "a picture is worth a thousand words" and generally agree that dress and ornament are elements in a communication system. They recognize that an individual's clothing can indicate either agreement or resistance to socially defined expectations for behavior.

Writing on (2)the changes that occurred in the early part of the nineteenth century in London and Paris, Richard Sennett pointed out that standardized modes of dress offered a protective "cover-up" at a time when the distinction between private space and public space first emerged. When one lived and worked among strangers rather than family members, there was a need to protect one's self and one's inner feelings. Wearing the expected mode of dress enabled individuals to move easily among the various spheres of social life. "Appearance was a cover for the real individual hiding within," observed Sennett. Clothing, as Sennett saw it, provided a barrier between the public and the private self.

In his article "Fashion," Georg Simmel observed that fashion, the latest desired appearance, allows for personal modification, enabling the individual to pursue competing desires for group identity and individual expression. (3)There is nothing that can completely satisfy the opposing principles of uniformity and individuality better than fashion. The self is also an audience, and clothing allows individuals to view themselves as social objects. By freeing the self from a setting or situation, the individual can examine his or her own image in view of the social response that is desired. This objectification, in turn, allows the individual to correct the image if necessary.

Fashion historians usually discuss clothing in terms of style and the *aesthetic tastes of a particular period or a particular group in society. However, they pay little attention to clothing *iconography. Examining fascist *propaganda, Laura Malvano demonstrated the relationship between politics and patterns of dress, style, and appearance. She analyzed the ways in which

Mussolini, an Italian fascist, successfully utilized visual images to encourage consensus among his followers, creating a "new organic whole" composed of people from all levels of society. To promote this ideal he commissioned artistic representations that combined images from the classical art of the past with those from (A)traditional folk art. In that art, men assume the various positions of victory portrayed in (B)ancient Roman times, yet they hold familiar farm tools and are thus seen as (C)agricultural winners. Through this appeal to a pride in (4)a shared past, made visible in synthetic images, Mussolini gained support for his political program.

Young adults have long recognized the significance of clothing. To signal connectedness and to distinguish themselves from others, groups of young people adopt styles of dress that express their particular, (D)distinct identity. In making clothing choices they demonstrate their awareness that a style or mode of appearance has meaning.

From *Dress Codes : Meanings And Messages In American Culture* by Ruth Rubinstein, Westview Press

注　*aesthetic：美的な
　　*iconography：図像学
　　*propaganda：宣伝活動

問1　下線部(1)を日本語に訳しなさい。

問2　下線部(2)の「変化」の内容を明らかにしながら，その「変化」が19世紀初頭のロンドンとパリで服装の役割にどのような影響を及ぼしたか，本文に則して具体的に日本語で説明しなさい。

問3　下線部(3)を日本語に訳しなさい。

問4　下線部(4)が表すものに最も近いものを，本文中の下線部(A)～(D)のうちから一つ選び，記号で答えなさい。

全　訳

■服装の持つ意味合い

❶ (1)たいていの社会科学者は，人の着ている服は意味を表しているということを当然だと思っている。彼らは，「百聞は一見にしかず」という古い格言を認めており，服装や装飾がコミュニケーションの方法のひとつであることにおおむね同意している。彼らは，ある個人の服装は，社会がその人に期待する態度・振る舞いに対して，同意か抵抗のいずれかを示しうるということを認識している。

❷ ロンドンとパリで19世紀の初頭に生じた諸変化に関する著作で，リチャード＝セネットは，私的空間と公的空間の区別が最初に現れたとき，標準化された様式の服装が保護用の「隠れ蓑(みの)」を提供したのだと指摘した。人が，家族よりもむしろ知らない人の間で生活し働くようになると，自分の自己や自分の心の中の感情を保護する必要が生じた。期待どおりの様式の服装をすることで，個人は社会生活のいろいろな領域の間を簡単に移動できるようになったのだ。「身なりは，中に隠れている本当の自分を守るための覆いだった」と，セネットは述べている。セネットの見立てのとおり，服装は公私の間の垣根を提供してくれたのだ。

❸ 『ファッション』という論文の中で，ゲオルク＝ジンメルは，ファッションつまり最新の望ましい身なりは，人々がそれを自分で修正する余地が残っており，それによって人は集団としてのアイデンティティと個人としての表現という互いに競合する欲求を同時に追求することができるのだと述べた。(3)ファッションほど画一性と個性という相反する原理を完全に満たすことができるものはない。自分自身が観衆でもあり，そして，服装は個人に自分自身を社会的な対象として見させてくれる。置かれた環境あるいは状況から自己を解放することによって，個人は，望まれる社会的な反応という視点で，自分自身のイメージを検討することができる。この対象化によって，今度は逆に，個人は必要に応じて自分のイメージを修正することが可能になる。

❹ ファッション史の専門家は，様式や，社会における特定の期間または特定の集団の美的な嗜好という観点で衣類について語ることが多い。しかし，服装の図像学にはほとんど注意を払わない。ファシストの宣伝活動を調べたラウラ＝マルヴァーノは，服装・様式および外見が政治と関わっていることを例証した。彼女は，イタリアのファシストであるムッソリーニが視覚的イメージを巧みに利用して，自分の支持者の間に思想の統一を促し，社会の全階層の人々から成る「新たな有機的統一体」を創り出した方法を分析した。この理想を宣伝するために，ムッソリーニは，過去の古典芸術からのイメージを伝統的な民族芸術からのイメージと結合した芸術

的表現をあちこちに依頼した。その新たな芸術では，男性は古代ローマ時代に描かれた様々な勝利のポーズをとっていながら，同時にありふれた農具を手にしているので農業の勝者でもあるように見える。合成されたイメージで目に見えるようになった共通の過去に対する誇りにこうして訴えることで，ムッソリーニは彼の政治的計画に対する支持を得たのだった。

❺ 若者は昔から，服装の重要性を認識してきた。つながりを示唆し，自分たちを他の者たちから区別するために，若者集団は，彼ら特有の，他とは異なるアイデンティティを表す様式の服装をする。そうした服装を選ぶことで，彼らは，外見の様式または流儀が意味を持つと認識していることを示しているのである。

各段落の要旨

❶ たいていの社会科学者の考えでは，身なりはコミュニケーション手段のひとつである。ある個人の服装は，その個人に期待される態度や振る舞いへの同意か抵抗のいずれかを示す。

❷ リチャード＝セネットによれば，標準化された服装は中に隠れている本当の自分を守るための覆いだった。

❸ ゲオルク＝ジンメルによれば，ファッションは画一性と個性という相反する原理を同時に満たすことができる。

❹ ファッション史の専門家は衣類を様式や美的嗜好の観点から語ることが多いが，ラウラ＝マルヴァーノは服装や様式が政治と関わっていることを例証した。ムッソリーニは視覚的イメージを巧みに利用して，民衆からの支持を得た。

❺ 若者は昔から服装の重要性を認識してきた。他者との区別のために，若者集団は独特の様式の服装をする。彼らは身なりが持つ意味を知っているのである。

解　説

問1　Most social scientists take it for granted that a person's clothing expresses meaning.

▶ take A for granted は「A を当然だと思う」という意味。この文では，A の位置に仮目的語の it が使われている。真目的語は that 以下である。つまり，「(that 以下のこと) を当然だと思っている」ということ。

語句　most「ほとんどの」　social scientist「社会科学者」　clothing「衣服」　express「表す，表現する」　meaning「意味」

問2　▶ the changes「変化」とは具体的にどのような変化なのかを述べた上で，その「変化」が19世紀初頭のロンドンとパリで服装の役割に及ぼした影響を，第2段の記述に従ってまとめる。

▶第2段の構造に注目すると，第1文がこの段落の要旨になっている。第2文以降は詳しい説明を加えた上で，第1文の内容を言い換えている。次の表に示すように，第1文と第2文以降とで，同意表現や対応表現が非常に多いのはこのためである。

第1文	第2文以降
standardized modes of dress	the expected mode of dress（第3文）
a protective "cover-up"	a cover（第4文），a barrier（第5文）
private space⇔public space	one's self and one's inner feelings（第2文） the real individual hiding within（第4文）⇔the public（self）（第5文） the private self（第5文） family members（第2文）⇔strangers（第2文）

▶第1文より，the changes「変化」とは，「ロンドンやパリで19世紀初頭に生じた変化」であることがわかるが，このことは問2の設問文に記述されているし，「内容」とは言えないので，答案に含めない方がよい。

▶「内容」としてふさわしいのは，第1文では the distinction between private space and public space first emerged「私的空間と公的空間の区別が最初に現れた」という点。このことは第2文では，one lived and worked among strangers rather than family members「家族ではなく知らない人の間で生活し働くようになった」と述べられている。後者は第1文から導かれる内容であるため，必須ではない。

▶服装の役割に及ぼした影響は，第1段に従えば standardized modes of dress offered a protective "cover-up"「標準化された様式の服装が保護用の『隠れ蓑』を提供した」ということ。しかし，これだけではわかりにくく，十分な説明とは言えない。何を保護するための「隠れ蓑」かが不明だからである。

▶これについては第2文で，… protect one's self and one's inner feelings とあり，「自分の自己や自分の心の中の感情を保護する」隠れ蓑であることが述べられる。さらに第4文では，Appearance was a cover for the real individual hiding within.「外見〔身なり〕は中に隠れている本当の自分を守るための覆いだった」と述べる。この2箇所から服装が何を守るためのものであったかをまとめる。

問3　There is nothing that can completely satisfy the opposing principles of uniformity and individuality better than fashion.

▶ There is nothing は「何もない」という意味だが，どのようなものが「何もない」のかが直後の関係代名詞 that 以下で説明される。つまり「that 以下のものは何もない」ということ。

▶ satisfy the opposing principles of uniformity and individuality の satisfy は「満足さ
せる，満たす」という意味。目的語は the opposing principles「相反する原理」で
ある。of は同格を表す。つまり，the opposing principles＝uniformity and indi-
viduality ということなので，「画一性と個性という相反する原理」と訳す。

▶ better than fashion は「ファッションよりもよく」。nothing と一緒に使われてい
るので，全体としては「ファッションよりもよく…を満たすものはない」という意
味になる。より自然な日本語にするには「ファッションほど…を満たすものはな
い」などと言い換えるとよい。

語句　completely「完全に」

問4　▶ a shared past ＝「共通の過去」
　(A) traditional folk art「伝統的な民族芸術」
　(B) ancient Roman times「古代ローマ時代」
　(C) agricultural winners「農業の勝者」
　(D) distinct identity「他とは異なるアイデンティティ」
※本問は複数の正解が考えられ，「最も近いもの」を一つに絞ることはできない。そ
のため，九州大学は受験者全員の解答を正解として扱った。

問1　たいていの社会科学者は，人の着ている服は意味を表しているということ
　を当然だと思っている。
問2　私的空間と公的空間の区別が初めて出現し，家族とは違う他人の間で生活
　し働くようになるという変化が生じ，標準化された服装が，自分と内に秘めた
　感情を保護する「隠れ蓑」として機能するようになった。
問3　ファッションほど画一性と個性という相反する原理を完全に満たすことが
　できるものはない。
問4　〔解説〕参照。

27

次の英文を読み，設問に答えなさい。

Several months ago I was invited to dinner at the home of Sarah, a woman I'd met while on vacation. When we arrived, Brooke, Sarah's twelve-year-old daughter, greeted us. I felt （　1　） I'd already known this child, since Sarah talked about her quite often over the course of our five-day retreat.

"Hello, I'm Brooke," she said with a huge smile that bore a mouth full of *plastic braces.

"Brooke, I have heard so much about you. I'm Jennifer, and this is my husband, Nick," I said as I extended my hand.

"What did you hear about me ?" Brooke quickly asked.

"I heard that you enjoy swimming," I replied, "which interested me because I loved to swim when I was your age."

(2)Brooke, an only child, sat next to me at dinner. Sarah also sat next to me at one end of the table. Her husband, Stu, a stocky, dark-haired health-care provider, sat at the other end. Maggie and Jim, their friends from college, and Nick, sat across from us.

Maggie launched into a story about a neighbor of hers who sent her daughter away to boarding school for being bad. She asked me if the girls at my school were bad kids. I wanted to say I didn't believe in bad kids, but I held my tongue.

"I didn't really know her that well," Maggie continued. "I just heard that she was a lazy kid, which is a shame because her parents are both so wonderful and successful. She started out on the soccer team with my Lizzie and then just dropped out——gained a bunch of weight and, according to Lizzie, she started to *lose her edge in school. I told Lizzie she couldn't hang around with kids like that."

Brooke shifted in her seat. "Mom, can I please be excused now ?" she asked.

"Yes. Why don't you get going on your homework ? You have a test in English tomorrow, right ?"

"Yeah," she said, standing up from the table and accidentally knocking over her glass. Water rushed across the table.

"Oh, oh, I'm sorry," she said, her face turning the same shade of pink as the tulips on the table. She started to cry, and Sarah jumped up.

"Brooke, it's okay. It's just water. Don't worry," she said, tossing her napkin on the spill. All eyes were on Brooke, who was visibly more disturbed than the situation called her.

"Brooke, are you okay ?" her father gently asked.

"No. I mean, yes. I just——" The telephone rang, and as her father rose from his chair, she shouted out, "I quit the swim team, my coach is going to call, I quit the swim team today." She looked terrified. "Please don't hate me. I'm sorry. Don't think I am bad or lazy like Lizzie's friend," she said, crying.

Though her parents never criticized her, Brooke was nevertheless adversely affected by hearing others making negative comments about children. Negativism is something that spreads easily when it goes unchecked as it did during the dinner conversation. In fact, (3)negative thoughts and words spoken about one subject can spark a chain reaction, as happened with Brooke. But eliminating the negative is not enough. One false premise that many people live by is that if they don't hear that they are being talked about in a disapproving way, they don't know it is happening. People use (4)this idea all the time to justify their negative discussions of others.

From *Your Child's Strengths : A Guide for Parents and Teachers* by Jenifer Fox, Viking Books

注　*plastic braces：歯列矯正器
　　*lose one's edge：精彩を欠く

問1　本文中の（　1　）に入る語（句）で最も適切なものを，以下の(A)～(D)のうち
から一つ選び，記号で答えなさい。

　(A)　as　　　　　　(B)　as if　　　　　　(C)　so that　　　　(D)　why

問2　下線部(2)に関して，下の図のように登場人物がテーブルをはさんで着席してい
るとすると，Jennifer, Sarah, Maggie はA～Cのうちどこに座っていると考え
られるか。記号で答えなさい。

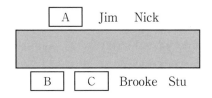

問3　下線部(3)に関して Brooke にあてはまることを，100字以内の日本語で説明し
なさい。

問4　下線部(4)に関して，"this idea" が何を指すか，具体的に日本語で説明しなさ
い。

全 訳

■連鎖反応を誘う否定的な態度

❶ 数カ月前，私は，サラの自宅へ夕食に招待された。彼女は，休暇中に私が出会った女性である。私たちが到着すると，サラの12歳の娘のブルックが出迎えてくれた。まるでこの子のことは旧知の間柄のように感じた。サラが5日間の休暇中にきわめて頻繁にブルックについて話したからだ。

❷ 「こんにちは，ブルックです」と，彼女は満面の笑みを浮かべて言ったが，その口は歯列矯正器でいっぱいだった。

❸ 「ブルック，あなたのお話はたくさん聞いたわ。私はジェニファー，そして，こちらは私の夫のニックよ」と私は言って，手を伸ばした。

❹ 「私のことはどう聞いたの？」と，ブルックは即座に尋ねた。

❺ 「水泳が好きなんですってね」私は答えた。「それを聞いて，あら，って思ったの，私もあなたの年のころ泳ぎが好きだったから」

❻ 一人っ子のブルックは，夕食のとき私の隣に座った。サラは，テーブルの一方の端で，私の隣に座った。彼女の夫で，がっしりした，黒髪の医療関係の仕事をしているストゥーは，もう一方の端に座った。夫妻の大学からの友人のマギーとジム，そしてニックは，私たちの向かいに座った。

❼ マギーは，娘が悪い子なので全寮制の学校にやったという隣人の一人についての話を始めた。彼女は，あなたの学校の女の子たちは悪い子なのかしら，と私に尋ねた。私は悪い子供なんかいないでしょうと言いたかったが，黙っていた。

❽ 「実はその子のことはそんなによく知らないんだけど」と，マギーは続けた。「怠け者なんだそうよ。それが恥なんですって，彼女の両親はどちらもとても素晴らしい人たちで，成功者だから。その子はうちのリジーと同じチームでサッカーを始めたんだけど，やめちゃったの。かなり太っちゃって学校でも精彩を欠くって，リジーから聞いたわ。それで，リジーにそんな子と関わらないように言ったの」

❾ ブルックが椅子の上でもじもじし始めた。「おかあさん，もう行ってもいい？」と，彼女は尋ねた。

❿ 「いいわよ。宿題をやったらどう？ 明日，英語のテストでしょう？」

⓫ 「ええ」と彼女は言ってテーブルから立つときに，うっかりグラスをひっくり返した。水がテーブルにどっとこぼれた。

⓬ 「ああどうしよう，ごめんなさい」と，彼女は言った。彼女の顔にテーブルの上のチューリップと同じピンク色が差した。彼女は泣き出し，サラがさっと立ち上がった。

❸ 「ブルック，大丈夫よ。ただの水じゃない。心配ないわ」と，彼女は言って，こぼれた水にナプキンを投げかけた。すべての目がブルックに注がれて，彼女は，状況に不釣合いなほど動揺しているのが見てとれた。

❹ 「ブルック，大丈夫かい？」と，彼女の父は優しく尋ねた。

❺ 「ううん。じゃない，うん。私はただ――」 電話が鳴った，そして，彼女の父が椅子から立ち上がったとき，「私は水泳をやめたの，コーチが電話してくるわ，今日水泳をやめたの」と，彼女は叫んだ。彼女はおびえているように見えた。「私を嫌いにならないで。ごめんなさい。リジーの友達みたいに悪い子だとか怠け者だと思わないで」と，彼女は泣きながら言った。

❻ 彼女の両親は彼女を決して非難しなかったけれども，ブルックはそれでもなお，他の人が子供たちについて否定的に話すのを耳にして，そこから悪影響を受けた。否定的な態度は，その夕食のときの会話でそうだったように，うっかりするとすぐに広がるものなのだ。実際，ある対象について話される否定的な考えや言葉は，ブルックに関して起こったように，連鎖反応を誘うこともある。しかし，単に否定をやめることだけでは，十分ではない。多くの人々が生活の指針としている一つの間違った前提は，人は自分が非難めいた口調で話題にされていることが耳に入ってこなければ，それが起こっているということがわからないということである。人々は，他人について否定的なことを言い合うのを正当化するために，しじゅうこの考えを使っているのだ。

解 説

問1　正解は⒝

▶空所の前後は I felt（　　　　）I'd already known this child。know の意味を正しく理解できていることがポイント。ここでは「知っている」という意味ではなく，「知り合いである，交際がある」という意味。

▶現実には「私」は「この子供」とは初対面であり，「この子供とすでに知り合いである」ということはありえない。つまり，I'd already known this child は仮定法である。そのため，仮定法を導く⒝ as if「まるで～のように」が適する。feel as if ～は「～のように感じる，～のような気分である」という意味の定型表現である。

⒜「～ときに，～ので，～ように」　　⒝「まるで～のように」
⒞「その結果～，～するために」　　⒟「なぜ」

問2　正解は　Jennifer：C　Sarah：B　Maggie：A

▶ **Jennifer と Sarah の席**：第3段に Jennifer とはこの文章の筆者であることが示されている。下線部には次の記述がある。

- 〔第1文〕　Brooke … sat next to me「ブルックは私の隣に座った」
- 〔第2文〕　Sarah also sat next to me「サラもまた私の隣に座った」

このことから，「私」（＝ Jennifer）はブルックとサラの間，つまり　C　に着席したことになる。また，　B　に着席したのはサラとなる。

▶ **Maggie の席**：この下線部の第4文には次のように書かれている。

- 〔第4文〕　Maggie and Jim … and Nick, sat across from us.「マギーとジムとニックは私たちの向かいに座った」

この図に従えば，us「私たち」とは，　B　＝Sarah，　C　＝Jennifer，Brooke, Stu の4人で，その向かいに座った3人のうちの　A　は Maggie である。

問3　▶下線部（negative thoughts and words spoken about one subject can spark a chain reaction）は「ある対象について語られる否定的な考えや言葉は連鎖反応を誘うことがある」という意味。

〔語句〕　subject「話題，対象」　spark「引き起こす，引き金になる」　chain reaction「連鎖反応」

▶この「連鎖反応」の具体例としてブルックに起きたことが問われている。最初に出会ったブルックは満面の笑みを浮かべていた（第2段）。ところが，食卓でマギーがある子供について否定的な話を始めると（第7・8段），ブルックは落ち着きを失くし，泣き出してしまった（第9〜15段）。マギーのどのような発言によって，ブルックがなぜ動揺したかをまとめる。

▶「否定的な考えや言葉」とは，マギーが，ある子供について「悪い子で全寮制の学校にやられた」（第7段）とか，「怠け者」「サッカーチームをやめて，太ってしまい，学校でも精彩を欠く」（第8段）などといった否定的な見方を非難めいて述べたことを指す。また，「連鎖反応」とは，水泳チームをやめてしまったブルックが自分も同様の非難を受けるのではないかと思ったことを指す。

問4　▶下線部を含む最終文の意味は全訳のとおりだが，言い換えると，「他人の悪口を言っても構わないと思うのは，こう考えるからだ」ということ。

▶ this idea「この考え」の内容は，下線部の直前の文の後半にある if they don't hear that they are being talked about in a disapproving way, they don't know it is happening であり，この部分を訳せばよい。

▶ are being talked about は現在進行形の受動態で,「語られている」の意。in a disapproving way は「非難めいて,非難するようなやり方で」。

▶ 後半の「それが起きていることを知らない」のそれ(=it)とは,that they are being talked about in a disapproving way を指す。つまり,「自分が悪く言われていることがわからない」という意味。

問1 (B)

問2 Jennifer：C　　Sarah：B　　Maggie：A

問3 別の子供が「悪い子」「怠け者」「サッカーをやめ,太って,学校でも精彩を欠いた」と非難されるのを聞いて,水泳をやめてしまったブルックは,自分も同様な非難を受けるのではないかと動揺し,泣き出したこと。(98字)

問4 自分が非難めいた口調で話題にされていることが耳に入ってこなければ,その人にはそれが起こっていることがわからない,という考え。

28

次の英文を読み，設問に答えなさい。

One year my son Stephen, who was an outstanding football player and captain of his high school team, decided that he wanted to start playing basketball. He made the team, but to his disappointment, he was only average and spent most of the year on the bench. A month before the season ended, he hurt his shoulder, and the doctor said he would not be able to play anymore that year. His initial response was to quit the team. He was injured and he wasn't going to play, so in his mind, there was no reason to stay.

But my wife and I had another view. To us, there was something more important. Stephen was on a team, and the team was still playing. (1)Whether he played or not was not a matter of great importance ; the team needed his support.

At first, Stephen grumbled. He said it would be a waste of time. Then, he went for the ultimate words of persuasion : "But, Dad, I could be *studying* !" But in the end, he stayed on the team until the season was over. He helped out at practices. He supported the team. And both his coaches and his teammates appreciated him for it.

After he graduated from high school, he gave a speech in which he thanked his coaches and said that, as a result of sports, he had learned two great lessons in life : The first was to work hard ; the second was to finish strong. And we've seen the positive results of those lessons influence everything he's taken on since.

Results are all about finishing. You're probably aware of the old saying : Beginners are many ; finishers are few. Increasingly, it seems, we live in a society of victims and quitters. The sheer number of people quitting their jobs, fathers abandoning children, and teenagers who don't even graduate from high school indicates that, at least in some situations, when things get difficult people simply quit. Of course, (2)there are circumstances in which making some of these decisions may be the best thing to do. But in many situations, and for no good reason, people just don't have the motivation and stamina to finish strong.

My motto is : Whenever possible, finish, and finish strong. A colleague of mine who was training for a marathon shared some excellent advice he received from a world-class runner. "When you 'hit the wall,'" the runner said, "and you feel like you can't go on, instead of focusing on your exhaustion and going into survival mode, lift up your head and *pick up your pace*." At first glance, that advice may sound ridiculously impractical. But on reflection, (3)it makes great sense. By picking up the pace, you're really saying to yourself that you're not just going to finish ; you're going to finish strong.

From *The SPEED of Trust : The One Thing that Changes Everything* by Stephen M. R. Covey, Simon & Schuster

問1　下線部(1)を日本語に訳しなさい。

問2　下線部(2)を日本語に訳しなさい。

問3　下線部(3)を，"it" の内容を明らかにして，日本語に訳しなさい。

全 訳

■最後まで踏ん張り通すことの大切さ

❶ ある年のこと，高校のフットボールチームのずば抜けた選手でありキャプテンだった私の息子スティーヴンが，バスケットボールを始めたいと決意した。彼はチームに入ったが，がっかりしたことに彼は並みの選手にすぎず，その年のほとんどをベンチで過ごした。そのシーズンが終了する1カ月前に彼は肩を痛めて，その年はもはやプレーすることはできないだろうと医者に言われた。彼の最初の反応はチームをやめることだった。彼は怪我をしており，プレーしないつもりだった。それで，彼の心にはとどまる理由はなかったのである。

❷ しかし，私の妻と私は別の見方をしていた。私たちにとっては，もっと重要なことがあった。スティーヴンはチームの一員で，チームはまだプレーしていた。(1)彼がプレーするかどうかはあまり重要な問題ではなかった。チームには彼の支援が必要だったのだ。

❸ 初めは，スティーヴンは不平を言った。彼は，時間の無駄になるだろうと言った。そのあと，彼は究極的な説得の言葉を述べた。「でも，お父さん，僕は勉強することができるようになると思うよ！」 しかし，結局，シーズンが終わるまで彼はチームにとどまった。彼は練習の手伝いをした。彼はチームを支えた。そして，彼のコーチもチームメイトも，そのことで彼に感謝した。

❹ 高校を卒業したあと，彼はスピーチを行い，その中でコーチに感謝し，スポーツの結果として，人生で二つの大きな教訓を学んだと言った。第一は熱心に取り組むことで，第二は最後まで踏ん張ることだった。そして，私たちはこれらの教訓の肯定的な結果が，彼がそれ以来したことすべてに影響を及ぼすのを見た。

❺ 結果とは，ひとえに終わり方のことである。読者の皆さんはおそらく「物事を始める人は多いが，終わりまでやり通す人は少ない」という古い格言をご存知だろう。ますます私たちは，犠牲者と途中で放棄する人で成り立った社会で暮らしているように思える。仕事を途中でやめる人，子供を見捨てる父親，および高校さえ卒業しない10代の若者の数の多さは，少なくとも一部の状況では，事態が困難になると人々は途中でやめる，ということを示している。もちろん，(2)状況によっては，こうした決断のいくつかをすることが，最善の行為である場合もあるかもしれない。しかし，多くの状況で，また，これといった理由もなく，人々は最後まで踏ん張るための動機づけと耐久力をまったく有していないのである。

❻ 私のモットーは次のとおりである。可能な場合には常に終わりまでやりなさい，最後まで踏ん張りなさい。マラソンに備えて練習していた私の同僚は，彼が世界的

一流ランナーから受けた優れた助言について話してくれた。「あなたが『壁にぶつかって』」このランナーは言った。「そして，続けられないと感じたときには，疲れ果てたことにばかり意識を向けてなんとか最後までたどり着けばいいという気持ちになるのではなく，頭を上げて，ペースを上げなさい」 一見したところ，この助言はばからしいほど非実用的に思えるかもしれない。しかし，よく考えてみると，それは大いに納得がいく。ペースを上げることによって，実は自分にこう言っているのだ。単に終わりまでやろうとしているのではない，最後まで踏ん張り通そうとしているのだ，と。

各段落の要旨

❶ 息子のスティーヴンはバスケットボールを始めたが，活躍の場はあまりなく，ベンチで過ごすことが多かった。肩を痛めた彼は，チームをやめようと考えた。

❷ しかし，私たち夫婦の考えは違った。チームはまだプレーしていて，チームには彼の支援が必要だったからだ。

❸ 初めのうちはチームにとどまることに不満だった彼も，結局は最後まで練習の手伝いをしてチームを支えた。

❹ 高校卒業後のスピーチで，彼はこの経験から，熱心に取り組み，最後まで踏ん張ることが重要だという教訓を得たと語った。

❺ 途中でやめるのが最善である場合もあるかもしれないが，多くの状況で，人々は最後まで踏ん張る動機づけと耐久力を有していない。

❻ 私のモットーは，最後までやり通すことだ。ある一流ランナーは「疲れ果ててやめたくなったときには，頭を上げて，ペースを上げよ」と言ったそうだ。一見ばかばかしいこの助言は，よく考えてみると納得がいく。

解 説

問1 Whether he played or not was not a matter of great importance ;

▶この箇所の主語は Whether he played or not という名詞節。Whether ～ or not で「～かどうか」という意味。played は時制の一致によって過去形になっている。「プレーした（かどうか）」ではなく，「プレーする（かどうか）」と訳す。

▶ a matter of great importance は「重要な問題」。of＋名詞は形容詞の働きをするので，a very important matter とほぼ同意である。

問2 there are circumstances in which making some of these decisions may be the best thing to do.

▶ circumstances は「状況」。つまり，最初に「状況がある」と述べている。具体的にどのような状況かは，in which 以下で説明される。これは in＋関係代名詞であり，「（which 以下のような）状況がある」ということ。

▶ which 以下には難しい表現はない。この部分の主語は making some of these decisions「これらの決断のいくつかを行うこと」である。つまり，前文にあるように，仕事をやめたり，子供を見捨てたり，あるいは高校を卒業しないといった決断を行うことを指す。the best thing to do は「なすべき最善のこと」というように直訳してもよいが，「最善の行為」などと言い換える方がより自然な日本語になる。

問3　it makes great sense

▶ make sense は「意味をなす，理にかなう」という意味。great があるので，「大いに理にかなっている，説得力がある，納得がいく」とする。

▶ it は直接的には直前の文の that advice「その助言」を受ける。助言の内容は最終段第3文の When you 'hit the wall' and you feel like you can't go on, instead of focusing on your exhaustion and going into survival mode, lift up your head and *pick up your pace.* である。

▶ まずは全体として，助言の「…ときには，…のではなく，…せよ」という構造を押さえる。

▶ go into survival mode は「サバイバルモードに入る」ということであるが，これは「（頑張ろうとは思わないで）どうにかやっていければそれでよいという気分になること」である。この部分の解釈は簡単ではないが，和訳問題ではないため，instead of focusing … into survival mode の部分の訳は必須ではない。

▶ この「助言」の内容そのものの他に，誰が誰に対して述べた「助言」かを書き加えることもできる。すなわち，最終段第2文に「世界的一流ランナー」が「マラソンを練習していた私の同僚」に言った言葉であることが示されているので，このことを解答に含めてもよい。

語句　hit the wall「壁に突き当たる」 focus on 〜「〜に（意識を）集中する」 exhaustion「疲労」 lift up *one's* head「頭〔顔〕を上げる」 pick up *one's* pace「ペースを上げる」

問1　彼がプレーするかどうかはあまり重要な問題ではなかった。

問2　状況によっては，こうした決断のいくつかをすることが，最善の行為である場合もあるかもしれない。

問3　壁にぶつかって，もう続けられないと感じたときには，疲れ果てたことにばかり意識を向けてなんとか最後までたどり着けばいいという気持ちになるのではなく，頭を上げ，ペースを上げなさいという一流のランナーの助言は大いに理にかなっている。

29

次の英文を読み，設問に答えなさい。

Of all the sources of electricity, one of the most mature and economically competitive is wind. And Denmark is the home of the modern wind industry. (1)When the Danes decided to support wind power, the cost of electricity produced this way was many times greater than that produced by fossil fuels. The Danish government, however, could see the potential of wind power and supported the industry until costs came down.

Denmark leads the world in both wind power production and the building of turbines. Wind now supplies 21 per cent of Denmark's electricity. Around 85 per cent is owned by individuals or wind *cooperatives. Power lies literally in the hands of the people.

In several countries wind power is already cheaper than electricity generated from fossil fuel, which helps account for the industry's remarkable growth rate of 22 per cent per year. It has been estimated that wind power could provide 20 per cent of the energy needs of the United States. Over the next few years the unit price of wind energy is expected to drop a further 20 to 30 per cent, which will make it even more cost （　ア　）.

Wind power is widely perceived as having a major disadvantage──the wind doesn't always blow, which means that it is （　イ　）. It's true that the wind does not blow at the same place with consistent strength, but if you take a regional approach it is fairly certain that the wind will be blowing somewhere. As a result, there is a lot of redundancy in wind generation, for (2)often there will be several turbines lying idle for each one working at full strength.

In the United Kingdom the average turbine generates at only 28 per cent of its capacity over the course of a year. But all forms of power generation have some degree of redundancy. In the UK nuclear power works at around 76 per cent, gas turbines 60 per cent, and coal 50 per cent of the time. (3)This disadvantage in wind is somewhat counterbalanced by its reliability : wind turbines break down less often and are cheaper to maintain than coal-fired power plants.

Wind power, unfortunately, has received bad press, including claims that wind turbines kill birds, and are noisy and unsightly. The truth is, any tall structure represents a potential hazard to birds, and early wind towers did increase that risk——they had a *latticework design, allowing birds to nest in them. But they have now been replaced by smooth-sided models.

All risks need to be measured against each other. Cats kill far (ウ) birds in the US than do wind farms. And if we continue to burn coal, how many birds will die as a consequence of climate change ?

As for noise pollution, you can have a conversation at the base of a tower without having to raise your voice, and new models (エ) the sound even further. And in terms of their ugliness, beauty is surely in the eye of the beholder. What is more unsightly——a wind farm or a coal mine and power plant ? Besides, none of these issues should be (オ) to decide the fate of our planet.

注 *cooperatives：協同組合
　　*latticework：格子作り

問1　下線部(1)を日本語に訳しなさい。

問2　下線部(2)を日本語に訳しなさい。

問3　下線部(3)で述べられた内容を，具体的に日本語で説明しなさい。

問4　本文中の（ ア ）～（ オ ）に最もふさわしい語を次の中から選び，記号で答えなさい。ただし，同じ記号を繰り返し選んではならない。

(A) allowed　　(B) defensive　　(C) dependent　　(D) effective

(E) few　　(F) increase　　(G) more　　(H) organized

(I) reduce　　(J) unreliable

■風力発電の再評価

❶ すべての電力源の中で，最も成熟していて，経済的な競争力のあるものの一つが風力である。そして，デンマークは現代の風力産業の本場なのだ。(1)デンマーク人が風力発電を支援することを決定したとき，この方法で生み出される電力のコストは，化石燃料によって生み出される電力のコストの何倍も高かった。しかしながら，デンマーク政府は，風力発電の可能性を見込むことができ，コストが下がるまで，この産業を支援した。

❷ デンマークは風力発電量およびタービン建設の両方で世界をリードしている。風力は現在デンマークの電力の 21 パーセントを供給している。約 85 パーセントは個人または風力協同組合によって所有されている。「力」は，文字通り人々の手の中にあるのだ。

❸ いくつかの国では，風力発電はすでに化石燃料から生み出される電気より安い。これは，この産業の 1 年当たり 22 パーセントの著しい成長率を説明するのに役立つ。風力発電はアメリカ合衆国のエネルギー需要の 20 パーセントを提供しうると推測されている。次の数年間にわたって，風力エネルギーの単価がさらに 20～30 パーセント下がると予想されている。そのために，風力はさらにいっそうコスト効率が良いものとなるだろう。

❹ 風力発電は，大きな短所があると広く受け止められている。つまり，風はいつも吹くとは限らないので信頼性が低い，ということである。なるほど，風は一貫した強さで同じ場所に吹くということはない。しかし，地域的な見方をすれば，風がそのどこかで吹いていることはかなり確実なのだ。その結果，風力発電には多くの余剰がある。というのも，(2)往々にして，フル稼働している 1 基に対して，数基のタービンが稼働していないことになるからである。

❺ 英国では，平均的タービンは 1 年間にその能力の 28 パーセントしか発電していない。しかし，すべての発電形態にはある程度の余剰がある。英国では，原子力発電は約 76 パーセント，ガスタービンは 60 パーセント，そして石炭は 50 パーセントの稼働時間なのだ。風力におけるこの短所は，その信頼性によって幾分か相殺される。風力タービンは石炭火力発電所よりも故障する頻度が低く，維持費も安い。

❻ 不運にも，風力タービンは鳥を殺し，騒々しく，見苦しいという主張を筆頭に，風力発電は悪評を受けてきた。本当のことを言うと，どのような高い構築物でも鳥にとっては潜在的な危険を意味しており，確かに初期の風力塔はその危険を増大させていた——それらは格子作りのデザインになっており，それらの中で鳥が巣を

作ることが可能だったのである。しかし,現在では,滑らかな側面をもったモデルに取り換えられている。

❼ すべての危険は相互に比較する必要がある。アメリカ合衆国では,猫の方が風力発電プラントよりはるかに多くの鳥を殺している。また,我々が石炭を燃やし続ければ,いったい何羽の鳥が気候変動の結果として死ぬだろうか。

❽ 騒音公害に関しては,声を張り上げる必要もなく塔の台座部分で会話をすることができるし,新しいモデルはさらにいっそう音を減らしている。また,見苦しさの点では,美は確かにそれを見る人の目の中にあるのである。より見苦しいのはどちらだろうか。風力発電プラントだろうか,それとも炭鉱や石炭発電所であろうか。さらに言えば,これらの問題のどれ一つにも,我々の惑星の運命を決めさせるべきではない。

各段落の要旨

❶ デンマークは風力発電のコスト削減に成功し,現在では風力発電の本場になっている。

❷ デンマークでは電力の 21 % は風力による。また,風力発電設備の約 85 % は個人または組合の所有である。

❸ 化石燃料による発電より風力発電の方が安価な国もあり,風力産業の成長は著しい。今後はさらに風力発電のコストが下がると予想される。

❹ 風はいつも吹いているわけではないという点が短所とされてきたが,ある地域のどこかで吹いていることはかなり確実である。

❺ 英国の風力タービンの年間稼働率は 28 % である。これは原子力や火力に比較すると低いが,故障しにくく維持費が安いという長所がある。

❻ 風力タービンは,鳥にとって危険であるなどの悪評を受けてきた。しかし,現在では改良され,鳥への危険は小さくなっている。

❼ 危険は相互比較が必要だ。鳥への危険は風力発電所より猫の方が深刻だし,石炭を燃やし続けることで気候変動が起これば多くの鳥が死ぬ。

❽ 騒音についてもそれほどではない。美観を損ねるといっても,その判断は人によって様々であろう。

解 説

問1 When the Danes decided to support wind power, the cost of electricity produced this way was many times greater than that produced by fossil fuels.

▶ When 以下の副詞節では,主語の the Danes を「デンマーク人」と訳すのがポイント。歴史的な文脈なら「デーン人」となる場合もある。

▶主節の主語は the cost of electricity「電力コスト」である。その直後の produced は過去分詞で,this way「この方法で」を伴い,「電力コスト」を修飾している。

つまり，「この方法で作られた電力のコスト」という意味。

▶ 主節は *A* is greater than *B*.「*A* は *B* よりも大きい」という構造。比較級 greater の前には many times があり，「*A* は *B* より何倍も大きい」となる。〈～ times ＋比較級＋than …〉は〈～ times ＋as ＋原級＋as …〉とほぼ同意で，「…の～倍で」の意。

▶ that produced by fossil fuels の that は既出の語句（the cost of electricity）の繰り返しを避けるために使われている代名詞。

語句 wind power「風力」 fossil fuels「化石燃料」

問2 often there will be several turbines lying idle for each one working at full strength.

▶ often の訳はそれが使われている文章の性質・レベルを考慮して，「しばしば」ばかりでなく，「往々にして」「～である場合が多い」なども使えるようにしたい。

▶ 未来形の there will be は「…が存在することになるであろう」と理解する。

▶ several turbines lying idle の lying は現在分詞で補語の idle を伴っている。lie idle は「使われないでいる」という意味。この部分は全体で「いくつかの動いていないタービン」となる。

▶ for は「～につき，～あたり」という意味の前置詞。

▶ each one working at full strength の one は turbine を指す。working は現在分詞で，直前の one を修飾している。at full strength と合わせて「フル稼働している」と訳す。

問3 ▶ be counterbalanced は「相殺される」という意味。したがって，下線部(3)の意味は「この風力の欠点はその信頼性によって幾分相殺される」ということ。

▶ This disadvantage「この欠点」とは，第4段最終文（As a result, …）から下線部(3)の直前までで述べられた，他の発電形態と比べた場合の風力発電施設の稼働率の低さを指す。

▶ its reliability「その（＝風力/風力発電の）信頼性」とは，下線部(3)中のコロン（：）のあとに述べられていること，すなわち「風力タービンは石炭火力発電所よりも故障する頻度が低く，維持費も安い」ということである。

問4 ア 正解は(D)

▶ which will make it even more cost（ ア ）の部分は，which ＝ S，will make ＝ V，it（＝ wind energy）＝ O である。even more cost（ ア ）が C（目的格補語）となるためには，空所には形容詞が必要となる。しかも，more に修飾されるためには原級でなければならない。直前で「風力エネルギーの単価がさらに20～30パー

セント下がると予想されている」と述べられている流れと合わせて考えると，「風力エネルギー」（it＝wind energy）が，さらにいっそう「コスト効率が高く」（cost effective）なるという内容であると考えられる。

イ　正解は(J)

▶空所の前で「風力発電は，大きな短所があると広く受け止められている。つまり，風はいつも吹くとは限らない」と述べられているので，「風力発電は信頼性が低い」ということになる。which は前の the wind doesn't always blow を先行詞としている。

ウ　正解は(G)

▶far（　ウ　）birds という形から，空所には far で修飾される比較級が必要で，なおかつ，birds という名詞を修飾するためには形容詞である必要がある。また，この第7段は風力発電プラントを擁護する働きをしているので，「猫の方が風力発電プラントよりはるかに多くの鳥を殺している」という文意になる(G)の more「より多い」が適切。than do wind farms は than wind farms do が倒置されたもの。

エ　正解は(I)

▶new models（　エ　）the sound で new models＝S，（　エ　）＝V，the sound＝O という文構造が予想できるはず。さらに，空所の前の部分に「騒音公害に関しては，声を張り上げる必要もなく塔の台座部分で会話をすることができる」という内容が書かれていることや，空所直後に … the sound even further「さらにいっそう音を…」とあることから考えて，適切なのは(I)の reduce「～を減らす」である。

オ　正解は(A)

▶be（　オ　）to 不定詞という形から，be allowed to *do*「～することを許される，～させてもらえる」が即座に思いつくのではないだろうか。文意も，「これらの問題のどれ一つにも，我々の惑星の運命を決めさせるべきではない」となるので，「風力発電への悪評」に反論している直前までの文脈とも合う。(H)の organized は形式的には可能性があるが，「これらの問題のどれ一つも，我々の惑星の運命を決めるように組織化されるべきではない」となり，意味をなさない。

(A)「（～を）認められている」　　(B)「防御的な」

(C)「依存している」　　(D)「効果的な」

(E)「わずかな」　　(F)「増える，～を増やす」

(G)「より多くの」　　(H)「組織化された」

(I)「～を減らす」　　(J)「信頼の置けない」

問1　デンマーク人が風力発電を支援することを決定したとき，この方法で生み出される電力のコストは，化石燃料によって生み出される電力のコストの何倍も高かった。

問2　往々にして，フル稼働している1基に対して，数基のタービンが稼働していないことになる。

問3　他の発電形態と比べた場合に風力発電の稼働率が低いという短所は，風力タービンが石炭火力発電所よりも故障する頻度が低く維持費も安いという信頼性によって，幾分相殺されるということ。

問4　アー⒟　イー⒥　ウー⒢　エー⒤　オー⒜

30

次の英文を読み，設問に答えなさい。

Charles Darwin had more in common with chimpanzees than even he realized. Before he was universally known for his theory of natural selection, (1)the young naturalist made a decision that has long been praised as the type of behavior that fundamentally separates humans from other apes.

In 1858, before Darwin published *On the Origin of Species*, his friend Alfred Russel Wallace mailed Darwin his own theory of evolution that closely matched what Darwin had secretly been working on for more than two decades. Instead of racing to publish and ignoring Wallace's work, Darwin included Wallace's outline alongside his own *abstract so that the two could be presented jointly before *the Linnean Society the following month. "I would far rather burn my whole book than that Wallace or any man should think that I had behaved in a *paltry spirit," Darwin wrote.

This kind of behavior, seeking to benefit others and promote cooperation, has now been found in chimps, the species that Darwin did more than any other human to connect us with. In the study, published in a major scientific journal, *primatologist Frans de Waal and his colleagues presented chimps with (2)a simplified version of the choice that Darwin faced.

Pairs of chimps were brought into a testing room where they were separated only by a wire mesh. On one side was a bucket containing 30 *tokens that the chimpanzee could give to an experimenter for a food reward. Half of the tokens were of one color that resulted in only the chimpanzee that gave the token receiving a reward. The other tokens were of a different color that resulted in both chimpanzees receiving a food reward. (3)If chimpanzees were motivated only by selfish interests, they would be expected to choose a reward only for themselves (or it should be 50-50 if they were choosing randomly). But individuals were significantly more likely to choose the cooperative option.

De Waal says that previous studies showing chimps to be selfish may have been poorly designed. "The chimps had to understand a complex food delivery system," De Waal wrote, "and were often placed so far apart that they may not have realized how their actions benefited others." De Waal added that his study does not rule out the possibility that chimpanzees were influenced by reciprocal exchanges outside the experimental setting such as *grooming or social support.

This latter possibility offers exciting research opportunities for the future. (4)Chimpanzee society, like the greater scientific community that studies them, is built around such mutual exchanges. Science is a social activity, and sharing the rewards from one another's research allows scientists to improve their work over time. Like the chimpanzees he would connect us with, Darwin recognized the utility of sharing rewards with others.

From On the Origin of Cooperative Species, *Scientific American* on August 8, 2011, by Eric Michael Johnson

注 *abstract：概要，要約
*the Linnean Society：リンネ協会（博物学の定期刊行物を出版する英国の
組織）
*paltry：卑しい，けちな   *primatologist：霊長類学者
*tokens：代用コイン   *grooming：毛づくろい

問1　下線部(1)で言及されたダーウィンの判断に最も近いものを，以下の(A)～(D)のうちから一つ選び，記号で答えなさい。
(A)　Darwin decided to publish the outline of his friend's work along with his own.
(B)　Darwin decided to cooperate with the primatologist Frans de Waal.
(C)　Darwin decided to experiment with two groups of chimpanzees.
(D)　Darwin decided to study similarities between humans and chimpanzees.

問2　下線部(2)に関して，チンパンジーに対して行われた実験においてチンパンジーにどのような「選択」が与えられたか，具体的に日本語で説明しなさい。

問3　下線部(3)を日本語に訳しなさい。

問4　下線部(4)を日本語に訳しなさい。

全　訳

■ダーウィンとチンパンジーの共通点

❶ チャールズ゠ダーウィンは，自分ですらも気づいていないほどに，チンパンジーとの共通点を多くもっていた。彼が自然選択説で広く有名になる前に，この若き博物学者は，人間を根本的に他の類人猿から区別する行動として現在に至るまで長く賞賛されている，ある決定を下したのである。

❷ 1858 年に，ダーウィンが『種の起源』を出版する前に，友人のアルフレッド゠ラッセル゠ウォーレスは，ダーウィンが 20 年以上密かに取り組んでいたものとほとんど一致する自身の進化論をダーウィンに郵送していた。ダーウィンは，出版順を争って，ウォーレスの研究を無視する代わりに，自分の概要にウォーレスの概要を含めて，その翌月にリンネ協会に 2 つを共同で提出した。「私は，ウォーレスであれどんな人にであれ，私が卑しい心根で振る舞ったと考えられるくらいなら，むしろ私の本の全編を焼いてしまいたい」とダーウィンは書いている。

❸ 他者に恩恵を与え協力を促進しようとする，この種の振る舞いは，現在チンパンジーにおいても見つかっている。チンパンジーは，他のどんな人よりもダーウィンが我々と結びつけるのに大きな寄与をした種である。主要な科学雑誌の中で公表された研究で，霊長類学者フランス゠ドゥ゠ヴァールと彼の同僚たちは，ダーウィンが直面した選択の簡略版をチンパンジーに提示した。

❹ 二匹一組のチンパンジーたちが，金網だけで彼らが分離されるようになった実験室に搬入された。一方には，30 枚の代用コインが入っているバケツがあり，チンパンジーがそのコインを実験者に渡すと，それと引き換えに報酬のエサをもらえることになっていた。代用コインの半分は，代用コインを渡したチンパンジーだけが報酬を受け取る結果になる色のものだった。その他の代用コインは，両方のチンパンジーが報酬のエサを受け取る結果になる別の色だった。(3)もしチンパンジーが利己的な利益だけで動機づけられるのならば，彼らは自分だけが報酬をもらうことを選ぶと予想されるだろう（あるいは，もし彼らが無作為に選ぶのならば，選択肢の選び方は半々だろう）。しかし，個々のチンパンジーは，助けあいの選択肢を選ぶ可能性が有意に高かったのである。

❺ ドゥ゠ヴァールは，チンパンジーが利己的であることを示す従来の研究はうまく設計されていなかったのかもしれないと言っている。「チンパンジーはエサがもらえる複雑なシステムを理解しなくてはならなかった」とドゥ゠ヴァールは書いている。「そして，多くの場合，互いにかなり離れていたので，自分の行動が他者にどのように恩恵を与えるかわからなかったのかもしれない」　ドゥ゠ヴァールは，自分

の研究は，チンパンジーが毛づくろいや社会的支援のような実験的設定以外の相互交換によって影響を受けた可能性を除外するものではないとつけ加えている。

❻ この後者の可能性は，将来のために刺激的な調査をする機会を提供してくれる。(4)チンパンジーの社会は，チンパンジーを研究しているより大きな科学者集団と同様に，そのような相互交換を中心として構築されている。科学とは人の輪が必要な活動であり，互いの研究から得られる報いを共有することで，科学者は自分の研究を，時とともに改善することが可能になるのである。ダーウィンは，彼が我々と結びつけたチンパンジーのように，他者と報酬を共有することの効用を認識していたのである。

各段落の要旨

❶ ダーウィンは自然選択説で有名になる前，ある決定を下した。

❷ すなわち，ダーウィンとは別に進化論を研究していたウォーレスからの原稿を受け取ったダーウィンは，ウォーレスを無視することなく，共同で論文を発表することにしたのである。

❸ 他者に恩恵を与え，協力を促進するこのような行動は，チンパンジーを使った実験でも観察されている。

❹ その実験では，ある色のコインをチンパンジーが実験者に渡すと，そのチンパンジーだけが報酬を得る。しかし別の色のコインを渡せば，別のチンパンジーにも報酬が与えられるという設定だった。チンパンジーは後者の色のコインを選ぶことが多かった。

❺ この実験を行った研究者は，チンパンジーが利己的であるとする先行研究はうまく設計されていなかったのかもしれないと言っている。また，彼は自分の研究結果が，この実験の設定以外の相互交換によって影響を受けた可能性を除外するものではないと述べている。

❻ 後者の可能性により，さらなる研究の余地がある。チンパンジーの社会も科学者の社会もともに相互交換を中心に構築されている。科学者は相互協力により，研究を高度化する。ダーウィンはチンパンジーと同じように，他者と報酬を共有することが有効であると認識していた。

解 説

問1　正解は(A)

▶下線部は「その若き博物学者はある決定を行った」という意味。この「博物学者」とは，ダーウィンのことである。

▶ a decision「ある決定」とは，直後の関係代名詞節（that has long … from other apes）に述べられているように，「人間を根本的に他の類人猿から区別する行動として長い間賞賛されてきた」ものである。この「行動」とは，第2段に述べられて

いるように，ダーウィンが手柄を独り占めするのではなく，ウォーレスと分かち合おうとしたことを指す。

(A)「ダーウィンは自分の研究とともに，彼の友人の研究の概要を公表することを決定した」

(B)「ダーウィンは霊長類学者フランス゠ドゥ゠ヴァールと協力することを決定した」

(C)「ダーウィンはチンパンジーの2つのグループで実験することを決定した」

(D)「ダーウィンは人間とチンパンジーの間の類似点を研究することを決定した」

問2 ▶下線部は「ダーウィンが直面した選択の簡略版」という意味。「ダーウィンが直面した選択」とは第2段第2文に述べられているように，racing to publish and ignoring Wallace's work「出版順を争って，ウォーレスの研究を無視する」か，… included Wallace's outline alongside his own abstract「自分の概要にウォーレスの概要を含め（共同で提出する）」かの選択である。

▶その「簡略版」とは，後続する第4段で具体的に述べられているチンパンジーが直面した選択である。つまり，自分だけがエサをもらえるコイン（第3文）を選ぶか，ペアの相手もエサをもらえるコイン（第4文）を選ぶかという選択である。ダーウィンが行った決定よりは単純な決定であるため「簡略版」と表現されている。

問3 If chimpanzees were motivated only by selfish interests, they would be expected to choose a reward only for themselves

▶全体は仮定法過去「もし…ならば，…と予想されるだろう」と理解する。

▶be motivated by 〜 は「〜によって動機づけられている」という意味。「動機づけ」は心理学などで使われる学術用語であるため，この訳が最もよいが，「〜によって行動を起こす」などでも可。

▶selfish interests は「利己的な利益」，「自己中心の利害関係」など。

▶for themselves はここでは「独力で」という意味ではない。文字通り，「自分自身のために」という意味である。

語句 be expected to *do*「〜するはずである，〜すると予期〔予想〕される」
reward「報酬」

問4 Chimpanzee society, like the greater scientific community that studies them, is built around such mutual exchanges.

▶まず，挿入部分（like the greater scientific community that studies them）を除外して考える。語句として注意したいのは mutual exchanges「相互交換」。前置詞 around の訳には工夫が必要。「〜のまわりに，〜の周囲に」という意味ではあるが，

ここでは「〜を中心として」としたい。つまり，「そのような相互交換を中心とし
て築かれている」ということになる。

▶挿入部分最初の like は「〜のように」という意味の前置詞。scientific community
は「科学界，科学者集団」である。community は「何らかの共通項でくくられた
人の輪」であり，不用意に「地域社会」などと訳すのは危険である。that studies
them の that は主格の関係代名詞。them は chimpanzees で，「チンパンジーを研
究している…科学者集団」という意味。

▶ great を不用意に「偉大な」と訳すのは危険である。great の本義は語源的にも
「大きい（= relatively large in size or number or extent ; more than usual)」であ
る。例えば，Great Britain（大ブリテン島）は北アイルランドを除いた，イングラ
ンド，スコットランド，ウェールズを合わせた英国の主島の意味であり，決して偉
大なブリテン島という意味ではない。「偉大な」という意味は単なる「大きい」に
価値判断を含意させたものである。

問1　(A)
問2　実験者にコインを渡したチンパンジーだけがエサをもらえる色のコインを
選ぶか，自分ばかりでなく金網の向こうにいるもう一方のチンパンジーもエサ
をもらえる別の色のコインを選ぶかという選択。
問3　もしチンパンジーが利己的な利益だけで動機づけられるならば，彼らは自
分だけが報酬をもらうことを選ぶと予想されるだろう。
問4　チンパンジーの社会は，チンパンジーを研究しているより大きな科学者集
団と同様に，そのような相互交換を中心として構築されている。

31

次の英文を読み，設問に答えなさい。

We're all fairly good at problem solving. That's the skill we were taught and endlessly drilled on at school. Once we have a problem, we know how to work towards getting a solution. Ah, but finding a problem——there's the problem.

Everyone knows that finding a good problem is the key to research, yet no one teaches us how to do that. Engineering education is based on the presumption that there exists a predefined problem worthy of a solution. (1)If only it were so!

After many years of managing research, I'm still not sure how to find good problems. Often I discovered that good problems were obvious only in retrospect, and even then I was sometimes proved wrong years later. Nonetheless, I did observe that there were some people who regularly found good problems, while others never seemed to be working along fruitful paths. So there must be something to be said about ways to go about this.

Internet pioneer Craig Partridge recently sent around a list of open research problems in communications and networking, as well as a set of criteria for what constitutes a good problem. He offers some (2)sensible guidelines for choosing research problems, such as having a reasonable expectation of results, believing that someone will care about your results and that others will be able to build upon them, and ensuring that the problem is indeed open and underexplored.

All of this is easier said than done, however. Given any prospective problem, a search may reveal an abundance of previous work, but much of it will be hard to retrieve. On the other hand, if there is little or no previous work, maybe there's a reason no one is interested in this problem. You need something in between. Moreover, even in defining the problem you need to see a way in, the seed of some solution, and a possible escape path to a lesser result.

Timing is critical. If a good problem area is opened up, everyone rushes in, and soon there are diminishing returns. On unimportant problems, this same group behavior leads to a self-approving circle of papers on a subject of little practical significance. (3)Real progress usually comes from a succession of accumulative and progressive results, as opposed to those that feature only variations on a problem's theme.

At Bell Labs, the mathematician Richard Hamming used to divide his fellow researchers into two groups : those who worked behind closed doors and those whose doors were always open. The closed-door people were more focused and worked harder to produce good immediate results, but they failed in the long term.

Today I think we can take the open or closed door as a metaphor for researchers who are actively connected and those who are not. And just as there may be a right amount of networking, there may also be a right amount of reading, as opposed to writing. Hamming observed that some people spent all their time in the library but never produced any original results, while others wrote furiously but were relatively ignorant of the relevant research.

Hamming, who knew many famous scientists and engineers, also remarked on what he saw as a "(4)Nobel Prize effect," where having once achieved a famous result, a researcher felt that he or she could work only on great problems, consequently never doing great work again. From small-problem acorns, great trees of research grow.

Like a lot of things in life, it helps to be in the right place at the right time. Sometimes all the good and well-intentioned advice in the world won't help you avoid working on a dead-end problem. I know——I've been there, done that.

From When the Problem Is the Problem, *IEEE Spectrum* on June 24, 2011, by Robert W. Lucky.

問1 下線部(1)で筆者が言いたいことを日本語で具体的に説明しなさい。

問2 下線部(2) sensible guidelines とは何か，具体例を3つ日本語で述べなさい。

問3 下線部(3)を日本語に訳しなさい。

問4 下線部(4) "Nobel Prize effect" を日本語で具体的に説明しなさい。

全 訳

■解決すべき問題を発見することの難しさ

❶ 我々はみな，かなり上手に問題を解決することができる。それは，学校で我々が教えられ，延々と叩き込まれた技術なのだ。一旦問題を抱えると，我々は解答を得ることを目指して励む方法を知っている。ああ，しかし，問題を発見すること——そこに問題があるのだ。

❷ 誰しも，よい問題を発見することが研究の鍵であることはわかっている。しかし，そうする方法は誰も教えてくれない。工学教育の基礎には，解明するだけの価値のある，所定の問題が存在するはずだという想定がある。そうであってくれたらいいのだが！

❸ 何年間も研究を統率してきた後ではあるが，私はよい問題の発見方法には依然として確信がもてない。よい問題は，後になって振り返ってみて初めてそれとわかったことも多かったし，そういう場合でさえ，何年も後になって見込み違いが証明されることがしばしばだった。それにもかかわらず，確かに見てとれたのは，いつも決まってよい問題を発見する人というのはおり，その一方で決して実り多い道に沿って研究しているようには見えない人もいる，ということだった。そこで，こうした事態に取り組む方法に関して，何か私に言えることがあるに違いない，と思ったわけだ。

❹ インターネットの先駆者であるクレイグ゠パートリッジは，何がよい問題を成り立たせているのかを判断する一連の基準に加えて，意思疎通とネットワーク作りにおける未解決の研究課題の一覧表を最近公表した。彼は研究課題を選定するための合理的な指針をいくつか提示している。たとえば，結果が出せると合理的に予期すること，誰かが自分の出した結果に関心をもってくれて，他の研究者がその結果を足場にできるだろうと信じること，その課題が確かに未解決で，まだ探究されつくしていないことを確認すること，である。

❺ しかしながら，これらはすべて，言うは易く行うは難し，である。見込みのありそうな問題なら，調べてみると先行する研究が豊富にあることがわかっても，大半は入手が困難であろう。逆に，先行する研究がほとんど，あるいはまったくない場合には，誰も当該の問題に興味をもたない理由があるのかもしれない。この両者の中間のものが必要なのだ。さらに，その問題の所在を絞る段階でさえ，問題の入り口，つまり何らかの解決のたねになる糸口と，はかばかしい結果が出ない場合の逃げ道が見えていることも必要なのだ。

❻ タイミングは極めて重要である。よい問題のある領域が開拓されると，誰もが

飛び込んで来て，すぐに収穫逓減が起こる。取るに足りない問題の場合，これと同種の集団的行動によって，実際的な重要性がほとんどないテーマに関する多数の論文が集まって，独り善がりの閉じた循環ができてしまう。(3)真の進歩とは，ある課題のテーマを変奏して取り上げただけの研究結果ではなく，研究結果の累積的かつ漸進的な連続から生まれてくるのが普通なのである。

❼　ベル研究所の数学者，リチャード=ハミングは，仲間の研究員を2つのグループに分割していた。閉ざされたドアの向こうで研究する人々とドアが常に開けてある人々である。閉ざされたドアの人々は集中して熱心に働き，短期間で見ると優れた結果を出した。しかし，結局のところ彼らは失敗した。

❽　今日，開いたドアと閉じられたドアは，積極的に連携している研究者とそうでない研究者の隠喩として考えることができると思う。また，適切な量のネットワーク作りというものがあるかもしれないのとちょうど同じように，執筆と対をなす文献研究にも適切な量があるのかもしれない。ハミングは観察した結果，こう述べている。研究者の中には，図書館で自分の時間のすべてを過ごすけれども何ら独創的な結果を生み出さない人もいるが，一方，猛烈に論文を書きまくるけれども関連した研究には比較的無知な人もいる，と。

❾　ハミングはまた，多くの名高い科学者や技師と知り合いであり，「ノーベル賞効果」と考えていることに関しても意見を述べている。この効果とは，一度名高い結果を達成してしまうと，研究者は，重大な問題にしか取り組めないと感じ，その結果，二度と偉大な研究ができない，というものである。小さな問題のドングリから，研究の大木は育つものなのだ。

❿　人生での多くのものごとと同様に，適切な時に適切な場にいることが役に立つのだ。時には，世界中のあらゆる有益な善意の助言でも，結果の出ない問題を研究しなくてすむように手助けしてくれるとは限らない。確かにそうだ——私もそうした状況にいて，そうしたことがあるのだ。

❶　我々は問題を解決することは得意だが，問題を発見するのは難しい。

❷　問題発見がうまくいくかどうかが研究の鍵であるが，その方法は誰も教えてくれない。

❸　私自身もその方法には確信がもてない。しかし，問題発見が上手な人とそうでない人がいるのを見てきたので，何か言えることがあるはずだ。

❹　クレイグ=パートリッジによると，結果が合理的に期待でき，他者が関心をもつ内容であることなどが，研究課題を選定する際の指針となる。

各段落の要旨

❺　しかし，これらは実際には困難である。見込みがありそうな問題で先行研究が多いものと，関心がほとんど向けられていないものとの中間が必要となる。

❻　タイミングは極めて重要である。真の進歩とは一連の累積的かつ漸進的な研究結果

の連続から生まれるのが普通である。

❼ ベル研究所の数学者ハミングは研究者を，ドアを閉ざして研究を進める人々と，ドアを開けて研究を進める人々とに2分していた。前者は短期間で出せる成果は上げたが，結局は失敗した。

❽ 開いたドアと閉じたドアは，連携して研究するかどうかの隠喩である。ネットワーク作りや文献研究には適切な量があるのかもしれない。

❾ 一度高い評価を得た研究者が，重大な研究にしか取り組めないと感じ，その結果，二度と偉大な研究ができない「ノーベル賞効果」というものもある。

❿ 適切な時期に適切な場にいることが役に立つ。時には，結果の出ない研究に取り組んでしまうことも避けられない。

解　説

問1　▶ If only it were so!「そうでありさえしてくれたらいいのだが！」の If only は後に仮定法を用い，「ただ〜でありさえすればいいのに」という意味。現実にはそうでないということである。

▶ so は直前の，there exists a predefined problem worthy of a solution を受ける。there exists は there is が強調されたものと考えてよい。

▶ so の内容を明らかにして下線部の意味を述べるなら，「所定の，解決に値する問題が存在していればよいのに」ということ。設問の指示は「筆者が言いたいこと」の具体的説明であるため，はっきり「存在しない」ことを述べ，「所定の，解決に値する問題が存在すること」が工学教育の前提であることにも触れて解答を作る。

語句　predefined「予め定義された，所定の」　worthy of 〜「〜の価値がある」

問2　▶ 下線部(2)の sensible guidelines「合理的な指針」とは，直後に明記されているように，「研究課題を選定するための合理的な指針」である。同一文中に such as 〜「〜のような」という例示を示す表現があるので，such as 以下の3項目をまとめる。

① having a reasonable expectation of results
　reasonable は「理にかなった，合理的な」。「合理的な結果予測をもつこと」

② believing that someone will care about your results and that others will be able to build upon them
　believing の目的語として2つの that 節が並列されている。まず「誰かがあなたの結果に関心をもっていること」。care about 〜 は「〜に関心がある」。次に，「他人（＝他の研究者）がそれを土台に（さらなる成果を）築けること」。最後

の them は your results を受ける。build upon ～「～の上に築く，～を足場にして発展させる」という表現は build の目的語を必要としないが，日本語では上のような補足（「さらなる成果を」）が必要であろう。

③ ensuring that the problem is indeed open and underexplored

ensure「確認する」，open「決着がついていない」，underexplored「十分に探究されていない」という単語を押さえる。「その問題が確かに未解決で探究が不十分であることを確認すること」

問 3 Real progress usually comes from a succession of accumulative and progressive results, as opposed to those that feature only variations on a problem's theme.

▶ accumulative「累積的な」と progressive「漸進的な」はともに results を修飾している。

▶ those は the results のことを指す。those の直後の that は主格の関係代名詞。

▶ variation は「変奏，変異，変種」。基本的な部分は同一のものが形だけを少しずつ変えて繰り返されるというイメージで捉えること。「二番煎じ，三番煎じ」の研究のことを言っている。「バリエーション」という言い方も定着しているので，「ある問題のテーマのバリエーションのみを取り上げたもの」としてもよい。

語句　Real progress「真の進歩」 comes from ～「～から生じる」 a succession of ～「一連の～，～の連続」 as opposed to ～「～と対照的に，～とは異なり，～ではなく」 feature「取り上げる，（研究の）主題にする」

問 4 ▶ a "Nobel Prize effect"「ノーベル賞効果」の説明は下線部の直後の where 以下に書かれている。多くの場合，関係副詞 where は場所に関する語を先行詞とするが，この例では「ノーベル賞効果」が先行詞となっている。

▶ where の直後には分詞構文 having once achieved a famous result が挿入されている。having achieved という完了形になっているのは，直後の a researcher felt … よりも先に起こっているからで，「一度名高い結果を達成してしまったので〔しまった後では〕」の意。

▶ consequently「それ故に，その結果として」以下も分詞構文である。and consequently he or she would never do great work again と解釈される。

語句　work on ～「～に取り組む，～を研究する」

問1　工学教育は，所定の，解決に値する問題が存在することを前提としているが，実際にはそのようなものは存在しないということ。

問2　①結果が出せると合理的に予期すること。

②誰かが自分の出した結果に関心をもってくれて，他の研究者がその結果を足場にさらなる成果を築けるだろうと信じること。

③その課題が確かに未解決で，まだ研究されつくしていないことを確認すること。

問3　真の進歩とは，ある課題のテーマを変奏して取り上げただけの研究結果ではなく，研究結果の累積的かつ漸進的な連続から生まれてくるのが普通なのである。

問4　研究者は，一度名高い結果を達成してしまうと，重大な問題にしか取り組めないと感じ，その結果，二度と偉大な研究ができなくなるということ。

32

次の英文を読み，設問に答えなさい。

Nearly 100 years of linguistics research has been based on the assumption that words are just collections of sounds——an agreed acoustic representation that has little to do with their actual meaning. Yet a series of recent studies challenge (1)this idea. They suggest that we seem instinctively to link certain sounds with particular sensory perceptions. Some words may evoke a round shape. Others might bring to mind a spiky appearance, a bitter taste, or a sense of swift movement.

More than 2000 years ago, Plato recorded a dialogue between two of Socrates's friends, Cratylus and Hermogenes. Hermogenes argued that language is arbitrary and the words people use are purely a matter of convention. Cratylus believed words inherently reflect their meaning—— although he seems to have found his insights into language disillusioning: Aristotle says Cratylus eventually became so disenchanted that he gave up speaking entirely.

The Greek philosophers never resolved the issue, but two millennia later a Swiss linguist seemed to have done so. In the 1910s, using an approach based in part on a comparison of different languages, he set out a strong case for the arbitrariness of language. Consider, for instance, the differences between "ox" and "boeuf," the English and French words for the same animal. With few similarities between these and other such terms, it seemed clear to him that (
(2)   ).

The world of linguistics was mostly persuaded, but a few people still challenged this conviction. In the 1920s a German psychologist presented subjects with line drawings of two meaningless shapes——one spiky, the other curved——and asked them to label the pictures either "takete" or "baluba." Most people chose takete for the spiky shape and baluba for the curvy one. Though he didn't say why this might be, (3)the observation strongly suggested that some words really might fit the things they describe better than others. His work, first published in 1929, did not attract much attention, and though others returned to the subject every now and then, their findings were not taken seriously by the mainstream.

The turning point came in 2001, when two American researchers published their investigations into a condition known as (4)synaesthesia, in which people seem to blend sensory experiences, including certain sounds and certain images. As many as 1 in 20 people have this condition, but the researchers suspected that cross-sensory connections are in fact a feature of the human brain, so that in practice we all experience synaesthesia at least to a limited extent. To explore this idea, they revisited the 1929 research and found that an astonishing 95 percent of average people, and not just synaesthetes, automatically linked two different sensations.

From Kiki or bouba? In search of language's missing link, *New Scientist* (*2011/08/17*), by David Robson

問1　下線部(1) this idea の内容を日本語で具体的に説明しなさい。

問2　空所(2)に入る最も適切なものを次の(a)〜(e)から選び，記号で答えなさい。
- (a)　the words ox in English and boeuf in French refer to the same animal
- (b)　the sounds of words do not inherently reflect their meanings
- (c)　the words ox and boeuf refer to animals of a different species
- (d)　understanding words in one language positively transfers to comprehension in another
- (e)　Cratylus must have been correct all along

問3　下線部(3) the observation の内容を日本語で具体的に説明しなさい。

問4　下線部(4) synaesthesia とはどういう状態か，日本語で具体的に説明しなさい。

■言語の恣意性と共感覚

❶ ここ100年近くの言語学研究は，言葉は音の集まりにすぎない——つまり，言葉は，実際に意味するものとはほとんど無関係に，人々の合意に基づいてそれを音声で表しているものにすぎない——という想定に基礎を置いてきた。しかし，最近の一連の研究がこの考えに異議を唱えている。それらが示唆している事実とは，我々は本能的にある種の音を特定の知覚と関連させているらしい，ということである。言葉の中には丸い形を思い起こさせるものもあるかもしれない。また中には，ことによると，尖った外観，苦い味，あるいは素早く動く感じを想起させる言葉もあるかもしれないのだ。

❷ 2000年以上前に，プラトンは，ソクラテスの2人の友人，クラティルスとヘルモゲネスとの間の対話を記録している。ヘルモゲネスは，言語は恣意的であり，人々が使用する言葉は純粋に慣習の問題にすぎない，と主張した。クラティルスの方は，言葉は本来，それがもつ意味を反映していると確信していた——とはいえ，彼は言語に対するこの自分の洞察を，幻滅を感じさせるものだと気づいていたらしい。アリストテレスの言葉を借りると，クラティルスはあまりに幻滅して，ついには一言も口をきかなくなってしまったということだ。

❸ ギリシアの哲学者はこの問題を解決することはできなかった。しかし，2000年後に，スイスのとある言語学者が解決したように思えた。1910年代に，異言語間の比較に一部基づいた研究手法などを用いて，彼は言語の恣意性を証明する，説得力のある主張を発表した。たとえば，英語とフランス語で同じ動物を表す「ox」と「boeuf」の違いを考えてみるといい。これらの2つや，他に同じものを表す単語にはほとんど類似点がないので，彼には言葉のもつ音は本来，その言葉の意味を反映していないということは明白であるように思えたのだ。

❹ 言語学界のほとんどの人が納得したが，依然この確信に異議を唱えた人も少数ながら存在した。1920年代に，あるドイツの心理学者は被験者たちに2つの無意味な形をした線画——一方は尖った形のもの，もう一方は丸みのあるもの——を提示した。そして，被験者たちにこの線画に「takete」か「baluba」のいずれかの名前をつけるように頼んだ。たいていの人は，尖った形のものにtaketeを，丸みのあるものにbalubaという言葉を選んだ。その理由について彼はとくに考察していないが，この観察結果が強く示唆しているのは，単語の中には表現する物事に本当にぴったり合っているものがある，ということである。彼の研究は，1929年に初めて公表されたが，あまり注意を引かなかった。また，この研究テーマに戻って

くる研究者も時折いたが，そういった人々の研究結果が主流派から真面目に受けとめられることはなかった。

❺ 転機は 2001 年に，2 人のアメリカの研究者が共感覚として知られる知覚現象についての調査結果を公表した時に訪れた。この感覚では，人は，ある種の音とある種の画像など，知覚による経験を融合しているらしい。20 人に 1 人という多くの人がこの感覚をもっている。しかし，研究者たちは，感覚横断的な結び付きは，実は人間の脳の特徴であり，その結果，実際，我々は皆少なくともある程度までの共感覚を経験しているのではないかと考えた。この考えを詳しく研究するために，彼らは 1929 年の研究を調べ直した。すると，共感覚の持ち主だけではなく，普通の人々のうち，なんと 95 パーセントが，2 つの異なる感覚を無意識に結び付けているということがわかったのだ。

各段落の要旨

❶ 言語の音と意味とは無関係であると考えられてきた。しかし，我々はある種の音を特定の知覚と関連させているらしいという最近の研究がある。例えば，丸い形を想起させる音があるというのである。

❷ ギリシアでは 2000 年以上も前に哲学者によって言語の恣意性が議論された。言葉は純粋に慣習の問題にすぎないとするヘルモゲネスに対して，クラティロスは言葉はそれがもつ意味を反映していると考えていた。

❸ 1910 年代に，スイスの言語学者が言語の恣意性を証明する主張を発表した。同じ動物を表す英語の ox とフランス語の boeuf には類似点が乏しく，彼には音が意味を反映していないことは明白に思えたのだった。

❹ これに同意しなかった人も少数いた。1920 年代にドイツの心理学者は尖った形の線画と丸みのある線画に，takete か baluba のいずれかの名前をつけさせる実験を行った。尖った方には takete，丸い方には baluba と命名した被験者が多く，単語の音には意味を反映したものがあるということが示唆された。しかし，この研究はあまり注目されなかった。

❺ 転機は 2001 年，アメリカの学者が共感覚についての調査結果を公表した時に訪れた。感覚横断的な知覚は人間の脳の特徴であり，普通の人のうち，95 パーセントが 2 つの異なる感覚を無意識に結び付けていることがわかった。

解 説

問1 ▶下線部(1)を含む文は「しかし，最近の一連の研究がこの考えに異議を唱えている」という意味。this idea「この考え」とは，この直前の the assumption that words are just collections of sounds——an agreed acoustic representation that has little to do with their actual meaning のことである。

▶ダッシュ（——）の前までの意味は「語は音の寄せ集めでしかないという仮定」と

いうこと。that は同格。

▶ダッシュ以降は collections of sounds の説明である。has little to do with 〜 は「〜とはほとんど関係がない」の意味。この直前の that は関係代名詞（主格）である。

▶ agreed というのは特定の言語を使う人々によって「合意された」ということ。acoustic「音響的な，音（声）の」と representation「表現」を合わせると「音による表現」という意味合いになる。

問2　正解は(b)

▶第3段第3文以降で，「雄牛」を意味する英語の ox とフランス語の boeuf のペアが例に引かれて，これらに発音上の共通性がほとんどないことが述べられている。その上で，空所を含む箇所は「彼にとって（　(2)　）ことは明白であるように見えた」ということ。

(a)「英語の ox とフランス語の boeuf という単語は同じ動物を指している」
　　これは「明白であるように見えた」のではなく，事実である。また，第3段第3文の繰り返しで，意味をなさない。

(b)「単語のもつ音は本来その単語の意味を反映していない」
　　ox と boeuf の例から，このように言うことができる。

(c)「ox と boeuf という単語は異なる種の動物を指している」
　　第3段第3文より，この2つの単語は同じ動物を指していることがわかる。

(d)「ある言語での単語を理解できれば，別の言語であっても確実に理解できる」
　　日本語の「茶」と中国語の「茶」のように，相互に理解できる例もあるが，「確実に」そうというわけではないし，第3段の内容との関連性に欠ける。

(e)「クラティルスは最初からずっと正しかったに違いない」
　　クラティルスは第2段第3文に書かれているように，単語の発音はその意味を反映していると考えていた。第4段以降，そのような考えを肯定する研究が紹介されるが，英語の ox とフランス語の boeuf という単語が同じ動物を指しているという事実からはクラティルスの考えは否定される。

問3

▶下線部(3)の the observation は「その観察結果」と理解する。この部分以降の意味は「その観察結果が強く示唆するのは，単語の中には表現する物事に本当にぴったり合っているものがある」ということ。

▶ここに示された実験の内容や観察結果は第4段第2・3文の In the 1920s a German psychologist … the curvy one. に述べられているので，この箇所をまとめる。

▶まず，第2文に書かれている実験の内容について述べる。第2文前半の subjects は「被験者」，present A with B は「A に B を提示する」という意味である。line drawings は「線画」で，of 以下を含めると「2つの無意味な形の線画」。具体的にはダッシュ以下に「一つは尖った形（spiky）で，もう一つは丸みのある形（curved）」という説明がある。

▶第2文後半の label は動詞で「名前をつける，分類する」という意味。to label 以下の意味は「絵に takete または baluba という名前をつけること」となる。

▶第3文には choose A for B「B に A を選ぶ」という形が使われている。baluba の前には most people chose があると考える。最後の the curvy one の one は shape の反復を避けるために使われている。

問4　▶下線部の synaesthesia は「共感覚」と訳される。多くの人間にとって，各感覚はそれぞれ独立しているが，そうではない人々がいる。例えば，丸い形を見ると甘いと感じたりするのである。この単語が「共感覚」と訳されることを知っている必要はないが，「共感覚」という現象を全く知らないとすると，せっかく英語を正しく読み取っても何のことかよくわからないということになるかもしれない。

▶下線部直後の in which people seem to blend sensory experiences, including certain sounds and certain images が「共感覚」の説明であり，この部分を訳す。英語の試験であるから，自分の知識に基づいて「共感覚」を説明するのではなく，この部分に沿った説明をするべきである。同段第2文の cross-sensory connections「感覚横断的な結び付き」という表現は利用してもよい。

▶in which は前置詞＋関係代名詞の用法で，一般に「この中では」と訳される。「この共感覚として知られる状態の中では」→「この感覚では」と理解する。

▶blend sensory experiences は「感覚的体験を融合する」などと訳せる。物を見たり，音を聞いたり，味を感じたりするのはすべて sensory experience の例である。including 以下は「ある音とある像を含めて」という意味。つまり「『聴覚と視覚』などのように異なる感覚を融合する」ということである。

問1　言葉は言葉のもつ実際の意味とはほとんど関係がない，（言葉を使う人々の間で）合意がなされている音の表現であり，単なる音の集まりにすぎないとする考え方。

問2　(b)

問3　被験者たちに尖ったものと丸みのあるものを描いた線画を提示して名前を選ばせたところ，たいていの人が前者に「takete」，後者に「baluba」という言葉を選んだということ。

問4　聴覚と視覚のような，複数の異なる知覚体験を融合している状態。

33

次の英文を読み，設問に答えなさい。

The Internet has made it much easier——and more entertaining——to slack off at the office. In a widely cited survey from 2005, people said that the Net was their favorite way to waste time at work. Businesses have responded by trying, in various ways, to restrict access. One study found that half of all companies block access to Facebook and Twitter. Other companies cut off online shopping sites and YouTube. And many companies have an "acceptable use policy," making it clear that when you're supposed to be finishing your business reports you should not be watching that excellent new video of a dog howling along to its own piano-playing.

Fair enough, you might say. However, plenty of new research suggests that forcing Internet-addicted employees to *go cold turkey may make them less productive, not more. (1)A new study, done at the University of Copenhagen, asked participants to perform a simple task——watch videos of people passing balls and count the number of passes. But first they were presented with a distraction. One group of participants had a funny video come up on their screens ; the rest saw a message telling them that a funny video was available if they clicked a button, but they were told not to watch it. After ten minutes, during which people in the second group could hear those in the first laughing at the video, everyone set to the task of counting the number of passes. And the curious result was that those who hadn't watched the comedy video made significantly more mistakes than those who had. You might have thought that those who had spent the previous ten minutes laughing would become distracted and careless. Instead, (2)it was the act of following company policy and not clicking that button that hindered people's ability to focus and concentrate.

The basic idea here is that for most people willpower is a limited resource : if we spend lots of energy controlling our impulses in one area, it becomes harder to control our impulses in others. Or, as the psychologist Roy Baumeister puts it, willpower is like a muscle : overuse temporarily exhausts it. The implication is that asking people to regulate their behavior without interruption may very well make them less focused and less effective.

So what should companies do? They could just remove the temptation entirely and shut down access to most Web sites. After all, if the people in the Copenhagen experiment hadn't known there was a video they could have been watching, they would presumably have counted the passes just fine. There are companies that try to do (3)this, but it creates a tyrannical work environment, and, besides, the spread of smartphones renders such a policy increasingly unenforceable. A more interesting solution, proposed by the Copenhagen experimenters, would be to create "Internet breaks," allowing workers to periodically spend a few minutes online. This may sound like a solution straight out of *Oscar Wilde, who said, "The only way to get rid of temptation is to yield to it." But it's actually a logical evolution of one of the great inventions of the twentieth century: the coffee break. (4)In the nineteenth century, letting wage-earners stand around drinking coffee would have seemed outrageous. But, in the early nineteen-hundreds, a company introduced the idea of short breaks in the workday, and by mid-century it had become an accepted office custom. The basic insight——that giving people some relief from difficult tasks, along with the chance to let their minds wander, will make them more productive—— remains true. Sometimes, it turns out, ((5)).

*go cold turkey: stop suddenly and completely
*Oscar Wilde (1854-1900): an Irish playwright, poet, and novelist

問1　下線部(1) A new study の実験結果を 40 字以内の日本語で具体的に説明しなさい。ただし，句読点も字数に含む。

問2　下線部(2)を日本語に訳しなさい。

問3　下線部(3) this の表す内容を日本語で具体的に説明しなさい。

問4　下線部(4)を日本語に訳しなさい。

問5 空所(5)に入る最も適切なものを次の(a)〜(e)から選び，記号で答えなさい。

(a) the use of smartphones creates a tyrannical work environment

(b) success comes only through devotion to the task at hand

(c) to achieve greatness in life, we must also do things which we do not enjoy

(d) you have to take your eye off the target in order to hit it

(e) the Internet is a wasteful distraction in the work place

全 訳

■インターネット・ブレイクのすすめ

❶ インターネットのおかげで，職場で仕事をサボることははるかに容易になった——そして，一層楽しいものとなった。2005年から広く引用されている調査では，人々はネットが職場で時間を無駄にする一番好きな方法であると答えている。企業は様々な方法でアクセスを制限しようとすることでこれに応じてきた。ある研究によると，全企業の半数がフェイスブックやツイッターへのアクセスをブロックしていることがわかった。他にもネットショッピングのサイトやユーチューブをブロックしている企業もある。そして，多くの企業が「利用規定」を持っていて，社員が業務報告書を仕上げているはずの時間に，自分で演奏するピアノに合わせて吠える犬の秀逸な新作ビデオを見るべきではないことを明確にしている。

❷ そりゃ当然だろう，と皆さんはおっしゃるかもしれない。しかしながら，多くの新しい研究によると，ネット依存の従業員に急にネットをきっぱりとやめるように強要することは，その従業員の生産性を上げるどころか下げてしまうことになりかねないのだ。コペンハーゲン大学で行われた最近の研究は，調査参加者に単純な課題——ボールのパス回しをしている人々のビデオを見て，パスの回数を数える——を行ってくれるように依頼した。しかし，最初に，気をそらすように仕向けられた。参加者のあるグループは，滑稽なビデオをコンピュータ画面に出してもらった。残りの参加者は，ボタンをクリックすれば滑稽なビデオが見られるが，見てはならないというメッセージを目にした。10分の間，第2グループの人々は第1グループの人々がビデオを見て笑っているのを聞き，その後で，参加者全員がパスの回数を数える課題に着手した。奇妙な結果がでた。コメディービデオを見ていなかった人々の方が，見ていた人々より，有意に多くの誤りを犯していたのだった。皆さんは，前の10分間を笑って過ごした人々は気が散って，注意力が足りなくなるだろうと思われたかもしれない。それどころか(2)人々の注意力や集中力の妨げになったのは，企業方針に従ってボタンをクリックしないという行為だった。

❸ ここでの根本概念は，大部分の人にとっては，意志の力は限りのある資源であるということだ。我々が一つの領域で自分の衝動を制御するのに多くのエネルギーを費やせば，他の領域での衝動を制御することは一層困難になる。換言すると，心理学者ロイ=バウマイスターが言っているように，意志の力は筋肉に似ていて，使い過ぎると一時的に消耗してしまうのである。どうやら，人々に間断なく自分の行動を規制させようとすると，集中力が低下し，能率が落ちる可能性が高いらしい。

❹ それでは，企業は何をすべきなのだろうか？　誘惑を完全に取り除いて，ほと

んどのウェブサイトへのアクセスを遮断することはやろうと思えばできる。コペンハーゲンでの実験に参加した人々だって，見ようとすれば見ることができたビデオがあったことを知らなかったならば，恐らくはパスの回数をまったく問題なく数えていただろう。これをやろうとしている企業がある。しかし，それは横暴な職場環境を創り出してしまう。その上，スマートフォンの普及でそのような方針はますます強制力のないものになっている。さらに興味深い解決策が，コペンハーゲンの実験を行った研究者たちによって提案されている。「インターネット・ブレイク」の時間を作って，労働者が一定時間ごとにネットに接続して数分間を費やすのを認めるというものだ。これはオスカー=ワイルドをそっくりまねた解決策のように聞こえるかもしれない。彼はこう言ったのだ。「誘惑から解放される唯一の方法はそれに屈することだ」 しかし実際には，それは20世紀の偉大な発明の中の一つである「コーヒー・ブレイク」の論理的な発展型である。(4)19世紀ならば，賃金労働者たちがコーヒーを飲みながらぼんやり突っ立っているのを許すなどというのは，もってのほかだと思われたことだろう。しかし，1900年代初頭になると，ある企業が，勤務時間中に短時間の休みをとるという考えを導入し，20世紀半ばまでに，これはオフィスでの慣行の一つとして受け入れられていった。この基本的洞察——ぼんやりする機会を与え，困難な任務を幾分軽減してやると，人々の生産性は増すということ——は真理のままである。時には，的に当てるためには，的から目を離さなければならない，ということだ。

❶ 職場でインターネットをして仕事をサボる人がいる。企業ではアクセス制限や利用規定を制定してこれに対抗している。

❷ しかし，ネット依存の従業員は，ネットを絶たれるとかえって生産性を下げてしまう可能性がある。被験者にコンピュータ画面の単純作業を課したある研究によると，作業前に滑稽なビデオへのアクセスを禁止されたグループの方が，許されたグループよりも成績が悪かった。注意力や集中力の妨げになるのは，企業方針を守ってビデオを見ない行為だということになる。

❸ これは大部分の人間にとって，意志の力に限界があるからだろう。行動を規制することにエネルギーを費やすと，別の領域で集中力が低下し，能率が落ちる可能性がある。

❹ 企業はネットへのアクセスを遮断することはできても，スマートフォンの普及により，効果は疑問である。むしろ，「インターネット・ブレイク」を創設して一定時間の私的なネットアクセスを認めるという解決策もある。

各段落の要旨

解　説

問1　▶「新しい研究」として行われた実験の内容は，下線部の直後から同段第6文にかけて説明がある。第7文冒頭の「そして，この奇妙な結果は（that 以下）であった」という表現から，この that 以下をまとめればよいとわかる。40字という制限字数は厳しいので，実験方法等にまで触れる余裕はない。

▶ those who が2度使われているのは，この実験では被験者が2分され，両者を比較しているからである。第1グループは those who hadn't watched the comedy video「コメディービデオを見なかった人々」で，第2グループは those who had。この直後には watched the comedy video が略されているので，「コメディービデオを見た人々」である。

▶この両グループが more … than という表現で比較され，第1グループの方がミスの数が多かったというのが「結果」である。significantly は「有意に」という意味だが，字数の関係で無視してよい。

問2　it was the act of following company policy and not clicking that button that hindered people's ability to focus and concentrate

▶まず，全体が it was … that ～「～は…であった」という強調構文になっていることを押さえる。

▶強調されているのは the act of following company policy and not clicking that button である。the act of ～ の of は同格。「～という行為」と解釈する。of の目的語は following company policy「会社の方針に従う」と not clicking that button「そのボタンをクリックしない」の2つであることに注意。

▶ focus と concentrate は類義語で，ともに「集中する」という意味。ability 以下は「集中力」ということになる。英語に合わせて「焦点を合わせて集中する力」などとしたり，「集中力」の類義語として「注意力」を並べるのも一つの方法。

語句　hinder「阻害する，妨げる」

問3　▶第4段第4文の There are companies that try to do this「これをやろうとしている会社がある」の「これ」を説明する問題。つまり，「これ」とは会社を主語にして意味が成り立つものである。この観点から下線部の前後を探すと，同段第2文が該当することがわかる。

▶この文の主語 They は，第1文 So what should companies do? の直後にあることから，companies「会社」を指すことは明らか。

▶ could は「（もしやろうと思うなら）できる」という文脈なので，仮定法にからめ

て解釈する。

▶ remove the temptation「その誘惑を取り除く」の「誘惑」は，文脈より「従業員が勤務時間中に私的にネットへアクセスすること」である。説明問題なので，答案では単に「その誘惑」とするのは避けた方がよい。どんな「誘惑」かを具体的に書くか，この部分に触れないかのどちらかがよい。

▶ 第2文前半の「誘惑を除去する」ことの具体的方法が，後半の shut down access …「…へのアクセスを遮断する」にあるので，解答の重点は第2文後半に置くのがよい。

問4　In the nineteenth century, letting wage-earners stand around drinking coffee would have seemed outrageous.

▶ In the nineteenth century は仮定法の if 節の代用をしているので，「19世紀に」ではなく，「19世紀だったならば」などと訳すのがよい。

▶ 主語は letting wage-earners stand around drinking coffee。let *A do*「*A*（人）が〜するのを許す」という表現が使われている。wage-earners は「賃金」+「稼ぐ人」で「賃金労働者」となる。

▶ stand around は「ぼんやり立っている，突っ立っている」。直後に現在分詞を伴うことも多く，その場合「〜しながら」という意味。

▶ would have seemed は仮定法過去完了で，直後の outrageous「とんでもない，ひどすぎる，もってのほかの」と組み合わせて「もってのほかだと思われただろう」という意味になる。

問5　正解は(d)

▶ 空所の直前の it turns out の it は，漠然とした不特定の状況を表すので訳さない。turn out 〜 は「〜ということになる，〜だとわかる」という意味で，文全体を「時には（　(5)　）ということになる」と理解した上で，各選択肢を検討する。

▶ The basic insight で始まる直前の文の趣旨は「職務中に適切な休憩を与えた方が生産性が向上する」ということなので，これを言い換えた(d)が正解である。文脈上，「生産性を上げる＝的に当てる」，「生産性を下げるかに見える休憩を与える＝的から目を離す」となる。

(a)「スマートフォンの使用は横暴な職場環境を作り出す」

(b)「成功は，目の前にある職務への専心を通してのみやってくる」

(c)「人生で偉大なことを達成するには，楽しめないこともしなければならない」

(d)「的に当てるためには，的から目を離さなければならない」

(e)「インターネットは職場の無駄な気晴らしである」

問1　作業前にコメディービデオを見なかった人々の方が，見た人々より多くの
　　ミスを犯した。(40字)
問2　人々の注意力や集中力の妨げになったのは，企業方針に従ってボタンをク
　　リックしないという行為だった
問3　従業員が職務中にネットに接続したいという誘惑を完全に取り除いて，ほ
　　とんどのウェブサイトへのアクセスを遮断すること。
問4　19世紀ならば，賃金労働者たちがコーヒーを飲みながらぼんやり突っ立
　　っているのを許すなどというのは，もってのほかだと思われたことだろう。
問5　(d)

34

次の英文を読み，設問に答えなさい。

It was early summer after dinner, at dusk, when it was beginning to cool off a little. Mother and Dad wanted to retrieve a *bridle they had loaned to a man who ran a stable down by the railroad tracks and had taken me along. It was only a short distance to the stable, where we were met by a man I had never seen before, who immediately opened the stable door, letting out his police dog. The dog, of course, was overjoyed ; frisking about, barking and wagging his tail, he greeted everyone and was petted by everyone, including me——he was just like our "lobo," a German shepherd. All four of us entered the stable as the man explained that he should feed his dog. The next scene is all in slow motion. The man is bent over, head down, rooting around in the straw in a *manger looking for the bridle. Between him and me are my parents standing together forming the base of a triangle. At the top of the triangle, a good seventeen feet away, is the dog, eating. Like all children I know, I am watching the dog eat. The next thing I know, I am on my back, looking up into those horrible flashing teeth and jaws. (1)The dog had grabbed me by the waist, thrown me down on my back, and was astride my body making the most horrible frightening noises. Looking for my parents to save me, I saw them standing there immobilized, unable to do anything. I could see that they were not going to do anything, which made my situation even more desperate. Just when I had about given up hope, the man raised his head out of the manger, bridle in hand, and whistled. The dog withdrew.

From this I learned three things, only one of which was explained to me. Mother told me that I should not look at strange dogs when they are eating because they might think I was going to take their food. This was my first experience with eye behavior ; (2)I have been an observer of it ever since. The other thing I learned was that at a critical moment my parents would not risk themselves in any important way to save me. And if they wouldn't, who would ? Third, you must know the proper language in order to survive. If that dog hadn't been well trained and if his owner who knew the proper commands had been absent, I wouldn't be here. I also wondered why my parents would lend anything, to say nothing of an expensive bridle, to a man who would toss it into a manger where the horses ate their hay and slobbered on it.

From *An Anthropology of Everyday Life* by Edward Twitchell Hall, Doubleday

*bridle：馬勒（馬の頭部につける馬具，くつわ，手綱の総称）
*manger：飼葉おけ

問1　下線部(1)を日本語に訳しなさい。

問2　この事件から筆者が学んだ教訓を3つ日本語で書きなさい。

問3　下線部(2)を it の指す内容を明示して日本語で説明しなさい。

問4　次の英文1～6の中から，本文の内容と一致するものを2つ選び，その番号を記入しなさい。
1．My parents rescued me just as the dog was about to kill me.
2．After the dog was out of the stable and had come over to us, I stroked it.
3．The man, who was between my parents and me, looked for the bridle.
4．It was the man who spurred the dog into attacking me.
5．When the dog was astride me, I looked in vain for my parents to save me.
6．The man valued the bridle so highly that he placed it into the manger.

■全　訳

■犬に襲われた経験から学んだ3つの教訓

❶ 初夏の夕食後の夕暮れ時で，少し冷え込み始めていた頃だった。母と父は，鉄道の線路わきで厩舎を営む男に貸していた馬勒を取り戻したいと思い，僕も一緒に連れて行っていたのであった。僕がまだ一度も会ったことのない一人の男に僕たちが出迎えられたのは，厩舎にほど近いところだったが，この男はすぐに厩舎の扉を開けると，彼の警察犬を外に出してやった。犬はもちろん大喜びだった。あちこち跳ね回り，吠えたてたり尾を振ったりして，みんなに挨拶し，僕も含めてみんなになでてもらった――彼は僕らの「ロボ」（ジャーマンシェパード）にそっくりだった。僕たち4人全員が厩舎に入ると，この男は自分の犬に餌をやらなければならないと説明した。次の場面は全部がスローモーションだ。男は前かがみになり，頭を垂れ，飼葉おけの中のわらをひっかき回して馬勒を探している。彼と僕の間には両親が一緒に立っていて，三角形の底辺を成している。三角形の先端では，たっぷり17フィートは離れて，犬が餌を食べている。僕の知っている子どもみんながそうであるように，僕は，犬が食べている様子をじっと見ている。続いて起きたことで僕にわかるのは，自分が仰向けになって，あのギラギラ光る恐ろしい歯と顎を見上げているということだ。(1)その犬は僕の腰に飛びかかり，僕を仰向けに投げ倒して，この上なく恐ろしく身の毛もよだつような声をあげながら僕の身体の上にまたがっていた。助けを求めて両親を探したとき，僕は，彼らがそこで身動き一つしないまま，何もできずに突っ立っているのを目にした。彼らが何もしないつもりなのがわかったので，僕の状況はさらに絶望的なものになった。ちょうど僕が希望を捨てかけていたそのとき，あの男が手に馬勒をつかんで飼葉おけから顔を上げ，口笛で合図した。犬は引き下がった。

❷ このことから，僕は3つのことを学んだ。説明してもらったのは，その中の1つだけだ。母は僕に，見知らぬ犬が食べているときにはそちらを見てはいけない，僕が連中の食物を取るつもりだと思われるかもしれないから，と言った。これは，目の動きに関する僕の最初の経験だった。僕はそれ以来ずっと目の動きを観察している。僕が学んだもう1つのことは，危機的瞬間には，両親は僕を救うために重要なやり方で，自分たちの身を危険にさらすことはないということだった。でも，彼らがそうしないとしたら，一体だれがやってくれるというのだろうか？　3つ目は，生き残るためには適切な言葉を知らなければならないということだ。もしもあの犬が十分に訓練されておらず，適切な命令の言葉を知っている飼い主がその場にいなかったとしたら，僕は今ここにはいなかっただろう。また，なぜ両親は，馬が干し

草を食べてよだれを垂らす飼葉おけに借りたものを投げ込むような男に，高価な馬勒は言うにおよばず，そもそも物を貸してやったりするのだろうかと，僕はいぶかしく思った。

解　説

問1　The dog had grabbed me by the waist, thrown me down on my back, and was astride my body making the most horrible frightening noises.

▶犬の4つの動作または状態を正しく訳出する。時制は過去完了形と過去形が使われていることに注意したい。つまり，過去完了形で書かれた2つの動作の方が先に起こっている。

▶ grab は「つかむ」。その直後に目的語が来る。さらにどこをつかまれたかが by +「体の部位」で表現されている。「私をつかんだ，（私の）腰（の部分）を」ということだが，日本語では「私の腰をつかんだ」でよい。また，犬の動きとしては，「つかむ」は「つかみかかる」や「飛びかかる」と訳してもよい。

▶ thrown me down on my back の thrown は had thrown「投げ倒していた」である。ただし，たいていの場合，犬は人を「投げる」ことはできないので，「倒す，押し倒す」としてもよい。on one's back は「仰向けに」という意味。on は接触を表すから，背中が地面と接触しているイメージで理解するとよい。

▶ astride は前置詞で「〜にまたがって」。making 以下は分詞構文になっている。訳は「〜しながらまたがっていた」でも「またがって〜していた」でもよい。

▶ make noise は「音を出す，声をたてる」。英語の noise は動物や，鳥，虫の鳴き声にも使われる。ここでは犬の「唸り声」である。

▶ horrible と frightening は類義語で「恐ろしい」という意味である。2つ並べ，さらに最上級の表現を使うことでその程度を強調している。「最も恐ろしい」は誤りではないが，日本語としては不自然なので，「この上なく」，「途方もなく」などの表現を工夫したい。horrible と frightening についてもそれぞれ別の訳語を考え，「恐ろしい」，「ぞっとする」，「身の毛もよだつ」などを使う。

問2　▶第2段は，「このことから僕は3つのことを学んだ」で始まっている。順に，該当箇所をほぼそのまま訳出するような形でまとめる。

①第2段第2文の I should not look at strange dogs when they are eating because … という箇所が該当する。strange「知らない，馴染みのない」に注意。

②第4文の at a critical moment my parents would not risk themselves in any important way to save me を訳出する。critical は多義語であるが，ここでは「危機的な」という意味に取る。risk *oneself* は「自分自身を危険にさらす」。in any important way は in some important way「何らかの重要なやり方で」が否定となったもので，「重要なやり方では（〜しない）」ということ。

③第6文の you must know the proper language in order to survive が該当する。proper language は「適切な言葉」と訳してよい。この場合の「言葉」とは，第7文にあるように，飼い主が犬に出した「命令」であった。しかし，教訓というからには，少し一般化して，「（意思を伝える）手段」と捉えるのがよい。

問3 ▶この部分は，問2の第1の教訓に続いて書かれている。「これは目の動きに関する僕の最初の経験だった」と述べ，「それ以来，僕はその観察者となっている」と続く。「それをずっと観察してきた」とすればスマートな訳になる。

▶ it は，下線部直前の eye behavior「目の動き」を受ける。これは，「目つき，視線，目の表情」と考えてもよい。

▶ observer には「観察者」以外に，「順守者」という意味もある。その場合，it は「餌を食べている犬に視線を向けないこと」と解釈することになる。しかし，直前には「目の動きに関する最初の経験」と書かれている。つまり，「僕」はその後，目の動きに関する2度目以降の経験を重ねているわけである。このような文脈から，observer は「（規則の）順守者」より，「観察者」と解釈する方が適切である。

▶ ever since「それ以来」は，「餌を食べている犬の方を見て，恐ろしい思いをし，その理由がわかって以来」ということである。it と異なり，設問文で明確な指示はないが，説明問題なので具体的に触れてもよい。

問4　正解は2・5

1．「ちょうど犬が僕を殺そうとしていたとき，僕の両親は僕を救ってくれた」
第1段第13・14文（Looking for my … even more desperate.）に矛盾する。両親は救ってくれなかったのである。

2．「犬が厩舎の外に出て僕たちの元へやって来た後に，僕はその犬をなでてやった」
第1段第4文後半の he greeted everyone and was petted by everyone, including me から，「僕」が犬をなでてやったことがわかる。また，4人が厩舎に入ったと書かれているのは同段第5文であるから，第4文の段階ではまだ厩舎の外にいたことがわかる。よって，本文の内容と一致する。

3．「両親と僕の間にいたその男は馬勒を探していた」
三者の位置関係が間違っている。第1段第8文（Between him and … of a triangle.）によると，男と「僕」の間に両親がいたのである。

4．「僕を攻撃するように犬をけしかけたのはその男だった」

　本文中にこのような記述はない。

5．「犬が僕にまたがっていたとき，僕は自分を救ってくれるはずの両親を探したが，無駄だった」

　第1段第13・14文（Looking for my … even more desperate.）と一致する。

6．「男はその馬勒を非常に高く評価していたので，飼葉おけの中にそれを置いていた」

　男が飼葉おけに馬勒を入れていた理由は本文中には述べられておらず，また，人から借りたものを飼葉おけの中に入れておくような男に物を貸す両親に対して「僕」が不信の念を抱いていることからも（第2段最終文），男が馬勒をぞんざいに扱っていたであろうことが読み取れる。

問1　その犬は僕の腰に飛びかかり，僕を仰向けに投げ倒して，この上なく恐ろしく身の毛もよだつような声をあげながら僕の身体の上にまたがっていた。

問2　①見知らぬ犬が物を食べているときは，その食物を取られると思われるかもしれないから，犬を見てはいけないということ。

　②危機的瞬間に，両親が僕を救うために重要なやり方で，自分たちの身を危険にさらしたりはしないということ。

　③生き残るためにはその時々の状況に合わせた適切な言葉を知っていなくてはならないということ。

問3　食事中の犬を見て襲われるという経験をしてからずっと，人間の目の動きを観察してきた，ということ。

問4　2・5

35

次の英文を読み，設問に答えなさい。

Many scientists believe that semi-aquatic mammals such as *otters hunt fish using only touch and sight, but research out four years ago showed that some *moles could use smell to track down their prey. Now Charlie Hamilton James, a wildlife photographer who has watched otters for 20 years, believes he is one step closer to proving that otters can do (1)the same. The findings, which will be shown as part of "Halcyon River Diaries" on Sunday evening (BBC), could be a huge step forward in understanding more about how these rare and elusive creatures hunt.

In 2006 scientists proved that star-nosed moles could smell underwater. It was the first time mammals had been known to have this (　(A)　). By exhaling bubbles and sniffing them back in, the star-nosed mole could analyze any (　(B)　) in the water around it. It appears the otters Hamilton James filmed could be doing the same. He set out to prove his theory by placing a dead trout next to a submerged camera in the river in his garden. (2)Using specialist *infra-red cameras he watched and waited until a wild otter swam up the river and found the fish underwater in total darkness. "The otter found the fish straight away" he said. "It just headed straight for the fish without even (　(C)　) ; it knew it was there." When Hamilton James examined the video and slowed it down he noticed a tiny bubble coming out of the otter's nose as it touched the fish——the bubble was then sniffed back in by the otter. (3)This happened in a split second——too quick to see without slowing the video down. The tiny bubble was the (　(D)　) he was looking for.

Hamilton James said, "I always has an *inkling that otters could smell underwater and I wanted to prove it. (4)As it was dark and the fish was fully submerged, it proved that the otters had to be using a sense other than sight or touch to locate it. After reviewing the video I noticed a tiny bubble which hit the fish and was sniffed back in by the otter."

Hamilton James is well aware that his findings are not yet scientific fact, but he plans to continue his research.

From Can otters smell underwater ? by Richard Alleyne, *The Telegraph*（*2010/06/05*）

＊otters：カワウソ　　　　　　　＊moles：モグラ
＊infra-red：赤外線　　　　　　　＊inkling：うすうす感づくこと

問1　下線部(1)が表していることを具体的に日本語で書きなさい。

問2　下線部(2)を日本語に訳しなさい。

問3　下線部(3)の This が指している内容を日本語で答えなさい。

問4　下線部(4)を日本語に訳しなさい。

問5　本文中の(A)～(D)に入る最も適切な語を下から選び，番号で答えなさい。

　　1．ability　　　　　　2．achieving　　　　　3．breakthrough

　　4．breakup　　　　　 5．knowing　　　　　　6．possible

　　7．puzzle　　　　　　8．scene　　　　　　　9．scent

　　10．surfacing

全 訳

■水中でも嗅覚を利用できるカワウソ

❶ 多くの科学者が，カワウソなどの半水生哺乳動物は触覚と視覚だけを使って魚を獲ると信じているが，4年前に出された研究によって，一部のモグラは獲物を追跡して捕獲するのに嗅覚を使うことができるということが示された。20年間カワウソを観察してきた野生生物の写真家であるチャーリー＝ハミルトン＝ジェームズは，今，カワウソにも同じことができるという証明に一歩近づいたと信じている。この調査結果は，「穏やかな川の日誌」(BBC)の一部として日曜日の晩に放送される予定だが，捕まえるのが難しいこの希少生物の狩りの方法についてより多くを知る上で，非常に大きな前進となるかもしれない。

❷ 2006年に，科学者は，ホシバナモグラが水中でにおいを嗅ぐことができることを立証した。これによって初めて，哺乳動物がこの能力を持っているということが世に知られることとなった。気泡を吐き出し，それを再び吸い込んで嗅ぐことによって，ホシバナモグラは自分の周りの水中のどんなにおいでも分析することができたのである。ハミルトン＝ジェームズが撮影したカワウソも，どうやら同じことができたようだ。彼は，自分の庭の川の中に沈めたカメラの隣に死んだマスを置くことによって，自分の説の立証に取りかかった。(2)専門家向けの赤外線カメラを使って，彼は注意して待ち構えていた。するとついに野生のカワウソが川を上流に向かって泳いできて，真っ暗な水中のその魚を見つけた。「カワウソはすぐに魚を見つけたよ」と，彼は言った。「水面に浮上することさえしないで，まっすぐに魚の方へ向かったんだ。カワウソは魚がそこにあるのがわかってたんだね」 ビデオを調べてスロー再生してみると，ハミルトン＝ジェームズは次のことに気がついた。カワウソの鼻から小さい気泡が出てきて，その気泡は魚に触れると再びカワウソに吸い込まれたのである。このことは一瞬のうちに起こった——ビデオをスロー再生しなければ見ることができないくらいの速さだった。その小さな気泡は，彼が探し求めていた大発見だった。

❸ ハミルトン＝ジェームズは言った。「私はずっと，カワウソは水中でにおいを嗅ぐことができるんじゃないかとうすうす思っていたから，それを立証したかったんだよ。(4)あたりは暗く，魚は完全に水中に沈められていたので，カワウソがその魚の位置を突き止めるのに視覚や触覚以外の感覚を使っているに違いないということが証明された。ビデオを見直してみると，魚に当たった小さな気泡がもう一度カワウソに吸い込まれ，においを嗅がれているということがわかったんだ」

❹ ハミルトン＝ジェームズは，彼の調査結果がまだ科学的な事実ではないことを十分承知しているが，研究を続けていこうと思っている。

各段落の要旨

❶ ある種のモグラは嗅覚を使って獲物を追跡することが示されている。野生生物の写真家であるハミルトン=ジェームズは，カワウソにも同じことができると考えている。

❷ ホシバナモグラは，水中で気泡を吐き出し，これを吸い込むことで水中のにおいを嗅ぐことができる。ハミルトン=ジェームズは，水中に赤外線カメラと死んだマスを仕掛け，カワウソが，真っ暗な水中でマスを難なく見つける様子を撮影した。その映像をスロー再生してみると，カワウソが出した気泡はマスに触れ，再びカワウソがその気泡を吸い込んでいる様子が確認できた。

❸ 彼は「カワウソは水中でにおいを嗅ぐことができるとうすうす気づいていたが，この撮影で，視覚や触覚以外の感覚を使って魚を捕らえることがわかった」と語った。

❹ 彼は，この調査結果が科学的事実とまでは言えないことを十分承知しており，今後も調査を続ける予定である。

解 説

問1　▶ otters can do <u>the same</u>「カワウソは同じことができる」の「同じこと」を具体的に述べているのは，第1段第1文最後の some moles could use smell to track down their prey である。

▶ track down「追跡する」，prey「獲物」から，この部分は「ある種のモグラは獲物を追跡するのに嗅覚を使うことができる」（could は時制の一致によるので，日本語は過去形にしない）という意味。カワウソもこれができるというのである。

▶ しかし，哺乳動物が嗅覚を使って獲物を追跡するのは当然で，なぜある種のモグラやカワウソだけを取り上げる必要があるのかという疑問が残る。実は第1段には underwater「水中で」というキーワードが欠落している。要するに，ある種のモグラやカワウソは水中でにおいを嗅ぐことができるというのである。これは，第2段第1文まで読めばわかる。説明問題なので，「水中」という言葉を補うとよい。

問2　Using specialist infra-red cameras he watched and waited until a wild otter swam up the river and found the fish underwater in total darkness.

▶ Using specialist infra-red cameras は分詞構文。specialist は「専門家向けの」。この部分は「専門家向けの赤外線カメラを使って」という意味になる。

▶ watch は「待機する，見張る，注意する」という意味で，よく wait と一緒に使われる。「注意して待った」，「よく気をつけて待ち構えていた」などと訳す。

▶ until S V は「S が V するまで」としてもよいが，前から訳して「そしてついに，とうとう S が V する」とした方がより自然な場合がある。つまり，A until B「A，そしてとうとう B」というように，順番に訳すのである。

▶ the fish はこの下線部の直前の文中にある a dead trout「死んだマス」を受ける。

語句　swim up「(川を) 泳いで上る」

問3 ▶ This happened in a split second「これは一瞬のうちに起こった」 This は直前の a tiny bubble … by the otter を指す。

▶この部分は次の3要素からなり、これらは①→②→③の順序で起こっている。

①a tiny bubble coming out of the otter's nose「小さな気泡がカワウソの鼻から出る」

②it touched the fish「それが魚に接触する」

③the bubble was then sniffed back in by the otter「その気泡がカワウソによって鼻に吸い戻される」

▶②の it は「泡」であって「カワウソの鼻」ではない。仮に it が「鼻」で、①と②が同時だとしたら、カワウソは触覚を使っていることになり、ハミルトン=ジェームズが撮影した映像は特に価値を持たないことになる。また、下線部(4)の直後の文にある「魚に当たった泡はカワウソによって吸い込まれた」という記述と矛盾する。

▶②の直前の接続詞 as に注目すると、「それが魚に触れたとき、彼は小さな泡がカワウソの鼻から出ているのに気づいた」と訳すことは文法的には可能だが、前後関係から考えれば誤りである。むしろ、ダッシュを無視して as 以下を「それが魚に触れると、その泡はカワウソに吸い戻された」と理解するのが正確。接続詞 as は同時性を表す場合が多いが、ここでは then「そして」が使われており、同時とは言えない。

語句　a split second「一瞬」

問4 As it was dark and the fish was fully submerged, it proved that the otters had to be using a sense other than sight or touch to locate it.

▶冒頭の As は〈理由・根拠〉を表す。ここでは「(外が) 暗かったこと」と「魚が完全に水面下にあったこと」が根拠として挙げられている。

▶ it proved that … の it は「観察結果、撮影した映像」などと捉えて「これは…を証明した」と訳してよい。また、特に it に大きな意味があるわけではないので、「…が証明された、…がわかった」とする方がこなれた訳になるだろう。

▶ had to be using の have to は「〜しなければならない」〈義務〉ではなく、「〜に違いない」〈必然〉と解釈する。

▶ a sense は「感覚」。ハミルトン=ジェームズはこれを「嗅覚」だと信じているが、ここでは「(視覚と触覚以外の) 何らかの感覚」とされている。

▶ other than 〜「〜以外の」 apart from 〜, except (for 〜) 等の類似表現がある。

▶ locate は他動詞で「〜 (位置) を突き止める」。最後の it はこの下線部の前半にある the fish を指す。これは問2の the fish と同じものである。

問5 (A) 正解は1

▶前文に star-nosed moles could smell underwater「ホシバナモグラが水中でにおいを嗅ぐことができる」とあるのを受けて this ((A)) とされている。could「〜できる」に注目すれば1の「能力」が適切と判断できる。

(B) 正解は9

▶空所を含む文の前半に By exhaling bubbles and sniffing them back in「気泡を吐き出し，それを再び吸い込んで嗅ぐことによって」とあるので，モグラが analyze「分析する」対象は9の「におい」であることがわかる。

(C) 正解は10

▶直前に It just headed straight for the fish「まっすぐに魚の方へ向かった」とあるので，カワウソが水中の魚へ直行したことがわかる。すなわち，surface「水面に浮上する」ことはなかったのである。

(D) 正解は3

▶ハミルトン=ジェームズが観察を行ったのは，カワウソが嗅覚を使って獲物の存在を認識しているのではないかという自分の推測を証明するためであったという文脈を踏まえれば，彼の仮説を立証するこの「小さな気泡」は，彼が求めていた breakthrough「大発見」であったということがわかるだろう。

1.「能力」　　　　　　　　　　　2.「達成する（こと）」
3.「大発見」　　　　　　　　　　4.「崩壊」
5.「知っている（こと）」　　　　6.「可能な」
7.「パズル，謎」　　　　　　　　8.「場面」
9.「におい」　　　　　　　　　10.「水面に浮上する（こと）」

問1　水中でもにおいを嗅いで獲物を追跡すること。

問2　専門家向けの赤外線カメラを使って，彼は注意して待ち構えていた。するとついに野生のカワウソが川を上流に向かって泳いできて，真っ暗な水中のその魚を見つけた。

問3　小さな気泡がカワウソの鼻から出てきて，その気泡は魚に接触したかと思うとカワウソの鼻に吸い戻されたこと。

問4　あたりは暗く，魚は完全に水中に沈められていたので，カワウソがその魚の位置を突き止めるのに視覚や触覚以外の感覚を使っているに違いないということが証明された。

問5　(A)―1　(B)―9　(C)―10　(D)―3

36

次の英文を読み，設問に答えなさい。

A long lost manuscript, one of the most important in the history of modern biology, has resurfaced as part of a dispute over its ownership.

The manuscript is the account by Gregor Mendel of the pea-breeding experiments from which he deduced the laws of heredity and laid the foundations of modern genetics.

The paper was published in 1866 in the Brünn Natural History Society's journal, but Mendel's work was largely ignored during his lifetime. (1)It was only in 1900, 16 years after his death, that other researchers rediscovered Mendel's laws and realized that he had anticipated them.

The original manuscript of Mendel's great work has been long lost to the public eye, (　(2)　) its historical significance. The priceless manuscript was discarded in 1911 by the Brünn Natural History Society and, luckily, rescued by a local high school teacher who retrieved it from a wastepaper basket in the society's library. It was then restored to the society's files. During the German occupation of Czechoslovakia, the manuscript spent some time in the briefcase of a German professor of botany who was in control of the Natural History Society's *premises. Then, in 1945, when Russian forces replaced the German occupiers, Mendel's manuscript disappeared for almost half a century.

At some point after 1988, Father Clemens, a Mendel descendant who is an *Augustinian monk, told other family members that he possessed Mendel's manuscript. It had been sent to him by a monk in Prague and he wanted to place it legally in the family's possession. So in 2001, eight senior members of the Mendel family——including Father Clemens——(3)formed a company to preserve the document as a German cultural treasure, and the manuscript was placed in a safe deposit box in a bank in Darmstadt, Germany.

Dr. Maria Schmidt, a member of the family company, said that (4)Father Clemens had recently changed his mind about the ownership of the manuscript after the head of the Augustinians in southern Germany and Austria, Father Dominic of Vienna, demanded that the manuscript be given to the *order.

Father Dominic said in an interview that the manuscript had been given to Father Clemens so that "he should take care of it as an Augustinian——it has nothing to do with the Mendel family."

Dr. Schmidt said she would like to see Mendel's manuscript given to a public institution. "It's kind of sad, it could have been so wonderful, but now there is all this tension and fighting. And I am very shocked that the church would come up with these threats," she said.

In the history of modern biology, Mendel's article is probably second in importance only to Darwin's "On the Origin of Species." Mendel made 40 reprints of his article, which he sent to scientific *luminaries of the time. There are reports that one copy went to Darwin and was discovered among his papers with the pages uncut, a chore that printers in those days often left to readers. (5)The history of biology could have been quite different had Darwin read Mendel's article, recognized that it provided a better theory of inheritance than his own, and incorporated it in future editions of his book.

From A Family Feud Over Mendel's Manuscript on the Laws of Heredity by Nicholas Wade, *The New York Times* (*2010/06/01*) © The New York Times

*premises：土地・建物　　　　*Augustinian：聖アウグスティノ修道会の
*order：修道会　　　　　　　*luminaries：著名人

問1　下線部(1)を日本語に訳しなさい。

問2　空欄(2)に入るもっとも適切な語句を下から選び，番号で答えなさい。
　　　1．because of　　2．despite　　　　3．instead of　　4．though

問3　下線部(3)の目的を日本語で説明しなさい。

問4　下線部(4)の理由と考えられることを日本語で述べなさい。

問5　下線部(5)を日本語に訳しなさい。

全　訳

■メンデルの原稿の所有権争い

❶ 近代生物学の歴史上最も重要な原稿の1つで，長らく行方不明だった1本の原稿が，その所有権をめぐる論争の一翼を担って再浮上している。

❷ その原稿は，エンドウマメの交配実験について書かれたグレゴール=メンデルの手によるものであり，彼はこれによって遺伝の法則を導き出し，現代の遺伝学の基礎を築いたのである。

❸ この論文は1866年にブリュン自然史協会の雑誌に発表されたが，メンデルの研究は彼が生きている間はほとんど無視されていた。(1)彼の死後16年経った1900年になってようやく，他の研究者たちがメンデルの法則を再発見し，彼が自分たちよりも先行していたということに気づいたのである。

❹ メンデルの偉大な研究のオリジナルの原稿は，その歴史的重要性にもかかわらず，長らく人目に触れることはなかった。この値段がつけられないほど貴重な原稿は，1911年にブリュン自然史協会によって捨てられてしまうのだが，幸運にも，それは地元の高校教師によって救われることとなる。この教師は協会の図書館のくずかごからそれを回収したのだ。その後，それは協会のファイルに戻された。チェコスロバキアがドイツに占領されている間，原稿は，自然史協会の構内を管理していた1人のドイツ人植物学教授の書類かばんの中でしばしの時を過ごしている。そして，ソ連軍がドイツ人占領者たちに取って代わった1945年を境に，メンデルの原稿は半世紀近くにわたって消失することとなるのである。

❺ 1988年以降のある時点において，聖アウグスティノ修道会士でメンデルの子孫であるクレメンス神父が，自分がメンデルの原稿を持っているということを一族の他のメンバーに伝えた。それはプラハのある修道士によって彼の元へと送られてきたのであり，彼はそれを法的に一族の所有物にしたいと思ったのだった。それで2001年に，クレメンス神父を含むメンデル家の8人の年長者たちはこの文書をドイツの文化財として保存するために会社を設立し，この原稿はドイツのダルムシュタットにある銀行の貸金庫に納められることとなった。

❻ この同族会社のメンバーであるマリア=シュミット博士によれば，南ドイツおよびオーストリアの聖アウグスティノ修道会士の長であるウィーンのドミニク神父から，原稿は修道会に委託されるべきだとの要求があった後，最近になって，クレメンス神父は原稿の所有権に関して考えを変えたとのことである。

❼ ドミニク神父はあるインタビューの中でこう言った。原稿がクレメンス神父に預けられたのは，「彼に聖アウグスティノ修道会士としてそれを管理してもらうた

めです――原稿はメンデル家とは何の関係もありません」。

❽ シュミット博士は，メンデルの原稿が公共機関に委託されるようにしたいと言った。「少し残念ね，とても素晴らしいことになっていたかもしれないのに，今やこんなふうにみんなが敵対して争い合っているんですもの。それに，教会がこんな脅しを考えつくなんてことが私にはとてもショックなんです」と，彼女は言った。

❾ 近代生物学の歴史において，メンデルの論文はおそらく，ダーウィンの『種の起源』を別にすれば，何にも劣らず重要なものである。メンデルは自分の論文の抜き刷りを40部作成し，それを当時の著名な科学者たちに送りつけた。その1部はダーウィンの元へ行き，ページが裁断されていないままの状態で彼の論文の間にはさまっているのが発見されたという報告もある。当時の印刷業者はページを切って開く作業は読者に任せることが多かった。(5)もしもダーウィンがメンデルの論文を読み，それが自分の説よりも優れた遺伝についての理論を提供しているということを認め，それを自分の著作の将来の版に取り入れていたならば，生物学の歴史は全く異なったものになっていたかもしれない。

❶ 近代生物学にとって非常に重要な論文原稿の所有権が争われている。

❷ これはメンデルの論文で，エンドウマメを用いて遺伝の法則を導き出したものである。

❸ この論文は彼の生前はほとんど無視された。1900年に別の研究者たちがメンデルの法則を再発見して，メンデルが先んじていたことがわかった。

❹ メンデルの論文原稿は投稿先の協会によっていったん廃棄され，高校教師が回収した。その後，ドイツの占領下ではドイツ人の書類かばんに入っていたこともあるが，ソ連軍が入ってくると所在不明になった。

❺ しかし，これはプラハの修道士を経て，メンデルの子孫に当たるクレメンス神父に渡っていた。彼は1988年以降のある時，自分が所有していることを一族に伝えた。メンデル一族はこれを管理するために会社を設立し，銀行の貸金庫に納められた。

❻ この会社の関係者であるシュミット博士によると，クレメンス神父が属する修道会から，原稿の返還要求を受けているそうである。

❼ 修道会側によると，クレメンス神父の元に渡ったのは，修道会士としてその原稿を管理するためであり，メンデル一族は無関係であるという。

❽ シュミット博士はこの原稿は公共機関で管理されるべきであると考えていて，所有権争いで敵対している状況を残念であると語った。

❾ メンデルの論文の重要性は極めて高い。この論文を送られたダーウィンは，受け取っただけで読まなかったと言われている。仮に読んでいたら，生物学の歴史は変わっていただろう。

各段落の要旨

解 説

問1 It was only in 1900, 16 years after his death, that other researchers rediscovered Mendel's laws and realized that he had anticipated them.

▶全体は副詞句を It was と that とではさんだ強調構文。「…になってようやく～した」と訳しても「～したのはようやく…になってからであった」と訳してもよい。

▶〈only＋時の副詞句〉の only は「～してようやく，～してはじめて」と訳すのがポイント。「～だけ」ではうまくいかない場合が多い。

▶強調されている副詞句は only in 1900, 16 years after his death であるが，in 1900 と 16 years after his death は一種の同格表現。つまり，言い換えであり，「彼の死後16年経った1900年」「1900年，つまり彼が死んでから16年後」などと訳す。only も強調であり，「1900年のことでしかなかった」という意味合いになる。ただし，強調構文の訳で強調の意味が出るなら，あまり気にする必要はない。

▶最後の anticipated them の them は other researchers を受ける。anticipate はここでは「～を出し抜く，～に先んじる」という意味であり，「～を予想する」の意ではない。

語句 researcher「研究者」 rediscover「再発見する」 Mendel's laws「メンデルの法則」

問2 正解は2
▶空欄の前後は「(メンデルの自筆原稿は) その歴史的重要性 ((2))，長らく人目に触れることはなかった」という内容であるから，despite「～にもかかわらず」を補うのが最も自然。

▶品詞に注目するのもよい。4の though は接続詞または副詞なので不可。

  1.「～が原因で」　　　　　　　　2.「～にもかかわらず」
  3.「～のかわりに」　　　　　　　4.「～だけれども」

問3 ▶ formed a company は「会社を作った」という意味。

▶この下線部の直後の不定詞は目的を表す。したがって，下線部の目的としては，to preserve the document as a German cultural treasure「その文書をドイツの文化財として保存するため」という部分が該当する。説明問題なので，「その文書」は「メンデルが書いた論文のオリジナル原稿」であることを明記するのがよい。

▶しかし，保存が目的なら会社を設立する必要はなく，例えば博物館に寄贈するなどいくつも方法があり，下線部の直後だけでは十分な説明にはなっていないと考えられる。そこで，さらに該当箇所を探すと，下線部を含む文の直前（第5段第2文後

半）にある「それを法的に一族の所有下に置きたいと考えた」という部分が見つか
る。つまり，一族（のみ）を構成員とする会社を作り，メンデルの自筆原稿をその
会社が所有することにすれば，実質的にメンデルの子孫の一族がそれを所有するこ
とになる。

▶以上を踏まえるなら，説明問題としては，「一族が法的にメンデルの自筆原稿を所
有するため」と「ドイツの文化財として保存するため」という2点を盛り込んだ解
答が期待される。

問4 ▶下線部(4)は「クレメンス神父は最近，その原稿の所有権についての自分の考
えを変えた」という意味。第5段第1・2文からは，クレメンス神父が原稿は自分
を含むメンデルの子孫の一族に所有権があると考えていたことがわかる。だからこ
そ，その法的な所有権と文化財としての保存のために会社を設立したのである。こ
の考えを変えたというのは，つまり，原稿の所有権は一族にはないという考えに変
わったことを意味する。

▶下線部の直後の after は「～した後で，～したのを受けて」という意味だから，後
に続く部分が「理由」であると考えられる。つまり，修道会士の長から原稿を修道
会に引き渡すよう要求があったということである。英文の解釈としては，demand-
ed に続く that 節で，動詞部分が be given となっている点に注意したい。意味的に
は be given の前に should を補うとよい。

▶修道会士の長が原稿の引き渡しを求めた理由は，第7段に記述がある。クレメンス
神父に原稿が託されたのは，彼に修道会の一員として管理するよう求めたからであ
り，彼がメンデル一族であることとは無関係であるというのである。解答にはこの
部分も盛り込むとよい。

問5 The history of biology could have been quite different had Darwin read
Mendel's article, recognized that it provided a better theory of inheritance than
his own, and incorporated it in future editions of his book.

▶主節の could have been は過去あるいは完了行為に対する弱い推量を表して「～だ
ったこともありえただろう，～だったかもしれない」という意味。

▶ had Darwin read Mendel's article は仮定法過去完了の If Darwin had read
Mendel's article の If が消された形で，「ダーウィンがメンデルの論文を読んでいた
ならば」の意である。recognized と incorporated も過去分詞であり，read …,
recognized …, and incorporated … という並列構造になっている。つまり，if
Darwin had recognized「もしダーウィンが認識していたなら」，if Darwin had
incorporated「もしダーウィンが取り入れていたなら」と読まなくてはならない。

▶ 1つ目の it は Mendel's article「メンデルの論文」を指す。his own は Darwin's own theory「ダーウィン自身の説」。2つ目の it は theory「(遺伝に関する優れた)理論」。

語句 recognize「~を認識する,~を認める」は語源的には re(＝again)＋cognize(＝come to know)なので「あ,そうだったんだ」という再認識を表す動詞である。ただし,訳す際には「~を再認識する」とは訳さずに,単に「~を認識する」と訳すことになる。受験生の英作文で acknowledge や realize と混同している解答が目立つのであえて注意を促したい。inheritance「遺伝」 incorporate A in B「A を B に取り入れる」 future edition「その後の(将来の)版,改訂版」

問1　彼の死後16年経った1900年になってようやく,他の研究者たちがメンデルの法則を再発見し,彼が自分たちよりも先行していたということに気づいたのである。

問2　2

問3　メンデルの原稿を法的にメンデル一族の所有とし,ドイツの文化財として保存するという目的。

問4　原稿がクレメンス神父に渡されていたのは,彼がメンデル家の一員だったからではなく聖アウグスティノ修道会士だったからなので,原稿は修道会に引き渡されるべきであると,南ドイツとオーストリアの聖アウグスティノ修道会士の長が要求してきたから。

問5　もしもダーウィンがメンデルの論文を読み,それが自分の説よりも優れた遺伝についての理論を提供しているということを認め,それを自分の著作の将来の版に取り入れていたならば,生物学の歴史は全く異なったものになっていたかもしれない。

37

次の英文を読み，設問に答えなさい。

In 1984, Dr Norman Rosenthal and his team at the National Institute of Mental Health, USA, described a condition they called seasonal affective disorder, or SAD. Dr Rosenthal found there was a link between the decreased hours of sunlight during winter and the occurrence of depression. (1)Most people are aware of the "winter blues," where tiredness, difficulty in getting out of bed and weight gain become common as autumn turns into winter. But for some people these blues can become so serious they pose a serious health problem.

Symptoms of SAD include a decrease in physical activity, sometimes with almost any effort seeming too much. Associated with this is an increase in time spent asleep. Often there is a greater desire for high-energy *carbohydrate foods such as cakes. ((2)), weight gain is often reported in SAD sufferers. However, it is not the physical symptoms of SAD that are the most dangerous. Common mood changes include (3)depression and anxiety. These, in turn, can lead to poor concentration, breakdowns in relationships, troubles in the workplace, and decreased immunity to infection.

(4)What makes certain people more likely to feel SAD ?　Without doubt, the most important factor is the person's body chemistry, that is, how the chemicals in their brain respond to decreases in light. Next come the external factors. The further you live from the equator, the more likely you are to suffer from the condition, because winters have fewer daylight hours. In fact, any condition that reduces exposure to light during winter increases the likelihood of SAD, for example, working in an office for long hours. Based on two major research studies in Italy and Switzerland, it appears that around 9-10 per cent of the population is affected by SAD to varying degrees. However, for every individual with actual SAD, there are many more with milder winter blues, which can nevertheless still impact on a person's quality of life.

Dr Rosenthal pioneered the use of special artificial lights for the treatment of SAD, and this has proven to be the most successful therapy. The amount of light needed varies from one individual to another. Generally, commercial light boxes put out 10,000 lux (a lux is a measure of light intensity). This amount of light would be roughly equivalent to outdoor light. For most people, between 30 and 60 minutes in front of the light is sufficient to get a positive response. (5)However, it is important for a person to discuss various treatment alternatives with a doctor in case the depression is due to some other medical condition.

From What is seasonal affective disorder (SAD) ? by Gerard Smith, *WellBeing magazine*. It was originally published on WellBeing.com.au.

*carbohydrate：炭水化物

問1 下線部(1)を日本語に訳しなさい。

問2 空欄(2)に入る最も適切な語句を下から選び，番号で答えなさい。
　1．As above　　　　　　　2．As a result
　3．In addition　　　　　　4．In contrast

問3 下線部(3)のもたらす影響を4つ日本語で述べなさい。

問4 下線部(4)の答えと考えられる要因を2つ日本語で具体的に述べなさい。

問5 下線部(5)を日本語に訳しなさい。

全 訳

■季節性情動障害の原因と治療法

❶ 1984 年に，国立精神衛生研究所（米国）のノーマン=ローゼンタール博士と彼のチームは，彼らが季節性情動障害，すなわち SAD と呼んでいる症状について説明した。ローゼンタール博士によって，冬の間の日照時間の減少と鬱病の発生との間には関連性があることがわかったのである。(1)大方の人は，「冬の憂鬱」を知っている。この症状は，秋から冬になるにつれて，疲労感，起床困難，体重増加がよくみられるようになるというものである。しかし，一部の人にとっては，こうしたふさぎこみが深刻化して重大な健康問題を引き起こすこともある。

❷ SAD の症状には身体的活動の低下が含まれ，時にはほとんどどんな努力を払うことも重荷に思えてしまう場合もある。これに関連しているのは，睡眠時間の増加である。ケーキなど，高エネルギーの炭水化物の食べ物に対する欲求が高まることも多い。その結果，SAD 患者の中では体重増加が報告されることが少なくないのである。しかしながら，最も危険なことは SAD の身体的な症状ではない。よくみられる気分の変化には，憂鬱と不安感がある。こうなると今度は，集中力不足，人間関係の破綻，職場での問題，および感染症に対する免疫力の低下が引き起こされる場合もある。

❸ 何が特定の人たちに SAD をより感じやすくさせているのだろうか？　紛れもなく，最も重要な要因はその人の生体化学反応，すなわち，脳内の化学物質が光の減少にどう反応するかということである。その次には外的要因が挙げられる。生活しているところが赤道から離れていればいるほど，冬には日照時間がそれだけ少なくなるので，この症状で苦しむ傾向はますます強まるのである。実際，冬の間に光に当たる時間を減少させる状況ならばどのようなものであれ，それは SAD の可能性を増大させる。例えば，長時間オフィスで働くといったような場合である。イタリアとスイスで行われた 2 つの主な調査研究に基づいて考えると，人口の約 9 〜 10 パーセントの人々が，程度の差こそあれ SAD にかかっているようである。しかしながら，実際に SAD にかかっている人が 1 人いるとすると，それよりずっと多い人々が比較的軽度の冬の憂鬱にかかっており，軽度とはいえその憂鬱が生活の質に影響を与えうるのである。

❹ ローゼンタール博士は SAD の治療のために特別な人工の光を使用するという方法を開拓したが，これは最も効果的な治療法であることが判明している。必要となる光量は，人によってさまざまである。一般的に言って，市販のライトボックスは 1 万ルクスを出す（ルクスは光の強さの単位である）。この光量は，おおよそ野

外の光に等しいものだろう。大方の人にとっては，好ましい反応を得るのには 30 分から 60 分の間，この光の前にいれば十分である。(5)しかしながら，憂鬱の原因が何か他の病気である場合に備えて，代わりとなるさまざまな治療法について医師と話し合うことは重要なことである。

各段落の要旨

❶ SAD と呼ばれる鬱症状は，冬期の日照不足と関連がある。寒くなると，疲労感，起床困難，体重増加などを経験する人が多いが，人によっては SAD が重大な健康問題を引き起こす。

❷ SAD の症状として，睡眠時間の増加，体重増加などの身体症状が報告される。しかし，憂鬱と不安感によって，集中力不足，職場での問題，免疫力の低下などのより深刻な問題が生じることがある。

❸ この症状は，個人差はあるものの，冬期に光に当たる時間が減少することで起こる。より軽度の冬の鬱の場合も生活の質に影響を与えうる。

❹ 治療法としては，特別な人工光の照射が有効である。しかし，他の疾患により憂鬱が引き起こされている可能性もあるため，医師と話し合うことが重要である。

解 説

問1 Most people are aware of the "winter blues," where tiredness, difficulty in getting out of bed and weight gain become common as autumn turns into winter.

▶ be aware of ～ は「～に気づいている，～を知っている〔意識している〕」という意味。blues は「憂鬱（な気分），憂鬱症」で，the "winter blues" は，そのまま「冬の憂鬱」などと訳せばよい。

▶ where 以下は the "winter blues" の説明。where は〈場所〉以外に，このような〈状況〉を表す言葉を先行詞とすることがあるという点を押さえる。カンマのある継続用法だから，和訳する場合は，「…を知っている。この症状は…」というように，2文で表すとわかりやすくなる。

▶ where 以下は the "winter blues" の3つの症状が並列されて主語となっている。difficulty in ～「～における困難，～する際の難しさ」という表現に注意。

▶ as autumn turns into winter の as は接続詞で「～につれて，～のとき」。turn into ～ は「～に移る，～に変わる」という意味。

問2 正解は2

▶ 空欄(2)の前文「ケーキなど，高エネルギーの炭水化物の食べ物に対する欲求が高まる」と，空欄(2)の後続部分「SAD 患者の中では体重増加が報告される」とは，前者が原因で後者がその結果という関係になっている。したがって，2が適切である。

1.「上で述べたように」　2.「結果として」　3.「おまけに」　4.「対照的に」

問3 ▶ depression「憂鬱」と anxiety「不安」によって生じるものを4つ指摘せよという出題。この下線部の直後の文は，These「これらが」で始まっており，These とは depression and anxiety である。These 以下では，lead to ～「～につながる，～を引き起こす」という表現に続いて4つの事柄（＝影響）が羅列されている。

① poor concentration「集中力不足」

② breakdowns in relationships「（人間）関係の破綻」

③ troubles in the workplaces「職場での問題」

④ decreased immunity to infection「感染症に対して低下した免疫力」→「感染症に対する免疫力の低下」

問4 ▶下線部を直訳すると「何がある人々をいっそう SAD と感じやすくするのか」ということ。feel SAD は feel sad「悲しいと感じる」にかけてある。これは個人差を問題にしており，言い換えると，「SAD により，憂鬱な気分になりやすい人がいるのはどういうわけか」ということ。

▶第一の要因は下線部の直後の文で述べられる。つまり，the most important factor「最も重要な要因」は the person's body chemistry「その人の体の中で起こっている化学反応」であるとされる。これだけではわかりにくいので，that is「すなわち」に続いて，「脳内の化学物質が光の減少に対してどう反応するか」という説明が追加される。

▶この次の文は，Next で始まる倒置になっている。「外的要因（external factors）がこれに続く」という意味。このあと，第二の要因である「外的要因」の説明が長く続くが，端的には，fewer daylight hours「短い日照時間」，any condition that reduces exposure to light during winter「冬の間，光に当たる時間を減少させるあらゆる状況」という表現が核になる。

問5 However, it is important for a person to discuss various treatment alternatives with a doctor in case the depression is due to some other medical condition.

▶前半は it is＋形容詞＋for A to do の構文である。to discuss の意味上の主語にあたる for a person は，一般の人を指すので，訳出しない方がよい。

▶ treatment alternatives は「治療上，代替となるもの」→「それに代わる治療法」という意味。

▶ in case ～ は接続詞の働きをしている。「～の場合に備えて，万一～だといけないから」という意味。

▶ be due to ～ は〈原因〉を表す。「～による，～が原因である」などと訳す。

▶ medical condition は「病状」（＝病気の症状）という意味で用いられることもあるが，ここでは「病気，疾患」と訳すのがよい。

問1　大方の人は，「冬の憂鬱」を知っている。この症状は，秋から冬になるにつれて，疲労感，起床困難，体重増加がよくみられるようになるというものである。

問2　2

問3　①集中力不足　②人間関係の破綻　③職場での問題　④感染症に対する免疫力の低下

問4　①生体内での化学反応，すなわち，脳内の化学物質が光の減少にどう反応するかということ。
　②赤道から離れた場所で生活する場合や長時間オフィスで働くといったような場合に，冬の間，光に当たっている時間が減少すること。

問5　しかしながら，憂鬱の原因が何か他の病気である場合に備えて，代わりとなるさまざまな治療法について医師と話し合うことは重要なことである。

38

次の英文を読み，設問に答えなさい。

It had been after dinner when Oskar suggested to the boy that they go out on the lake. He and Margret had eaten salad and lamb, drinking white wine with the salad and red with the meat. They were content.

Jonas was their only child, just turned six. He was named after Margret's father and was thought to have his features. His grandparents had given him a fishing rod for Christmas, and a couple of times Oskar had taken him out on the water to fish from their boat. Jonas had caught his first fish the prior weekend, a small *trout that Margret fried for lunch. He had been very proud of (1)it.

"Wouldn't it be better to go tomorrow morning?" she asked. "It's already eight thirty."

"We won't be long," answered Oskar. "I promised him."

She did the dishes, and Oskar finished his wine as he cleared the table. (2)It had been a rule when Margret was growing up that people shouldn't go out on the lake when they had been drinking, but she decided not to bring that up now. She had mentioned it before, and Oskar hadn't hidden his opinion that her father's rules had no place in their home. He was far from drunk, anyway, and Margret made sure that Jonas's life jacket was securely fastened before father and son went down to the shore.

There was a breeze, and the boat rocked a little as they fished. They had no luck in the first spot and motored farther out. They got nothing there either. When the wind picked up, Oskar told Jonas they should be getting home. Jonas begged to stay just a little longer. Oskar agreed, but the trout still weren't biting. "The fish have gone to bed," he said, "and so should we."

Jonas hung his head, disappointed.

"I never catch any fish with you," he said, "and you never do anything fun like the man in the white boat. You never spin around or anything."

The man in the white boat was Vilhelm. He sometimes amused himself by making tight turns on the lake, and Jonas would watch him, excited. "Bloody fool," said Margret's father, but this had no effect on Jonas, who saw the white boat sending big waves up the beach.

"Shall we do a few turns?" Oskar asked.

"You never do," said Jonas. "You never do turns like the man in the white boat."

They weren't far from land when Oskar turned round, headed out into the lake, and increased his speed. (3)Keeping within what he thought a safe limit, he turned sharply to the left and right before slowing down again.

"Wasn't that fun?" he asked.

"No," said Jonas, "not like the man in the white boat. It was boring."

Oskar sped up again, heading for land this time. He was feeling irritable and wanted to go home. He opened the *throttle as far as he could, then thrust the *tiller hard right. The boat turned over.

They went (　(4)　). Oskar surfaced and then gasped. He couldn't see Jonas anywhere. Oskar splashed round the boat and found Jonas, coughing up water. Oskar gripped the side of the boat with one hand and pulled Jonas to him with the other. The water was too cold for them to swim to land. The boy was crying and kept choking on water every time a wave washed over them.

*trout：マス

*throttle：a device controlling speed

*tiller：a steering device

問1　下線部(1) it が表す内容を日本語で述べなさい。

問2　下線部(2)を日本語に訳しなさい。

問3　下線部(3)を日本語に訳しなさい。

問4　Jonas は Vilhelm と Oskar を比較してどのような不満を述べているかを日本語で説明しなさい。

問5　空欄(4)に入る最も適切な語句を下から選び，番号で答えなさい。

　　1．along　　　　2．away　　　　3．under　　　　4．up

全　訳

■父子の乗った釣り船の転覆

❶ オスカーが息子に湖へ漕ぎ出そうかと提案したのは，夕食後のことだった。彼とマーグレットはサラダとラムを食べ，サラダには白ワイン，肉には赤ワインを合わせて飲んだ。彼らは満ち足りていた。

❷ ジョナスは，彼らの一人息子で，ちょうど6歳になったばかりだった。彼はマーグレットの父親にちなんで名付けられ，その特徴をもっていると考えられていた。彼の祖父母はクリスマスに釣竿を彼にプレゼントした。そしてこれまでに何度か，オスカーはボートで釣りをするために彼を湖に連れ出したことがあった。ジョナスはその前の週末に初めての魚を釣ったのだった。その小さなマスをマーグレットが昼食に焼いて出してくれた。彼はそのことで鼻高々だった。

❸「明日の朝行った方がいいんじゃないの？」と彼女は尋ねた。「もう8時半よ」
　「長くはならないさ」とオスカーは答えた。「あの子に約束したんだよ」

❹ 彼女は皿洗いをし，オスカーは食卓を片付けながらワインを飲み終えた。(2)マーグレットが子供のころは，酒を飲んだときには湖に漕ぎ出してはならないというのが決まりごとになっていたのだが，彼女はいまはそのことを持ち出さないでおこうと心に決めた。彼女は，以前それに言及したことがあったが，オスカーは彼女の父親のやり方は自分たちの家では通用しないのだと率直に意見を述べた。ともかく，彼はまったく酔っぱらってなどいなかったし，マーグレットは父子が岸辺に行く前に，ジョナスの救命胴衣がしっかりと締まっていることを確かめておいた。

❺ 微風が吹いていた。そして彼らが釣りをしているとき，ボートは少し揺れた。最初の釣り場では当たりがなく，彼らはもっと遠くへモーターボートを駆った。そこでも何も釣れなかった。風が勢いを増したとき，オスカーはジョナスに，帰った方がよさそうだねと言った。ジョナスは，もう少しだけ長く居させてと頼んだ。オスカーは同意したが，相変わらずマスは喰いつかなかった。「魚は寝てしまったんだよ」と彼は言った。「だから僕らも帰って寝よう」

❻ がっかりして，ジョナスは下を向いた。
　「父さんと一緒だと全然釣れないんだから」と彼は言った。「白いボートの男の人みたいに面白いことは何もしてくれないし。回転するとかそういうことを何もやってくれないんだもん」

❼ 白いボートの男とはヴィルヘルムのことだった。彼は時々，湖で急カーブを切っては楽しむことがあったが，そんなときジョナスは興奮して彼を見たものだった。マーグレットの父親は「大馬鹿者だ」と言ったが，白いボートが大波を岸辺に打ち

寄せるのを目にしたジョナスには効き目などなかった。

❽「何回かターンしようか？」と オスカーは尋ねた。

「しないくせに」とジョナスは言った。「父さんは絶対白いボートの男の人みたいにはターンできないよ」

❾ オスカーが方向転換して湖の中央に向かって進み，速度を上げたとき，彼らは陸から遠く離れてはいなかった。(3)彼は自分で安全だと思う限度を超えないようにして，左右に急カーブを切り，それから再び減速した。

❿「面白くはなかったかい？」と彼は尋ねた。

「うん」とジョナスは言った。「白いボートの男の人みたいじゃないんだもん。退屈だったよ」

⓫ オスカーは再び，今度は陸に向かって加速した。彼はいらいらしていて，家に帰りたかった。彼はできる限りスロットルを開けて，それからレバーを一番右まで押し込んだ。ボートはひっくり返った。

⓬ 彼らは水中に没した。オスカーは水面に上がってあえいだ。ジョナスはどこにも見当たらなかった。オスカーはバシャバシャ音を立ててボートの周りを回り，ジョナスを見つけたが，彼は咳をして水を吐き出していた。オスカーは片手でボートの側面をつかんで，もう片方の手でジョナスを引き寄せた。水が冷たすぎて，彼らは陸まで泳いでいくことができなかった。波が2人に打ち寄せるたびに，少年は泣き叫び，息ができずに水面でむせ返り続けた。

解　説

問1 ▶第2段最終文の He had been very proud of it. の it が指すものを答える問題である。この段落では3人の固有名詞が出てくるが，その関係を正しく理解していることが必要である。ジョナスは6歳になったばかりの子供で，その両親がオスカー（父）とマーグレット（母）である。

▶文脈より（全訳参照），下線部の it は直前の文の内容を指す。直前の文には，この息子が初めて魚を釣り上げたことと，母親がそれを調理して昼食に出したこととが書かれている。子供の気持ちを考えると，この2つともが鼻を高くした理由であったと考えられる。

▶ fry は「～を油で揚げる」という意味のほか，目玉焼きのように，フライパンなどで，「少量の油を使って焼く」という意味もある。

問2 It had been a rule when Margret was growing up that people shouldn't go out on the lake when they had been drinking, but she decided not to bring that up now.

▶冒頭の It は後続の that 節（that people shouldn't … had been drinking）を受ける形式主語。

▶ Margret was growing up の grow up は「成長する」という意味であるが，「成長していたころ」ではなく，「子供のころ」と訳すのがよい。

▶ bring that up の that は「飲んでいるときには湖に出るべきではないという決まりごと」を指す。bring up ～ は「～を持ち出す，～を話題に上げる」という意味で，目的語が代名詞のときは bring ～ up の語順になる。

問3 Keeping within what he thought a safe limit, he turned sharply to the left and right before slowing down again.

▶ Keeping within what he thought a safe limit は直訳すれば，「彼が安全上の限界だと思う範囲内にとどまったまま」ということだが，わかりやすく「自分で安全だと思う限度を超えないようにして」などと工夫したい。なお，この部分は付帯状況を表す分詞構文。

▶ turn sharply to the left and right「左右に急カーブを切る」

▶ slow down は「減速する」。he turned … before slowing down は「減速する前に…ターンした」ということになるが，日本語では時間軸に沿って，「ターンして，その後減速した」という捉え方が自然。

問4 ▶オスカーの息子であるジョナスが the man in the white boat「白いボートの男の人」と呼んでいるのは，ヴィルヘルムという名であることが第7段で示されている。

▶ジョナスはまず第6段で you never do anything fun like the man in the white boat. You never spin around or anything. という不満を述べる。つまり，「面白いことをしない，ボートをスピンさせたりはしない」ということ。

▶第7段ではジョナスが急カーブを切るヴィルヘルムを興奮して見たなどの記述があり，危険な行為が子供には魅力的に映っていたことがわかる。ただし，問いは「どのような不満を述べているか」である。この箇所はそれには該当しないので，答案に反映させるとしても間接的となる。

▶第8段ではジョナスが，父はヴィルヘルムのようにはターンできないと発言しているが，これも第6段と同じ趣旨の不満である。

▶父がヴィルヘルムをまねて急カーブを切った後も，第10段でジョナスは，父のカ

ーブがヴィルヘルムほどではなく，退屈だったという不満を口にしている。

問5　正解は3

▶この箇所の直前は「ボートが転覆した」，直後は「オスカーが水面に出た」（sur-
face は動詞で「（水中から）水面に出る」という意味）という文脈である。したが
って，2人は転覆後，水面に落ちただけではすまず，一時的に水中に没したことに
なる。そのため，3の under を選び，They went under.「2人は水に沈んだ」と
いう意味にする。

1．go along「同行する，賛成する」　　2．go away「立ち去る，いなくなる」
3．go under「沈む」　　　　　　　　　4．go up「上がる，上昇する」

問1　ジョナスが初めてマスを釣り，それを母が昼食に出してくれたこと。
問2　マーグレットが子供のころは，酒を飲んだときには湖に漕ぎ出してはなら
　　ないというのが決まりごとになっていたのだが，彼女はいまはそのことを持ち
　　出さないでおこうと心に決めた。
問3　彼は自分で安全だと思う限度を超えないようにして，左右に急カーブを切
　　り，それから再び減速した。
問4　ボートを急回転させるなどスリルのある操船をするヴィルヘルムに対して，
　　父親のオスカーは危険なことはしないので面白味がなく，実際にやってみても
　　ヴィルヘルムのようにはいかず退屈であるという不満。
問5　3

39

次の英文を読み，設問に答えなさい。

The house cat is the most popular pet in the world. A third of American households have cats, and more than 600 million live among humans worldwide. Yet, as familiar as these creatures are, understanding their origins has proved difficult. (1)Whereas other once-wild animals were domesticated to serve humans, cats contribute virtually nothing in the way of food or work to help us. How, then, did they become common features of our homes?

Scholars had believed that the ancient Egyptians were the first to keep cats as pets, starting around 3,600 years ago. But research over the past five years has generated fresh insights into both the ancestry of the house cat and how its relationship with humans evolved. In 2004, Jean-Denis Vigne of the National Museum of Natural History in Paris reported finding the earliest evidence of humans keeping cats as pets on the Mediterranean island of Cyprus. He found that 9,500 years ago an adult human of unknown gender was buried in a shallow grave there. In its own tiny grave just 40 centimetres away was an eight-month-old cat, its body oriented in the same westward direction as the human's. (2)This indicates that people had a special relationship with cats nearly 10,000 years ago.

(3)With an approximate age of the beginning of cat domestication established, we can begin work on the old question of why humans ever developed a special relationship with cats. Whereas other domesticated animals were recruited from the wild by humans who bred them for specific tasks, cats probably chose to live among humans because of opportunities they found for themselves there. For example, it is almost certain that house mice attracted cats into homes. Over time, those wild cats adapted to human environments.

Because small cats do little harm, people probably did not mind their company. They might have even encouraged the cats to stay around when they saw them killing mice and snakes. Cats may have held other appeal, too. Some experts think that cats possess features that might help them to develop a relationship with people. In particular, cats often have "cute" features, which are known to attract nurturing from humans. In all likelihood, then, some people took kittens home simply because they found them adorable and tamed them, giving cats an entry into the human family.

From The Evolution of House Cats, *Scientific American* on June 1, 2009 issue by Carlos A. Driscoll, Juliet Clutton-Brock, Andrew C. Kitchener, and Stephen J. O'Brien

問 1 下線部(1)を日本語に訳しなさい。

問 2 下線部(2) This が表す内容を日本語で述べなさい。

問 3 下線部(3)を日本語に訳しなさい。

問 4 人間が猫をペットとして受け入れた理由を3つ日本語で簡潔に述べなさい。

全 訳

■飼い猫の起源

❶ 飼い猫は世界一人気があるペットである。アメリカの家庭の3分の1は猫を飼っており，そして，世界中で6億匹以上の猫が人間に混じって生きている。しかし，この生き物はなじみ深いものではあるけれども，その起源を理解するのは難しいということが判明している。(1)かつては野生動物であった他の動物が人間の役に立つように飼いならされたのに対して，猫は，食料の面でも仕事の面でも我々を助けるような貢献をほとんど何もしていない。それでは，猫たちはどのようにして我々の家庭のありふれた特徴になったのだろうか？

❷ 学者たちは，古代エジプト人が最初にペットとして猫を飼うようになったと信じていた。今から3600年ほど前のことである。しかし過去5年間の研究によって，飼い猫の祖先と，猫と人間との関係の発展経緯との両方に対して新たな洞察が生み出されることとなった。2004年に，パリの国立自然史博物館のジャン＝ドニ＝ヴィニュは，人間がペットとして猫を飼っていたという最も初期の証拠を地中海のキプロス島で見つけたと報告した。彼は，9500年前に性別不明の成人が当地の浅い墓に埋葬されていたのを発見した。ほんの40センチメートル離れた小さな別の墓の中には，生後8カ月の猫がいた。そしてその死体は，人間と同じく西向きに置かれていたのだった。これは，人々がほとんど1万年も前に，猫と特別な関係をもっていたことを示している。

❸ (3)いまや猫が飼われ始めたおおよその年代が確定されたので，我々は，人間がそもそもなぜ猫との間に特別な関係を発達させてきたのかという古くからの疑問に取り組み始めることができる。他の家畜は，人間によって野生の状態から連れ出され，特定の仕事のために飼育されるようになったのに対して，おそらく猫は，自分のためになるさまざまな機会を見出したがゆえに，自ら選んで人間に混じって生きるようになったのである。例えば，家ネズミが猫を家に引きよせたというのはほぼ間違いない。時間が経つにつれて，これらの野生の猫が人間の環境に順応していったのである。

❹ 小さな猫はほとんど危害を加えないので，人々はたぶん猫と一緒に居ることを気にしなかったのだろう。猫がネズミやヘビを殺しているのを目にしたときには，猫が居続けることを奨励しさえしたのではないだろうか。猫には別の魅力もあったのかもしれない。専門家の中には，猫には人々との関係を育むのに役立つ特徴があると考える人たちもいる。特に，猫には「かわいい」特徴があることが多い。この特徴は，人間を引きつけて育ててやりたいという気持ちを抱かせるものであること

が知られている。したがって，単にかわいいと思って子猫を家へ持ち帰り，飼いならして，人間の家族に仲間入りさせてやった人がいたであろうことは，十中八九間違いないことなのである。

❶　猫は非常になじみ深いペットであるが，その起源は必ずしも明らかではない。

❷　猫を最初に飼ったのは古代エジプト人であるとされていたが，1万年近く前，キプロス島では猫が人の近くに埋葬されたのが発見されている。

❸　他の家畜は人間が特定の目的で飼育するようになったのに対して，猫は猫の方から人間の環境に順応していったと見られる。

❹　猫はあまり人間に危害を加えないので，人々は猫が近くにいることを気にしなかったであろう。また，猫はかわいいので，そのために家に持ち帰り，飼いならした人がいたこともほぼ間違いない。

解　説

問1　Whereas other once-wild animals were domesticated to serve humans, cats contribute virtually nothing in the way of food or work to help us.

▶ whereas は「〜に対して，〜である一方で」という意味の従属接続詞。while と言い換えてもよい。

▶ once-wild animal は「かつての野生動物」。「かつて，以前」という意味の副詞である once はさまざまな形容詞と組み合わされる。類例に once-popular「かつて人気があった」，once-rich「かつて裕福だった」などがある。

▶ contribute は「〜を提供する，〜を与える」。contribute nothing「いかなるものも提供しない」→「何の役にも立たない，何の貢献もしない」

▶ in the way of 〜には「〜の邪魔になって」と「〜の点で」という2つの意味がある。ここでは後者である。

語句　domesticate「〜を家畜化する，〜を飼いならす」　serve「〜に役立つ，〜に奉仕する」　virtually「ほとんど，事実上」

問2　▶第2段最終文「これは，人々がほとんど1万年も前に，猫と特別な関係をもっていたことを示している」の「これ」が表す内容を答える問題。直前の文，すなわち In its own tiny grave で始まる第2段第5文を中心にまとめればよいが，部分的には第3文や第4文の情報も必要となる。

▶では第5文を見ていこう。冒頭は副詞句 In its own tiny grave just 40 centimetres away「ほんの40センチメートル離れたそれ自身の小さな墓に」で始まる。この文の主語は an eight-month-old cat である。つまり，これは倒置の構造をもった文で

ある。its body 以下は付帯状況を表し，「猫の死体が…西向きに置かれた状態で」という意味。文末の human's の後には body を補う。body は「体」でもよいが，特に「死体，遺体」の意味があることは覚えておきたい。

▶さて，何から 40 センチメートル離れているのかは，第 4 文を見る必要がある。第 4 文から「9500 年前の，性別不明の成人の墓」であることがわかる。また文末の there は第 3 文の on the Mediterranean island of Cyprus を受けるが，単に「キプロス島」で十分。

問3　With an approximate age of the beginning of cat domestication established, we can begin work on the old question of why humans ever developed a special relationship with cats.

▶冒頭の With は付帯状況を導く。つまり With O C「OがCの状態となり」ということ。Oに相当するのは an approximate age … domestication「猫の家畜化の始まりのおおよその年代」，Cに相当するのは established「確定した」である。

▶ work は名詞で，「作業，仕事，研究」などの意味である。ここでは「研究」がふさわしい。これに続く前置詞 on は「～に関して」という意味。したがって，we can begin work on the old question を直訳すれば「古くからの疑問について研究を開始できる」となる。

▶ of は同格の前置詞である。of の前後は「なぜ…という古くからの疑問」という意味。ever「いったい，そもそも」は疑問文を強調するために使われている。「そもそもなぜ発展させてきたのか」

語句　approximate「おおよその」　domestication「家畜化，飼いならし」　relationship with ～「～との関係」

問4　▶最終段第 1 文に消極的理由として small cats do little harm「小さな猫はほとんど危害を加えない」が挙げられており，続く第 2 文に積極的理由として they saw them killing mice and snakes「人々は猫がネズミやヘビを殺しているのを目にした」が挙げられている。さらに同段第 5 文（In particular, …）にはそれらとは別の猫の魅力として cats often have "cute" features「猫には『かわいい』特徴があることが多い」が挙げられている。

▶なお，第 3 段第 2 文以下にも，猫が人間のもとで暮らすようになった経緯についての洞察が書かれているが，これは猫の側の理由であるため，人間が猫を受け入れた理由を問う本問の答えとしては不適切。

問1　かつては野生動物であった他の動物が人間の役に立つように飼いならされたのに対して，猫は，食料の面でも仕事の面でも我々を助けるような貢献をほとんど何もしていない。

問2　9500 年ほど前に，キプロス島で，成人の墓から 40 センチメートルしか離れていないところに，生後 8 カ月の猫が人間と同じ西向きの姿勢で埋葬されていたこと。

問3　いまや猫が飼われ始めたおおよその年代が確定されたので，我々は，人間がそもそもなぜ猫との間に特別な関係を発達させてきたのかという古くからの疑問に取り組み始めることができる。

問4　①小さいため，ほとんど人間に危害を加えないから。
　　　②ネズミやヘビを殺してくれるから。
　　　③人間が「かわいい」と思うような特徴をもっているから。

40

次の英文を読み，設問に答えなさい。

All parents of teenagers have seen the changes that happen with teenagers growing up——the bursts of growth, the mood changes, and also, the unlimited ability to sleep in on weekends. However, this altered sleep pattern is not the teenagers being lazy ; instead, it is natural body changes occurring deep inside their brains.

How much you sleep depends on your age. Newborn babies will sleep, in a series of naps, for 16-18 hours per day. By the age of 5, this is down to about 11 hours, and continues to drop with age——until the teenage years start. Then sleeping time increases again.

Teenage years are an awkward time between childhood and adulthood. During this time, the natural life rhythm is greatly interfered with. First, there is a distressing delay in their falling asleep due to changes in hormones in their teenage bodies. When teenagers say that they are not tired at 11 p.m., they are usually being truthful. The second body change is that teenagers need more sleep——between 9 and 10 hours every night. Indeed, one sign of the end of the teenage years is the switch to the shorter and earlier adult sleep hours. This happens, on average, at 19.5 years in women, and 20.9 years in men. (1)This all means that the teenage years are very confused, in terms of sleep. They cannot get to sleep early, and they need more sleep.

For teenagers, an early bedtime is, in most cases, simply biologically impossible. They need 9-10 hours of sleep, but often have to start school early——even earlier if they do sports. The effects of this lack of sleep can be seen when the regular school term starts. (2)They will sleep for two hours fewer on weeknights, and try desperately to make it up on the weekends. The result is that average high-school students are half asleep during their school days because of their semi-permanent lack of sleep.

Various studies have shown that this lack of sleep can have dangerous side effects. It is linked to bad social behavior, depression, cigarette smoking, eating problems, and poor school marks. Indeed, being tired can drop performance in tests and exams by several points.

Another study looked at (3)Rapid Eye Movements (REM) sleep, which is where people's eyes move quickly from side to side, as though watching an invisible tennis match while they are sleeping. This REM sleep is where most dreaming is done and it usually happens about 70-100 minutes after falling asleep. However, half of high-school students were so tired that when given the opportunity to sleep at school in mid-morning, they dropped into REM sleep within a few minutes, not an hour and a half.

What is the cure? Well, teenagers should avoid drinks with caffeine, which disturb their natural rhythms. And they should not have a computer or TV in their bedroom, which encourages them to stay awake longer. However, the real cure may involve society adjusting to the altered sleep patterns of teenagers. Perhaps high-school classes should start at 11 a.m., so they can stay up later, get their needed sleep and then be wide awake in class.

From Teenage sleep, *Dr Karl's Great Moments in Science* on May 3, 2007, by Karl S. Kruszelnicki, ABC Science

問1 下線部(1) This の表す内容を日本語で説明しなさい。

問2 下線部(2)を日本語に訳しなさい。

問3 下線部(3) Rapid Eye Movements (REM) sleep に入るまでの所要時間について、筆者はどのように説明しているか、日本語で説明しなさい。

問4 10代の青少年の睡眠不足はどのような不具合につながると筆者は述べているか、5つ日本語で答えなさい。

■ティーンエイジャーの睡眠

❶ ティーンエイジャーの親はみな，ティーンエイジャーが成長するにつれて起こるさまざまな変化——つまり，急激な成長，情緒の変化，そしてまた，週末には際限なく眠る能力——を見たことがある。しかしながら，この変化した睡眠パターンは，ティーンエイジャーが怠惰になったということではない。それどころか，むしろ，それは脳の奥深くで生じている自然な身体の諸変化なのである。

❷ 睡眠量は年齢に左右される。新生児は，連続してうたた寝をして，1日当たり16～18時間眠るものである。5歳になるまでに，これは約11時間にまで減り，ティーンエイジャーになるまで年齢とともに減少し続ける。それから，睡眠時間は再び増加するのである。

❸ ティーンエイジャーの年代というのは児童期と成年期の間の厄介な時期である。この時期には，自然な生活リズムが大いに乱れる。第一に，ティーンエイジャーの身体におけるホルモンの変化によって，眠りにつく時刻が悲惨なまでに遅れてしまう。午後11時でも疲れを感じないとティーンエイジャーが言う場合，彼らはたいてい本当のことを言っている。第二の身体の変化は，ティーンエイジャーはより長い睡眠——毎晩9～10時間——を必要とする，ということである。事実，ティーンエイジャーの時期が終わったことを示す兆候のひとつは，早い時刻から短く眠るという，成人の睡眠時間への切り替えである。これは，平均して女性で19.5歳，男性で20.9歳で起きる。こうしたことのすべては，ティーンエイジャーの時期が，睡眠の点で，非常に混乱していることを意味している。彼らは，早く眠りにつくことができないのに，より長い睡眠を必要としているのである。

❹ ティーンエイジャーにとって，ほとんどの場合，早く就寝することは生物学的に到底不可能である。彼らは9～10時間の睡眠を必要としているが，多くの場合，学校の始業時間は早く——スポーツをやっている場合には，さらに早くなる。正規の学期が始まると，この睡眠不足の影響を見てとることができる。₍₂₎彼らは，平日の夜は睡眠時間が2時間少ないことになり，週末にそれを必死に埋め合わせしようとするのである。その結果，平均的な高校生は，半永久的な睡眠不足のために，学校にいる日中は半分眠った状態にある。

❺ さまざまな研究により，この睡眠不足が危険な副作用をもちうることが示された。それは，非行，憂鬱感，喫煙，摂食障害そして成績不振と関連している。確かに，疲れていることによって，小テストや試験で，数点は成績を落とすこともあるだろう。

❻ 別の研究で注目されたのは，急速眼球運動（REM）睡眠であり，これは，あたかも眠っている間に目に見えないテニスの試合を見ているかのように，人々の目がすばやく左右に動く段階の睡眠のことである。このレム睡眠で大抵の夢を見るのであり，これは通常眠りについてから 70〜100 分後に起こる。しかしながら，高校生の半数は非常に疲れていたので，午前中の半ばに学校で眠る機会を与えられると，彼らは 1 時間半もかからず，数分以内にレム睡眠に落ちたのである。

❼ 対策は何だろうか？　まず，ティーンエイジャーは，自然なリズムを乱すカフェイン入りの飲み物を飲まないようにすべきである。また，寝室にコンピュータやテレビを置くべきではない。それらは，夜更かしを助長してしまうからである。しかしながら，真の対策は，社会がティーンエイジャーの変化した睡眠パターンに合わせることかもしれない。もしかすると，高校の授業は午前 11 時に始まるべきなのかもしれない。そうすれば，遅くまで起きていられるし，必要な睡眠をとって，授業中も目がさえた状態でいられるのである。

各段落の要旨

❶ ティーンエイジャーは週末にいつまでも寝ているが，これは彼らが怠惰になったのではなく，自然な身体の変化である。

❷ 睡眠量は年齢に左右される。新生児から徐々に減少するが，ティーンエイジャーになると増加するのである。

❸ この時期は睡眠の点では非常に混乱している。ホルモンの変化により，早い時間に就寝することはできないが，必要とする睡眠時間は増える。

❹ ところが学校の始業時刻は早いので，睡眠不足の影響が出る。平均的な高校生は学校で半分眠ったような状態にある。

❺ この睡眠不足は，非行，憂鬱感などの副作用を引き起こすことがある。

❻ 通例，レム睡眠は就寝後 70〜100 分で生じるが，学校で眠る機会を与えられた高校生では数分でレム睡眠に入ることも多い。

❼ カフェイン入り飲料を避けたり，コンピュータやテレビを寝室に置かないなどの対策が考えられるが，真の対策は，社会が彼らの睡眠パターンに合わせることかもしれない。

解　説

問1　▶下線部で始まる文は「こうしたことのすべては，ティーンエイジャーの時期が，睡眠の点で非常に混乱していることを意味している」という意味。This の内容は First で始まる第3段第3文と，The second body change で始まる同段第5文に端的に示されている。

● [第3文]　体内のホルモンの変化により，就寝時刻が遅くなる。

● [第5文]　長時間（毎晩9～10時間）の睡眠時間を必要とする。

▶これらは無関係な2つの事柄ではなく，生理的な体の変化によって生じる2つの現象であるので，単数の This が使われていると解釈できる。

▶ teenage は語尾に-teen がつく13～19歳の若者を指す形容詞であるため，〔解答〕では「ティーンエイジャー」とカタカナで訳したが，問4の設問文に「10代の青少年」とあるので，この表現を用いてもよい。

問2　**They will sleep for two hours fewer on weeknights, and try desperately to make it up on the weekends.**

▶ will は習性を表し，「～するものだ」の意。for two hours fewer は「2時間少ない時間」という意味。比較級 fewer の直前に置かれた two hours は本来必要な睡眠時間との差を示している。

▶ desperately「必死に，懸命に」は try to *do*「～しようとする」と組み合わせて使われている。

▶最大のポイントは make it up である。make up ～ は「～の埋め合わせをする，～を補う」ということ。it は「2時間少ない睡眠時間」と考えられる。なお，目的語が代名詞の場合，make ～ up の語順となる。

語句　weeknight「平日の夜」

問3　▶ Rapid Eye Movements (REM) sleep「レム睡眠」に入るまでの所要時間に関しては，第6段第2文の後半と，同段第3文に書かれている。

● [第2文]　前半で，たいていの夢はレム睡眠中に見ることが書かれ，後半で，it usually happens about 70-100 minutes after falling asleep「普通は眠ってから70分から100分後に生じる」と述べられている。

● [第3文]　they dropped into REM sleep within a few minutes「数分以内でレム睡眠に入った」とされている。主語の they には注意が必要で，どのような高校生かを明確にしなくてはならない。単に「高校生の半分」だけでは不十分で，「学校で午前中に眠る機会を与えられた」という，ここで述べられる研究の内容

を盛り込む。

問4 ▶第5段第2文（It is linked …）に列挙されている。bad social behavior「非行，素行の悪いこと」，depression「憂鬱感，ふさぎこみ」，cigarette smoking「喫煙」，eating problems「摂食障害」，poor school marks「成績不振，学業不振」の5つである。

問1　ティーンエイジャーは，ホルモンの変化によって眠りにつく時刻が遅くなる一方で，毎晩9〜10時間の長い睡眠時間を必要とするということ。
問2　彼らは，平日の夜は睡眠時間が2時間少ないことになり，週末にそれを必死に埋め合わせしようとするのである。
問3　通常は眠りについてから70〜100分でレム睡眠に入るが，ある研究では，高校生の半数は非常に疲れていたので，午前中に学校で眠る機会を与えられると，数分以内にレム睡眠に入った。
問4　①非行　②憂鬱感　③喫煙　④摂食障害　⑤成績不振

41

次の英文を読み，設問に答えなさい。

Rachel stood by the tombstone. Her father had been a hard man to live with, awkward in his affection, never saying much. But he had raised a daughter, and Rachel thought he had done it as well as any man could have done alone. She had never lacked food and clothing. There were plenty of things he had not taught her, maybe could not teach her, but she had learned about crops, plants and animals, and also how to build and mend a fence or cabin. He had had her do these things herself while he watched.

She touched the tombstone and felt its firmness. It made her think of the cradle her father had built two weeks before he died. He had brought it in and set it by her bed, not speaking a single word acknowledging he had made it for a baby. But she could see his care in making it, and how he had built it out of hickory, the hardest and most lasting wood there was. Furthermore, he had made it not just to last but to look elegant, for he had smoothed and polished it with cow fat.

Rachel removed her hand from a stone she knew would last longer than her lifetime, and that meant it would last longer than her grief. I have gotten him buried in holy ground and I have burned the clothes he died in, Rachel told herself. I have signed the death certificate and now his gravestone is up. I have done all I can do. As she told herself this, Rachel felt the grief inside grow so wide and deep that it felt like some dark pool with no end which she would never emerge from. There was nothing left to do now, except endure it.

Think of something happy, she told herself, something he did for you. A small thing will do. For a few moments nothing came. Then something did——a memory of an early summer evening. After supper her father had gone to the barn while Rachel went to the garden. Her father called to her from the entrance of the barn. "It's elegant, isn't it?" he had asked as she entered the barn. Her father pointed to a large silver moth. The barn's stripes of light grew dimmer, but the moth seemed to brighten, as if the slow opening and closing of its wings gathered up the evening's last light. Then the creature rose. As the moth flew out into the night, her father had lifted a large strong hand and settled it on her back for a moment, not turning to her as he did so. A moth at twilight and a touch of a hand on her back returned to her memory.

As she rode back home, she remembered the days after the funeral, how the house's silence was dominant and she could not endure a day without visiting her aunt to borrow or return something. Then one morning she had begun to feel her sorrow easing. That same day Rachel could not remember which side her father had parted his hair on, and (1)she had realized that what made losing someone you loved bearable was not remembering but forgetting. First, small things were forgotten, such as the smell of the soap her father had bathed with, and the color of the clothes he had worn to church. Then after a while, the sound of her father's voice and the color of his hair were also forgotten. It amazed Rachel how much you could forget, and everything you forgot made that person you loved less alive inside you until you could finally bear the loss. After more time passed, you could let the memories return, and even want them to return. But even (2)then what you felt those first days could return and remind you that the grief was still inside.

From *Serena : A Novel* by Ron Rash, Ecco

問1　下線部(1)を日本語に訳しなさい。

問2　下線部(2) then はどのような状況を指すのか，その具体的な内容を日本語で述べなさい。

問3　Rachel の父親についてあてはまる記述を2つ選び，その記号を書きなさい。
　　a．He was so eloquent and logical that he convinced his daughter of his dignity.
　　b．He was far from openhearted but too shy to show his love clearly.
　　c．He was a craftsman, expert at working with wood, and was not engaged in any form of agriculture or farming.
　　d．He was still alive when Rachel was doing all she could for her dead baby.
　　e．He did not give detailed instructions about farming to Rachel ; however, she was not unhappy about this.

問4 悲しみに負けないようにするために，Rachel が意識的に思い出すことができた父親との楽しい思い出とは，どのような出来事だったか，130字以内の日本語で述べなさい。ただし，句読点は字数に含む。

■娘の亡き父への想い

❶ レイチェルは墓石のそばに立っていた。彼女の父親は，一緒に暮らしていくの
が難しい人で，愛情を表現するのが不器用で，口数が少なかった。しかし，彼は娘
を育て上げ，レイチェルは父が男手一つでどんな人にも劣らず上手に子育てをした
と思っていた。彼女は，食べ物にも着る物にも事欠いたことは決してなかった。父
が彼女に教えてくれなかった，いや恐らく教えることができなかったことはたくさ
んあったが，彼女は，作物や動植物について，そして塀や小屋の造り方や修理の仕
方について教わった。父は彼女にこれらのことを一人でやらせておいて，その間見
守っていたのだった。

❷ 彼女は墓石に触れて，その堅さを感じた。それは，亡くなる2週間前に父親が
作ってくれた揺りかごを思い起こさせた。父はそれを持ってきて，赤ん坊のために
それを作ったと認めるような言葉は一言も言わずに，彼女のベッドのそばに置いた。
しかし彼女には，それを作った際の父の気遣いも，手に入るうちで最も堅くて長持
ちするヒッコリーの木からどのようにしてそれを作ったかもわかっていた。さらに
父は，単に長持ちするばかりでなく，上品に見えるように作ったのである。それと
いうのも，牛の脂を塗って磨いてあったのである。

❸ レイチェルは，自分の生命よりも長く持つであろう墓石から手を離した。つま
り，この石は彼女の悲しみより長くとどまるということであった。父を神聖な土地
に埋葬してもらい，父が死んだときに着ていた服も焼いたのだわ，とレイチェルは
内心で自分自身に語りかけた。死亡診断書に署名して，今こうして墓石も建てた。
私にできることはすべてしたわ。自分にこう語りかけると，レイチェルは，心の中
の悲しみが広く，深くなっていくのを感じ，それは決して抜け出せない，果てのな
い暗い淵か何かのように感じられた。今は耐える以外に，やることは残されていな
かった。

❹ 何か楽しいことを考えなきゃ，父が私のためにしてくれたことを，と彼女は自
分に言い聞かせた。ほんのささいなことでもいいのよ。しばらくの間は何も出てこ
なかった。それから，何かがよみがえった——初夏の夕方の記憶だった。夕食の
後，父は納屋へと行ってしまって，その間にレイチェルは庭へ行った。父が納屋の
入り口から彼女に呼びかけた。「素敵だろう？」 彼女が納屋に入るとき，父が尋ね
た。父は，大きな銀色の蛾を指差した。納屋の光の筋は徐々にほの暗くなっていっ
たが，あたかもその羽のゆっくりとした開閉が夕方の最後の光を集めているかのよ
うに，その蛾は輝いて見えた。それから，この生き物は飛び上がった。蛾が夜の闇

の中へと飛び去るとき，父は大きなたくましい手を上げて，彼女の方を向かないま
まで，しばらくの間彼女の背中にその手を置いていた。黄昏時の蛾と，背中に触れ
た手の感触が，彼女の記憶によみがえってきた。

❺ 彼女は車で家に向かいながら，葬式の後の日々を思い出した。家に漂う静寂の
何と支配的であったことか，そして何かを借りたり，返したりするために叔母を訪
ねなくては一日も耐えられなかったということを。それから，ある朝，彼女は，悲
しみが和らいでゆくのを感じ始めた。その日，レイチェルは，父がどちら側で髪の
毛を分けていたかを思い出すことができず，(1)愛する人を失うことに耐えられるよ
うになるのは，思い出すことではなく忘れることによってであると彼女は気づいた。
最初は，ささいな事柄，例えば，父親が風呂で使っていた石鹸の匂いや，父親が教
会へ着て行っていた服の色といったことを忘れた。それから，しばらくして，父親
の声や髪の毛の色も忘れてしまった。これほど多くのことを忘れることができるの
かとレイチェルは驚き，そして，忘れた事柄すべてが，今は亡き愛する人を心の中
で生き続けさせないようにし，ついにはその喪失に耐えられるようになるのだとい
うことに驚いた。もっと時間が経ってからは，記憶がよみがえるのにまかせること
ができるようになり，さらには，よみがえってほしいとさえ思えるようになった。
しかし，そのときでさえ，最初の頃に感じたものがよみがえってきて，悲しみがい
まだに心の中に居座っているということを思い出させるのだった。

解 説

問1　she had realized that what made losing someone you loved bearable was
not remembering but forgetting

▶ she had realized that ~「彼女は~と気づいた」 that から文の最後までが real-
ized の目的語となっており，構造は次のようになっている。

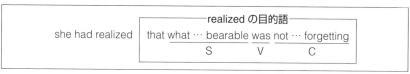

さらに，that 節内の主語の構造を図示すると以下のようになる。

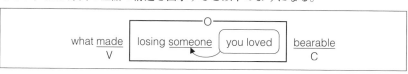

▶ not remembering but forgetting は「思い出すことではなく忘れること」の意で，not A but B「A でなく B」が用いられている。

問2　▶ But even then は「しかしそのときでさえ」という意味。その後の what 以下は，父の死の直後に感じたような深い悲しみがよみがえるという文脈。

▶問われている then の状況は，端的には直前つまり最後から2文目に述べられている。すなわち，you could let the memories return, and even want them to return「故人の記憶がよみがえるのにまかせることができるようになり，さらにはよみがえってほしいとさえ願う」状況を指す。

▶しかし，一気にこのような心境に到達するのではない。事実，第5段では，段階的に故人を忘れていくさまが第4文以下で描写される。まず，石鹸の匂いや服の色といったささいなことを忘れ，次に，声や髪の色を忘れるとされている。そして，第6文では，忘れていくことで喪失に耐えることができると書かれている。したがって，解答には，「徐々に故人の記憶が薄れることによって，喪失感に耐えられるようになる」という第6文までの内容を含める方がよいだろう。

問3　正解はb・e

a．「非常に雄弁で論理的だったので，彼は娘に自分の尊厳を確信させた」
　第1段第2文（Her father had …）に「口数が少なかった」とあり，また「娘に自分の尊厳を確信させた」などという記述はない。よって，不一致。

b．「彼は決して心を開くことがなかったが，内気すぎて自分の愛情をはっきりと表現することができなかったのである」
　第1段第2文に合致。

c．「彼は職人で，木工の専門家であったが，いかなる形式の農業にも従事していなかった」
　「彼は職人で，木工の専門家である」という記述はなく，第1段第5文後半（but she had learned …）によると，農業もしていたことがわかる。よって，不一致。

d．「レイチェルが，死んだ赤ん坊のためにできるすべてのことをしていたとき，彼はまだ生きていた」
　レイチェルの赤ん坊が死んだという記述はない。よって，不一致。

e．「彼は，レイチェルに対して，農業について詳しい指示を与えなかったが，彼女はこのことを不満に思ってはいなかった」
　第1段第3文（But he had raised …）の「レイチェルは父がどんな人にも劣らず上手く子育てをしたと思っていた」という箇所，および同段第5文後半と最終文（He had had her …）に合致する。

問4　▶第4段第1文 Think of something happy「何か楽しいことを考えなきゃ」が
大きなヒントになる。この表現は自然に思い出すのではなく，「意識的に思い出す」
ことを示す。

▶その結果，思い出した内容は，第4文以降に書かれている。以下，順にまとめると
次のような思い出である。
- ［第4文］　初夏の夕方の思い出。
- ［第5文］　夕食後，父は納屋に行き，レイチェルは庭に出た。
- ［第6文］　父は納屋の入り口から彼女に呼びかけた。
- ［第7・8文］「素敵だろう」と父は大きな銀色の蛾を指差した。
- ［第9・10文］　蛾は夕暮れの光を浴びて美しく輝き，やがて飛び去った。
- ［第11文］　父は彼女の方を向かないまま，大きくたくましい手を彼女の背中に
置いていた。

問1　愛する人を失うことに耐えられるようになるのは，思い出すことではなく
忘れることによってであると彼女は気づいた。

問2　愛する人を亡くして，その思い出を徐々に忘れ，その喪失感に耐えられる
ようになった後，さらに時間が経ってから，記憶がよみがえるのにまかせるこ
とができるようになり，さらには，よみがえってほしいとさえ思えるようにな
った状況。

問3　b・e

問4　初夏の日の夕食後，父に呼ばれて納屋に入ると，父が「素敵だろう」と大
きな銀色の蛾を指差した。夕闇が迫る中，蛾は最後の光を集めるように輝いて
いた。蛾が夜の闇へと飛び去るとき，父は彼女の方を向かないままで，しばら
く彼女の背中に大きなたくましい手を置いていた。(126字)

42

次の英文を読み，設問に答えなさい。

Language and logic are strongly connected with each other. How that is so becomes clear when we recall the relationship between the idea and the word. Although it is a disputed point among language experts, it seems possible that we can hold an idea in our mind without having a precise word for it. In any event, if we are going to attempt to communicate an idea to others, it is necessary that we express it by a word. Therefore, (1)the better a word and an idea fit together, the clearer and more effective the communication of the idea will be.

Matching words to ideas is the first and most basic step in communication. The next step is putting ideas together to form clear statements. If I said to you "dog"or "cat," your response would be to wait to hear more. You would wonder : What about "dogs" or "cats"? Through the words I am speaking, you know the ideas I am dealing with, but you don't know what I intend to do with those ideas. I am simply "saying" the ideas ; I am not saying anything about them. (2)We say something about ideas when we put them together to form statements that can be responded to positively or negatively. Notice that if someone simply said "dog," there would not be much sense in responding with "That is true" or "That is false." However, if someone said something about a dog――"The dog is in the garage"――then (3)such a response would be suitable. The word "statement" has a special meaning in logic. It is a verbal expression to which the response of either "true" or "false" makes sense.

Words have been called the building blocks of language, but it is the statement that logic starts with, for it is only at the level of the statement that the question of truth or falsity is introduced. Indeed, logic is all about establishing what is true and distinguishing it from what is false. It can sometimes be difficult to determine whether a statement is true or false even when that statement is clearly understood. However, if we have difficulty understanding what a statement is attempting to say, then we will have to figure out the meaning of the statement before we can determine whether it is true or false. Thus, $_{(4)}$communication should be clear and effective.

問1　下線部(1)を日本語に訳しなさい。

問2　下線部(2)を日本語に訳しなさい。

問3　下線部(3) such a response の表す内容を日本語で説明しなさい。

問4　下線部(4)のように筆者が言う理由を日本語で述べなさい。

全 訳

■言語と論理の関係

❶ 言語と論理は，互いに強い関連がある。その理由は，我々が概念と言葉の関係を思い起こすと明らかになる。これは語学の専門家の間で争点となっていることであるが，それを表すのにぴったりの言葉をもたずとも，ある概念を心の中に抱くことは可能であるように思える。いずれにしても，他者にある概念を伝えようと試みるなら，我々はそれを言葉によって表現する必要がある。したがって，(1)ある概念とある言葉がうまく適合すればするほど，その概念の伝達はより明確でより効果的になるだろう。

❷ 言葉を概念に対応させることは，意思疎通における最初の，そして最も基礎的な段階である。次の段階は，概念をまとめて明確な命題を形成することである。もし，私があなたに「犬」か「猫」と言えば，あなたはより多くのことを聞こうと待ちかまえることだろう。あなたはあれこれ思いを巡らすはずだ。「犬」か「猫」がどうしたのだろうかと。私が話している言葉を通して，あなたは私が扱っている概念はわかるのだが，私がそれらの概念をどうするつもりかは，あなたにはわからない。私は単にその概念を「口にしている」にすぎず，概念に関しては何も言っていないのだ。(2)我々が概念をつなぎ合わせて，肯定的あるいは否定的に反応されうる命題を形成するとき，我々はそれらの概念について何かを述べていることになる。もし，誰かが単に「犬」と言った場合，「その通りだ」あるいは「それは間違っている」と反応してもあまり意味がないということに注意してほしい。しかしながら，誰かが犬に関して何か言った場合——例えば，「犬はガレージにいる」などと言った場合——そのような反応は適切なものとなる。「命題」という言葉は，論理学の中では特別な意味をもっている。それは，「真」あるいは「偽」という反応が意味をなす，言葉による表現なのである。

❸ 単語は，言語の基礎的構成要素と呼ばれているが，論理の出発点は命題である。というのも，命題の段階になって初めて真または偽という問題が導入されるからである。実に，論理というのは，何が真かを確立し，それを偽から区別することに尽きるのである。命題が明確に理解されている場合であっても，その命題の真偽を決めるのが時として難しい場合もある。しかしながら，命題が何を言おうとしているのかを理解するのが難しい場合，我々はその真偽を決める前にまず，その命題の意味を理解しなければならない。したがって，意思疎通は明確で効果的であるべきなのである。

各段落の要旨

❶ 言語と論理は強く関連している。他者にある概念を伝えたいなら，言葉で表現する必要がある。したがって，概念を伝達しようとするなら，概念は言葉と合致していなくてはならない。

❷ 意思疎通が成り立つには 2 つの段階がある。まず，個々の概念をそれぞれの言葉に対応させる。次に，複数の概念をつなぎ合わせて命題を形成する。命題として言語で表現されたものに対しては真偽の判断ができる。

❸ 論理の出発点は命題である。論理とは真を偽から区別することに尽きる。真偽の決定には，命題の意味を理解することが必要である。だから，意思疎通は明確で効果的であるべきなのである。

解 説

問 1　the better a word and an idea fit together, the clearer and more effective the communication of the idea will be

▶全体の構文が，the＋比較級～，the＋比較級…「～すればするほど，（それだけ）ますます…」であることに着目する。

▶ the better a word and an idea fit together,「ある概念とある言葉がうまく適合すればするほど」 fit together well で「うまく適合する，相性がよい」の意。この well が比較級 better となって節の頭に出ている。

▶ the clearer and more effective the communication of the idea will be 「その概念の伝達はますます明確で効果的になるだろう」 clear 「明らかな，はっきりした」 effective 「効果的な，有効な」

問 2　We say something about ideas when we put them together to form statements that can be responded to positively or negatively.

▶この下線部を正しく理解するには，文脈を踏まえなければならない。英文を一読して，まず気づいてほしいのは，この下線部には，第 2 段第 2 文の putting ideas together to form clear statements「明確な命題を形成するために，概念をつなぎ合わせる」と同じ表現が使われていることである。下線部中の them は ideas を指すので，これらの箇所は同じことを述べていると考えてよい。

▶次に，下線部の直前の文中にある "saying" the ideas に注目したい。say the ideas と下線部中の say something about ideas がどう違うかを押さえておこう。この段落で ideas の例として挙がっているのは dog や cat （という語が意味するもの）である。したがって，say the ideas とは，例えば「dog, cat と口に出して言う」ことであり，say something about ideas とは，「dog や cat などという概念について，

何らかの発言をすること」である。本文中にある後者の例は The dog is in the garage. である。

▶後半の statements that can be responded to positively or negatively はこれに対応する能動態の文を考えるとわかりやすい。people can respond to statements positively or negatively「人々は命題に対して，肯定的または否定的に反応〔返答〕できる」

語句　put A together「A を一まとめにする，A を合わせる」 statement「命題」 respond to ~「~に反応する，~に応える」 positively「肯定的に」 negatively「否定的に」

問3　▶ such a response「そのような反応」は，下線部(3)の直前の第2段第8文後半（responding with "That is true" or "That is false"）を受けている。またこの部分は問2の be responded to positively or negatively の例であることも押さえておきたい。

問4　▶ communication should be clear and effective「意思疎通は明確で効果的であるべきなのである」と筆者が言う理由は，この箇所の直前に Thus「それゆえに」のあることから，Thus の直前に書かれているとわかる。また，最終段第4文の we have difficulty understanding what a statement is attempting to say「命題が何を言おうとしているのかを理解するのが困難である」は，「意思疎通が明確で効果的でない」ことを指している。したがって，解答は第4文をまとめればよい。

▶第4文中の表現としては，attempt to do「~しようと試みる」，figure out ~「~を理解する」に注意したい。

問1　ある概念とある言葉がうまく適合すればするほど，その概念の伝達はより明確でより効果的になるだろう。
問2　我々が概念をつなぎ合わせて，肯定的あるいは否定的に反応されうる命題を形成するとき，我々はそれらの概念について何かを述べていることになる。
問3　相手の発言に対して，「その通りだ」あるいは「それは間違っている」などと反応すること。
問4　ある命題が言わんとすることを理解するのが難しい場合，その真偽を決める前に，その命題の意味を理解しなければならないから。

43

次の英文は，19 世紀後半に生まれた英国の数学者・哲学者の自伝からの一節である。それを読み，設問に答えなさい。

At the age of eleven, I began *Euclid, with my brother as my tutor. This was one of the great events of my life, as dazzling as first love. I had not imagined that there was anything so delicious in the world. After I had learned the fifth proposition, my brother told me that it was generally considered difficult, but I had found no difficulty whatever. (1)This was the first time it had dawned upon me that I might have some intelligence. From that moment until *Whitehead and I finished *Principia Mathematica, when I was thirty-eight, mathematics was my chief interest, and my chief source of happiness.

The beginnings of Algebra I found far more difficult, perhaps as a result of (2)bad teaching. I was made to learn by heart : 'The square of the sum of two numbers is equal to the sum of their squares increased by twice their *product.' I had not the vaguest idea what this meant, and when I could not remember the words, my tutor threw the book at my head, which did not stimulate my intellect in any way. After the first beginnings of Algebra, however, everything else went smoothly.

My grandmother was always afraid that I might overwork, and kept my hours of lessons very short. The result was that I used to work in my bedroom on the sly with one candle, sitting at my desk in a night-shirt on cold evenings, ready to blow out the candle and pop into bed at the slightest sound. I hated Latin and Greek, and thought it merely foolish to learn a language that nobody speaks. I liked mathematics best, and next to mathematics I liked history. (3)Having no one with whom to compare myself, I did not know for a long time whether I was better or worse than other boys, but I remember once hearing my Uncle Rollo saying goodbye to Jowett, the Master of *Balliol, at the front door, and remarking : 'Yes, he's getting on very well indeed,' and I knew, though how I cannot tell, that he was speaking of my work. As soon as I realised that I was intelligent, I determined to achieve something of intellectual importance if it should be at all possible, and (4)throughout my youth I let nothing whatever

<u>stand in the way of this ambition.</u>

From The Autobiography of Bertrand Russell by Bertrand Russell, Routledge

注　*Euclid：ユークリッド幾何学
　　*Whitehead：ホワイトヘッド（英国生まれの哲学者）
　　*Principia Mathematica：『数学原理』
　　*product：積
　　*Balliol：オックスフォード大学を構成するカレッジの1つ

問1　下線部(1)を日本語に訳しなさい。

問2　下線部(2)の "bad teaching" の具体的内容を日本語で簡潔に述べなさい。

問3　下線部(3)を日本語に訳しなさい。

問4　"this ambition" の指す内容を明らかにして，下線部(4)を日本語に訳しなさい。

■11歳で数学の面白さに目覚めた数学者

❶ 11歳のときに，私は家庭教師役の兄と，ユークリッド幾何学を始めた。これは私の人生の大きな出来事のうちの1つで，初恋のように目もくらむばかりだった。私はそれまでに，世界にこれほど面白いものがあるとは想像していなかった。私が5番目の定理を学習した後，兄は私にそれは一般に難解だと考えられていると言ったが，私は何ら難しいとは思わなかった。(1)私にはかなりの才能があるのかもしれないということが徐々にわかってきたのはこのときが初めてだった。その瞬間から，私が38歳でホワイトヘッドと二人で『数学原理』を完成するまで，数学は私の主要な関心事であり，私の主要な幸福の源であった。

❷ 代数の初歩に関しては，私ははるかに難解だと思った。恐らくひどい教わり方が原因だったのだろう。私は暗記することを強いられた。「2つの数の和の平方は，それらの平方の和にそれらの積の2倍を加えたものに等しい」と。私には，これが何を意味するのかさっぱりわからなかった。そして，私がこの文言を思い出せないときには，私の家庭教師は私の頭に本を投げつけたが，これはちっとも私の知性を刺激するものではなかった。しかしながら，代数の初歩の初めの部分が終わった後は，他のすべてが順調に進んだ。

❸ 私の祖母はいつも，私が無理をするかもしれないと心配して，私の勉強時間を非常に短くしておいた。その結果私は，寒い夜に寝巻きを着て机につき，ごく僅かな音でも聞こえたらろうそくを吹き消してベッドに飛び込む準備をして，1本のろうそくを頼りにこっそりと寝室で勉強したものだった。私はラテン語とギリシア語が嫌いで，話し手がいない言語を学習するのはばかげたことでしかないと思っていた。私は数学が最も好きで，数学の次は歴史が好きだった。(3)私には自分と比較する相手が誰もいなかったので，自分が他の少年たちと比べて優れているのか劣っているのか長い間わからなかった。しかしあるとき，ロロおじさんが正面玄関で，ベーリオルカレッジのジャウェット学寮長にさようならの挨拶をし，「ええ，あの子は実によくやっていますよ」と発言しているのを聞いたことを覚えている。そして，どうしてかはわからないが，彼が私の勉強を話題にしていることが私にはわかった。私は自分が知的だと悟るとすぐに，仮にも可能であるのならば，知的重要性のあることを達成しようと決心した。そして，青年期を通してずっと，どんなことにも一切この野心の邪魔はさせなかった。

解 説

問1 This was the first time it had dawned upon me that I might have some intelligence.

▶ This は前文の内容を受ける。つまり，難解だとされる第5定理を難しいと思わなかったことを指す。「このこと」と訳したいところだが，「このことが最初のときだった」という日本語はぎこちないので，「これが最初だった」，「このときが最初だった」などとする。

▶ it had dawned 以下は the first time にかかる関係節。「これが…した最初だった」という意味になる。

▶ it had dawned upon me that … 「…が私には徐々にわかってきた」 dawn upon ～ は「(人) にわかり始める」という意味。主語を it とし，その具体的内容を that 以下で表すことが多い。

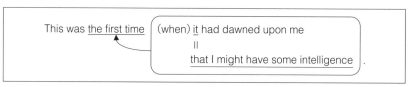

▶ some intelligence は「かなりの知能」。some は文脈によって，「少しの，多少の」という意味の場合と，「相当の，かなりの」という意味の場合とがある。

問2 ▶ bad teaching とは直訳すれば「悪い教え方」。全訳中では「私」を中心に考えて「教わり方」とした。

▶ 具体的には，下線部(2)の直後の2文で述べられている。直後の文の I was made to learn by heart は「私は暗記を強いられた」という意味。learn by heart は「暗記する」。コロン（：）以下で，どのような暗記かが具体的に説明される。数式で示せば，$(a+b)^2 = a^2 + b^2 + 2ab$ である。

▶ さらに次の文では「これが何を意味するのかさっぱりわからず，思い出せないと，私の家庭教師は私の頭に本を投げつけた」と書かれている。なお，第1段第1文により，tutor「家庭教師」とは，my brother「兄」であることがわかる。

問3 Having no one with whom to compare myself, I did not know for a long time whether I was better or worse than other boys

▶ Having 以下は理由を表す分詞構文で，「誰もいなかったので」という意味。

▶ with whom to compare myself は compare A with B 「A を B と比較する」が変形

されたもの。whom は関係代名詞だが，compare の主語はない。whom の後には
ＳＶではなく to 不定詞が続いている。

▶ whether I was better or worse than other boys「他の少年と比べて優れているのか
劣っているのか」

問4　throughout my youth I let nothing whatever stand in the way of this ambition

▶ let nothing whatever stand は let *A do* という形。目的語は nothing で，これを強
調する whatever がついている。「nothing に立ちはだかることを許した」とは，
「何ものにも立ちはだかることを許さなかった」ということ。nothing whatever
は「どのようなものにも一切〜ない」などと訳す。

▶ this ambition「この野心」とは，下線部(4)の直前にある achieve something of
intellectual importance（if it should be at all possible）を指す。of intellectual
importance の of は，「〜の特徴をもつ」の意味で，形容詞のように something を
修飾していると考えるとよい。if 節内の should は仮定の意味を表し，at all も条件
や仮定の意味を強めている。

語句　throughout *one's* youth「青年期を通して，青年期の間中」　in the way of 〜
「〜の邪魔になって，〜の行く手をふさいで」

問1　私にはかなりの才能があるのかもしれないということが徐々にわかってき
　　たのはこのときが初めてだった。

問2　乗法の展開公式を意味がわからないまま暗記させ，覚えられないと本を投
　　げつけるといったような，全く知性を刺激しない教え方。

問3　私には自分と比較する相手が誰もいなかったので，自分が他の少年たちと
　　比べて優れているのか劣っているのか長い間わからなかった。

問4　青年期を通してずっと，知的重要性のあることを達成しようという野心を
　　どんなことにも一切邪魔させなかった。

44

次の英文は，ある科学者のグループが行った研究について述べたものである。それ
を読み，設問に答えなさい。

Working out could help your mind as well as your body keep in shape.
Keeping physically fit as we grow older may actually slow down or prevent
*dementia.

A group of scientists followed 2, 288 people of ages 65 and older for six years.
Participants underwent initial testing to determine their *cognitive abilities,
which were scored on a scale from zero to 100. None showed signs of dementia
or *Alzheimer's disease at the beginning of the study. They were also scored on
how they performed on (1)four established physical tests : a timed walk of 10
feet ; how long it took participants to stand five times from a seated position ; a
standing balance assessment ; and a grip strength measurement in the
dominant hand. Each *subject was scored from zero to four on the tests, with
four representing the highest functioning level. The scores were added up to
obtain a total physical performance score of up to 16. Those who had the lowest
physical performance scores were found also to have the lowest cognitive
scores.

The researchers then followed up with the participants every two years,
contacting them to assess changes in their physical and mental functioning. At
the end of the study, 319 participants had developed dementia, including 221
with Alzheimer's disease. The research subjects with higher physical function
scores at the start of the study were three times less likely to have developed
dementia than those with lower initial physical function scores.

Subjects whose physical performance scores were greater than 10 were
much less likely to develop dementia than those who scored 10 or less. A one-
point decrease in the physical performance was associated with an increased
risk of dementia or Alzheimer's disease and a faster decline in cognitive
performance scores ; and (2)the link remained when researchers accounted for
other factors, including cognitive function at the beginning of the study, a family
history or genetic inclination for Alzheimer's disease, age, gender, education,

and other mental and physical illnesses.

Dr. Eric B. Larson, who co-authored the study, notes, "We had expected (3)_____, but we were surprised to find that physical changes can precede declines in thinking. That suggests that what is considered a brain disease may be intimately connected to physical fitness."

Specific physical weaknesses observed among participants at the beginning of the study turned out to be linked with cognitive problems later. For example, those with a slowed walking pace and poor balance were more likely to develop dementia, and among participants with possible mild cognitive impairment, those with poor handgrip were more likely to develop dementia. (4)This suggests that by looking for gait slowing and poor balance, physicians might be alerted to the earliest stages of dementia in older patients even before cognitive impairment is apparent, according to Dr. Larson, director of the Group Health Center for Health Studies.

注　*dementia：認知症
　　*cognitive abilities：認知能力
　　*Alzheimer's disease：アルツハイマー病
　　*subject：被験者

問1　下線部(1)の4つのテストの内容を日本語で具体的に述べなさい。

問2　下線部(2)の "the link" の内容を日本語で具体的に説明しなさい。

問3　下線部(3)に入る最も適切な英文を，次の(a)～(d)から1つ選び記号で答えなさい。
　(a)　changes in physical performance could be detected by the test scores
　(b)　a decline in physical performance would be followed by cognitive impairment
　(c)　the earliest signs of dementia would be subtle cognitive changes
　(d)　keeping physically fit would keep you away from any disease

問4　下線部(4)を日本語に訳しなさい。

全 訳

■身体能力と認知能力・認知症との関連性

❶ 運動することは，体と同様に心をも健康に保つのに役立つ。年をとるとともに肉体的に健康でいることは，実際に認知症進行の緩和，あるいは認知症防止となるかもしれない。

❷ 科学者のグループが，65歳以上の人2,288人を6年間追跡調査した。参加者は，認知能力を決定するための初期検査を受け，この検査は100点満点で評点されるものであった。誰一人，研究の初めには認知症やアルツハイマー病の兆候を示してはいなかった。さらに，彼らは4つの既定の体力テストの成績も記録された。10フィート歩くのにかかる時間の測定，参加者が座った姿勢から5回立ち上がるのにどのくらいの時間がかかるか，立っているときの平衡感覚の評価，利き手での握力測定である。各被験者はそれらのテストで0～4の得点を与えられ，4が最も高い機能レベルを表す。得点は加算され，最高16点までの身体能力合計点を得た。身体能力で最も低い得点をとった人は，認知能力でも最も低い得点をとっていたことがわかった。

❸ その後，研究者は2年ごとに参加者を追跡し，肉体的および精神的な機能の変化を評価するために彼らと連絡をとった。研究の終わりに，319人の参加者が認知症を発症し，そのうち221人はアルツハイマー病に罹患していた。研究の初期に身体機能の得点が高かった被験者は，認知症を発症する可能性が，最初の身体機能得点が低かった人の3分の1だった。

❹ 身体能力の得点が10点を超えた被験者は，10点以下の得点だった人より認知症を発症する可能性がはるかに低かった。身体能力の得点が1点減少すれば，認知症やアルツハイマー病の危険が増大し，認知能力の得点が急速に低下していた。そしてこの関連性は，研究の初期における認知能力，アルツハイマー病に対する家族の病歴や遺伝的傾向，年齢，性別，教育，および他の精神的・肉体的疾病を含めて，研究者が他の要因を説明するときにも残っていた。

❺ この研究の共同執筆者のエリック=B.ラーソン博士は，こう書いている。「私たちは認知症の最も初期の兆候は微妙な認知能力の変化だろうと予測していたのだが，驚いたことに肉体的変化の方が思考能力の低下に先行することがありうるということがわかった。それは，脳の疾病と考えられるものが肉体的健康に密接に関連しているかもしれないことを示唆している」

❻ 研究の初期に参加者の間で観察された特定の肉体的な弱点は，後の認知の問題と関連していることが判明した。例えば，歩行ペースが遅く平衡感覚が悪い人の方

が認知症を発症する可能性が大きく，また，軽度認知障害を発症する可能性のある参加者の中では，握力の弱かった人の方が認知症を発症する傾向にあった。健康調査のための集団健康センターのセンター長であるラーソン博士によれば，(4)このことが示唆しているのは，歩みの遅さや平衡感覚の悪さを探すことによって，認知障害が明らかになる前でさえも，医師は年配の患者に見られる認知症の最も早い段階に対して警戒するようになるかもしれないということである。

各段落の要旨

❶ 運動は身体の健康と同様に，心の健康にも役立つ。肉体的に健康であれば，認知症になりにくいかもしれない。

❷ 高齢者を対象とする調査で，その開始時に，認知能力と身体能力を測定したところ，両者の成績には相関があることが観察された。

❸ その後，2年ごとに参加者の追跡調査を実施した。研究の初期に身体機能が高かった被験者は認知症の発症率が低かった。

❹ 身体能力の得点と，認知症やアルツハイマー病の発症には相関があった。

❺ 研究グループの1人によると，認知症の最初の兆候は認知能力の低下ではなく，肉体的能力の低下という形をとる可能性があるという。

❻ 初期の検査で観察された肉体的弱点は，その後の認知能力と関連することが判明した。身体機能の衰えから，認知障害の始まりがわかるようになるかもしれない。

解　説

問1 ▶「4つの既定の体力テスト」は，下線部(1)直後のコロン（：）以下にセミコロン（；）で区切られて列挙されている。

① a timed walk of 10 feet の timed は形容詞で「時間が測定された」という意味。直訳すれば「時間が測定された10フィート歩行」だが，これではわかりにくいので，「10フィート歩く時間の測定」のようにまとめればよい。

② how long it took participants to … 「…するのに参加者が要した時間」（it takes A B to do「A（人）が～するのに B（時間）がかかる」の構文）　a seated position「座位，座った姿勢」

③ a standing balance は「立位バランス，立っているときの平衡感覚」，assessment は「評価」。

④ a grip strength は「握力」，measurement は「測定，測定値」，the dominant hand「優勢な手」とは「利き手」のこと。

問2 ▶ link とは「つながり，関連」という意味であるから，何と何がリンクしているのかを述べる。「この関連性」とは，下線部(2)を含む文の前半の A one-point decrease … cognitive performance scores を指す。

▶ A one-point decrease in the physical performance「身体能力テストの成績が1点低くなること」 不定冠詞 a が使われているので，満点の16点から0点の中で，どこをとってもという意味。例えば，15点と14点，あるいは9点と8点など，「得点が1点低くなると」ということ。

▶ was associated with …「（得点低下は…の危険の増大や…の得点の低下）に関連していた」

▶ increased risk は，文字通り訳すと「増大した危険，より大きくなった危険」であるが，「危険の増大」と理解するとよい。

問3　正解は(c)

▶下線部のある第5段は前段の内容を受けて，身体能力の低下が認知症と関連していることを補足説明する部分なので，(a)は不適。(d)は疾病一般との関連なので除外する。(b)か(c)が候補となるが，後続する but 以下で「しかし，驚いたことに肉体的変化の方が思考能力の低下に先行することがありうるということがわかった」とあるので，(b)では予想通りの結果が出たにすぎないということになり適さない。よって(c)が正解。

(a)「身体能力の変化は検査の得点によって検知することができるだろう」

(b)「身体能力の低下の次には認知障害が続くだろう」

(c)「認知症の最も初期の兆候は微妙な認知能力の変化だろう」

(d)「肉体的に健康を維持することはどんな疾病をも遠ざけてくれるだろう」

問4　This suggests that by looking for gait slowing and poor balance, physicians might be alerted to the earliest stages of dementia in older patients even before cognitive impairment is apparent

▶ This suggests that …「このことは（that 以下）を示唆している」 that の導く節は下線部の終わりまで。

▶ gait slowing「歩みの遅さ，歩く速さの低下」とは，問1の体力テストの1つである a timed walk of 10 feet の結果が悪いことを意味する。gait は「歩き方，足取り」という意味。

▶ poor balance「悪いバランス，バランスの悪さ」とは，問1の a standing balance assessment の結果が悪いことを指す。

▶病気について stage と言えば，進行の「段階」のことである。

語句　by looking for ～「～を探すことによって」 be alerted to ～「～に注意する，～への警告を受ける」 impairment「障害」

問1 　①10 フィート歩くのにかかる時間の測定
　　②座った姿勢から 5 回立ち上がるのにかかる時間の測定
　　③立っているときの平衡感覚の評価
　　④利き手での握力測定
問2 　身体能力の得点が減少するにつれ，認知症やアルツハイマー病の危険が増
　　加し，認知能力の得点が早く低下するという関連性。
問3 　(c)
問4 　このことが示唆しているのは，歩みの遅さや平衡感覚の悪さを探すことに
　　よって，認知障害が明らかになる前でさえも，医師は年配の患者に見られる認
　　知症の最も早い段階に対して警戒するようになるかもしれないということであ
　　る。

45

次の英文を読み，設問に答えなさい。

It took our species hundreds of thousands of years to reach a population of 10 million, and we now are adding 10 million people every six weeks. Global population is around 6 billion and it is estimated to reach 7 to 11 billion in the next 50 years. (1)It is unclear, however, whether the Earth's ecological life-support systems can sustain this many people, at least at current standards of living. Humans currently consume 40 percent of the food available to sustain land animals, and 45 percent of the available freshwater on Earth. Our *toxic pollutants have spread across the planet and are causing serious effects, which we are only now beginning to recognize, on the health and behavior of humans and wildlife.

Humanity has become a geological force and our pollution of the atmosphere is altering the Earth's climate. (2)We are causing the first episode of mass extinction on the planet in 65 million years, with thousands of species vanishing each year. *Homo sapiens* is likely to become the greatest catastrophic actor since a giant *asteroid collided with the Earth 65 million years ago, wiping out half the world's species in a geological instant. By destroying our planet's natural resources, *biodiversity, and the ecosystem, we are weakening its capacity to support our vastly increasing populations, and subsequently creating violent conflicts and health, social, and economic problems for ourselves and future generations.

It is widely agreed that we need to change course and move toward greater ecological sustainability ; however, making the necessary changes has proved to be extremely difficult. Most agree that we need to stabilize population growth, and yet family planning efforts have been met with considerable resistance. Some (3)opponents argue that environmental degradation is not due to overpopulation as much as overconsumption and pollution by the rich. Indeed, industrialized countries consume the vast majority of the Earth's resources. This is why the world's leading scientists have issued a warning to the world, urging developed nations to reduce their consumption. Yet efforts to deal with consumption are also strongly resisted and attacked by politically powerful groups. Most people——including economists and governmental leaders—— still maintain that increasing consumption is desirable.

Our environmental problems are clearly due to both overpopulation and excessive consumption, but we face a global deadlock : wealthy countries want poor ones to reduce their population, and poor countries want the rich to reduce their consumption. As the World Commission on Environment and Development recognized : (4)"The Earth is one but the world is not".

From The Evolutionary Roots of Our Environmental Problems: Toward a Darwinian Ecology, *The Quarterly Review of Biology*, Volume 78, Number 3, by Dustin J. Penn, The University of Chicago Press

注　*toxic pollutants：有毒汚染物質
　　*asteroid：小惑星
　　*biodiversity：種の多様性

問1　下線部(1)を日本語に訳しなさい。

問2　下線部(2)を日本語に訳しなさい。

問3　下線部(3)の "opponents" は，どのような意見に対して反論を述べているのか，本文に即して日本語で答えなさい。

問4　下線部(4)の内容を，本文に即して日本語で具体的に説明しなさい。

全 訳

■生態系保護の必要性とその対策の難しさ

❶ 人類は人口が 1,000 万人に達するのに何十万年もかかった。そして，現在 6 週ごとに 1,000 万人ずつ増えている。地球の全人口は約 60 億であり，それは次の 50 年間で 70～110 億人に達すると推定されている。(1)しかしながら，地球の生態学的な生命維持の仕組みが，少なくとも現在の生活水準のままでこんなにも多くの人々を養うことができるかどうかは不明である。人間は現在，陸上動物を養える食物の 40 パーセント，および地球上の利用可能な真水の 45 パーセントを消費している。我々の有毒汚染物質はこの惑星中に広がっており，人間と野生生物の健康と行動に重大な影響を引き起こしている。そして，我々は今ようやくこの影響について認識し始めているところである。

❷ 人間は地質を変える力になり，我々の引き起こす大気汚染は地球の気候を変えつつある。(2)我々は地球上に 6,500 万年ぶりに大量絶滅の時代をもたらしつつあり，毎年数千種が絶滅している。巨大な小惑星が 6,500 万年前に地球と衝突して世界中の半分の種を地質学的見地からは一瞬の内に絶滅させて以来，ヒトは最大の壊滅的な行為者になりそうである。我々はこの惑星の天然資源，種の多様性，および生態系を破壊することによって，膨大に増加する人口を養う地球の能力を弱めており，さらには我々自身にとって，そして将来の世代にとっても，激しい紛争や健康・社会・経済問題を作り出している。

❸ 我々が進むべき道を変更し，より大きな生態学的持続可能性に向かう必要があるということが広く合意されている。しかしながら，必要な変更を加えることが非常に困難であるとわかってきた。大抵の人は人口増加を抑える必要があることに合意してはいるが，家族計画の努力は相当な抵抗に遭ってきた。一部の反対者は，環境悪化の原因は人口過剰というよりもむしろ金持ちによる過剰消費と汚染であると主張している。確かに，先進工業国は地球資源の大部分を消費している。このため，世界の先導的科学者たちは世界に対して警告を発し，先進国に消費を縮小するようにうながしてきた。しかし，消費に対処する努力も，強い政治的影響力をもつ集団によって強く抵抗され攻撃されている。経済学者や政府の指導者を含めて大抵の人は，消費を増加させることが望ましいといまなお主張しているのである。

❹ 我々の環境問題の原因は明らかに人口過剰と過剰消費の両方であるが，我々は地球規模での行き詰まりに直面している。富める国々は，貧しい国々に人口を減らすことを望んでおり，貧しい国々は，富める国々に消費を減らすことを望んでいるのである。環境と開発に関する世界委員会が認めているように，「地球は 1 つだが，世界はそうではない」のである。

❶ 地球の人口は急増しており，現在の生活水準でこれほど多くの人間を養えるかどうかはわからない。人間は食料と水を大量に消費し，汚染物質を拡散させた。

❷ 人間が地球に与えている影響は絶大であり，種の大量絶滅を引き起こしている。我々は生態系を破壊し，増加する人口を養う地球の能力を弱めている。

❸ 方向転換の必要性は合意されているが，必要な対策を講じるのは困難である。人口増加を抑えようとする家族計画や，消費の縮小には反対がある。

❹ 環境問題の原因は人口過剰と過剰消費の両方であるが，先進国と途上国の利害は一致しない。地球は1つだが，世界はそうではない。

解　説

問1 It is unclear, however, whether the Earth's ecological life-support systems can sustain this many people, at least at current standards of living.

▶ It is unclear whether … は「…かどうかは明らかではない〔不明である〕」という意味。It は whether 以下（「…かどうか」）を指す。

▶ this many people「これほど多くの人々」の this は many を修飾する副詞。

▶ at current standards of living は「現在の生活水準で」という意味。生活水準を落とせば，環境への負荷は少なくなり，より多くの人間を養えるのは明らかである。

語句　ecological life-support systems「生態学的な生命維持の仕組み」

問2 We are causing the first episode of mass extinction on the planet in 65 million years, with thousands of species vanishing each year.

▶ the first … in 65 million years は「この6,500万年で最初の…」，あるいは「6,500万年ぶりの…」と訳す。

▶ with thousands of species vanishing は付帯状況を表し，and thousands of species vanish と言い換えることができる。with O C は「OがCの状態で」という意味。「何千もの種が消滅していて」

語句　cause「〜を引き起こす，〜の原因となる」 episode「（異常な）期間〔時期，段階〕」 mass extinction「大量絶滅」

問3 ▶下線部(3)を含む文より，opponents「反対者」の主張は，環境悪化の原因を人口過剰ではなく，過剰消費と汚染に帰すものだとわかる。また，この直前の文では，Most agree that we need to stabilize population growth「ほとんどの人は人口増加を安定化する必要があるという点で合意している」と述べられている。さらに，家族計画にも反対があることが書かれている。

▶このことから，「環境悪化の原因は人口増加なので，家族計画などによって人口増加を抑制するべきだ」という主張への反対論であることがわかる。なお，stabilize は「～を安定させる」という意味であるが，「人口増加を安定させる」という言い方は日本語としてわかりにくいので，解答例では，「抑える」とした。

問4　▶下線部(4)は「地球は１つだが，世界はそうではない」という意味。not のあとには one が省略されている。

▶前半の「地球は１つ」に関しては事実を述べているだけなので，特に説明の必要はない。

▶「世界は１つではない」に関しては，最終段第１文のコロン（：）以下がその説明になっている。世界には富める国と貧しい国があり，富める国は貧しい国が人口を減らすことを望み，貧しい国は富める国が消費を縮小するよう望んでいる。このように，世界にはいろいろな立場や主張があり，１つにまとまっているわけではないというのである。

> **問1**　しかしながら，地球の生態学的な生命維持の仕組みが，少なくとも現在の生活水準のままでこんなにも多くの人々を養うことができるかどうかは不明である。
>
> **問2**　我々は地球上に 6,500 万年ぶりに大量絶滅の時代をもたらしつつあり，毎年数千種が絶滅している。
>
> **問3**　環境悪化への対策として，人口増加を抑える必要があるという意見。
>
> **問4**　生態学的に守っていくべきこの地球は１つしかないが，富める国々は貧しい国々に人口を減らすことを望み，貧しい国々は富める国々に消費を減らすことを望むという，立場・主張を異にする世界にわかれているということ。

第2章　英作文

46

Read the instructions and write a paragraph **in English**.

The number of immigrants to Japan is likely to increase in the coming decades. Introduce and explain either (a) the benefits, (b) the drawbacks, or (c) both the benefits and the drawbacks of living in a multicultural society. Compose a well-structured paragraph, supported by examples, using about **100 English words**.

■多文化社会に住むことのメリット・デメリット

> 指示を読み，英語で1段落の文章を書きなさい。
>
> 日本への移民の数は，今後数十年で増加する可能性がある。多文化社会に住むことの(a)メリット，(b)デメリット，または(c)メリットとデメリットの両方を挙げて説明しなさい。約 <u>100 語の英単語を使って</u>，例を挙げて，まとまりのある1段落の文章を書きなさい。

設問の要求

- ✓ 今後日本への移民の増加が見込まれるなかで，多文化社会に住むことのメリット，デメリットまたはその両方を述べる。

アプローチ

- ● メリットとデメリットを考える際には，教育の面，就労の面，社会的側面というように場面を分けると，具体化できて考察しやすくなる。
- ● メリット：
  - 〔教育の面〕・多文化社会で育つ子どもは自分のものとは異なるさまざまな視点を学び，価値相対主義を身につけ，差別意識が少なく平等を重視する態度が養われる。
    - ・自分たちの文化以外の文化についてより多くを知ることによって，寛容になり，心を広くするという恩恵を受けることができる。
  - 〔就労の面〕・グローバリゼーションが進む世界経済の中で，多様な文化的経験のある労働者がいれば企業環境が豊かになり，労働文化が改善される。
  - 〔社会的側面〕・少数派の権利への配慮を意識することによって，民主的意思決定・政策立案の促進に大いに役立つ。
    - ・根拠のない思い込み，固定観念，偏見，人種差別が衰退し，人々はお互いの違いを受け入れるようになる。
- ● デメリット：
  - 〔教育の面〕・移民の子どもたちが新しい環境に慣れるのを支援するのに人的・財政的支出がかさむ。
  - 〔就労の面〕・多文化の労働力を管理することは難しい面があり，チームとしての

共同作業において同僚間の協力が難しくなることもある。

〔社会的側面〕・他の文化や信念体系が日本人の間に保護主義的傾向を助長し、グループ間に亀裂を生み、社会を分断する可能性がある。

・移民は困窮した生活のために犯罪を犯すリスクが高い。逆に、排外主義者から暴力や迫害を受ける可能性もある。

・我々が日本人としての民族的アイデンティティを失う恐れがある。

・日本社会に排他主義的なナショナリズムを生み出す可能性もある。

● メリット、デメリットの一方のみで解答を書こうとすると発想が枯渇しがちになるので、メリット、デメリットの両方を取り上げる方が書きやすいだろう。

【内容案】

《メリットのみ（解答例1）》

①多文化社会に住むことの教育の面でのメリットを述べる。

②就労の面でのメリットを述べる。

③社会的な面でのメリットを述べる。

《デメリットのみ（解答例2）》

①多文化社会に住むことの教育の面でのデメリットを述べる。

②就労の面でのデメリットを述べる。

③社会的な面でのデメリットを述べる。

《メリット・デメリット両方（解答例3）》

①日本での移民の受け入れ状況を述べる。

②多文化社会に住むことのメリットを述べる。

③一方、多文化社会に住むデメリットも指摘する。

【英語で表現】

《メリットのみ（解答例1）》

① 多文化社会に住むことのメリットには、第一に、教育の観点からは、多文化社会で育っていく子どもたちは自分のものとは異なるさまざまな視点を学び、価値相対主義を身につけ、差別意識が少なく平等を重視する態度が養われる、ということがある。

▶「多文化社会に住むことのメリットには、第一に、…ということがある」は The merits of living in a multicultural society first include〔consist in〕the fact that …、または、The first merit you can have when you live in a multicultural society is that … である。

▶「教育の観点からは」は from an educational standpoint や from the standpoint of education が定型表現である。standpoint の代わりに perspective や viewpoint を用いてもよい。

▶「多文化社会で育っていく子どもたちは」は children who grow up in such a society である。

▶「（子どもたちは）自分のものとは異なるさまざまな視点を学ぶ」は learn various perspectives「さまざまな視点を学ぶ」に「自分のものとは異なる」に当たる関係代名詞節 which differ from theirs や that are different from theirs や that they don't have を続ける。

▶「価値相対主義を身につける」は acquire value relativity〔relativism〕または，understand that values are relative である。

▶「差別意識が少なく平等を重視する態度が養われる」have less discriminatory consciousness and emphasize equality とするか，develop an attitude of less discrimination and an emphasis on equality とする。

② 第二に，就労の観点からは，グローバリゼーションが進んでいる世界経済の中で，多様な文化的経験のある労働者がいることは企業環境を豊かにし，労働文化を改善する。

▶「就労」は employment か working である。

▶「グローバリゼーションが進んでいる世界経済の中で」は in the world economy, where globalization is advancing である。

▶「多様な文化的経験のある労働者がいること」の「～がいること」は the presence of～で表せる。「多様な文化的経験のある労働者」は workers with diverse cultural experiences，または，workers who have diverse cultural experiences と表せる。

▶「企業環境を豊かにし，労働文化を改善する」は enriches the corporate environment and improves the working culture，または，help (to) enrich the company environment and make improvements in the work culture とする。

③ 第三に，社会的観点からは，少数派の権利への配慮を意識することによって，民主的意思決定・政策立案の促進に大いに役立つ。

▶「社会的観点からは」は from society's perspective である。「観点」は他に standpoint や point of view や viewpoint でもよい。

▶「少数派の権利への配慮を意識することによって，民主的意思決定・政策立案の促進に大いに役立つ」は the consciousness of consideration for minority rights strongly contributes to promoting democratic decision-making and policy-making，または，considering the rights of minorities can greatly help promote democratic decision-making and policy-making とする。

《デメリットのみ（解答例2）》

① 多文化社会に住むことのデメリットは，まず，教育の面では，移民の子どもたちが新しい環境に慣れるのを支援するのに人的・財政的支出がかさむことにある。

▶「多文化社会に住むことのデメリットは，まず，…にある」は First, the disadvantages of living in a multicultural society consist in …, または，The first demerit you can have when you live in a multicultural society is that …である。

▶「教育の面では」は regarding education や in education や in the educational field とする。

▶「移民の子どもたちが新しい環境に慣れるのを支援するのに人的・財政的支出がかさむ（こと）」は increased human and financial expenditures to help migrant children get used to their new environment, または，(that) human resource costs and financial costs must be increased to help migrant children get accustomed to their new environment である。

②　次に就労の面では，多文化の労働力を管理することには難しい面があり，チームとしての共同作業において，すべての同僚間の協力を奨励することは大きな課題となることもある。

▶「多文化の労働力を管理することには難しい面もある」は動名詞を主語にして managing the multicultural workforce can be difficult とするか，形式主語 it を用いて主部を軽くして it can be difficult to manage a workforce with different cultural backgrounds とする。

▶「チームとしての共同作業において，すべての同僚間の協力を奨励することは大きな課題となることもある」は動名詞を主語にして encouraging cooperation among all colleagues in team collaboration can constitute a major challenge とするか，形式主語 it を用いて，it can also be difficult to encourage all colleagues to cooperate in teamwork とする。

③　さらに社会的には，他の文化や信念体系が日本人市民の間に保護主義的傾向，グループ間に亀裂を生み，社会を分断する可能性がある。また，移民は困窮した生活のために犯罪を犯すリスクが高い一方で，暴力や迫害を受ける可能性もある。

▶「さらに」は furthermore / additionally / in addition / what is more である。into the bargain も同様の意味だが，これは通例，文の最後に置く。

▶「社会的には」は socially / socially speaking / from a societal aspect 等で表す。

▶「他の文化や信念体系が日本人市民の間に保護主義的傾向，グループ間に亀裂を生み，社会を分断する可能性がある」は (exposure to) other cultures and beliefs can create A（＝日本人市民の間の保護主義的傾向）and B（＝グループ間の亀裂）and divide … としてもよいが，and が続いて紛らわしい。そこでいったん「社会を分断する」の前で切って，関係代名詞の非制限用法で処理をするとよいだろう。そうすると「日本人市民の間に保護主義的傾向を，グループ間に亀裂を生む可能性があり，（そのことが）社会を分断するかもしれない」(exposure to) other cultures and beliefs can create protectionist tendencies among Japanese citizens and rifts 〔splits〕 between groups, which may divide society となる。

▶「移民は困窮した生活のために犯罪を犯すリスクが高い一方で」は while immigrants are at high risk of committing crimes due to their poor living conditions, または, while immigrants tend to commit crimes because they are poor とする。

▶「移民は暴力や迫害を受ける可能性もある」は immigrants may also suffer from 〔be subject to〕 violence and persecution, または immigrants can also be battered and persecuted とする。

《メリット・デメリット両方（解答例3）》

① 主要先進国と比べて，日本はこれまで移民の受け入れ数が少なく，多文化には慣れてこなかった。

▶「主要先進国」は major developed 〔advanced〕 countries か the world's leading industrialized nations である。

▶「～と比べて」は，(as) compared with 〔to〕 ～や when compared to ～ で表せる。

▶「日本はこれまで移民の受け入れ数が少なく」は Japan has so far received less immigrants, または，thus far, Japan has not accepted many immigrants とする。

▶「（日本は）多文化には慣れてこなかった」は and (Japan) has not become accustomed to multiculturalism である。Japan を入れる場合には and の前にカンマを入れる。… immigrants, and Japan has … とする。

② したがって，我々は自分たちの文化以外の文化についてより多くを知ることによって，寛容になり，心を広くするという恩恵を受けることができる。そうなれば，根拠のない思い込み，固定観念，偏見，人種差別はやがて衰退し，人々はお互いの違いをより受け入れるようになる。

▶「したがって」は thus / hence / therefore / consequently 等である。

▶「（我々は）自分たちの文化以外の文化についてより多くを知ることによって」は副詞句では from further learning about cultures other than 〔different from〕 ours と表せる。learning を主語にして「…多くを知ることが，我々が～することを可能にする〔～することに役立つ〕」という構文で書いてもよい。

▶「我々は，寛容になり，心を広くするという恩恵を受けることができる」は we を主語にして we can get the benefit of becoming more tolerant and broadening our minds とするか，上で述べたように learning を主語にして，learning further about cultures other than 〔different from〕 ours will enable 〔help〕 us to become more tolerant, and to broaden our minds としてもよい。

▶「そうなれば」は then や if we can do so で表す。

▶「根拠のない思い込み，固定観念，偏見，人種差別はやがて衰退する」は un-founded〔baseless / groundless〕beliefs, stereotypes, prejudice, and racism will eventually fade out〔ebb away / decline〕である。

▶「人々はお互いの違いをより受け入れるようになる」は people will become more willing to accept each other's differences か people will be more likely to accept each other's differences とする。

③　一方，多文化社会に住むことは，我々が本来の民族的アイデンティティを失うのではないかという恐れを植えつけるかもしれない。異なる文化に直面することが，日本社会に排他主義的なナショナリズムを生み出す可能性もなきにしもあらずなのだ。

▶「一方」は conversely / however / on the other hand 等で表せる。

▶「多文化社会に住むこと」は living in a multicultural society や living in a society including several cultures である。

▶「…という恐れを植えつけるかもしれない」は may also inculcate a fear among us that … である。inculcate の代わりに arouse / develop / produce / bring about でもよい。「恐れを植えつける」が書きにくければ「多文化社会に住むことによって我々は…という恐れを抱くかもしれない」として when we live in a multicultural society, we might feel〔have〕a fear that … としてもよい。

▶「我々が本来の民族的アイデンティティを失うのではないか」は we would〔might〕lose our original ethnic identities だが，「本来の民族的アイデンティティ」は「日本人らしさ」や「我々（日本人）を日本人たらしめているもの」と言い換えて what makes the Japanese Japanese や what makes us truly Japanese や an authentic sense of being Japanese とできる。引用符で括った "Japaneseness" でもよいだろう。

▶「異なる文化に直面することが，日本社会に排他主義的なナショナリズムを生み出す可能性もなきにしもあらずなのだ」は，「異なる文化に直面すること」を主語にすると，Being confronted with foreign cultures might create exclusionist nationalism in Japanese society となるが，「異なる文化に直面すると」と副詞節で表現すれば，when Japanese society is confronted with foreign cultures, it might strengthen its exclusive nature と表せる。

〈解答例1〉

The merits of living in a multicultural society first include, from an educational standpoint, the fact that children who grow up in such a society learn various perspectives which differ from theirs, acquire value relativity, have less discriminatory consciousness, and emphasize equality. Second, from the viewpoint of employment, in the world economy, where globalization is advancing, the presence of workers with diverse cultural experiences enriches the corporate environment and improves the working culture. Third, from society's perspective, the consciousness of consideration for minority rights strongly contributes to promoting democratic decision-making and policy-making.（92 語）

〈解答例2〉

First, the disadvantages of living in a multicultural society consist in, regarding education, increased human and financial expenditures to help migrant children get used to their new environment. Then, regarding employment, managing the multicultural workforce can be difficult, and encouraging cooperation among all colleagues in team collaboration can constitute a major challenge. Furthermore, socially, other cultures and beliefs can create protectionist tendencies among Japanese citizens and rifts between groups, which may divide society. Additionally, while immigrants are at high risk of committing crimes due to their poor living conditions, immigrants may also suffer from violence and persecution.（97 語）

〈解答例3〉

Compared with major developed countries, Japan has so far received less immigrants and has not become accustomed to multiculturalism. Thus, from further learning about cultures other than ours, we can get the benefit of becoming more tolerant and broadening our minds. Then, unfounded beliefs, stereotypes, prejudice, and racism will eventually fade out and people will become more willing to accept each other's differences. Conversely, living in a multicultural society may also inculcate a fear among us that we would lose our original ethnic identities. Being confronted with foreign cultures might create exclusionist nationalism in Japanese society.（96 語）

Read the instructions and write your answer **in English**.

The graph below shows changes in the number of global UFO sightings recorded from 1990 to 2020:

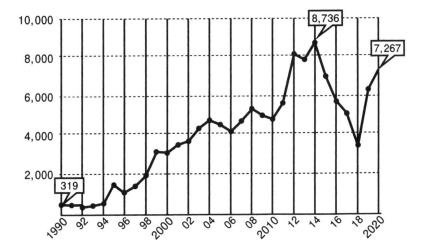

Using about **75 English words**, describe the trends in UFO sightings between 1990 and 2020.

Note: Words that express a number, such as 319 or 1990, are counted as one word.

全　訳

■世界の UFO 目撃数の変化（グラフの読み取り）

> 指示を読み，英語で解答を書きなさい。
>
> 下のグラフは，1990 年から 2020 年までに記録された，世界の UFO 目撃数の変化を示している。
>
> 約 75 語の英単語を使って，1990 年から 2020 年までの UFO 目撃数の傾向を説明しなさい。
>
> 　注：319 や 1990 などの数字を表す単語は，1 単語として数える。

解　説

【設問の要求】

✓ 1990 年から 2020 年までの UFO 目撃数の傾向を，75 語程度にまとめる。

【アプローチ】

● 一般に，資料の読み取り問題では，その資料が何を表しているかの説明から書き始めることが多いが，本問では問題文で説明されているので，グラフの説明は不要である。UFO 目撃数の傾向から書き出せばよい。

● UFO 目撃数は 1990 年に 319 件→その後 24 年間上昇傾向を続けて 2014 年には 8,736 件へ増加→続く 4 年間は減少し 2018 年には約 3,400 件に→その後 2 年間はまた増加に転じ 2020 年には 7,267 件まで戻っている。これらを表現する際には，「～の数は…である」や「～の数は増加した」，「～の数は減少した」といった同じ表現の繰り返しを避けるために，「～倍になった」，「～％増加〔減少〕した」，「～％を占める」等の表現を交えるとメリハリのある解答を書くことができる。

【内容案】

① UFO 目撃数は 1990 年に 319 件だったが，その後 24 年間，若干減少する年はあるものの上昇傾向を続け 2014 年には 8,736 件へと増加したが，これは 1990 年の約 27.4 倍に等しい。

② 続く 4 年間は，毎年 UFO 目撃数は一貫して減り続け，2018 年には 3,400 件ほどになった。

③その後2年間，UFO目撃数はまた増加を続け，2020年には7,267件へとV字回
　復した。

英語で表現

① 　UFO目撃数は1990年に319件だったが，その後24年間，若干減少する年はあ
　るものの上昇傾向を続け2014年には8,736件へと増加したが，これは1990年の約
　27.4倍に等しい。

▶ 「UFO目撃数は1990年に319件だった」は The number of UFO sightings was
　319 in 1990 である。

▶ 「その後24年間」は for the next 24 years である。for の代わりに over, next の
　代わりに following を用いてもよい。

▶ 「若干減少する年はあるものの上昇傾向を続け」は it continued to rise,（albeit）
　with a few slight decreases（albeit「～ではあるが」は馴染みのない語なので，無
　理に使わず with a few slight decreases でもよいが，用いると「譲歩」の意味合い
　がはっきりする）または「増減を繰り返しながら全体的には上昇傾向を続け」とし
　て it was generally on an upward trend with repeated rises and falls とする。

▶ 「2014年には8,736件へと増加した」は and in 2014, it increased to 8,736 である。
　ここで一旦区切って，In 2014 … と始めてもよい。

▶ 「これは1990年の約27.4倍に等しい」は and this is approximately 27.4 times
　as large as 1990 とする。and this は関係代名詞 which を非制限用法（カンマを付
　けた書き方）で，which としてもよい。また，「これは当初の27倍強である」とし
　て and this is more than 27 times the original number としてもよい。

② 　続く4年間は，毎年UFO目撃数は一貫して減り続け，2018年には3,400件ほど
　になった。

▶ 「続く4年間は」は for the next four years である。for の代わりに over, next の
　代わりに following を用いてもよい。

▶ 「毎年UFO目撃数は一貫して減り続け」は each year, the number consistently
　came down または every year, the number continued to decline とする。

▶ 「2018年には3,400件ほどになった」は and reached about 3,400 in 2018 である。

③ 　その後2年間，UFO目撃数はまた増加を続け，2020年には7,267件へとV字回
　復した。

▶ 「UFO目撃数はまた増加を続け」は UFO sightings continued to increase，また
　は UFO sightings began to increase again である。

▶ 「2020年には7,267件へとV字回復した」は and made a V-shaped recovery to
　7,267 in 2020，または and recovered in a V shape to 7,267 in 2020 である。

The number of UFO sightings was 319 in 1990, but for the next 24 years, it continued to rise, albeit with a few slight decreases, and in 2014, it increased to 8,736, which is approximately 27.4 times as large as 1990. Over the next four years, each year, the number consistently came down, and reached about 3,400 in 2018. Over the next two years, UFO sightings continued to increase, and made a V-shaped recovery to 7,267 in 2020.（78 語）

48

Read the instructions and write a paragraph **in English**.

In 2020, many students in schools and universities experienced online education.

Using about **100 English words**, introduce and explain one advantage and one disadvantage of online education in a well-developed paragraph.

全 訳

■オンライン教育の利点と欠点

指示を読み，英語で1段落の文章を書きなさい。

2020年には，学校や大学の多くの生徒・学生がオンライン教育を体験した。

約100語の英単語を使って，まとまりのある1段落で，オンライン教育の利点1つ
と欠点1つを紹介し，説明しなさい。

解 説

設問の要求

✓オンライン教育の利点と欠点を各々1つずつ紹介し，100語程度にまとめる。

アプローチ

● オンライン教育とは，インターネットを通じてリモート状態で行われる教育のことである。

● オンライン教育の利点としては，経済的な問題・地理的な問題・時間的な問題があって学校に通えない人にも，インターネットを使っていつでもどこでもサービスを提供できること，通学時間が節約できその時間を他の活動に有効利用できること，他の生徒を気にすることなく自宅で授業に集中できること，災害時にもインターネット環境さえ整っていれば授業を継続できること，コロナ禍では，教室や通学時の公共交通機関でのいわゆる三密状態を避けることで感染防止に役立つこと，などが挙げられる。

● オンライン教育の欠点としては，学習者が理解しにくい箇所が出てきたときに対応が遅れてしまいがちになること，自宅ではゲーム・テレビ等の誘惑があって集中しづらくモチベーションの維持が難しいこと，他者との生の交流ができず孤独感に苛まれること，特に新1年生にとっては友人を作るきっかけがつかめないこと，サークル・クラブ活動を通して形成されるはずの他人との連帯意識・共感を醸成しにくくなること，ネット環境の違いによる家庭間の格差が生じること，生徒・学生の理解度が測りにくく一方通行の授業になりがちであること，などが挙げられる。

内容案

《オンライン教育の利点》

オンライン教育では，通学時間を節約できる。浮いた時間で他の活動（掃除や洗濯・料理などの家事，趣味，ボランティア活動など）を楽しめる。

《オンライン教育の欠点》

オンライン教育では，他の生徒と直接ふれあうことができない。特に新入生は，友達を作ったり，グループ活動を通じて形成されるべき他者との連帯感や共感を育んだりする機会がもてない。

英語で表現

《オンライン教育の利点》

① オンライン教育の利点の一つは，通学時間を節約できることである。

▶「オンライン教育の利点の一つは，…である」は One of the benefits of online education is that you can …. または Online education has one advantage of …. とする。

▶「通学時間」は commuting time / commute time to school，「節約する」は save / shave off だが，単に「量・長さを減らす」と考え decrease / lessen / reduce などの動詞を用いて，目的語を the length of 〜 / the amount of 〜 としてもよい。

② その浮いた時間を利用して，掃除や洗濯，料理などの家事をしたり，趣味やボランティア活動など他の活動を楽しんだりできる。

▶「その浮いた時間を〜に利用する」は utilize〔make use of〕that saved time for 〜。

▶「掃除や洗濯，料理などの家事をする」は do household chores like cleaning, washing, and cooking / do household chores such as cleaning, washing, and cooking（such household chores as … という語順でもよい）。

▶「趣味やボランティア活動など他の活動を楽しむ」は enjoy other activities like〔such as〕hobbies and volunteer activities / enjoy hobbies, volunteer activities and the like。

《オンライン教育の欠点》

① オンライン教育の欠点の一つは，他の生徒と直接ふれあうことができないことである。

▶「オンライン教育の欠点の一つは，…できないことである」は One of the disadvantages〔defects〕of online education is that it is not possible to …〔you cannot…〕. または「オンライン教育」を主語にして Online education has one disadvantage that it does not allow〔offer〕…. とする。

▶「他の生徒と直接ふれあう」は interact with other students face to face。上の2

つ目の allow に続けて名詞で表現すると, (allow) close 〔direct〕contact with other students となる。あるいは, offer に続けるなら, (offer) time for personal interaction with other students である。

② 　生徒, 特に新入生は, 友達を作ったり, 教室でのグループ活動を通じて形成されるべき他者との連帯感や共感を育んだりする機会がほとんどないのだ。

▶「生徒, 特に新入生は, ～する機会がほとんどない」の「ほとんどない」は副詞の hardly で表して Students, especially new students, hardly get a chance to *do* とするか, 形容詞の little を用いて Students, especially new students, have little chance to *do* とする。

▶「友達を作る」は make friends である。

▶「連帯感」は a 〔one's〕sense of coherence 〔connectedness / solidarity / unity / togetherness〕,「共感」は empathy / sympathy,「育む」は achieve / gain / get / foster / increase / reinforce / strengthen 等で表せる。〔解答例〕以外の表現方法としては, coherence with (others), sympathy for (others) と前置詞を別にして coherence with and sympathy for others でもよい。

▶「教室でのグループ活動を通じて形成されるべき」は関係代名詞の that を用いて that should be formed through group activities in the classroom とする。あるいは, which を非制限用法で使ってもよい。

One of the benefits of online education is that you can save commute time to school. You can make use of that saved time for doing household chores like cleaning, washing, and cooking, and enjoying other activities such as hobbies and volunteer activities. Meanwhile, one of the disadvantages of online education is that it is not possible to interact with other students face to face. Students, especially new students, hardly get a chance to make friends and foster a sense of solidarity and empathy with others that should be formed through group activities in the classroom. (96 語)

49

Read the instructions and write your answer **in English**.

The table below shows changes in international student enrollment at universities in the United States:

Place of origin	2001 (number of students)	2014 (number of students)	% Change (2001 to 2014)
Canada	26,514	27,240	3%
China	63,211	304,040	381%
Japan	46,810	19,064	− 59%

Using about **70 English words**, summarize the different trends of enrollment for the three countries between 2001 and 2014.

■アメリカの大学での留学生の入学者数の変化（表の読み取り）

指示を読み，英語で解答を書きなさい。

下の表は，アメリカの大学での留学生の入学者数の変化を示している。

約70語の英単語を使って，3カ国について，2001年から2014年までの入学者数の異なった傾向を要約しなさい。

解　説

設問の要求

✓ 2001 年から 2014 年の間での，アメリカの大学へのカナダ・中国・日本からの留学生数の変化を，70 語程度にまとめる。

アプローチ

● 一般に資料の読み取り問題では，その資料が何を表しているかの説明から書き始めることが多いが，本問では問題文に表の説明があるので，3 カ国の留学生数の変化から書き出せばよい。表の説明は不要である。

● 資料の読み取り問題では，具体的数値の取り入れ方に工夫が必要である。本問では，学生数自体の変化に着目するか，その変化の割合に着目するかの 2 通りがある。

● 表をごく大雑把に読み取ると，2001 年から 2014 年の間に，カナダは微増しているものの，ほぼ変化が見られない。中国は約 5 倍に急増している。日本は約 6 割減と激減している。

● これらを表現する際には，「～の数は…である」や「～の割合は…％である」といった表現の繰り返しを避けるために，「～倍になる」，「～％増加〔減少〕する」，「～％を占める」，「第～位である」等の表現を交えるとメリハリのある解答を書くことができる。

内容案

《カナダからの留学生》

2001 年から 2014 年の間に 26,514 人から 27,240 人にわずかに増加。その差はわずか 3 ％。

《中国からの留学生》

63,211 人から 304,040 人へと，381 ％も急増した。

《日本からの留学生》

46,810 人から 19,064 人へと 59 ％も激減した。

英語で表現

① 　カナダからのアメリカの大学への留学生は，2001 年から 2014 年の間に 26,514 人から 27,240 人にわずかに増加した。

▶ 「カナダからのアメリカの大学への留学生」は the international students at universities in the United States from Canada / the international students from Canada to US universities / students studying abroad at US universities from Canada と表現する。

▶ 「2001 年から 2014 年の間に」は between 2001 and 2014 である。

▶ 「26,514人から27,240人にわずかに増加した」は increased slightly in number from 26,514 to 27,240 である。

② その差はわずか3％である。

▶ The difference is only 3％. だが，「わずか3％だけ増加した」として，increased slightly in number from 26,514 to 27,240 に「差」を示す by only 3％を付加してもよい。

③ 同じ期間に，中国からの留学生は63,211人から304,040人へと381％も急増した。

▶ 「同じ期間に」は during〔over〕the same time span である。time span の代わりに period でもよい。

▶ 「中国からの留学生」は「カナダからのアメリカの大学への留学生」の「カナダ」を「中国」に替えるだけなので，同じ表現の繰り返しを避けるために those を用いて those from China とする。

▶ 「63,211人から304,040人へと急増した」の「急増した」は soared / shot up / drastically increased などで表し，それに「63,211人から304,040人へと」に当たる from 63,211 to 304,040 を続ける。

▶ 「381％も」は「差」を示しているので，前置詞は by を用いて by as much as 381％とする。

④ これとは対照的に，同じ期間に，日本からの留学生は46,810人から19,064人へと59％激減した。

▶ 「これとは対照的に」は by contrast / in contrast である。

▶ 「59％激減した」は，decreased sharply〔a lot〕by 59％

The international students at universities in the United States from Canada increased slightly in number from 26,514 to 27,240 between 2001 and 2014. The difference is only 3％. During the same time span, those from China drastically increased from 63,211 to 304,040 by as much as 381％. By contrast, over the same period, those from Japan decreased sharply from 46,810 to 19,064 by 59％. (64語)

50

次の英文の説明と指示に従い，英語の文章を書きなさい。

Most Japanese high school students have to choose their course of study either from humanities ("bunkei") or science ("rikei") in the middle of their high school education. One of the reasons is to help students prepare for university entrance examinations and reduce their burden of subjects studied. At the same time, this narrows the range of choices for their future careers at a very early stage. Write your opinion on this current practice in a well-organized paragraph. It should be approximately 100 English words long, including specific reasons to support your argument.

全 訳

■高校での文理コース選択の是非

　ほとんどの日本の高校生は，高校教育の中頃で人文科学（文系）または自然科学（理系）から学習コースを選択する必要がある。理由の１つは，生徒が大学の入試試験の準備をし，勉強する科目の負担を軽減するためである。同時に，このことは非常に早い段階で将来のキャリアの選択肢の範囲を狭めてしまう。この現在の慣行に関して，まとまりのある１段落構成で，あなたの意見を書きなさい。あなたの主張を裏付ける具体的な理由を含めて，100 語程度の英語にしなさい。

解　説

設問の要求

✓ 高校教育の中頃で人文科学（文系）または自然科学（理系）から学習コースを選択させている現行制度に関する意見を100語程度にまとめる。

アプローチ

● 賛成，反対のいずれの立場に立っても構わないが，書き出しの部分で賛否の立場を明確に述べ，そのあとに自分の主張を裏付ける具体的な理由を述べる書き方が望ましい。なお，理由は1つでは説得力に欠けるので，2つは述べたい。ただし，制限語数から考えて3つ以上の理由付けは収まりにくく，墓穴を掘ることになりかねない。

● 現行制度に賛成する論点としては，①自分が将来就きたい仕事，学びたい学問を考慮する絶好の機会を提供してくれる，②自分が本当に興味を持っている専門性のある授業を選択して受けることができ，学校での学習や受験勉強の負担を軽減することにも役立つ，が考えられる。

● 現行制度に反対する論点としては，①一旦文理選択すると，方向転換の余地が狭まり（いわゆる文転，理転は難しくなる），得られる知識に偏りが生じる，②特定の分野の専門性は，幅広くバランスの取れた視野を持つことを妨げるバイアスや障壁となりかねない，が考えられる。

内容案

《賛成論》

①私は現在の慣行に賛成である。

②なぜならば，自分が将来就きたい仕事，学びたい学問を考える機会を提供してくれるからである。

③確かに，15，16歳でキャリアパスを決めることは容易ではないが，自分の将来を考えることは大切である。

④受講しなくてはならない教科を限定することによって，本当に興味をもっている授業を受けることができるし，受験勉強の負担を軽減することにも役立つ。

《反対論》

①私は現在の慣行に反対である。

②文系，理系に分かれた後は，学ぶ教科が限られて，得られる知識に偏りが生じる。

③一旦決めると方向転換が難しい。

④高校教育では文理のコース分けはせずに，多様な教科を学習し，幅広くバランスの取れた視野を養うようにすべきである。

英語で表現

《賛成論》

① 私は現在の慣行に賛成である。

▶「私は～に賛成である」は I agree with ～ / I approve of ～ / I accept ～ / I support ～ / I favor ～ / I am in favor of ～ / I like the idea of ～ / I vote for ～ などで表現する。

▶「現在の慣行」は this current practice でよい。

② なぜならば，それは，自分が将来就きたい仕事，学びたい学問，趣味や興味を考える絶好の機会を提供してくれるからである。

▶「なぜならば～からである」は because 節を独立して使わないことに留意する。つまり，I agree with this current practice. Because ～ という書き方はしないこと。主節に続けて，because ～ とする。主節と切り離したい場合には，It is because ～または This is because ～とする。

▶「それは，～を考える絶好の機会を提供してくれる」は it offers you a great opportunity to consider〔deliberate on / ponder on〕～ や it motivates you to think of ～などと表現できる。

▶「自分が将来就きたい仕事，学びたい学問，趣味や興味」は the jobs you want to get in the future, the learning you want to acquire, and your hobbies and interests とする。

③ 確かに，15，16歳でキャリアパスを決めることは容易ではないが，自分の将来を考えることは大切である。

▶「確かに～だが，…」は〈譲歩＋but＋主張〉である。indeed〔of course / to be sure / obviously / needless to say / it goes without saying that〕～, but … などで表現する。

▶「15，16歳でキャリアパスを決めることは容易ではない」は It is ～ to do の構文を使って，it is not easy to decide on a career path at the age of 15 or 16 とする。

▶「自分の将来を考えることは大切である」 これも It is ～ to do の構文が使える。it is important to ponder〔deliberate〕on your future とする。

④ 受講しなくてはならない教科を限定することによって，自分が本当に興味をもっている（専門性のある）授業を受けることができるし，学校での学習や受験勉強の負担を軽減することにも役立つ。

▶「受講しなくてはならない教科を限定する」は limit the subjects〔classes〕you have to take〔attend〕，または，「受講数を減らす」と考えて cut〔reduce〕the number of courses you participate〔take part〕in で表現できる。

▶「（専門性のある）授業を受けることができる」は you can attend（specialized）

classes や you can take courses などと書ける。

▶ 「自分が本当に興味をもっている授業」は you find classes〔courses〕really intriguing または，「授業」を主語にした classes〔courses〕really interest you を元にして関係代名詞を用いて表せる。

▶ 「～を軽減することにも役立つ」は In addition, it serves〔helps〕you to reduce ～ または，you を主語にして In addition, you can also reduce ～ としてもよい。

▶ 「学校での学習や受験勉強の負担」は the burden of learning at school and preparing〔studying〕for an entrance examination と書ける。

《反対論》

① 私は，高校教育の中頃に文理選択をすることには反対である。

▶ 「私は～に反対である」は《賛成論》の「私は～に賛成である」で紹介した諸表現を否定形にしてもよいし，I disagree with ～ / I disapprove of ～ / I'm afraid I have to object to ～ / I vote against ～ などで表現してもよい。

▶ 「高校教育の中頃に文理選択をする」は問題文の第1文に to choose their course of study either from humanities ("bunkei") or science ("rikei") in the middle of their high school education とあるが，そのまま借用するのは避けたほうがよいので，the choice between humanities and science at the end of the first year of high school と言い換える。

② 文系，理系に分かれた後は，学ぶ教科が限られて，得られる知識に偏りが生じる。

▶ 「文系，理系に分かれた後」は，文字通りには，after you are divided into humanities and science や after being divided into these disciplines だが，コンパクトに「文理の選択をした後は」で after the choice や after you choose your course などとしてもよい。

▶ 「学ぶ教科が限られる」は the subjects to be studied are limited，または，「学ぶ教科数が少なくなる」と考えて，the number of subjects decreases や you study fewer subjects などとしてもよい。

▶ 「得られる知識に偏りが生じる」は the knowledge gain is likely to be disproportionate「知識の獲得が偏ったものになりがちになる」としたり，「世間知らずになる」と読み換えて you gain less knowledge of the world などとする。

③ さらには，一旦決めると方向転換の余地を狭めてしまう。

▶ 「さらには」は in addition / additionally / besides / furthermore / moreover / what is more などの情報追加の副詞語句で表す。

▶ 「一旦決めると」は従属接続詞 once を使って，once you decide や once you choose one of the two fields などとする。

▶ 「(それは) 方向転換の余地を狭める」は文字通りに，it will leave less room for

you to change direction とするか，「受講コースを変えることが極めて難しくなる」
として it will be impossibly difficult for you to alter the course，または，「もう一方
のコースをとるのは極めて困難になる」として the other（course / field）becomes
extremely difficult to pursue とする。

④　高校教育では文理のコース分けはせずに，高校生が多様な教科を学習し，幅広く
バランスの取れた視野を養うようにすべきである。

▶「高校教育では文理のコース分けはせず」は high school education should abolish
the division into humanities or science courses や they should do away with the
current practice of course division in the middle of high school education などとす
る。

▶「高校生が多様な教科を学習し，幅広くバランスの取れた視野を養うようにすべき
である」は，（It is important that）high school students should learn as many
subjects as possible to gain a broad and well-balanced view とする。

〈賛成論〉

I agree with this current practice. This is because it offers you a great
opportunity to consider the jobs you want to get in the future, the learning you
want to acquire, and your hobbies and interests. To be sure, it is not easy to
decide on a career path at the age of 15 or 16, but it is important to ponder on
your future. Thanks to limiting the subjects you have to take, you can attend
specialized classes that really interest you. In addition, you can also reduce the
burden of learning at school and preparing for an entrance examination.（102
語）

〈反対論〉

I am not in favor of the choice between humanities and science at the end of
the first year of high school. After being divided into these disciplines, you study
fewer subjects and the knowledge gain is likely to be disproportionate.
Moreover, once you choose one of the two fields, the other becomes extremely
difficult to pursue. High school education should abolish the division into
humanities or science courses, and high school students should learn as many
subjects as possible to gain a broad and well-balanced view.（87 語）

51

次の文章の下線部(1), (2)を英語に訳しなさい。

インターネットと検索エンジンのおかげで，あるトピックに関してどんな論文がすでに発表されているのかを調べるのは，格段に簡単になった。そこで，何を始めるにもまずは既存研究を調べましょう，となるのだが，下手をするとすぐに「こんなにたくさんの研究がされている。自分たちに出る幕などありません」という暗澹(あんたん)たる気分になってしまう。

(1)研究で楽しいのはなんと言っても問題について自分で考え，解決に向けて自分で試行錯誤する時間，そして何かが解決できた瞬間である。そこで，あまり真面目に既存研究調査などせずにそれを始めた場合どうなるか？　おそらく多くの場合，苦労をして考えついたアイデアや作り上げたソフトウェアに似た先行研究があるということを後から思い知ることになるのだろう。だがそれは，無駄な時間だったのだろうか？

(2)一人の人間が情報を消費することに一生を費やしても，決して吸収しきれない情報があふれている。徹底調査をし，ひたすら再発明をしないことに向けて最適化すべきなのか，それとも，再発明の危険があってもまずは自分で脳を全開にすること，それ自身を目的関数にしてよいのか？　真面目に考えてもよい時になっている気がする。

田浦健次朗「車輪の再発明と研究者の幸せ」

解　説

⑴　**研究で楽しいのはなんと言っても問題について自分で考え，解決に向けて自分で試行錯誤する時間，そして何かが解決できた瞬間である。**

▶「なんと言っても」は「結局のところ」の意なので after all で表してもよいが，「研究で楽しいのはなんと言っても」を「研究で最も楽しい時は」と読み換えて，the time when I find my researches the most delightful 〔enjoyable〕 や the time when I enjoy myself most during research などで表してもよい。

▶「問題について考える」は，address 〔think about / approach / struggle with / tackle / cope with / deal with〕 a problem である。

▶「自分で」は「独力で，他に頼らずに」として for *oneself* / on *one's* own (account) / not depending on others などで表す。independently の一語でもよい。

▶「試行錯誤する」は learn by mistake / learn through trial and error などで表すが，〔解答例〕では through trial and error「試行錯誤によって」と副詞句で表した。「誤りが解消するまで色々な方法を試す」と読み換えて try out various means until an error is satisfactorily eliminated としてもよい。

▶「～を解決する」は solve や resolve で表す。

⑵　**一人の人間が情報を消費することに一生を費やしても，決して吸収しきれない情報があふれている。**

▶「(たとえ) ～しても」は「～しない場合は言うまでもなく，～しても」の意なので even if ～ で表す。even though は「実際そうなのだがそうであっても」の意なので使えない。

▶「一人の人間」は文字通りには a person だが，一般人称の you や one で表してもよい。なお，a person を受ける代名詞は he or she が一般的であるが，あえて複数形の they が使われることも多くなっている。

▶「～することに A を費やす」は spend A *doing* が定番の表現である。

▶「～を消費する」は consume でよいが，「～を得る，～を収集する」と読み換えて acquire / obtain / take in / store / accumulate / collect / gather などを用いてもよい。ここでは実際にすべての情報を消費できるわけではないので，try to *do*「～しようとする」を用いて，「消費しようとする」という意味合いを出した。

▶「一生」は，論理的には the rest of *one's* life だが，単に *one's* life でもよい。

▶「～を吸収する」は absorb だが，本問では「～を消費する」と同義なので consume あるいは「～を得る，収集する」で紹介した上記の様々な表現のいずれかで表してもよい。

▶「情報があふれている」は there is so much information in the world または，we have too much information around us や we are overwhelmed by a flood of information などで表せる。

⑴　The time when I enjoy myself most during research is, after all, the time to address a problem on my own through trial and error, until ultimately the errors are satisfactorily eliminated and something has been solved.

⑵　Even if a person spends the rest of his or her life trying to consume all the information that is available, there is so much information in the world that he or she can never absorb all of it.

52

Read the following newspaper article and follow the instructions below.

According to the Kanagawa Prefectural Police Station, a 20-year-old female university student caused a traffic death. The student was riding on a power-assisted bicycle when the accident happened. She moved off from an intersection and started riding on the sidewalk. At that moment, a 77-year-old lady was walking on the sidewalk and moved toward the bicyclist. The student hit the lady. The collision caused the lady to fall and strike her head. She was transported to hospital, but died of her injuries two days later.

At the time of the incident, the student was apparently holding a smartphone in her left hand and a drink in her right while steering the power-assisted bike. Moreover, she had an earphone in her left ear. Therefore, police arrested the student for breaking the new law and riding recklessly. Police are investigating whether the student noticed that the old lady was walking toward her. They suspect that she was not paying sufficient attention because she was operating her smartphone right up until the collision. Her court appearance date has not been decided yet.

The Mainichi, December 16, 2017

Instructions : Write two well-developed paragraphs in English. In the first paragraph, summarize the main points of the newspaper article above in approximately 100 words. Use different vocabulary and sentence structure from the original passage as much as possible. In the second paragraph, write your opinion about what should be done to reduce accidents like this in approximately 50 words.

全　訳

■ながら運転で自転車事故を起こした女子大生

次の新聞記事を読んで，後の指示に従いなさい。

　　神奈川県警によると，20歳の女子大学生が交通死亡事故を起こした。事故が起こったとき，この学生は電動アシスト自転車に乗っていた。彼女は交差点から出て，歩道を走り始めた。その瞬間，77歳の女性が歩道を歩いていて，自転車に向かってきた。学生は女性にぶつかった。衝突によって，女性は転倒して頭を打った。彼女は病院に運ばれたが，2日後にこの怪我のために死亡した。

　　事故の際，学生は電動アシスト自転車のハンドルを握りながら左手にスマートフォンを，右手に飲み物を持っていたらしい。さらに，左耳にはイヤホンをはめていた。そのため，警察は，新しい法律に違反し無謀な運転をしたとして学生を逮捕した。警察は，高齢女性が彼女に向かって歩いていることに学生が気づいていたかどうかを調査している。彼女は衝突する直前までスマートフォンを操作していたため，十分な注意を払っていなかったのではないかと警察は考えている。彼女の裁判所への出頭日はまだ決まっていない。

指示：よく練り上げた2段落を英語で書きなさい。最初の段落で，上の新聞記事の
　　要点を約100語で要約しなさい。できるだけ元の文章とは異なる語彙や構文を使
　　用しなさい。2段落目には，このような事故を減らすために何をすべきかについ
　　て，あなたの意見を約50語で書きなさい。

解　説

設問の要求

　✓自転車の「ながら運転」をして歩道上で年配の女性に衝突し死亡させた女子大生
　　に関する新聞記事について，英語での要約（約100語）と意見論述（約50語）
　　を融合した新傾向の問題である。2段落構成の英文を書くのだから，各段落の書
　　き出しはインデントをとって少し右へずらして書き出すことが望ましい書記法で
　　ある。

アプローチ

《英語での要約》

　　出題された新聞記事は約180語であり，2分の1程度に要約すればよいわけであ

る。この程度の圧縮であれば，要約にとって必須でない部分や，形容詞語句や副詞語句などの修飾語句を省き，節を句で表現するなどすれば十分に圧縮可能である。ただし，「できるだけ元の文章とは異なる語彙や構文を使用しなさい」とあるので，文章中の表現をそのまま借用することは避け，別の同意表現に言い換える必要がある。

《意見論述》

「このような事故を減らすために何をすべきか」については，

● 小・中・高校などでの安全運転講習を拡充実施して，スマートフォンやイヤホンを使用しながらの自転車運転をしないよう教育すること

● 広報活動を通して，自転車事故でも多額の賠償金を課せられる場合があることを周知させること

● 自転車専用レーンを増やし，自転車の歩道走行を減らすこと

● 現行法の罰則規定を厳格化して，取り締まりを強化すること

などが考えられるが，指定語数が約 50 語であることを考えると，論点は 1 つに絞るのが安全であろう。

内容案

《英語での要約》

① 神奈川県で，電動アシスト自転車に乗っていた（20 歳の）女子大生が歩道で 77 歳の女性に衝突した。女性は頭を打ち，事故の 2 日後に死亡した。（第 1 段）

② 事故のとき，学生は左手にスマートフォンを，右手に飲み物を持ち，耳にはイヤホンを付けていた。学生は新しい法律に違反し，危険な運転をしたとして逮捕された。警察は，学生が老婦人に気づいていたかどうかを調査している。彼女の裁判開始日はまだ決まっていない。（第 2 段）

《意見論述》

（例 1 ）小・中・高校などでの交通安全キャンペーンを強化して，自転車運転中にスマートフォンやイヤホンを使わないように教育し，危険な自転車運転を減らすべきである。

（例 2 ）自転車に乗る人の安全運転マナーの向上が重要であるのはいうまでもないが，自転車と歩行者との事故を減らす根本的な対策として，自転車専用レーンを増設すべきである。

英語で表現

《英語での要約》

① 神奈川県で，電動アシスト自転車に乗っている（20 歳の）女子大生が歩道で 77 歳の女性に衝突した。女性は頭を打ち，事故の 2 日後に死亡した。

▶「電動アシスト自転車に乗っていた（20 歳の）女子大生」は第 1 段第 1 ・ 2 文を

関係代名詞か分詞の形容詞用法でつなぐと，a (20-year-old) female university student who was riding a power-assisted bicycle や a female college student riding an electric bicycle などとなる。

▶ 「歩道で77歳の女性に衝突した」は第1段第3〜5文を参考にして，a female college student hit a 77-year-old elderly woman on the sidewalk とするか，受動態にして，a 77-year-old elderly woman was hit by a female college student on the sidewalk とする。

▶ 「女性は頭を打ち，事故の2日後に死亡した」は第1段最終2文をまとめて言い換えて，The woman suffered a head injury and died two days after the accident. とする。

② 事故のとき，学生は左手にスマートフォンを，右手に飲み物を持ち，耳にはイヤホンを付けていた。学生は新しい法律に違反し，危険な運転をしたとして逮捕された。警察は，学生が老婦人に気づいていたかどうかを調査している。彼女の裁判開始日はまだ決まっていない。

▶ 「事故のとき，学生は左手にスマートフォンを，右手に飲み物を持ち，耳にはイヤホンを付けていた」は第2段第1・2文を参考にして，At the time of the accident, she had a smartphone in her left hand, a drink in her right, and an earphone in her ear. と易しく作ってもよいし，多少技巧を加えて，When the accident occurred, the student was using her smartphone with her left hand, holding a drink with her right hand, and had earphones plugged into her ear. としてもよい。

▶ 「学生は新しい法律に違反し，危険な運転をしたとして逮捕された」は第2段第3文を利用して She was arrested for riding recklessly and breaking the new law. とするか，もうすこし言い換えて，The student seemed to have violated the new law and was arrested for driving dangerously. とする。

▶ 「警察は，学生が老婦人に気づいていたかどうかを調査している」は第2段第4・5文をまとめて，Currently, the police are investigating whether she noticed the elderly woman before the accident. とするか，やや硬い表現にして The police are thinking about the possibility of her not noticing the elderly woman. とする。

▶ 「彼女の裁判開始日はまだ決まっていない」は第2段最終文を参考にして Her trial date is yet to be decided. とする。be yet to *do* は「まだ〜していない」の意の定型表現。（例）The worst is yet to come.「最悪の事態が来るのはこれからだ」has yet to be decided でも「まだ〜していない」という意味になるが，すでに決定しているのが当然だというニュアンスが出るため，ここでは使用していない。

《意見論述》

（例1） 小・中・高校などでの交通安全キャンペーンを強化して，自転車運転中にスマートフォンやイヤホンを使わないように教育し，危険な自転車運転を減らすべきである。

▶ 書き出しには，「私の意見では」In my opinion〔book / view〕/ My opinion〔view〕is that / I think〔believe〕that / I am of the opinion that などを用いるとよい。

▶「小・中・高校などでの交通安全キャンペーンを強化する」の「交通安全キャンペーン」は a road safety campaign / a traffic safety program〔campaign〕などである。we should intensify a road safety campaign at elementary, junior high, and high schools とするか，「児童の交通安全意識を高める」と考えて，we should enhance children's consciousness of road safety at elementary, junior high, and high schools とする。「意識を高める」は（例2）のように raise awareness を用いてもよい。

▶「自転車運転中にスマートフォンやイヤホンを使う」は付帯状況の接続詞 while を使って use a smartphone or an earphone while（you are）riding a bicycle とするか，分詞構文を使って ride a bicycle, using a smartphone or an earphone とする。

▶「〜しないように教育し，危険な自転車運転を減らすべきである」は Children should learn that they do not use〔ride〕〜 または Children should be educated not to use〔ride〕〜 と表現できる。あるいは，〔解答例〕のように「若い頃に〜を学べば，危険運転をしないようになる」と考えて，Learning 〜 at an early age will make you less likely to ride recklessly のようにも表現できる。

（例2） 自転車に乗る人の安全運転マナーの向上が重要であるのはいうまでもないが，自転車と歩行者との事故を減らす根本的な対策として，自転車専用レーンを増設すべきである。

▶「自転車に乗る人が安全運転マナーを向上する」は「自転車に乗る人が安全運転の基準を向上させ，乗っているときにスマートフォンやイヤホンを使わない」と読み換えて Bicycle riders improve safe riding measures, and do not use smartphones or earphones while riding. とした。

▶「〜が重要であるのはいうまでもないが，…」は although「〜とはいえ」や，indeed〔of course / to be sure / obviously / needless to say〕it is important 〜, but … の〈譲歩＋but＋主張〉のパターンが使える。

▶「自転車と歩行者の事故を減らす根本的な対策として」は the best and most fundamental measure for reducing accidents between pedestrians and bicyclists と表せる。

▶「自転車専用レーンを増設すべきである」は「自転車専用レーン」を bicycle path

/ bikeway / cycling path / cycling road / exclusive bikeway などで表して，we should increase the number of exclusive bikeways や it is essential to build more and more bicycle paths などと表せる。

以上をまとめると，以下のようになる。

In my book, of course it is important for bicycle riders to raise traffic safety awareness, improve safe riding measures, and not use smartphones or earphones while riding, but the best and most fundamental measure for reducing accidents between pedestrians and bicyclists is to increase the number of exclusive bikeways. (50 語)

In Kanagawa Prefecture, a 20-year-old female university student, who was riding a power-assisted bicycle, hit a 77-year-old elderly woman on the sidewalk. The woman suffered a head injury and died two days after the accident. At the time of the accident, she had a smartphone in her left hand, a drink in her right, and an earphone in her ear. The student seemed to have violated the new law and was arrested for driving dangerously. Currently, the police are investigating whether she noticed the elderly woman before the accident. Her trial date is yet to be decided. (97 語)

In my opinion, to reduce such accidents, we should intensify a road safety campaign at elementary, junior high, and high schools. Learning that you should not use a smartphone or an earphone while riding a bicycle at an early age will make you less likely to ride recklessly. (48 語)

53

次の文章の下線部(1)，(2)を英語に訳しなさい。

　現在の地球上の総人口は約 60 億くらいですが，そのうち英語を母語とする人口は 3 〜 4 億にすぎず，何とか通じる人口を合わせても約 10 億くらいと言われています。(1)地球上の圧倒的多数の人々は，英語とは関係のない暮らしをおくっているのです。とすれば，インターネットを本当に地球上の人々をつなぐ通信インフラにするためには，多言語情報処理環境はぜひ必要なものなのです。(中略)

　ここで「インターネット多言語主義」について，大切な点を補足しておきましょう。これは「日本人（／中国人／フランス人など）なら地球上どこでもインターネットで日本語（／中国語／フランス語など）を使えるべきだ」ということだけではありません。インターネット上で単に各国の「国語」を通用させればよいという，国民国家を絶対視する思考とは違うのです。(2)もちろん，インターネット上で母語を扱えることは大事ですが，それだけでなく，「多様な言語を使う多様な人々との共存」という点が肝心なのです。

西垣通『こころの情報学』

解　説

(1) 　地球上の圧倒的多数の人々は，英語とは関係のない暮らしをおくっているのです。

▶「地球上の」は，on the earth / on Earth / on this planet / on the globe などで表す。

▶「圧倒的多数の人々」は，an overwhelming majority of people / a vast majority of people / a great abundance of people / a substantial majority of people などと表現する。

▶「英語とは関係のない暮らしをおくっている」は，直訳調で live〔lead〕a life unrelated to English や live〔lead〕a life that has nothing to do with English などとしてもよいし，「英語を使わずに生活する」と読み換えて live without using English としてもよい。後者の場合，live の代わりに go on / get on / get along などを用いてもよい。

(2) 　もちろん，インターネット上で母語を扱えることは大事ですが，それだけでなく，「多様な言語を使う多様な人々との共存」という点が肝心なのです。

▶「もちろん」は of course / obviously / needless to say / it goes without saying that などの定番表現を用いてもよいが，it is of undoubted importance「疑いようのないほど重要である」としてもよい。

▶「インターネット上で母語を扱えることは大事です」は，It is ～ to do〔または that 節〕の構文を使って it is important to be able to use your own language on the Internet や it is of importance to be able to communicate in your native tongue on the Internet などとする。なお，形式主語 It の内容を that 節で表す場合には，「インターネット上で母語を扱えること」は未現実の事態なので，that 節内の述語は仮定法現在（つまり，動詞の原形）にするか，should＋動詞の原形にする。「母語」は one's mother tongue〔language〕だが，mother の代わりに native や first を用いてもよい。「自分の国の言葉」と考えて，one's own language〔tongue〕でもよい。「（母語を）扱う」は use を用いてもよいが，「（母語で）意思疎通する」と読み換えて communicate を用いてもよい。

▶「それだけでなく」は，文字通りに in addition to that としてもよいが，「～もまた，同様に」と考えて also / as well などで表してもよい。

▶「『多様な言語を使う多様な人々との共存』という点が肝心なのです」の「～という点」は「～すること」と読み換えればよい。「～という」にこだわって同格の that や of を無理に使う必要はない。to "coexist with diverse people using diverse languages" / to "live harmoniously with various people using various languages" /

to "live in harmony with different people who use different languages" などとする。
「多様な言語を使う多様な人々との共存」のかぎかっこ（「　」）を表す引用符
（" "）も書き忘れないようにする。なお，ここでも，形式主語 It の内容を that
節で表す場合には，「多様な言語を使う多様な人々との共存」は現実化していない
事態なので，that 節内の述語は仮定法現在（つまり，動詞の原形）にするか，
should＋動詞の原形にする。

(1)　An overwhelming majority of the people on this planet live a life that has nothing to do with English.

(2)　Needless to say, it is important to be able to use your native language on the Internet, but it is just as important to also "coexist with diverse people who use diverse languages."

54

Read the passage and follow the instructions below.

According to Japanese Health Ministry research, by 2025 around 30 % of Japan's population will be aged over 65. This percentage may continue to rise to as much as 40 % by 2050, along with a likely increase in the number of elderly people who need long-term personal and medical care. However, as birthrates fall and families get smaller, families will be less able to care for their oldest members.

Instructions : Write a well-developed paragraph in English consisting of around 100 words, answering the following question :
　　 What can Japanese society do to support older people who will need care in the future ?
Give clear examples and details to support your answer.

全　訳

■超高齢社会での高齢者介護問題

次の英文を読んで，後の指示に従いなさい。

　日本の厚生労働省の調査によると，2025 年までに日本の人口の約 30 ％が 65 歳以上になるだろう。この割合は上昇し続け，2050 年までに 40 ％にもなり，それに伴って，長期にわたる日常生活の介護と医療が必要な高齢者数の増加が見込まれている。しかしながら，出生率が低下し，家族が少なくなるにつれて，家族は高齢者を世話することができなくなるだろう。

指示：次の質問への答えを，約 100 語からなる 1 段落の英語の文章をよく考えて書きなさい。
　　将来介護が必要となる高齢者を支えるために，日本社会は何ができるか？
　解答を裏づけるための明確な例を具体的に挙げなさい。

解　説

設問の要求

　✓出生率が低下し，人口が高齢化すると予想される状況で，介護が必要となる高齢
　　者を日本社会全体でどう支えていくかについての考えを述べる。

アプローチ

- 超高齢社会での高齢者介護に関する問題である。1つか2つのアイディアを，具
  体例を含めて述べるという方針が現実的である。100語程度の1段落という指定
  があるので，そのアイディアに説得力を持たせるために，例えば，実現可能性に
  ついて論じるというようなところまでは要求されていない。
- 医療介護施設の充実，医療介護要員の増員やそのための待遇改善，健康寿命を延
  ばし介護期間を減らすための対策などが考えられる。いくつかの候補のなかから，
  英語で表現しやすい内容を選択するとよい。
- 出生率を上げるとか，家族が介護するというのは避けたい。問題の英文は，出生
  率が低下し，家族が世話をすることは難しくなる状況を想定した上で，「何ができ
  きるか」と問いかけているからである。
- 高齢者が増えることは確実で，防ぎようがないが，すべての高齢者が介護を必要
  とするわけではない。また，介護が必要となる場合でも，健康でいられる期間を
  延ばすことで，介護を必要とする期間を短縮できるかもしれない。
- 人口が減ると，労働力が不足するのは介護の現場だけではなくなるだろう。介護
  要員を確保しても他の分野で人手が足りなくなるという状況では困る。絶対的な
  労働力不足に対応するには，外国人の受け入れも解決策の候補となろう。

内容案

　①論理上，高齢者が介護を必要としない期間を延ばせるよう取り組むことと，介護
　　者の数を増やすことの2つが考えられる。
　②もちろん，両方を同時に進めるのがよい。
　③前者では，高齢者が長い間，元気で活動できるような対策を立てることが政府に
　　は求められる。（例：スポーツ関連の助成金を出す，娯楽施設を建設するなど。）
　④後者では，海外からの労働者の受け入れが容易になるよう制度を変更することが
　　考えられる。

英語で表現

①　論理上，高齢者を支えるための2つのアイディアがある。1つは，高齢者が健康
　で介護を必要としない期間を延ばせるような対策を立てること，もう1つは介護者
　の数を増やすことである。

▶「論理上」は文修飾の副詞 logically で表す。ただし，「論理上」がなくても全体の

趣旨は変わらないので，無理に訳出する必要はない。

▶ まず，「2つのアイディアがある」と述べてから，「2つのアイディア」を続く文で具体的に表現する。

▶ 書き出しを I think that 〜 とする方法もあるが，「考えられる」を忠実に英訳する必要はないので，解答例では，「（2つのアイディアが）ある」there are 〜 とし，「考えられるアイディア」possible ideas とした。

▶ measure「方策」には，strategy「戦略」，policy「政策」などの言い換えが考えられる。その場合，take は使わないため，adopting strategies〔policies〕/ implementing strategies〔policies〕とすること。

▶ 「高齢者」は問題文で使われている elderly people の他，the elderly，old people など。

▶ 「健康でいる」は be healthy，enjoy good health，stay in good health 等で表す。

▶ 「介護」は基本的に care でよいが，care には「介護」よりも軽い，「世話，気遣い」などの意味もある。そのため，文脈がなければ「介護」の意味にならない可能性がある。本問の場合は，問題文にある personal and medical care を受けるので，care で差し支えない。「介護者」は caretaker，caregiver，care worker など。

② そしてもちろん，両方を同時に進めるに越したことはない。

▶ 「〜に越したことはない」は it is best to *do* と表現できる。「理想的には〜するべきである」という言い換えも可能。その場合，ideally we should *do* となる。

▶ 「同時に」は at the same time でよいが，語数が超過するようなら訳出不要。

③ 前者では，高齢者が元気で活動できるように，政府はスポーツや娯楽施設に対する支出を増やすことができるだろう。

▶ 「前者では」は in the former case や in case of the former など。「第一のアイディアに対する具体的な行動として」as a concrete action for executing the first idea といった言い換えも可能。「〜に対する」は「〜を実行するための」と考え，execute「実行する」や implement「実施する」を使って表す。

▶ 「支出を増やす」は increase in expenditure だが，簡単に spend more（money）とした。「〜にお金を使う」の「〜に」に当たる前置詞は，使う対象は on，使う目的は for，使う過程は in が好まれる。ここでは on が適切である。

▶ 「元気で活動できるように」は，解答例では非制限用法の関係代名詞 which を使い，which helps the elderly remain active and healthy としたが，so that the elderly will remain in good health などでもよい。また，語数が許せば，これらの後に「より長く」for a longer period of time などを加えてもよい。

▶ 「娯楽施設」は recreational facilities だが，「施設」を避けて「スポーツとレクリエーション」sports and recreations でもよい。

④ 後者については，人口減少という現在の傾向を止めることはほとんど不可能なので，もっと多くの外国人が医療や福祉の分野で働けるように規則を緩和することが妥当かもしれない。

▶「後者については」は前文の「前者では」の former を latter に言い換えて，in the latter case や in case of the latter と表現できる。解答例では，類似表現の反復を避けて as for〔to〕the latter を使っている。

▶「人口減少」は，解答例の shrinking population の他，depopulation / falling population / population decrease〔decline〕など。

▶「現在の傾向」は解答例では current〔present〕trend としたが，単に the trend としてもよい。また，「という現在の傾向」を無視して，「人口減少を止める」と考えてもよい。

▶「妥当かもしれない」は，may〔might〕be appropriate〔reasonable〕「適切〔理にかなっている〕かもしれない」と言える。a good idea「よい考え」としてもよい。「妥当である」などと断言することもできるが，その根拠を示さないで断言するのは，尊大に響く可能性がある。現実的には，解決が非常に難しい問題なので，控えめな調子の方が自然。

▶「規則を緩和する」は ease the rule や relax the restriction でもよいが，make the rule less strict とも言える。「制度〔規則〕〔法律〕を変える」と言い換えて change the system〔rule〕〔law〕なども可。

▶「もっと多くの外国人が医療や福祉の分野で働けるように」は，so that＋主語＋can の構文を使うのがよい。「～の分野で」は in the field of ～ と表現する。「医療や福祉」の翻訳が難しいなら，more foreign workers can support older people in Japan「より多くの外国人労働者が日本で高齢者を支援できる」などの言い換えで対応できる。

Logically, there are two possible ideas to support elderly people. One is taking measures to extend the period when older people are healthy and don't need special care. The other is increasing the number of caregivers. Of course it is best to do both at the same time. In the former case, the government can spend more on sports and recreational facilities, which helps the elderly remain active and healthy. As for the latter, since it is almost impossible to stop the current trend of shrinking population, it might be appropriate to ease the rule so that more foreigners can work in the field of medicine and social welfare. (109 語)

55

次の文章の下線部(1), (2)を英語で表現しなさい。

　最近は，旅をする若い人が少なくなったとよく聞く。実際，少し前まではどんなところでも若い日本人旅行者とドイツ人旅行者がいて，他の国からの旅行者の冗談のタネでもあったものだが，日本人のほうは，今では滅多に見かけない。(1)かつては数々の紀行文や旅小説が，若い人の旅心に火をつけていた。いつかまた，そんなふうになることを私は願う。(2)異国を旅することは，自分——自分の知っている場所，立っている位置——が世界のまんなかでもなく，常識の基準でもないと知ることだ。こんなにも違うと絶望し，こんなにも同じだと安堵することだ。そういうことのあるとなしでは，その後のその人のありようが，ずいぶんと違うと思うのだ。

角田光代『ポケットに物語を入れて』小学館

解　説

(1)　かつては数々の紀行文や旅小説が，若い人の旅心に火をつけていた。

▶「かつては」には，once / at one time / in days past / in former days / in the good old days / in the past など多くの表現がある。

▶「紀行文」と「旅小説」の違いは，ノンフィクション（紀行文）かフィクション（旅小説）かであろう。同義語と考え，travel books / travel stories / travel literature などを使い，解答例のように，原文にはない「フィクションかノンフィクションかを問わず」regardless of whether they were fiction or non-fiction を挿入して，その違いを表現することが考えられる。また，2つを別の英語表現で表す場合，「紀行文」は travel memoirs，「旅小説」は travel novels となる。

▶「旅心」は「旅に出たい欲求」なので，desire to travel / longing to set out on a journey などと表現できる。「若い人の旅心に火をつける」という部分をまとめて考えるなら，「旅をしたい気持ちにさせる」ということなので，make young people want to travel でよい。

▶「火をつける」は ignite で，ignite young people to *do*「〜するよう若者に火をつける」などの使い方はできるが，直訳せずに，「若者に旅に出るよう促す」などと言い換えて，prompt〔stimulate〕young people to embark on their trip / stimulate young people into going on a trip などとしてもよい。

▶「つけていた」は過去単純形でもよいが，今とは違って以前はという点を強調するなら used to *do* を用いてもよい。

(2) 異国を旅することは，自分——自分の知っている場所，立っている位置——が世界のまんなかでもなく，常識の基準でもないと知ることだ。

▶「異国を旅することは…と知ることだ」は，to 不定詞を主語と補語に用いて To *do*₁ is〔means〕to *do*₂. とする。あるいは，動名詞を使って，*Doing*₁ means *doing*₂. の形にするか，If you *do*₁, you (will) *do*₂. とする。全体を「外国旅行はあなたに (that 以下を)認識させる」のように言い換えて，Traveling abroad makes you realize that … としてもよい。

▶「自分/自分の」は you / your か we / our とする。I は一般性がなくなるので避ける。

▶「自分の知っている場所」は，the places you know または，your familiar places とする。「自分の立っている位置」は，the position where you are standing〔stand〕/ the places where you are または，your standpoints〔perspectives〕とする。

▶「A でもなく B でもない」は，not を 2 回使えば，not A and not B だが，not を 1 回で済ませる場合は，not A or B となる。not A and B ではないことに注意。

▶「自分が世界のまんなかではない」は，you are not (at) the center of the world〔universe〕だが，「自分を中心に回っているのではない」と読み替えて，the world does not revolve around you としてもよい。

▶「常識の基準」は the standard of common sense とするか，「常識を働かせる際の基準」のように言い換えて，the yardstick by which you exercise〔apply / use〕common sense としてもよい。

---

(1) In the past, various travel books, regardless of whether they were fiction or non-fiction, made young people want to travel.

(2) To travel to other countries is to learn that you——your familiar places or your standpoints——are not (at) the center of the world or the standard of common sense.

56

Read the passage and follow the instructions below.

Tourism is a booming industry in Japan today, and more international tourists than ever are visiting the country and contributing to the Japanese economy. A popular American travel magazine has selected Kyoto as the most attractive tourist destination in the world for two straight years. International visitors are now common in Sapporo, Tokyo, Fukuoka, and other Japanese cities as well.

Instructions : Write a well-developed paragraph in English consisting of around 100 words, answering the following question :

What can people in Japan do to improve the experiences of international tourists ?

全 訳

■外国人観光客の日本体験をよくするには

次の英文を読んで，後の指示に従いなさい。

　観光旅行は今日，日本で急成長している産業である，そして，これまでよりも広く国際的な観光客が訪問していて，日本経済に貢献している。アメリカの人気旅行誌は，2年連続で京都を世界で最も魅力的な観光の目的地として選んでいる。諸外国からの訪問客は，札幌，東京，福岡および他の日本の諸都市でも現在普通にみられる。

指示：以下の質問に答えて，十分考え抜いた1段落の英文を約100語で書きなさい。　国際的な観光客の体験をよりよきものにするために，日本に住む我々は何をすることができるか？

解　説

【設問の要求】

✓日本を訪問する外国人旅行客の満足度を高めるにはどうすればよいかを述べる。

【アプローチ】

● いくつもの方法が考えられるが，思いつくままに羅列するのではなく，1つか2つのアイディアに絞って，詳しく述べるのがよい。

● 問題の指示には a well-developed paragraph「十分考え抜いた1段落」とある。1つのアイディアについて述べる場合は，もちろん1段落となり，この指示どおりとなる。2つのアイディアを取り上げる場合でも，併せて100語程度なので，1段落で解答することに不自然さはない。

● いくつかの候補を考え，その中から書きやすいものを選択する。以下はその例。

・訪日客は必ず食事をする。食事に関する改善点を述べる。

・宿泊先の良し悪しは満足度を左右する。ホテルが足りないようではいけない。

・言語の壁を低くする。日本の文字が読めない外国人も多いであろう。

・観光地を巡るだけではなく，訪日客の興味・関心にあわせて，多様なプログラムを用意する。例えば，スポーツ観戦，古典芸能の鑑賞，釣りなど。

・お得感を出す。訪日客限定で，入場料等の割引や，クーポン配布などをする。

・待ち時間の短縮。例えば，出入国手続きの係官を増やす，混雑しがちな空港駅等に訪日客専用の窓口を設置するなど。

● 解答例では，宿泊施設を取り上げた。訪日客の増加に伴い，ホテルの絶対数が不足するようでは外国人に満足してもらうことはできない。また，LCC（格安航空会社）の運行便が増加し，安価な宿泊施設のニーズもあるため，全国で増加傾向にある空き家の活用を提案する。

【内容案】

①宿泊先の確保は誰にとっても必要だ。

②訪日客が増えると，ホテルは不足したり，料金が高くなったりする。

③訪日客に満足してもらうには，まずは新しいホテルを建てることが必要だ。

④しかし，格安で旅をしたい人にとっては，新しいホテルは高すぎるかもしれない。

⑤そこで，旅行者が泊まれるように空き家を改造するというアイディアがある。

⑥旅行者にも地元の人にもメリットがあり，一石二鳥だ。

【英語で表現】

① ほとんどの外国人旅行者は宿泊先を見つける必要がある。

▶「外国人旅行者」には，問題文に使われている international tourists〔visitors〕の他，foreign visitors / overseas travelers などの表現がある。「ほとんどの」は

almost all や most を「外国人旅行者」の前に置く。

▶ 「宿泊先」は「泊まる場所」として place to stay でよいが，1語で表すには，accommodation(s) を用いる。

▶ 「見つける必要がある」は need to find や must find でよい。「見つける」は「予約する」と言い換えて，book や reserve を使ってもよい。

② しかし，訪日客の急増に伴い，ホテルの客室は不足し，宿泊料金は高くなる傾向にある。

▶ 「訪日客」は visitors to Japan / inbound tourists など。前文の「外国人旅行者」と同じ語句でも誤りではないが，同一語句を反復するよりは，別の語句にして，表現にバリエーションをもたせるのがよい。

▶ 「急増」は名詞だと a rapid increase〔rise〕など。「訪日客の急増」は a rapid increase in inbound tourists などとなる。「〜に伴い」は前置詞 with で表す。「訪日客が急増しているので」としてもよい。その場合，since visitors to Japan is increasing rapidly などとなる。「近年ますます多くの外国人が日本に来ているので」as more and more foreigners come to Japan these years などの言い換えも可。

▶ 「ホテルの客室」は hotel rooms で十分。hotel guest rooms / guest rooms of hotels などでもよい。「不足している」は be scarce / in short supply / running out など。

▶ 「宿泊料金」は room charge〔rate〕/ accommodation fee など。「（値段が）高い」は expensive / pricey / high など。動詞で表現するなら，解答例の「上昇する」go up などでもよい。「傾向にある」は tend to *do* の他，often なども可。「宿泊料金」を訳出しないで，hotel rooms are often scarce and expensive などと簡潔に表すこともできる。

③ 外国の旅行者の満足度を高めるには，まずは新しくホテルを建てることが必要だ。

▶ 「満足度を高める」は improve *one's* satisfaction だが，問題文にならって，「体験をよりよいものにする」improve the experiences を使うこともできる。

▶ 「まずは〜必要だ」は first of all, we need to〔should / must〕*do* や解答例のように，the first thing to do「第一に行うこと」などでもよい。
「新しくホテルを建てる」は build new hotels や，「たくさんの〔十分な数の〕ホテルを建てる」construct a lot of〔enough number of〕(new) hotels などとする。

④ しかし，新しいホテルの部屋は高めになることが多く，安く旅をしたい人には手が届かないかもしれない。だから私たちは彼らのために安い部屋も提供するべきだ。

▶ 「新しいホテルの部屋」はそのまま new〔brand-new〕hotel rooms とする。

▶ 「〜ことが多い」は tend to *do* でよいが，②の「傾向にある」とは別の言い方にした方がベター。解答例の often や usually で表現しても構わない。

▶ 「安く旅をしたい人」は low-budget〔budget / budget-minded〕travelers や「あ

まり裕福ではない旅行者」less wealthy travelers などとする。

▶「手が届かない」は「余裕がない」ということなので，not afford とする。「そのような部屋を選びたくない」と言い換えて，not want to choose such rooms とする方法もある。

▶「安い部屋」の「安い」は cheap でもよいが，「安っぽい」という意味が含まれることに注意。reasonably priced / inexpensive / budget rooms などとする。

⑤　1つのアイディアは，空き家を旅行客が泊まれるように改造することである。

▶「1つのアイディアは〜ことである」は One idea is 〜 でよい。is の後には，that 節，to 不定詞，動名詞が続く。

▶「空き家」は vacant houses / unoccupied houses / empty houses など。「古い日本家屋の空き家」old abandoned Japanese-style houses などとしてもよい。

▶「改造する」は convert で，convert A into B「A を B に改造する」という用法を用いるとよい。この単語に替えて，turn / transform / renovate などでも可。into の後には名詞が来るので，「旅行客が泊まれるように」は「旅行者向けの宿泊施設に」tourist accommodation(s) と言い換えるとよい。

⑥　これは，外国人旅行者と地元の人の両方にとってメリットがあるため，まさに一石二鳥である。

▶「一石二鳥」は killing two birds with one stone だが，翻訳できない場合は，この部分を削除して「〜にとってメリットがある」まででよい。

▶「これはまさに〜である」の「まさに」には really などが使えるが，無理に強調する必要はないので，This is 〜 でも構わない。

▶「地元の人」は local people〔inhabitants〕/ locals とする。

▶「メリットがある」はこの場合，「利益がある」という意味なので，解答例では be beneficial を用いている。名詞の benefits / advantages を have と一緒に使うのもよい。merits でも理解されるが，benefits / advantages がより一般的。

Almost all international tourists must find a place to stay. However, with the rapid increase of visitors to Japan, hotel rooms are often in short supply and room charges tend to go up. To improve their satisfaction, building new hotels is the first thing to do. But brand-new hotel rooms are often more expensive and low-budget travelers might not afford them. So we should also offer inexpensive rooms for them. One idea is to convert vacant houses into tourist accommodations. This is really killing two birds with one stone, because it's going to be beneficial to both foreign tourists and local people. (102 語)

57

次の文章の下線部(1), (2)を英語で表現しなさい。

　宇宙というのは，日本やアメリカだけでなくて，世界の多くの人たちに，限りない夢を与え続けてくれる創造の空間だと思います。本当に果てしない世界だと思いますし，その価値を共有して，みんなで宇宙を使っていくこと，宇宙に進出していくことで，より豊かな社会，生活が実現できると思います。それと同時に，より平和な世界を築くことにも貢献できるのかなと思います。

　ですから，(1)みなさんが実現不可能だと思うようなことも，これから10年，20年経ってみると，実は当然のように形になっていることが多いのではないかと思います。宇宙もその一つで，遠くない将来，本当に身近な存在になるでしょう。私も子供のころは，自分が宇宙飛行士になれるとはまったく思っていませんでした。でも今は，国際宇宙ステーション計画という国際協調の体制の中で，このような仕事をさせてもらっています。

　(2)宇宙分野だけではなく世の中には，本当に素晴らしいものがたくさんあります。若い人たちには自分なりの目標を見つけて，それに向かって真剣に努力していってもらいたいな，と思います。

小原健右・大鐘良一『若田光一 日本人のリーダーシップ』光文社

解　説

(1)　みなさんが実現不可能だと思うようなことも，これから10年，20年経ってみると，実は当然のように形になっていることが多いのではないかと思います。

▶「みなさんが実現不可能だと思うようなこと」は，まず「みなさんが何かを実現不可能だと思う」という表現を考えるとよい。これは You think that something is impossible to realize. / You think something (to be) impossible to realize. となり，something を関係代名詞 what にして変形すると，What you think is impossible to realize. / What you think impossible to realize. となる。あるいは，「みなさん」は特定の人たちではないとすれば，「実現不可能のように見えること」と言い換えて，What seems (to be) impossible to realize. としてもよい。

▶「これから10年，20年経ってみると」は時間経過を表す前置詞 in を用いて in ten or twenty years とするか，ten or twenty years from now とするとよい。節なら，when ten or twenty years have passed from now となる。when 以下は時の副詞節なので，未来完了は have passed で表し，will have passed とはしない。

▶「実は」は as a matter of fact / in fact / in reality / actually などで表す。

▶「当然のように形になっている」の「形になる」にこだわる必要はなく，「当然視される」と考えて be taken for granted / be regarded as natural / be regarded (to be) natural などとする。「現実となり，人々はそれを当然視する」と考えることもでき，その場合，will become a reality and people will take it for granted となる。

▶「〜のではないかと思います」の「のではないか」は無視してよい。したがって，文頭に I think that / I believe that などを置く。「のではないか」のニュアンスを残すなら，I would imagine that / I suspect that が考えられる。

(2)　宇宙分野だけではなく世の中には，本当に素晴らしいものがたくさんあります。若い人たちには自分なりの目標を見つけて，それに向かって真剣に努力していってもらいたいな，と思います。

▶「宇宙分野だけではなく世の中には」は not only〔just / merely〕in the space field but (also) in the world / in the world as well as in the field of space だが，「世の中」は「(宇宙分野以外の) 他の分野」を指しているので，not only in the space field but (also) in other fields としてもよい。

▶「本当に素晴らしいものがたくさんあります」は「本当に」が「あります」を修飾していると解釈すれば There are really many〔a lot of〕wonderful〔splendid〕things となり，「素晴らしい」を修飾していると解釈すれば There are many〔a lot of〕really wonderful things となる。There are … は，You can find … / … can be found を用いてもよい。

▶第2文の「…には~していってもらいたい」は「A に~してもらいたい」want A to *do* / would like A to *do* / hope that A (will) *do* などを使う。「もらいたいな,と思います」の「思います」を I think などとするのは不自然。want は「~してもらいたいと思う」という意味で,want には「思います」の意味が含まれるからである。

▶「自分なりの目標を見つけ(る)」は find *one's* own goals〔targets / objectives〕/ find goals of *one's* own / find goals for *oneself* とする。

▶「それに向かって」は toward achieving them,または「それを実現するために」と考え,to achieve〔fulfill / realize / accomplish / attain / reach〕them などとする。

▶「真剣に努力(する)」は make〔take〕serious efforts / make exertions / work (very) hard / work seriously などで表現する。

(1)　I think that what you think is impossible to realize now will often be taken for granted in ten or twenty years, in fact.

(2)　There are really a lot of wonderful things in the world as well as in the field of space. I want young people to find their own goals and work very hard toward achieving them.

58

次の文章の下線部(1),(2)を英語で表現しなさい。

自分だけ鼻があるのがご自慢の鼻卵君——くしゃみで割れた

　他の卵たちにはない鼻があるのを誇っていた卵が,ある時くしゃみをして割れてしまった。——この短歌が描いているのは,そのような小さな,空想の物語である。(1)これはまた,環境破壊や核戦争などの危機に直面している人類のたとえであるとも考えられる。(2)私たちは地球上で文明を築き上げた唯一の生き物だが,気をつけないと,まさにその文明が原因で絶滅してしまうかもしれないのである。

解　説

⑴　**これはまた,環境破壊や核戦争などの危機に直面している人類のたとえであるとも考えられる。**

▶「たとえ,比喩」には analogy や metaphor を使う。「寓話」という意味の fable でもよい。「これはまた,…のたとえであるとも考えられる」は,解答例の他,This can also be understood as an analogy for …「これは…のたとえとしても理解される」,This metaphor could also be applied to …「このたとえは…にも適用できるだろう」,This metaphor could also be true of …「このたとえは…にも当てはまるだろう」などでもよい。

▶「環境破壊」は解答例の他,destruction of environment / ecological devastation / devastation to the environment など。「核戦争」は nuclear war が最適だが,atomic war も可。「危機」は crisis と訳すのが普通で，danger では弱い。言い換えるなら，serious danger「深刻な危険」や threat「脅威」，critical condition「危機的状況」など。なお，crisis の複数形は crises であることに注意。

▶「A などの B」は B such as A / B like A / such B as A などで表す。

▶「〜に直面している」は be confronted〔faced〕with 〜 で表す。「〜に曝されている」と言い換え，be exposed to 〜 も可。「人類」は our species / human beings / humankind など。

⑵ **私たちは地球上で文明を築き上げた唯一の生き物だが，気をつけないと，まさにその文明が原因で絶滅してしまうかもしれないのである。**

▶「文明」は civilization 以外にはない。綴りは civilisation も可。「築き上げる」は build up というぴったりの表現があるが，create や develop を使ってもよい。「文明を築き上げた」は下記の「生き物」の後に関係代名詞を使って表現する。

▶「生き物」は creature が最適だが，living organism〔thing〕や「動物」animal という言い換えも許されるだろう。これに「唯一の」に当たる the only をつけ，the only creature(s) というまとまりを作る。

▶「私たちは…生き物だ」の部分は，この日本語のとおり，We are で始めるのでよいが，Only humans have built up civilization …「人間だけが…文明を築き上げた」などとしてもよい。

▶「気をつけないと」は，if we are not careful / if we don't take care など。引用されている短歌でこの卵は鼻があることを誇っていたことを踏まえると，arrogant「傲慢である」を使って，if we are too arrogant to take care などとすることも可。

▶残りの部分は，「文明」civilization を主語とし，「文明が…を滅ぼす〔絶滅させる〕」としてもよいし，「私たち〔人類〕」を主語に「私たちは…によって滅ぶ」としてもよい。前者では，「まさにその文明」を the very civilization とし，これに続けて may〔might〕extinguish the human race / may〔might〕cause our extinction などとする。後者なら，we may〔might〕die out because of this very civilization / we may〔might〕be likely to be extinct owing to the civilization itself など。

⑴　This is also regarded as a metaphor for our species (who are〔have been〕) confronted with crises such as environmental destruction or nuclear war.

⑵　We are the only creatures on the earth who have built up civilization. If we are not careful, however, the very civilization may cause our extinction.

59

次の英文の説明と指示に従い，英語の文章を書きなさい。

Emoji——pictorial representations of facial expressions and inner emotions ——are now an integral part of our daily communication. At first they were available only in Japan, but many *emoji* characters have been incorporated into Unicode, thus PC and mobile phone users around the world have access to these symbols and many people enjoy adding them to their instant text communications. Some argue that these characters greatly help facilitate electronic communication, in which body language and vocal tones are often absent. On the other hand, others point out that they might spoil our verbal language skills because they allow us to communicate with each other without elaborating on what to say in words. State your opinion about this issue in 100-120 English words.

全　訳

■絵文字の功罪

絵文字——顔の表情や心の中の喜怒哀楽を絵で表したもの——は，今や我々の日々のコミュニケーションの欠くことのできない部分である。最初は，日本だけで利用できたのだが，多くの絵文字記号がユニコードに編入された。したがって，世界中の PC や携帯電話のユーザーはこれらの記号が利用でき，多くの人々がその記号を彼らのインスタントメッセージでのコミュニケーションに加えて楽しんでいる。これらの記号は，ボディーランゲージや声の調子がないことが多い電子コミュニケーションを楽にするのに大いに役立っていると主張する人がいる。一方で，絵文字は言葉で何を言うべきかについて考えを練ることなく互いにコミュニケーションをとらせてくれるので，我々の言葉による言語技術を損なうかもしれないと指摘する人もいる。この問題に関するあなたの意見を 100～120 語の英語で述べなさい。

解 説

設問の要求

✓「絵文字の使用」に対する肯定的な意見とその弊害を指摘する意見を読み取った
　上で，自分がどう思うかを述べる。

アプローチ

●出題文では，絵文字がメール等でのコミュニケーションを楽にすることが書かれ
　ている。また，絵文字は実際に使われることも多いので，ある程度有用であるこ
　とは明らかである。出題文の後半では，安易に絵文字に頼ると，言語による表現
　力が育たないという懸念が書かれているが，この部分は they might spoil …「…
　を損なうかもしれない」という控えめな表現になっており，絵文字の使用に強く
　反対しているわけではなく，ほどほどに使うことは容認しているとも解釈できる。

●一般的には，賛成か反対かはどちらでも構わないので，その根拠を明確にして自
　分の意見を書くというアプローチになるが，本問に限っては，絵文字の使用に全
　面的に反対という立場をとり，かつその立場を支持する説得力ある理由を見つけ
　るのは難しい。したがって，方針としては，次のいずれかになるだろう。

(1)絵文字の使用を全面的に肯定する。弊害があるとしても，それには触れない。
　または，弊害があっても，メリットの方が上回ることを述べる。

(2)絵文字使用そのものは容認しつつもその弊害を述べ，「必要最小限にするべき」
　などの意見で結ぶ。

(3)絵文字に頼ると，言語による表現力を損なうかもしれないという指摘に対して
　賛成し，絵文字使用に否定的立場をとる結論につなげる。あるいは，反対し，
　絵文字使用を肯定する。

内容案（絵文字の使用を肯定する場合）

①絵文字の使用が有益であるという立場を明確にする。

②具体的には，絵文字が感情を表現するのに役立つことを指摘する。

③その例として，入学試験の合格を知らせるメールに笑顔の絵文字を添える場合に
　ついて述べる。

④言葉の理解には，幾分時間を要するのに対して，絵文字ならすぐに意味が伝わる
　ことを述べる。

⑤日本発の絵文字が世界的に普及したのは，このメリットがあるからであると述べ，
　結びとする。

英語で表現

① 私は，絵文字が今では電子メッセージにおいて重要な役割を果たしていると思う。

▶「絵文字」は出題文の冒頭で，*emoji* とされ，それを英語で言い換えた部分がある。

第2文では，*emoji* characters や these symbols とされている。したがって，「絵文字」は，*emoji* か *emoji* characters か *emoji* symbols のいずれかにする。*emoji* とする場合は，出題文で複数扱いされていることに注意。*emoji* を英語で説明する必要はない。ここでは，出題文に倣ってイタリック体にしているが，手書きの場合は，書体を区別する必要はない。もし，知っていれば emoticon を使うとよい。

▶「電子メッセージ」は複数形で electronic messages とする。出題文で使われている instant text communications（第2文）や electronic communication（第3文）を用いてもよい。

▶「～において役割を果たす」はよく知られている play a part〔role〕in ～ を使う。もし思いつかないなら，「重要な役割を果たす」→「重要である」と言い換え，単に important としてもよい。

② 絵文字は，言葉だけでは伝えることができない感情を表現するのに役立つ。

▶「～するのに役立つ」は，解答例では「私たちが～するのを助ける」という help us *do* の形で表現している。… are useful when we want to *do* などでもよい。

▶「感情」は出題文第1文の emotions の他，feelings も可。「言葉だけでは伝えることができない」は emotions〔feelings〕を先行詞として，関係代名詞を使って表す。「だけでは」は主語の「言葉」words の後に alone を置くことで表現できるが，only を使って only words としてはならない。only だと「言葉でしか伝わらない，伝えることができるのは言葉だけだ」の意になってしまう。「～だけ」を英訳する場合には alone を使うべきなのか only を使うべきなのかに十分な注意が必要である。「伝える」は convey の他，出題文第4文にある communicate も使える。

③ 例えば，入学試験に合格して，両親と友人にメールを送る場合，笑顔の絵文字を文字のメッセージに加えると，自分の喜びをより生き生きと表現するのに役立つ。

▶「例えば」は文頭に For example〔instance〕を使う。「…して，…する場合」は，when〔if〕… and … でよい。「入学試験」は entrance examination〔exam〕/ admission examination〔exam〕など。

▶「笑顔の絵文字を文字のメッセージに加えると」は if で始める節でも表現できるが，名詞句にすることもできる。つまり，「A を B に加えること」adding A to B という言い方にして，残りの部分（「自分の喜び」以下）の主語に用いるのである。「笑顔の絵文字」は a smiley face *emoji* だが，文脈上，a smiley face でも構わない。

▶最後の「表現するのに役立つ」は，上記②の部分と表現が同じになることを避け，解答例では serve to *do*「～するのに役立つ」を使った。もちろん help を使ってもよい。また，「役立つ」を「効果的だ」と言い換え，… is effective in *doing* などとすることもできる。「喜び」は delight や happiness，「生き生きと」は vividly がぴったりだが，「喜び」を「気持ち〔感情〕」に言い換えたり，「より生き生きと」を

402 第 2 章 英作文

カットしてもよい。

④ どんなに熟達した読み手でも，言葉が何を意味するかを理解するには幾分時間を要するものだ。しかし，絵文字は即座に直観に訴える。

▶「どんなに熟達した読み手でも」には，譲歩を表す構文の一つである however ＋形容詞＋S may be を使うことができる。自信がない場合は，無理に訳そうとしないで，この部分をカットし，他の部分を増やして語数調整をしてもよい。

▶「幾分時間を要する」は it takes some time。解答例では However 以下の部分に仮定の意味が含まれるので，it would take としてあるが，「どんなに…」をカットするなら，it takes で構わない。

▶「しかし」以下は，別の文としてもよいし，セミコロン（；）で前文とつないでもよい。「即座に」は，on the spot / in no time など。「直観」は intuition がよい。そのまま訳出する必要はないので，understand the writer's emotion instantly「書き手の感情を即座に理解する」などの言い換えも可。

⑤ おそらく，この直接性が，もともと日本だけで利用されていた絵文字が，現在では世界中で使われていることの主な理由なのだろう。

▶「直接性」は immediacy がぴったりだが，「この直接性が」→「これが」と言い換えて，主語を this で済ませることも可。

▶「…ことの理由」は，the reason why … という形。解答例では why 以下の主語を *emoji*「絵文字」とし，受動態で表したが，能動態で，many people around the world are now using *emoji* などとしてもよい。

▶和文では，「もともと日本だけで利用されていた絵文字」というまとまりになっているが，解答例のようにこの部分を節で表現する方法がある。和文に近い形で，*emoji*, which the Japanese started to use というような挿入句として処理することもできる。

I think that *emoji* characters now play an important role in our electronic messages. They help us express our feelings that words alone cannot convey. For example, if I pass the entrance examination and send e-mails to my parents and friends, adding a smiley face *emoji* to my text message serves to express my delight a lot more vividly. However proficient the reader may be, it would take some time to understand what words mean, but *emoji* appeal to the reader's intuition on the spot. This immediacy is probably the main reason why *emoji* are now being used around the world, although they were originally available only in Japan. （109 語）

60

次の文の下線部(1)，(2)を英語に訳しなさい。

　(1)我々は批判されることに弱い。自分の意見を批判されると頭に血がのぼり，自分自身が攻撃されたように感じ，相手が何を言っているのかもよくわからなくなる。わたしも哲学者という仕事柄，面と向かって他人の意見を批判する機会は多いが，非常に有能な哲学者でも何を批判されているのか理解できず，話がかみあわないということがよく起こる。逆の立場で，わたし自身も他人の批判に対する自分の回答をあとで読み返して反省することは多い。

　こういう場合，どうしたらいいだろうか。まず，自分の意見に感情移入しすぎないことである。自分で思いついた愛着のある説でも，場合によっては切り捨てる覚悟がないと，結果的には自分にはねかえってくることになる。相手に譲歩するのはプライドが許さないという人もいるだろう。(2)そういう人は，自分が今持っている意見を無理やり弁護し通すことにプライドを持つのではなく，自分の過ちを素直に認めるということにプライドを持ってもらいたい。それが結局は実り多い論争への道でもあり，実り多い論争からは自分自身も得るものが多いはずである。次に，自分の意見に対する批判は必ずしも自分自身に対する攻撃ではないということをわきまえることが大事である。批判されて頭に血がのぼっていると感じたら，自分が落ち着くまで返事をするのを待つのも実際的な方法として有効である。

伊勢田哲治『哲学思考トレーニング』

(1) 我々は批判されることに弱い。自分の意見を批判されると頭に血がのぼり、自分自身が攻撃されたように感じ、相手が何を言っているのかもよくわからなくなる。

▶ 解答例では「〜ことに弱い」を「〜ことが不得手である」と言い換え、be not good〔bad / poor〕at *doing* としている。「弱い」を意味する最も普通の単語である weak にも「苦手とする、劣る」の意味があるので、be weak at *doing* などでも可。「批判されること」は、より明確には「批判を受け入れること」である。accepting criticism がこれに相当する。日本語の文に近い形では、feel vulnerable when criticized という表現も可能。

▶「自分の意見を批判される」は、受動態なら our opinion is criticized、能動態なら someone criticizes our opinion となる。あるいは、we have our opinion criticized とする。よくある誤答として *We are criticized our opinion. があるが criticize は第3文型動詞なので、このような英文はあり得ない。「S は〜を…される」を英訳する際には十分注意する必要がある。「…と」は批判される時期を問題にするなら接続詞 when で表し、蓋然性を問題にするなら接続詞 if を用いるが、if 節内には直説法を用いる。現実に批判されていないのに批判されればという状況ではないので仮定法を用いるのは不適切なのである。

▶「頭に血がのぼり」は、「カッとなる」「怒る」「うろたえる」と考えて get mad や get angry または get upset とするか、「理性を失う」と考えて lose our temper とすればよい。

▶「〜ように感じ」は feel as if〔though〕で表現する。または、この部分を最後に置いて、分詞構文で feeling as if〔though〕… とする方法もある。「自分自身が攻撃された」は「今攻撃されている」と考え、現在進行形で we ourselves are being attacked〔criticized〕とすると自然。直前で someone を主語に用いた場合は、he or she is attacking〔criticizing〕us ourselves とする。

▶「相手」は一般的には the other person で表すが、ここまでで someone を使用した場合は、これを受ける代名詞で表してもよい。「相手が何を言っているのか」は「何が言われているのか」と解釈し、what is being said と受動態にして「言う」の主語に言及しない方法も可能である。

▶「わからなくなる」は become unable to understand だが、cannot を用いてもよい。あるいは、「理解し損なう」と解釈して fail to understand なども可。「よく」にこだわる必要はないが、fully と訳して understand の後に置いてもよい。

⑵　そういう人は，自分が今持っている意見を無理やり弁護し通すことにプライド
を持つのではなく，自分の過ちを素直に認めるということにプライドを持ってもら
いたい。

▶「そういう人は…してもらいたい」は「そういう人は…するべきだ」と解釈し，
Such people should〔ought to〕*do* で表せばよい。

▶「自分が今持っている意見」の「今」は訳出不要で，their（own）opinion とする
のでよい。「～を無理やり弁護し通す」は，forcibly「無理やりに，力づくで」と
defend「防御する，弁護する」を組み合わせ，forcibly defend とするか，「相手に
（強制して）受け入れさせる」という使役に言い換えて make the other person
accept などとしてもよい。force A on B「A を B（人）に押し付ける」という表現
を使うこともできる。

▶「～にプライドを持つ」は take pride in ～ あるいは be proud of ～ または pride
oneself on ～で表す。「A ではなく B」は not A but B，あるいは B, instead of A と
する。

▶「自分の過ちを素直に認める」の「認める」は admit か acknowledge とする。
recognize / appreciate / approve などは場合によって「認める」の意味だが，ここ
では使えない。「素直に」は honestly あるいは frankly とする。この部分は「プラ
イドを持つ」対象なので，their（own）ability to admit とすると自然な英語になる。
また，ability to *do* の代わりに willingness to *do*「快く～する気持ち」を使っても
よい。「過ち」は faults の他，that they are mistaken と節で表現することも可能。

⑴　We are not good at accepting criticism. When our opinion is criticized, we
get mad, feel as if we ourselves are being criticized, and become unable to
understand what the other person is saying.

⑵　Such people should not take pride in making the other person accept their
opinion but take pride in their own ability to admit faults honestly.

61

次の英文の説明と指示に従い，英語の文章を書きなさい。

Globalization, "the increasing movement across borders," has greatly changed how food is grown and transported across international borders. Some people view the globalization of food as a positive development. For example, consumers can find bananas from Guatemala, shrimp from Ecuador, coffee from Colombia and Brazil, grapes and wine from Chile and oranges from California. However, while consumers benefit from having access to fresh and cheaper food from all parts of the world, the risks are growing. For example, food contamination that starts in one area now is spread widely and can quickly affect the health of large numbers of people in distant places. There are some people who believe globalization is an advantage and will benefit the future of the world, while others view globalization as a disadvantage that will not benefit but may actually harm the world.

Do you believe globalization is good for the world? Provide your own explanations and reasons to support your decision. Your response should be 100 to 120 words.

From Safe Food International: A Blueprint for Better Global Food Safety, *Food and Drug Law Journal*, by Caroline Smith DeWaal and Gonzalo R. Guerrero Brito

■食物の国際化

> 国際化，すなわち「国境を越えた移動の拡大」は，食物を栽培し，国境を越えて運搬する方法を大いに変えた。一部の人は，食物の国際化を前向きな動きと見なしている。例えば，消費者はグアテマラからバナナを，エクアドルからエビを，コロンビアやブラジルからコーヒーを，チリからブドウとワインを，そしてカリフォルニアからオレンジを手に入れることができる。しかし，消費者が世界の至る所から新鮮でより安い食物を入手できることから利益を得る一方で，リスクも増大している。例えば，ある地域で始まった食品汚染が，今や広範囲に広がり，遠く離れた場所で多くの人々の健康に即座に影響を及ぼすこともある。国際化は好都合で，世界の将来のためになると思っている人もいるが，一方，国際化は不都合で，世界に利益とならずむしろ世界を害するかもしれないと見なしている人もいる。
>
> あなたは，国際化が世界にとってよいことだと思いますか？　あなたの意見を，それを支持する説明と理由を添えて，100〜120語で述べなさい。

設問の要求

- ✓「国際化」が好ましいという立場か，好ましくないという立場かを決める。
- ✓そのような立場を取る根拠（理由・説明）を述べる。

アプローチ

- ●食物の国際化について述べるか，それとも食物に限らず国際化一般について述べるかをまず判断する必要がある。設問文の指示は「国際化」の是非を問うているのみで，何に関する国際化かを述べていない。国際化には様々な分野があり，何に関する国際化かを絞らないと，賛成・反対の立場を決めることはできない。例えば医療活動や教育の国際化には賛成だが，核兵器開発の国際化には反対だということも十分考えられる。つまり，分野を絞らないままに，賛成（または反対）するとすれば，説得力のある理由づけや説明が難しいということになる。食物に限定しても構わないし，他の分野に限定してもよいが，国際化一般について述べるのは避けるという方針の方がよい。

- ●しかし，与えられた英文の説明は食物のことに限定されているので，「食物の国際化」に絞って述べよという意味にも解釈される。そこで以下では，食物の国際

化を取り上げることにする。その際に注意しなくてはならないのは，出題文で述べられているのと同じ表現の繰り返しはできるだけ避けるという点である。

内容案（食物の国際化に反対である場合）

①食物の国際化は世界にとって有益ではないという立場を明確にする。

②第一の理由として，食品の安全性について述べる。

③第二の理由として，安い輸入品には生産国の低賃金労働の問題があることを述べる。

④第三の理由として，食は文化であることを指摘する。まとめとして，国産食品を多く消費するべきであると述べる。

英語で表現

① 私は食物の国際化はよくないと思う。国際化には好ましくない面があるからである。

▶「食物の国際化」は出題文の第2文にある the globalization of food がそのまま使える。food の代わりに，「食料生産」food production や「食料供給」food supply なども可。

▶「よくないと思う」は，解答例では「～に批判的である」という意味の have a poor opinion about ～ を使っている。日本語に近い表現では，I think ～ is not a good thing なども考えられる。

▶「からである」は「それは～だからである」と考え，This is because ～. を使う。ここまでの部分を1文で表現するなら，…, because ～ というように接続詞でつないでもよい。

▶「好ましくない面」は，出題文第2文の a positive development「好ましい展開」という表現を参考にすれば，positive の反対語である negative が思いつくであろう。これを使えば negative aspects となる。「面」を「影響」に変え，negative effects などでもよい。

② 第一に，食品の安全基準は国ごとに異なる。基準が低い国からの輸入食品を食べると病気になるかもしれないし，深刻な健康問題で苦しむかもしれない。

▶理由を列挙する際の「第一に」には First (of all) / Firstly，「第二に」には Second / Secondly などを使う。

▶「安全基準」は safety standards で，「食品の」を加えると food safety standards または safety standards on food となる。「基準」に代えて，「規制」regulations を使ってもよい。

▶「異なる」は動詞 differ だが，形容詞を使うなら are different でもよい。

▶「国ごとに」は「国と国とで」などと言い換え，from country to country と表現できる。この部分の第1文は Every country has its own safety standards などとして

もよい。また、「〜に関して国際的〔普遍的〕な基準はない」There are no international〔universal〕standards on 〜 とも言える。

▶ この部分の第2文の主語は、you や we を使う。

▶「輸入食品」は imported food(s)。「基準が低い国からの」は関係副詞 where を使って、from countries where the standards are low とする。英訳問題ではないので、from some countries としても問題ない。

▶「病気になる」は get〔become〕ill / get〔become〕sick でよい。

▶「苦しむ」は suffer。この語は自動詞と他動詞の両方で使える。自動詞なら suffer from health problems「健康問題に苦しむ」などとする。他動詞なら from はいらない。

③ 第二に、安い輸入食品の一部は、発展途上国の低賃金の農民によって生産され、フェアトレードのルールに反して輸入されている。貧しい農民を犠牲にして、食物の国際化の恩恵を受けるのは間違っている。

▶「一部」は some でよい。some cheap imported food(s) / some of the cheap imported food(s) とする。「安い」は low-cost でもよい。

▶「低賃金の農民」low-wage〔underpaid〕farm workers〔laborers〕とする。farmer では「農場経営者」という意味合いが強くなる。「発展途上国」は developing〔less-developed〕countries。

▶「フェアトレードのルール」fair trade rules とは「公正な取引のルール」で、特に途上国の低賃金や劣悪な労働環境に依存した低価格の取引は公正ではないという考えを反映したもの。この部分の第1文の後半は、文脈上なくても差し支えない。

▶「貧しい農民」の「農民」は farmers ではなく、peasants「小作農」がより適する。「労働者」workers などに置き換えてよい。「〜を犠牲にして」は at the cost〔expense〕of 〜。

▶「〜の恩恵を受ける」は「〜から利益を得る」ということだから、benefit from 〜 を使う。思いつかなければ、enjoy を使ってもよい。

▶「〜することは間違っている」は It is wrong to do であるが、「フェアではない」not fair などでも可。

④ 最後になったが、一番大切なことは、食物は自国の最も基本的な文化であるということである。だから輸入食物よりは国産の食物を消費するべきである。

▶「最後になったが、一番大切なことは〜である」は Last but not least, 〜 と表現できる。

▶「最も基本的な文化」は the most basic〔fundamental〕culture。この後に「自国の」of your own country を続ける。

▶ 最終文の「だから」には Therefore / So を使う。That's why でもよい。日本語で

は明確ではないが,「国産の食物をより多く」と理解して比較級を使うと more domestic food than imported food となる。

I have a poor opinion about the globalization of food. This is because there are negative effects of globalization. First, food safety standards differ from country to country. If you eat imported food from countries where the standards are low, you may get ill or suffer serious health problems. Second, some of the low-cost imported foods are produced by low-wage farm workers in less-developed countries and imported against fair trade rules. It is wrong to benefit from the globalization of food at the cost of poor workers. Last but not least, food is the most basic culture of your own country. That's why you should consume more domestic food than imported food. (112 語)

62

次の英文の指示に従い，100～120 語程度の英語の文章を書きなさい。

It is sometimes important to be able to work with a group of people. Provide an example from your own experiences of working with others and discuss the benefits and difficulties of such group work.

解　説

[問題文の訳]

　　ある集団の人々といっしょに仕事をすることができるのは時として重要である。他の人たちといっしょに仕事をした自分の経験から例を挙げて，そのような共同作業の利点と難点について論じなさい。

[設問の要求]

✔ グループで活動した経験から一例を選び，その活動について述べる。

✔ その場合の利点と難点を述べる。

[アプローチ]

● 共同作業の例として思いつくものには，体育祭，文化祭，クラブ活動，ボランティア活動などがあるだろう。総合的な学習の時間など，学校の授業に関連して行われる活動でもグループ活動を経験したかもしれない。どんな例でも構わないが，「共同作業の利点と難点」と結び付けやすいものを選ぶべき。

● 一般に，「利点」としては，他人の支援を得られるので時間的にも能力的にも1人ではできないような課題が達成できること，話し合いの過程でコミュニケーション能力が高められること，社会性や共感などの人格的な成長が期待できることなどがある。

● 一方，「難点」としては，人任せにすることで自己の能力の発達が阻害されること，他人への気遣いや意見の衝突などでストレスが生じること，意思統一や方法論の決定などで作業が円滑に進まないことなどが考えられる。

[内容案]（グループで楽器の演奏を行った場合）

①いつ，何のために，誰とどんなグループを結成したかを述べる。

②グループ結成直後の状況とそこで生じた問題点を説明する。

③その問題にどのように対応し，どのような結果になったかを述べる。

④まとめとして，この共同作業の意義を述べる。

[英語で表現]

①　私と友達は，ギターカルテットを結成しようと決めた。中学校の卒業式のあとの謝恩会でインストルメンタル曲を何曲か演奏するためであった。

▶「私と友達」は My friends and I とする。「自分」が後に来るのが英語らしい表現。

▶「ギターカルテットを結成する」は form a guitar quartet。get a guitar quartet together という表現もある。

▶ 直訳するなら，第2文は「…するためであった」に当たる It was because で始める。ただし，英語では2文に分ける必要はない。form a guitar quartet to … というように，目的を表す to 不定詞でつなぐ方が簡潔。「演奏できるように」と考えれば

… form a guitar quartet so that we could play も可。

▶「卒業式」は graduation ceremony，「謝恩会」は the thank-you party だが，「中学校の卒業式」を「高校の文化祭」high school cultural festival にしたり，「謝恩会」を単に「パーティー」party にするなど，知っている表現に言い換えても構わない。同様に「インストルメンタル」instrumental を無視して，単に「いくつかの曲」some pieces としてもよい。

②　私たちは毎日とても熱心に練習した。しかし，ある1人のメンバーが上手に演奏できなかった。残りのメンバーは彼に上手に演奏するコツを教えようとしたが，彼は練習することを諦めて，メンバーから外れた。

▶「とても熱心に練習した」practiced very hard や「上手に演奏できなかった」could not play well は無理なく表現できるであろう。「ある1人のメンバー」は one of the members または one member。「しかし」以下は別の文にしないで，…，but というように続けてもよい。

▶「残りのメンバー」は文字通りに訳せば the rest of the members だが，the rest of us / the other members などでもよい。思いつかなければ，単に we でもよい。

▶「コツ」に相当する表現には knack や trick がある。しかし，「上手な演奏の仕方」how to play well や「演奏のテクニック」the techniques of playing など，知っている表現を使うとよい。

▶「～を諦める」は give up *doing* でよいが，「練習することを諦めて」以下は he stopped coming to the practice「練習に来なくなった」などと言い換えてもよい。「メンバーから外れた」は「私たちから去った」と考えれば he left us となる。he dropped out of the quartet〔group〕とも言える。

③　そのため，私たちは曲をギタートリオ用の新しい曲に取り換えて，初めから練習し直さなければならなかった。最終的には，私たちはどうにかエキサイティングな演奏ができた。

▶「A を B に取り換える」は replace A with B が最適。

▶「ギタートリオ用の曲」は「ギタートリオに適した曲」ということだから，pieces appropriate for a guitar trio とする。「トリオのための曲」pieces for a trio，「トリオ用にアレンジされた曲」pieces arranged for a trio なども可。また，A で pieces を使っているので，B ではこの語を繰り返さないで ones とすれば自然。

▶「練習し直す」は start practicing again だが，「再スタートする」restart を使ってもよい。「初めから」は from the beginning で，前に just を置けば，意味が強まる。ただ，「初めから」は文脈上なくてもよいので，無理に訳出する必要はない。

▶「最終的には」は Finally。「演奏当日には」on the very day of the performance などを使ってもよい。

▶ 「どうにか〜できる」は manage to *do*,「エキサイティングな演奏」は an exciting performance。そのまま続けて，we managed to do an exciting performance としてもよいが，do の代わりに give を使うことも多い。

④ この経験によって，私は共同作業がどんなに困難か，同時にそれがどれほど大きな達成感を与えてくれるかを学んだ。

▶ 「この経験によって学んだ」は learned by this experience でよい。「この経験が私に教えてくれた」と考えれば，this experience taught me となる。

▶ 「共同作業がどんなに困難か」は how difficult group work is や how difficult it is to work together などとする。

▶ 「それがどれほど大きな達成感を与えてくれるか」は文字通り訳せば what an immense sense of accomplishment it can give〔provide〕だが，how great the sense of accomplishment is としてもよい。

My friends and I decided to form a guitar quartet to play some instrumental pieces at the thank-you party after the junior high school graduation ceremony. We practiced very hard every day, but one member couldn't play well. Though the rest of us tried to teach him the knack of playing well, he gave up practicing and left us. So we had to replace the pieces with new ones appropriate for a guitar trio and start practicing them right from the beginning. Finally, we managed to give an exciting performance. This experience taught me how difficult group work is and, at the same time, what an immense sense of accomplishment it can provide. (113 語)

63

次の文の下線部(1), (2)を英語に訳しなさい。

　最近，もの忘れが急激にひどくなった。新幹線の車両に乗るときなども，乗車の間際までおぼえていたはずの座席の番号が，すぐに頭から抜けてしまう。昔からの知人は別として，人の名前がなかなか出てこない。

　しかし，固有名詞や数字などは確かめてみればすむことだ。(1)問題なのは，もっと深いところで大事なことを忘れてしまうことではあるまいか。

　忘れた頃にやってくるのが天災だとは，周知の名言だが，大事なことは天災を身にしみて恐ろしいと思った，その時の感覚である。しかし心と体の両方で恐怖を感じた記憶が薄れていくのも，生身の人間としては仕方のないことかもしれない。

　天災を忘れることより，天災の恐ろしさを忘れることが問題なのだ。(2)私たちの記憶のなかから，そのなまなましい感覚が忘れられた時に，災害はふたたびおこるだろう。

五木寛之「忘れた頃にくるもの」

解　説

(1)　問題なのは，もっと深いところで大事なことを忘れてしまうことではあるまいか。

▶「問題なのは，…である」は，「問題点」を主語にして，The problem〔trouble〕is that … とするか，「私たちを悩ませること」などと言い換えたものを主語にして，

What worries us is (the fact) that … や What is troublesome〔worrisome〕is (the fact) that … などとする。

▶「…ではあるまいか」は，断定を避けた言い方で，動詞で表現するなら，I を主語にして，suspect「～ではないかと思う」，assume「～と推測する」など。助動詞の might / could / would でもよい。また，perhaps / possibly / maybe といった副詞で表現してもよい。

▶「もっと深いところで大事なこと」は，この下線部の直前の「固有名詞や数字などは確かめてみればすむこと」に対比された表現。「もっと深いところで」は at a deeper level となるが，あえて訳出せず，more important thing(s) / what is more important / what counts〔matters〕(to us) more のようにしても十分ニュアンスは伝わる。

▶「忘れてしまう」は，単に forget でもよいが，「忘れる傾向がある」と補って tend to forget や be likely to forget などとするとよい。

(2)　**私たちの記憶のなかから，そのなまなましい感覚が忘れられた時に，災害はふたたびおこるだろう。**

▶「私たちの記憶のなかから…が忘れられる」be forgotten from our memories と直訳してしまって問題ない。「記憶から抜け落ちる」slip from our memories などとしてもよい。「私たち」を主語にすれば，we forget …「私たちは…を忘れる」や we no longer remember …「私たちは…を覚えていない」となり，これらの場合は「記憶のなかから」の訳出は不要となる。

▶「そのなまなましい感覚」の「なまなましい」は形容詞 vivid や副詞 vividly を用いる。fresh を用いて，no longer fresh in our memories などとしてもよい。「感覚」は feeling や sense を使う。

▶「災害がおこる」の「おこる」は occur / happen / break out / take place など。「災害」は複数形で disasters とする。

▶推量表現の「だろう」は助動詞 may / will / can のいずれかを使うのが簡潔だが，「(おこる) 傾向がある」と補って，tend to *do* や be likely to *do* を用いてもよい。

(1)　I suspect that the problem is that we tend to forget more important things at a deeper level.
(2)　Disasters may occur again when our vivid feeling is forgotten from our memories.

64

次の英文を読み，"sugar tax" に対する賛否を明確にして，あなたの意見を100〜120 語程度の英文で述べなさい。その際，あなたの見解の具体的な根拠を示すこと。なお，句読点は語数に含まない。

There is little disagreement that our modern eating habits have been linked to a variety of health and weight-related problems, and are one of the leading causes of preventable deaths worldwide. In an action to counter this situation, many governments around the world have considered introducing a "sugar tax." This tax would be placed on highly sugar-sweetened drinks and foods, such as soda, ice cream, doughnuts, and other processed snacks.

解　説

問題文の訳

　現代の食習慣が様々な健康問題や体重にまつわる諸問題と関連していること，そして，この食生活は世界的に予防可能な死の主要原因のうちの1つであるということには，意見の不一致はほとんど見られない。この状況に立ち向かう行動の中で，世界中の多くの政府が「砂糖税」を導入することを考慮してきた。この税は，炭酸飲料，アイスクリーム，ドーナッツおよびその他の加工スナック菓子のような砂糖含有量の多い飲料や食品に課されるだろう。

設問の要求

✓「砂糖税」に賛成か反対かを明確に述べる。

✓その具体的な根拠を示す。

アプローチ

● この「砂糖税」は砂糖そのものに課税されるのではなく，砂糖を多く使用した製品に課税されることを読み取る。

● 健康の維持が目的とされているので，それ以外のメリット（例えば税収増）を根拠とすると，的外れと判断される可能性がある。したがって，仮に賛成するなら，その根拠として，「製品価格の上昇 → 消費量（砂糖摂取量）の低下 → 健康の維持」という当然とも言えることを述べることになる。

● 一方，反対する場合の根拠は，砂糖を減らしても高脂肪食に移行するだけだと主張したり，個人の食べ物の嗜好に政府が介入することを問題視するなど様々なデメリットや問題点を挙げることができる。

内容案（反対する場合）

①砂糖税反対の立場を明確に述べる。

②1つ目の根拠として，健康管理は自己責任であるべきで，政府の課税によるべきではないことを述べる。

③2つ目の根拠として，健康に悪い食べ物は甘いもの以外にもたくさんあることを指摘する。

④まとめとして，砂糖は優れた食品でもあり，問題なのはその量であることを述べる。

英語で表現

① 砂糖の多い食品や飲み物に高い税を課すのはよい政策だとは思わない。

▶ 「砂糖の多い食品や飲み物」は，highly sugar-sweetened drinks and foods という表現が出題文の最終文中にある。「砂糖が（多く）入った」という意味の sugary を使ってもよい。

▶「〜に税を課す」は出題文最終文の This tax would be placed on 〜 の形を変えて placing (high) tax on 〜 とする。place の代わりに impose も可。解答例のように，「〜への高い税金」high tax on 〜 とすれば動詞は必要なくなる。

▶「政策」は policy だが，idea「考え」，measure「方策」などでもよい。

▶この部分には，to improve our eating habits「食生活を改善するために」などの表現を加えることができる。

②-1　そういったものが様々な生活習慣病の原因になることは認めるが，砂糖の摂り過ぎに責任を持つのは消費者なのだ。

▶「そういったもの」は they で十分。too much sugar などに変えても構わない。

▶「生活習慣病」は lifestyle〔lifestyle-related〕diseases。この文脈では複数形にすることに注意。かつての呼び名である adult diseases「成人病」としても許されるであろう。

▶「〜の原因になる」は cause / be responsible for 〜 が使えるが，あくまでも可能性なので may / can を組み合わせるのがよい。

▶この場合の「認める」は admit / agree。

▶「砂糖の摂り過ぎ」は excessive consumption of sugar。overeating「食べ過ぎ」に置き換えてもよい。

▶「〜に責任を持つ」は形容詞を使うと be responsible for 〜。名詞を使うと have〔bear / take〕a responsibility for 〜。

▶「消費者なのだ」という強調した表現は，解答例では it is 〜 that … という強調構文で表現している。

②-2　私たちは民主主義国家に住んでいるのだから，選択の自由が課税という形で，制限されるべきではない。

▶「民主主義国家」は a democratic country。「国家」は society「社会」でもよい。

▶「選択の自由」は freedom of choice。「選択肢」と考えれば option。

▶「〜という形で」は in the form of 〜 を用いればよい。

③-1　さらに指摘しておきたいのは，砂糖は食品製造で使われる多くの不健康な原料のうちの１つでしかないという点である。

▶「さらに指摘しておきたいのは」は Another thing that I want to point out is … や，副詞で独立させ，Besides / In addition「加えて」を使う。「指摘する」は point out / bring up など。

▶「食品製造」は food production だが，food processing「食品加工」や food industry「食品産業」などの置き換えが可能。

▶「不健康な原料」は unhealthy ingredients。

③-2　政府はさらに食塩税や脂肪税も創設しようとするのだろうか。

▶ 「食塩」や「脂肪」は「不健康な原料」の例。

▶ 「創設する」は start で十分。出題文中にある introduce でも可。

④ 要するに、問題なのは何を食べるかではなく、どの程度の量を食べるかだ。何しろ砂糖は優れたエネルギー源でもあるのだ。

▶ 「要するに」は the point is / in short / in conclusion など。

▶ 「問題なのは A ではなく B だ」は it is not A but B that matters 〔counts〕 や、it is B, not A, that matters 〔counts〕 などが考えられる。what is important is 〜「大切なのは〜」という言い換えも可。

▶ 「何しろ」は after all で処理できるが、そもそもこの最後の文はなくてもよい。また、moderate amounts of sugar are part of a healthy diet「適量の砂糖は健康な食生活に必要だ」など自由に言い換えてよい。

I don't think a high tax on sugary foods and drinks is a good policy. I agree that they can be responsible for various lifestyle-related diseases, but it is consumers that are responsible for the excessive consumption of sugar. Since we live in a democratic country, freedom of choice should not be restricted in the form of tax imposition. Besides, I would like to point out that sugar is just one of many unhealthy ingredients used in the food industry. Does the government also want to start salt tax and fat tax? The point is that it is not what to eat but how much to eat that matters. Sugar is also a good source of energy after all. (119 語)

65

次の問いに 150 語程度の英語で答えなさい。

What is one Japanese custom that you would like people in other countries to adopt ? Describe the custom and then explain how people in other countries would benefit from the adoption of this custom. If you use Romanized Japanese words, you must explain them in English.

解 説

【問題文の訳】

　あなたが外国の人々に採用してほしいと思う日本の習慣は何ですか。その習慣の特徴を述べ，次に，外国の人々がこの習慣を採用したらどんな利益が得られるかを説明しなさい。ローマ字表記の日本語を使用する場合には，それを英語で説明しなければなりません。

【設問の要求】

　✔外国に広めたい日本の習慣について説明する。

　✔外国の人々がその習慣を採用した場合の利益を説明する。

【アプローチ】

　● 出題文の指示では one Japanese custom となっている。習慣は１つに絞る。

　● ローマ字表記の日本語は英語での説明が要求されるため，説明しにくいものは避けるのが無難。たとえば，畳や布団を正確に説明するのは簡単ではない。

【内容案】（日本式の入浴方法を取り上げる場合）

　①日本式の入浴方法を取り上げることを簡潔に述べる。

　②日本式と比較するため，まず西洋式の入浴方法を述べる。

　③日本式の浴室を，設備面から説明する。

　④日本式の入浴方法を述べる。

　⑤日本式の優れた点として，家族が浴槽の同じお湯を繰り返し使えることを述べる。

　⑥さらに，エネルギー節約の効果があることに言及する。

　⑦結論として，日本式の入浴方法を勧める表現で結ぶ。

【英語で表現】

① 日本式の入浴方法を採用してほしいと思う。

▶「日本式の入浴方法」は Japanese-style bathing / Japanese way of taking a bath / the way the Japanese do when taking a bath など。

▶「採用してほしいと思う」は出題文中にある adopt がそのまま使える。解答例では「誰に」採用してほしいのかは them で示している。これに代えて，people in other countries という出題文中の表現をそのまま使うのもよい。

② 西洋では，各自が浴槽内で体を洗い，その後浴槽のお湯を流してしまう。次に入る人は新しいお湯を溜めなくてはならない。

▶「西洋では」は in the West / in many cultures in the West などだが，英訳問題ではないので，「外国では」in many (foreign) countries などの知っている表現に置き換えてよい。

▶「各自」には each を単独で使うこともできるが，each bather とすれば「入浴す

る人がそれぞれ」という意味が簡潔に表現できる。同様に，後に続く「次に入る人」は the next bather でよい。

▶「体を洗い」は wash *one's* body でもよいが，単に wash だけでも「体（の一部）を洗う」の意味になる。

▶「～からお湯を流してしまう」は let the（hot）water run out of ～ がぴったりだが，「浴槽を空にする」empty the bathtub や，「風呂のお湯を抜く」drain the bath water とする方法もある。

▶「新しいお湯を溜める」は「溜める」を「満たす」と考えると fill the bathtub with new hot water となる。「溜める」を store で表すことも考えられる。

③　他方，伝統的な日本の浴室は，家庭でも公衆浴場でもそうだが，浴槽とともに，その外に洗い場がある。これはほとんどの西洋の浴室にはないものだ。

▶「他方」は on the other hand / by〔in〕contrast を用いる。

▶「伝統的な」traditional は基本語だが，文脈上なくても構わない。

▶「家庭でも公衆浴場でもそうだが」は解答例のように whether A or B の形を用いる以外に，both household（bathrooms）and public bathrooms in Japan なども可。

▶「洗い場」は an area to wash up / the washing area〔place〕。

▶「これはほとんどの西洋の浴室にはないものだ」は別の文で始めてもよいが，解答例のように，関係代名詞の継続用法を使って続ける方法もある。

④　日本の浴室では，洗い場で体を洗った後で，お風呂につかってくつろぐことができる。

▶「お風呂につかってくつろぐ」の「つかる」は soak *oneself* だが，思いつかなければ，relax in a hot bath で十分。

⑤　この入浴方法では，汚れや石鹸を浴槽に入れず，家族全員が浴槽内の同じお湯を利用できる。

▶「汚れや石鹸を浴槽に入れず」は解答例の keep ～ out of the bathtub でよいが，「汚れや石鹸」を無視して，「浴槽内のお湯はきれいなままである」the hot water in the tub will be kept clean や「浴槽のお湯を汚さない」doesn't spoil the hot water in the tub などの言い換えが工夫できる。

▶「家族全員」は your〔the〕entire family / all the family members / everyone in the family など。公衆浴場を念頭に置けば家族に限る必要はないので，a lot of people などでもよい。

⑥　このスタイルだと，西洋式の入浴法よりもお湯の量が少なくてすむので，エネルギー節約が促進され環境にいい。

▶「このスタイル」は，そのまま this style でよいが，「西洋式の入浴法」Western-style〔Western way of〕bathing と比較されているので，具体的に Japanese-style

〔Japanese way of〕bathing などとしてもよい。

▶「お湯の量が少なくてすむ」は use less hot water / use〔need〕a smaller amount of hot water など。reduce〔cut〕the amount of water「水の量を減らす」とも言える。

▶「エネルギー節約」は energy saving だが,「エネルギー節約が促進され」という部分を簡単に use〔consume〕less energy としてもよい。

▶「環境にいい」は good for the environment とするか,environmentally-friendly「環境にやさしい」を用いる。

⑦　こういった理由から,私は日本式の入浴方法を外国の人々に勧めたい。

▶この部分は基本的には冒頭①と同じ内容であるため,できるだけ異なる表現を使うように注意する。

▶「こういった理由から」は for these reasons / these are the reasons why ～ など。

▶「勧めたい」は（want to）recommend だが,I wish this custom would spread to the world「この習慣が世界に広がるといいと思う」など自由に言い換えてよい。

I would like them to adopt Japanese-style bathing. In the West, each bather washes in the tub and lets the water run out of the tub afterwards. The next bather must fill the bathtub with new hot water. On the other hand, a traditional Japanese bathroom, whether it is a private bathroom or a public one, contains a bathtub and an area outside the tub to wash up, which most Western bathrooms do not have. In Japanese bathrooms, you wash yourself in the washing area, and you can relax and soak yourself in a hot bath afterwards. This kind of bathing keeps the dirt and soap out of the bathtub and your entire family can use the same hot water in the tub. This style is good for the environment because it promotes energy saving by using less hot water than Western-style bathing does. For these reasons, I recommend Japanese-style bathing to people in other countries.（156 語）

66

次の文の下線部を英語に訳しなさい。

₍₁₎「効率性」には万事慌しいイメージがつきまとう。この言葉に嫌悪感を抱く人が多いのもそうした所に由来するに違いない。しかしながらもともと経済学において効率性は，人々の「効用」，つまり「満足」を基礎において定義される概念である。₍₂₎言い換えれば人々が速いのが良いと思えば速いのが効率的になるのに対して，ゆっくりなのが良いと思うのならゆっくりなのが効率的になるわけだ。効率はあくまでも人々の価値観に依存する相対的な概念なのである。

吉川洋「シエナの思い出」（『日本経済新聞』2007 年 9 月 28 日夕刊）

解　説

(1)　**「効率性」には万事慌しいイメージがつきまとう。この言葉に嫌悪感を抱く人が多いのもそうした所に由来するに違いない。**

▶「効率性」はほぼ efficiency に限られる。形容詞を用いて being efficient とすることは可。かぎ括弧がついているのは「効率性という言葉」という意味なので，the word "efficiency" という同格の表現にしてもよい。

▶「*A* には *B* のイメージがつきまとう」は「*A* は *B* のイメージを持つ」と考えて，*A* has〔carries〕an〔the〕image of *B* を使ったのでよい。「*A* で *B* が連想される」と考えるなら，*A* is associated with *B*，あるいは「人は *A* で *B* を連想する」という people〔you / we〕associate *A* with *B* を使うことができる。「*A* は私たちに *B* を思い起こさせる」と考えて，*A* reminds us of *B* とする方法もある。

▶「万事」は always / often を加えておけば十分だが，この部分を強く訳せば Whenever we hear the word "efficiency", we think of busyness. となる。

▶「慌しいイメージ」は「慌しさのイメージ」だから，「慌しさ」を意味する busyness / hurriedness という名詞を使って表す。形容詞のままで an〔the〕image of being busy も可。

▶「～に嫌悪感を抱く」は「～を嫌う」ということなので，hate や dislike を使う。他には have a hatred for ～ / have an aversion to ～ など。

▶「そうした所に由来する」は「それ（＝このイメージ）が理由である」と読み換えて，this (image) is the reason why ～ とできる。ただし，「違いない」と合わせると this (image) must be the reason why ～ となる。「～のために（理由）」と言い換えて，(It is) because of this image (that) a lot of people dislike the word. とする方法もある。

(2)　**言い換えれば人々が速いのが良いと思えば速いのが効率的になるのに対して，ゆっくりなのが良いと思うのならゆっくりなのが効率的になるわけだ。**

▶「言い換えれば」は in other words / to put it another way など。

▶「人々が速いのが良いと思えば」は if people think (that) fastness is good〔better〕や if people think (that) being fast is preferable〔important〕などと直訳的に訳してもよいし，if people like〔want〕to do it fast / if people put fastness before slowness など様々な表現が可能である。

▶「速いのが効率的になる」は fastness means〔is considered as〕efficiency や being fast will be efficient など。you must do it quickly to be efficient とする意訳も可。

▶「ゆっくりなのが良いと思うのならゆっくりなのが効率的になる」は上の 2 項目に

関して単語のみを入れ替える。つまり，fast→slow，fastness→slowness とする。和文の対句的な表現をそのまま残すため，表現を揃えるのがよい。

▶「〜に対して」という対比表現は，while / whereas などの接続詞で表す。セミコロン（；）を使ってもよい。

⑴ The word "efficiency" always has an image of being busy. This must be the reason why a lot of people dislike the word.

⑵ In other words, if people think that being fast is important, fastness means efficiency, while if they think that being slow is important, slowness means efficiency.

67

次の英文を読み，100 語程度の英文に要約しなさい。ただし，本文中の語句を用いてもよいが，文をそのまま引用しないこと。なお，句読点は語数に含まない。

The famous writer Robert Louis Stevenson wrote, "Imaginary friends are sure to be present when children are happy and playing alone." Parents may worry about children having imaginary friends, but researchers say invisible playmates are really teaching infants the art of communication. "Having an imaginary friend is a good thing," according to Evan Kidd, a La Trobe University psychologist.

Dr Kidd and a colleague asked children aged from four to six to describe pictures in a book. "Those with imaginary companions proved to be better communicators than children who did not have them," Dr Kidd said. "That makes sense. To communicate information to another person you have to understand what the listener needs to know. That requires practice. When you have an imaginary friend, you have to invent both sides of the conversation, which is good practice for real conversation."

One child in the study had eight fantasy friends. Dr Kidd says, "Children with imaginary friends tend to be first-born or only children but are not lonely misfits. They are highly socially interactive and they tend to be creative." It is an untrue myth that children cannot tell the difference between real and fantasy friends. "Some children in the study had totally imaginary playmates; others gave life to objects such as teddy bears. But many would stop their talk with their fantasy friends to say that they knew it was not true, that it was only pretending."

Children try to understand the world around them by having imaginary companions act out roles. Dr Kidd adds, "It is also normal for children to blame some wrong they have done on fantasy friends. They are separating the good self from the bad self. So, I advise parents of children with fantasy friends to enjoy it. My worry is that people try to hide it."

From Children helped by imaginary friends, *The Sydney Morning Herald* (*2009/06/02*) by Richard Macey

■想像上の友人が幼児に与える影響

❶　著名な作家ロバート=ルイス=スティーヴンソンは、「子供が1人で楽しく遊んでいるときには、きっと想像上の友人が存在しているのだ」と書いている。親は、子供が想像上の友人をもっていることを心配するかもしれないが、研究者は、実際、目に見えない遊び仲間が意思疎通の術を幼児に教えているのだと言っている。ラ=トローブ大学の心理学者、エヴァン=キッドによれば、「想像上の友人がいるのは、よいことなのです」。

❷　キッド博士と同僚の1人は、4歳から6歳の子供に、本の中の絵について説明するように頼んだ。「想像上の仲間がいる子供たちの方が、いない子供より意思疎通が上手であることが判明しました」とキッド博士は言った。「これは理にかなっています。情報を別の人に伝えるには、聞き手が何を知る必要があるのかを理解しなければなりません。それには練習が必要です。想像上の友人がいると、会話の当事者双方をつくりださなければなりませんが、このことが本当の会話のための優れた練習となるのです」

❸　この研究では、8人の空想上の友人をもつ子もあった。キッド博士が言う。「想像上の友人がいる子供は長子か一人っ子である傾向が強いのですが、彼らは孤独なはみ出し者などではありません。彼らは人付き合いの面で非常に対話に長けていて、創造的であることが多いのです」　子供には現実の友人と空想上の友人との違いがわからないというのは、正しくない作り話だ。「研究対象の子供の中には、完全に想像上の遊び仲間をもつ子もいたし、例えばテディベアのようなモノを生きているものとして扱っている子もいました。しかし、多くの子供は、空想上の友人との会話をやめて、これが本当でないことはわかっているし、自分はただふりをしているだけなのだ、と言っていたものです」

❹　子供は、想像上の仲間に役割を演じさせることによって、自分の周りの世界を理解しようとするのである。キッド博士はこう付言する。「子供が自分がやってしまった悪い行いを空想上の友人のせいにするというのも正常なことです。彼らは悪い自己とよい自己とを分離しています。だから私は、空想上の友人がいる子供をおもちの親御さんにはそれを楽しむようにと助言しています。私が心配なのは、人々がそれを隠そうとすることなのです」

解　説

【設問の要求】

✓ 本文を 100 語程度の英文に要約することが求められている。

【アプローチ】

● 出題文は約 300 語であり，3 分の 1 程度に要約する必要がある。この程度であれば，段落を無視して（つまり全体を 1 段落とみて）要約することも可能であるが，ここでは元の英文に忠実に，各段落の内容をまとめる。

● この文章の特徴は，直接話法で書かれている部分が多いことである。直接話法とはいえ，普通の会話文ではなく，研究者の発言が引用されている。

● 設問文の「本文中の語句を用いてもよいが，文をそのまま引用しないこと」という条件に注意。許されているからといって語句の引用を続けていくと，結果的にほぼ同一の文になってしまうので，可能な箇所は同意表現で言い換えるのがコツ。必須ではない語句を削ったり文をつないだりして，工夫すること。

【内容案】

① 親は想像上の友人をもつ子を心配するかもしれないが，その必要はない。(第 1 段)

② 想像上の友人をもつ子は 2 人分の会話を考え出しているため，よりコミュニケーション能力が優れている。(第 2 段)

③ 想像上の友人をもつ子は人とうまくやれ，創造性もある。また，現実の友人と架空の友人との区別ができている。(第 3 段)

④ 子供は想像上の友人とともに周りの世界を理解する。親はそれを楽しむ方がよい。(第 4 段)

【英語で表現】

① 子供の中には想像上の友人をもつものもいる。親は心配するかもしれないが，研究者によるとその必要はない。

▶「想像上の友人」は第 1 段中に，imaginary friend(s) という表現が 3 回出てくるので，それを用いる。「目に見えない遊び仲間」invisible playmates という表現もあるが，テディベアのように，目に見える場合もあるので，前者が無難。

▶「その必要はない」は they need not〔don't have to / shouldn't〕などでよい。同じ表現を避けるために「その必要はない」と言い換えているのであるから，rather favorable「むしろ好ましい」などを使ってもよい。

▶「研究者」researchers，「～によると」according to ～，「心配する」worry はいずれも第 1 段中にある。

② 研究者はそのような子供の方がそうでない子供よりコミュニケーションが上手であると結論づけた。これは，そのような子供は一人二役で会話をしなくてはならず，

このことが現実に会話をする際に，とても役立つからである。

▶語数が制限されているため，実験方法について触れる余裕はない。そのため，何らかの前段階があったことを示唆する「結論づける」conclude を使ったが，そのまま said を使ってもよい。

▶「～が上手である」は be good at ～ を比較級にする。これは better communicators の言い換えである。

▶「一人二役で会話をする」は play both roles in conversations / speak both their own and their imaginary friends' parts など。出題文中では invent both sides of the conversation となっている。

▶「とても役立つ」は be very helpful / be of great help など。これは，出題文中の … good practice (for real conversation)の言い換えである。

③ 研究者の１人は，想像上の友人をもつ子供は人付き合いがうまく，創造性もあり，また，現実と空想の世界を混同しているわけではないと指摘している。

▶「人付き合いがうまく」は本文中の highly socially interactive に対応する。good communicator という言い換えも可能。

▶「混同する」は mix A with〔and〕B。confuse A with B なども可。

▶「指摘する」は point out。これは出題文と同じ表現を避けるために言い換えているのであるが，say でもよい。

④ 想像上の友人に別の役割をさせることで，そのような子供は世界を理解していくと期待される。彼はそういう子供の親に，それを楽しむようにと助言する。また，それを隠すべきではないと言う。

▶この部分の前半は，第４段第１文の言い換え。understand the world など，適切な同意表現を思いつきにくい箇所である。それでも companions を friends / playmates に，使役の having を making に変えることは可能。

Some young children have imaginary friends. Parents may worry about them, but they shouldn't, according to the researchers. They concluded that those children were better at communication than other children. This is because they have to play both roles in conversations, which is of great help when they have real conversations. One of the researchers points out that children with imaginary friends are both socially interactive and creative, and that they are not mixing reality and their imaginary world. By making imaginary playmates play other roles, they are expected to understand the world. He advises parents of such children to enjoy it, and says that people should not hide it.
(110 語)

68

次の文の下線部を英語に訳しなさい。

(1)身近で目につく生き物と言えば，何と言っても昆虫であろう。現在までに 100 万種ほどの生き物が知られているが，その 70 ％が昆虫である。種類の多さから言えば，地球を支配しているのは昆虫の仲間である。このような繁栄はどうして可能になったのだろうか。

(2)非常に多くの種類がいることには，サイズが関係するだろう。昆虫のように小さければ多くの変異を短時間で生み出すことができる。これは小さいことの長所だ。

本川達雄『ゾウの時間　ネズミの時間』

---

(1)　**身近で目につく生き物と言えば，何と言っても昆虫であろう。現在までに 100
万種ほどの生き物が知られているが，その 70％が昆虫である。**

▶「昆虫」が強調されているので，it is ～ that … の強調構文を使うことができる。
「～であろう」という表現は，「何と言っても」とともに使われていることから，
筆者は高い確信をもってこのように表現していると考えられる。したがって，may
「～かもしれない」よりは must「～に違いない」で表すのが適切。

▶「身近で目につく生き物」の「身近で」は「私たちの周り」と考えて around us と
なる。「よく知られている」と捉えるならば，familiar (creatures) も可。「目につ
く」は see で十分。以上を組み合わせると，(familiar) creatures (which / that)
we see around us となる。ただし，出題文の文脈では「最も身近にいる，最も目に
つく」という最上級の意味であると解釈できる。その場合，the most familiar crea-
tures we see around us や，「目につく」に eye-catching という形容詞を使った the
most eye-catching creatures around us と表現する。

▶「～と言えば」は，強調構文を使うなら無視することになる。強調構文にしない場
合でも，「～は」と言い換えられるため，特に訳出する必要はない。

▶「何と言っても」は訳しにくいが，要は強調である。上で述べたように強調構文で
処理する方法が考えられる。また，obviously / certainly / evidently などの副詞や，
最上級によって間接的に表現される。

▶「現在までに」は so far / thus far。「現在」のみでも意味は同じなので，now / to-
day などとしてもよい。

▶「知られている」はここでは「特定〔確認〕される」の意味なので，be identified
で表せる。「100 万種ほど…知られている」は About one million species of crea-
tures have been identified / There are about one million species of creatures
identified とする。なお，identified に代えて，単に known，もしくは listed「（文
献に）リストされている」なども使える。

▶「その 70％が昆虫である」は単純に seventy percent of them are insects とするか，
insects account for〔amount to / occupy〕seventy percent of them などとしてもよ
い。

(2)　**非常に多くの種類がいることには，サイズが関係するだろう。昆虫のように小
さければ多くの変異を短時間で生み出すことができる。**

▶「非常に多くの種類がいること」は「種類の多さ」と考えれば the huge number of
varieties となる。huge に代えて (very) large / great などでもよい。文脈があるの

で，冠詞は a よりは the が自然。

▶「サイズ」は昆虫のサイズのことであるが，文脈があるので their sizes でよい。単数形の the size も可。昆虫の大きさには幅があるので，それを1つの大きさと見るか，様々な大きさと見るかは主観の問題。

▶「～に関係する」はよく知られた表現の have something to do with ～ を使うとよい。あるいは，「関係する」という表現を避け，「多くの種類の昆虫がいるのは，昆虫が小さいからだろう」という言い方をすることもできる。その場合，There are a variety of insects probably because they are small in size. / It is probably because of the body size that there are so many kinds of insects. としたり，result from ～「～の結果として生じる」を用いて，Their wide variety probably results from their body size. としてもよい。

▶「変異」は直訳的には mutation だが，この文脈では variation を用いる方がより正確に文意を伝えることができる。「～を生み出す」は「～を引き起こす」と考えて，cause や produce を使って表現できる。あるいは，1語で「変異する」mutate と表現してもよい。したがって「昆虫のように小さければ…変異を生み出すことができる」は次のように，いろいろな書き方ができる。Small creatures like insects can produce a lot of variations … / As in the case of insects, small body size can cause variations … / As with insects, small creatures can bring about various mutations … / Insects are small in size so that they can mutate …

▶「短時間で」は in a short (period of) time / over a short amount of time / in a small amount of time など。

(1) Obviously it must be insects that are the most eye-catching creatures around us. About one million species of creatures have been identified so far, and seventy percent of them are insects.

(2) Their sizes may have something to do with the large number of varieties. Small creatures like insects can produce a lot of variations over a short amount of time.

69

次の英文を読み，100 語程度の英文に要約しなさい。ただし，人称代名詞はすべて
三人称（he，she，it，they など）を用い，一人称（I，we など）は用いないこと。
引用符（"……"）も用いないこと。なお，句読点は語数に含まない。

One woman who knows too well the shocking impact of smoking is 63-year-old Audrey Jones. Having lost her husband due to lung cancer in 2000, she couldn't believe her misfortune when she was also diagnosed with this disease in March this year.

"I had been experiencing back pain for many months, so I eventually went to the doctor in February this year to see what the problem was," Audrey said. "I just thought it was due to spending years sitting in front of a computer. Had I known what it was, I would have seen the doctor immediately. Lung cancer was the last thing I thought of," she continued. "My first reaction when I heard the diagnosis was how to tell my three adult children and bring this sorrow upon them again."

Having been a long-term heavy smoker, Audrey quit her habit just before her husband passed away at the age of 55, but eventually began smoking again. She admitted, "Look, it's my fault. I blame no one but myself. With the warnings and all the information about the dangers of smoking out there, I feel guilty every time I have a cigarette, but unfortunately it hasn't stopped me."

As with many cancers, the cause of lung cancer is not fully known, but it is clear cigarette smoking is the major cause and is responsible for up to 90 % of all cases. Likewise, as with other types of cancers, the results of treatment are best when the cancer is found and treated early.

Sadly for Audrey her cancer was detected too late and there is no cure. "I just go from day to day and really appreciate every moment that I have with my beautiful children and grandchildren," she said.

全　訳

■末期の肺がん患者オードリーの告白

❶ 喫煙のぞっとするような影響を十二分に知っている女性の一人に，63歳のオードリー＝ジョーンズがいる。2000年に夫を肺がんで亡くしていたが，今年3月に自分もこの病であると診断されたとき，彼女は自らの不運を信じることができなかった。

❷ 「私は何カ月間も背中が痛かったので，何が問題なのかを確かめるために，今年2月についに医者へ行ったの」とオードリーが言った。「長年コンピュータの前で座って過ごしてきたせいだとばかり考えていたのよ。原因が何であるかがわかっていたなら，すぐに医者に診てもらっていたわ。肺がんだなんて，まったく考えもしなかったの」と彼女は続けた。「診断を聞いたときに私が最初に思ったのは，3人の成人した子供たちにどう伝えたらいいのかということと，再び彼らを悲しませてしまうということだったわ」

❸ 長年にわたってヘビースモーカーであり，オードリーは，夫が55歳で亡くなる直前にこの習慣をやめたのだったが，結局また吸い始めたのだった。彼女はこう認めている。「ほら，自分のせいなのよ。自分以外の誰も責めたりしないわ。世間では，喫煙のもたらすさまざまな危険性に関して警告が出されていたし，情報も提供されていたから，私はたばこを吸うたびにやましい気はしていたのだけれど，残念ながら，それでも私はやめなかったわ」

❹ 多くのがんがそうであるように，肺がんの要因も完全にはわかっていないが，喫煙が主な要因で，すべての症例の90％に達する原因であることは明らかである。同様に，他の種類のがんがそうであるように，がんが早期に見つかって治療を受ければ，治療成果は最良となる。

❺ オードリーにとって悲しいことに，彼女のがんは発見が遅すぎたため，手の施しようがなかった。「私はただ，その日その日，素晴らしい子供たちや孫たちと過ごす一瞬一瞬に心から感謝しているの」と彼女は言った。

設問の要求

✓ 本文を 100 語程度の英文に要約することが求められている。

アプローチ

● 出題文の英語は約 300 語である。これを 100 語程度に要約するということは，3 分の 1 の分量にする必要があるということである。

● 出題文の段落数は 5 段落である。段落分けには意味があるはずだから，要約文にはすべての段落の内容を盛り込むのが原則。しかし，段落によってその重要性は異なり，要約文の分量は段落ごとに変えることもありうる。つまり，全体を通読し，出題文の各段落が等しく重要なのか，それとも軽く扱ってもよい段落が含まれているかの見極めが大切。第 4 段はがんについての一般的なことが書かれているのみで，オードリー個人のことは出てこない。語数超過の危険があるときは，第 4 段を簡単に扱ったり，ほとんど触れないという作戦もある。

● 出題文と同じ表現がどの程度許されるのかが言及されていないことを考えれば，下手に言い換えを多用するのは得策ではない。言い換えをすれば何らかの意味のずれが生じる（つまり，完全な同意表現は存在しない）ものであるし，言い換えを行うと，ミスを犯す危険が増大するからである。このようなことから，設問文で何の制限もない以上，語句の言い換えは語数の調整が必要な場合を除き，自信がないなら行わない方がよいだろう。

内容案

①夫を肺がんで亡くしたオードリー=ジョーンズは，自身も同じ病気と診断された。（第 1 段）

②背中の痛みは何カ月も感じていたが，がんを疑ってみることはなかった。（第 2 段）

③一時禁煙したことがあったが，喫煙の危険性を知っていたのに再び吸い始めた。（第 3 段）

④肺がんの主原因は喫煙であり，がんは早期発見・早期治療により，治療成果は最良となる。（第 4 段）

⑤彼女のがんは手遅れだった。現在，彼女は子供や孫と過ごす毎日に心から感謝している。（第 5 段）

英語で表現

① オードリー=ジョーンズは夫を 2000 年に肺がんで亡くしていたが，自身もこの 3 月に同じ病気であると診断された。

▶「夫を 2000 年に肺がんで亡くしていたが」は関係代名詞を使って，whose hus-

band died of lung cancer in 2000 とする。これを挿入すれば日本語の語順に近いも
のとなる。「亡くなる」は第3段の pass away を使ってもよい。また、「肺がんの
ために」と考えて、because of 〔due to〕 lung cancer などとしてもよい。語数制
限を意識するなら die of ～「～で亡くなる」が最も簡潔。
- ▶「同じ病気であると診断された」は第1段最終文の be diagnosed with ～「～と診
  断される」という表現をそのまま引用できる。
② 背中の痛みは何カ月も感じていたが、コンピュータの前に長年座っているせいだ
  と思った。がんを疑ってみることはなかった。
- ▶「背中の痛みは何カ月も感じていた」は、第2段冒頭を一部変えて、She had been
  experiencing back pain とする以外に、have a backache や suffer from a backache
  を使って表現してもよい。
- ▶「コンピュータの前に長年座っているせいだと思った」は、第2段第2文の冒頭を
  人称を変えて引用する。
- ▶「がんを疑ってみることはなかった」 第2段第4文のオードリーの発言にある
  Lung cancer was the last thing I thought of という表現が利用できる。
③ 彼女は夫が亡くなる前にたばこをやめたが、再び吸い始めた。喫煙の危険性を知
  っていたのに、その習慣をやめられなかったのだ。
- ▶「彼女は夫が亡くなる前にたばこをやめたが、再び吸い始めた」は第3段第1文を
  ベースにして、不要語句を削ればよい。この部分の quit は過去形である。quit her
  habit「彼女の習慣をやめる」は、stopped 〔gave up〕 smoking「たばこをやめ
  る」などとしてもよい。ただし、次の文にも「その習慣をやめられなかった」とい
  う表現があるので、異なる表現にしたい。
- ▶「喫煙の危険性」は第3段最終文に the dangers of smoking という表現が出ている
  ので、そのまま使うことができる。
- ▶「…を知っていたのに」は though she knew … などとすればよいが、語数制限を
  意識して、despite「～にもかかわらず」を使ってもよい。
④・⑤ がんは早期に見つけて治療すれば、治療成果は最良となるのだが、彼女のが
  んは発見が遅すぎた。現在、彼女は家族と過ごす一瞬一瞬に心から感謝している。
- ▶「がんは早期に見つけて治療すれば、治療成果は最良となる」は、第4段最終文を
  ほぼそのまま引用できる。「早ければ早いほど治りやすい」と考えて、The sooner
  the cancer is found and treated, the more likely it will be cured. などとしてもよい。
- ▶「彼女のがんは発見が遅すぎた」は最終段第1文を利用するのがよい。
- ▶「家族と過ごす一瞬一瞬に心から感謝している」は本文の最後の文を要約する。語
  句はそのまま引用すればよいが、my beautiful children and grandchildren を her
  family にするなど、必要に応じて簡潔な表現を心がけること。

Audrey Jones, whose husband died of lung cancer in 2000, was also diagnosed with the same disease this March. She had had a backache for many months, but she thought it was due to spending years sitting in front of a computer. Cancer was the last thing she thought of. She quit smoking just before her husband passed away, but eventually began smoking again. She couldn't stop smoking though she knew the dangers of this habit. When the cancer is detected and treated early, the results of treatment are best, but her cancer was found too late. Now she really appreciates every moment that she has with her family. (109 語)

70

次の文の下線部を英語に訳しなさい。

では，平等とはなにか。(1)平等とは，人々が体力，知力，容姿，財産，社会的地位において等しいという意味ではない。そんなことはありえない。そうではなくて，平等とは，人が自由であることにおいて等しい，という意味である。すなわち，自由であるとは，各人が自分自身の善の観念をもち，それを実現しようとする意志をもち，さらに，公共的理性の所有によって自分の生きる社会の在り方に責任をもつ，ということであるが，(2)このことをすべての人に確保することが，平等の実現ということなのである。

岩田靖夫『いま哲学とはなにか』

解　説

(1)　平等とは，人々が体力，知力，容姿，財産，社会的地位において等しいという意味ではない。

▶「平等とは…という意味ではない」 Equality doesn't mean (that)～という簡単な表現で十分かつベスト。

▶「人々が…等しい」 people are equal

▶「～において」は，in か in terms of ～「～の点で」で表す。

語句　「体力」physical strength / physical power　「知力」intelligence / intellectual ability / mental ability / mental power　「容姿」appearance / looks　「財産」wealth / property　「社会的地位」social status / social position

(2)　このことをすべての人に確保することが，平等の実現ということなのである。

▶「このこと」は文脈上，「自由」あるいは「これらの自由」を意味すると考えられるので these freedoms などとしてもよい。「このこと」は「自由であること」と考えれば単数として this と訳すことができる。また，下線部の直前にあげられている自由であることの3つの具体例を受けるとすれば複数となり，(all) these things となる。

▶「確保すること」は直訳するなら secure の動名詞 securing がよい。「可能にすること」enabling という言い換えも可能であり，enabling all people to enjoy these freedoms としてもよい。

▶「平等の実現ということ」は，achieving equality / the realization of equality など。

▶「(なので) ある」は「意味する」と捉え，means とする。

※直訳しないなら，下記のような方法もある。

▶「真の平等は…したときにのみ実現する」→True equality is realized only when everyone can do all these things.

▶「平等を実現しようとするなら，…しなければならない」→If you want to achieve equality, you have to make these things possible for everyone.

(1) Equality doesn't mean that people are equal in physical strength, intelligence, appearance, wealth, or social status.
(2) Securing all these things for all people means achieving equality.

71

Mistakes and failures provide us with a chance to learn something new. In a 100-word English essay, write about one unforgettable mistake or failure that you have experienced and explain in detail what you have learned from it and its effects.

解　説

問題文の訳

　誤りや失敗は，私たちに新しいものを学習する機会を提供してくれる。100 語程度の英文で，あなたが今までに経験した忘れられない誤りか失敗に関して書き，あなたがそれとその結果から学んだことを詳しく説明しなさい。

設問の要求

✓ 今までに経験した忘れられない誤りか失敗は何か。

✓ その誤りか失敗とその結果から学んだこと。

アプローチ

● 単なる失敗談ではいけない。失敗から学んだことを述べることのできる題材がよい。例えば，自分の不注意が原因のミスを取り上げる場合，「もっと注意しなくてはならないことを学んだ」というだけでは，具体性に乏しく，「詳しく説明しなさい」という条件を満たせない可能性がある。

● 「忘れられない誤りか失敗」が求められているので，日常的に経験する些細な失敗を取り上げる場合，それが「忘れられない」ほどのものであるかどうかを検討する必要がある。

内容案

① バスで旅行していた。バスが休憩のために停車し，出発は 12 時だと言われた。（「失敗」が起きるまでの状況）

② 下車して食事をし，戻ってみるとバスは出ていた。（「失敗」の内容）

③ タクシーでバスに追いついたが，運転手は悪いと思っていないようだった。（「失敗」をした後の対応・結果・影響等）

④ 時間に余裕をもたせることが大切だと学んだ。（「失敗」から学んだこと）

英語で表現

① 博多から京都まで友人と一緒にバスで旅行していた。バスは広島県の小さな町で停車した。運転手は「遅れないようにしてください。12 時に出発します」と言った。

▶ 「旅行していた」は過去進行形で，I was traveling とする。

▶ 「バスで」は by bus または by coach。

▶ 「県」は prefecture と訳される。Hiroshima Ken / Hiroshima-ken などの表記も誤りではない。

▶ 「停車した」は単に「止まった」と考えて stopped で十分。

▶ 「運転手は…と言った」は間接話法で，The driver told the passengers not to be late などとしてもよい。

▶ 「12時に出発します」は The departure time is 12. や This bus leaves here at 12. などと表現することもできる。

② 友人と私はバスを降り昼食をとった。12時ちょうどにバス停に戻ってみると，もうバスが出ているのがわかった。

▶ 「バスを降りる」は get〔drop〕off the bus。

▶ 「昼食をとる」は have〔eat〕lunch。do lunch ともいう。

▶ 「12時ちょうど」は exactly at twelve (o'clock) / at 12 sharp など。

▶ 「戻る」は get back / return など。

▶ 「出ているのがわかった」は「わかった」を過去形，「出ている」を過去完了形にする。

③ 幸い，タクシーを見つけ，バスに追いついた。バスの運転手は私たちを残して出発したことを悪いと思っているふうには見えなかった。

▶ 「幸い」は fortunately / luckily など。

▶ 「タクシーを見つけ」は，「タクシーを呼び止めることができ」と考え，hail「(タクシーなどを) 呼び止める」を使う。

▶ 「～に追いつく」は catch up with ～。

▶ 「悪いと思っている」は1語で apologetic とするのが簡潔であるが，(he didn't) admit a fault / (he didn't) blame himself (for leaving us behind) としてもよい。

▶ 「…ふうには見えなかった」は (didn't) seem + 形容詞〔to do〕，や it didn't seem that … などとする。

④ しかし，この出来事から，私は時間に余裕をもたせるのはとても大事だと学んだ。

▶ 「出来事」は incident / accident などの他，「経験」experience などと置き換えるのもよい。

▶ 「時間に余裕をもたせる」は have sufficient time on hand「十分な時間を確保する」と表現できる。具体的に get to the bus stop at least five minutes before the departure time「少なくとも出発時刻の5分前にバス停に着く」などとしてもよい。

I was traveling by bus from Hakata to Kyoto with a friend. The bus stopped in a small town in Hiroshima Prefecture. The driver said, "Don't be late. I will leave at 12 o'clock." My friend and I got off the bus and had lunch. On returning to the bus stop at 12 sharp, we found that the bus had already left. Luckily, we hailed a taxi and caught up with the bus. The bus driver did not seem apologetic about leaving us behind. However, this incident taught me that it is very important to have sufficient time on hand. (100 語)

MEMO

MEMO

MEMO